U0472145

撰稿人	王　钠　常文正　张霖夏
	李　媛　曾　诚　李　栋
执行编辑	刘晓翠

企业财产保险
案例精解

王　钠 ◎ 主　编
常文正 ◎ 副主编

上海财经大学出版社
SHANGHAI UNIVERSITY OF FINANCE & ECONOMICS PRESS

图书在版编目(CIP)数据

企业财产保险案例精解 / 王钠主编. -- 上海：上海财经大学出版社，2025.1. -- ISBN 978-7-5642-4542-9

Ⅰ.F842.681

中国国家版本馆 CIP 数据核字第 20241WC924 号

□ 责任编辑　吴晓群
□ 封面设计　张克瑶

企业财产保险案例精解

王　钠　主　编
常文正　副主编

上海财经大学出版社出版发行
（上海市中山北一路 369 号　邮编 200083）
网　　址:http://www.sufep.com
电子邮箱:webmaster@sufep.com
全国新华书店经销
上海景条印刷有限公司印刷装订
2025 年 1 月第 1 版　2025 年 1 月第 1 次印刷

710mm×1000mm　1/16　19.25 印张（插页：2）　346 千字
定价:78.00 元

编者序

保险作为现代经济生活的有机组成部分早已经渗透到现代社会的方方面面。但是,谈起保险,人们最先想到的是什么?你也许会经常听到保险行业之外的人说,保险公司总是尽量少赔、不赔,甚至说保险公司都是骗人的!保险行业之内的人则会说,现在保险公司真难做,哪儿哪儿都得小心,骗赔骗保的不说,被保险人越来越难缠了!为什么一个从事风险管理的行业会陷入这样的困境?毫无疑问,出现这种情况的原因是多方面的,本书试图通过典型案例分析的方式,从增加保险人与被保险人之间的专业性沟通方面来作出努力。

本书聚焦的保险种类是企业财产保险。众所周知,企业经营从来都不是易事。在英语中,"venture"的意思是"冒险",而它的另一个意思是"创业",也就是进行企业经营。可见,从事企业经营就像开启一场冒险的旅程,绝非易事。而重大灾害事故的发生往往会对企业造成非常严重的破坏甚至是毁灭性影响。特别是对生产型、物资密集型的企业而言,一旦发生自然灾害或意外事故,轻则遭受损失、给生产经营带来一定的困难,重则可能导致生产经营中断,甚至倒闭破产等。笔者曾经处理过一个保险案件:一个原本生产经营非常好并长期投保的企业,只因为企业工作人员想进一步压低保险费而延误了几天未及时续保,恰在此期间,一把大火把企业几乎燃烧殆尽。由于当时没有办理企业财产保险,无法得到保险赔偿,因此企业无力恢复生产,从此一蹶不振。

财产保险对企业经营的可持续性是非常重要的。企业财产保险中保险标的通常为企业生产经营所必需的房屋、机器设备、存货等,由于其保险金额较高,投保和理赔手续较为复杂,且保险的专业性导致保险双方经常会对保险条款存在不同理解,因此,一旦发生企业财产保险事故,保险各方就很容易发生争议。

企业财产保险纠纷案件的主要特征有:

1. 争议标的额较大

财产保险纠纷案件中,人们较为熟悉的机动车保险纠纷占比超过80%,而企业财产保险相比机动车保险而言,在案件数量上要少很多,但涉及的承保财产保险价值和保险金额少则数几十万元、上百万元,多则上千万元,有的甚至高达上亿元。一旦发生保险事故,尤其是火灾等,数百万元、上千万元的财产损失也很常见,因此,一旦发生企业财产保险纠纷,双方争议赔偿额往往就较大。

2. 案件事实查明难度高

企业财产保险下引发保险事故的原因多为火灾、水灾、暴风雪等,尤其是火灾事故占比非常高。虽然总体而言,企业财产保险纠纷案件数量占比较低,但一旦发生保险事故,尤其是火灾事故,往往直接造成房屋、机器设备、存货等财产全部销毁,就会给保险公司核损造成客观障碍,加之部分企业财务账册不规范、火灾造成账册丢失或毁损、损失程度认定缺乏通用标准等,因而此类案件的损失认定难度较大,是企业财产保险纠纷案件的难点。另外,部分事故原因无法查明,也会导致各方对是否属于保险责任以及如何分担责任等产生争议。

3. 案件争议焦点复杂

企业财产保险纠纷案件争议焦点很多,主要集中在保险合同的成立与生效,保险标的范围的认定,保险价值的确定,是否构成重复保险、不足额保险,保险事故原因与责任比例如何划分、免责条款的提示和明确说明义务,是否履行如实告知义务,保险公司是否具有代位追偿权、第三人是否有权免责等。由于这里面涉及种类繁多、性质特点不同、价值差异巨大的财产标的,因此进一步引发了多种多样的争议问题。

基于企业财产保险纠纷的上述特点,本书立足于保险司法实践,重点选择与上述争议焦点有关或案件事实查明难度较大的情况下法院如何认定的司法案例进行重点分析。

本书将通过司法审判案例的展示和剖析，围绕企业财产保险的合同订立、事故发生、理赔、代位追偿所容易发生争议的问题，让公众和行业人士进一步厘清其中的风险点，从而减少争议和纠纷的发生。除了上述主要环节之外，一项保险业务在其履行过程中，还涉及赔款计算、预付赔款处理、共保、分保赔案的处理等事宜，对此本书都有所谈及。

需要说明的是，本书所面对的读者主要是企业主和管理人员、保险专业人员、法律实践人员（如法官和律师）、院校专业研究人员等具有一定企业管理经验或有相关工作经验的人员，以及保险专业研究人员等。因此，本书对于非上述人士来讲，阅读起来可能会有些困难；但是对于具有一定行业经验的人来讲，我们相信，本书在更加准确理解和判断很多实践中的争议问题方面有很好的启发性和借鉴意义。所以，无论是用来比对研究实践问题还是作为教学案例使用，本书都是有助益的。

本书的撰写和编辑是团队共同努力的成果。所涉问题建立在团队多年保险案件处理的实践经验总结上，所选案例来源于对已公开的数千案例的筛选。希望本书能给读者带来收获，推动中国保险行业更加健康、繁荣地发展！

编　者

2024年12月

目 录

总论 …………………………………………………………… 1

第一章 投保与承保实务 ………………………………… 11
 第一节 导读 ………………………………………………… 11
 第二节 典型案例 …………………………………………… 12
  问题 1-1：未支付保费,保险合同是否成立、生效？ …… 12
  问题 1-2：保险责任开始时间与保险合同成立时间是
     否相同？ ……………………………………… 16
  问题 1-3：保险事故发生后支付保费,保险合同是否
     成立？ ………………………………………… 22
  问题 1-4：对建筑物结构有特别约定时,如何认定保
     险标的？ ……………………………………… 26
  问题 1-5：保险明细表与投保单约定不一致时,如何认
     定保险标的？ ………………………………… 29
  问题 1-6：无证建筑物是否属于保险标的？ ………… 33
  问题 1-7：房屋装修是否属于保险标的？ …………… 36
  问题 1-8：不同保险标的能够构成重复保险吗？ …… 38
  问题 1-9：如何区分足额保险和不足额保险？ ……… 41
  问题 1-10：保险单中并未明确哪条生产线,如何认定
     保险标的？ …………………………………… 45
  问题 1-11：物流公司就其代保管财产投保,属于财产
     险还是责任险？ ……………………………… 48
  问题 1-12：企业对联营商品是否具有保险利益？ …… 52

问题1-13：投保时未查勘现场,能否以未履行如实告知义务拒赔? ………………………………………………………… 57
问题1-14：如何区分定值保险和不定值保险? ……………… 62
问题1-15：保险公司应何时履行提示说明义务? …………… 67
问题1-16：保险单特别约定中的免责条款是否当然有效? … 73
问题1-17：连续投保时如何认定特别约定中免责条款的效力? … 77
问题1-18：连续投保时能否免除保险人的提示说明义务? … 79
问题1-19：如何区分共同保险与再保险? …………………… 83
问题1-20：如何认定保险经纪公司有权获得佣金? ………… 88

第二章　出险与理赔实务 ………………………………… 94

第一节　导读 ………………………………………………… 94
第二节　典型案例 …………………………………………… 97

问题2-1：未及时通知导致事故原因、损失等难以确定的,如何理赔? …………………………………………………… 97
问题2-2：事故发生后未及时通知保险公司,是否有权减免责任? …… 99
问题2-3：被保险人应如何履行减损义务? ………………… 102
问题2-4：保险公司未及时定损,是否会承担扩大损失的赔偿责任? …………………………………………………… 107
问题2-5：承保风险和除外责任并存时如何运用近因原则? … 114
问题2-6：事故原因未发生于保险期间,是否可以拒赔? … 118
问题2-7：如何理解重置价值? ……………………………… 122
问题2-8：如何区分重置价值与重置价值条款? …………… 126
问题2-9：重复保险的构成要件包括哪些? ………………… 129
问题2-10：火灾事故认定书认定不排除自燃,保险人能否拒赔? … 136
问题2-11：擅自拆除消防水泵房是否导致危险程度显著增加? … 139
问题2-12：员工燃放爆竹导致火灾是否构成被保险人的重大过失? …………………………………………………… 146
问题2-13：员工未按规程操作是否构成被保险人的重大过失? … 149
问题2-14：盗窃案件长时间未被侦破,保险公司是否有权拒赔? … 152
问题2-15：对受损货物的利润损失部分是否应予以赔付? … 155
问题2-16：部分共有人对共有财产的保险利益按整体享有还是按比例享有? ………………………………………… 157

问题2-17：被保险人无法提供设备原始购买记录,如何理赔? ……… 160
问题2-18：保险双方各自委托保险公估公司,应以哪份报告为准?
　　　　…………………………………………………………… 164
问题2-19：被保险人是否有权主张保险赔偿金的利息? …………… 170
问题2-20：如何认定保险赔偿金的利息起算点? …………………… 173

第三章　代位追偿实务 ………………………………………………… 177
第一节　导读 …………………………………………………………… 177
第二节　典型案例 ……………………………………………………… 179
问题3-1：被保险人与第三者的仲裁约定是否对保险公司有约束力?
　　　　…………………………………………………………… 179
问题3-2：保险公司赔付前被保险人放弃索赔权的行为是否有效?
　　　　…………………………………………………………… 183
问题3-3：被保险人与第三人在先约定互相免责,约定是否有效?
　　　　…………………………………………………………… 185
问题3-4：如何认定第三者放弃索赔权的真实意思表示? ………… 189
问题3-5：存在数个竞合的请求权,如何选择代位求偿权基础? … 193
问题3-6：存在多个责任方,保险公司如何追偿? ………………… 196
问题3-7：存在多个主体并享有数个竞合的请求权,如何追偿? … 201
问题3-8：租赁房屋发生火灾,承租方是否应承担全部赔偿责任? 207
问题3-9：租赁房产发生火灾,追偿时如何确认各方责任比例? … 209
问题3-10：事故原因为外来火源,能否追偿成功? ………………… 212
问题3-11：火灾事故认定书对事故原因认定不清,如何追偿? …… 216
问题3-12：投保时一并列明了承租人资产,能否向承租人追偿? … 219
问题3-13：不可抗力导致事故发生,保险公司是否能够追偿? …… 223
问题3-14：追偿时如何区分事故原因是不可抗力还是违约? ……… 228
问题3-15：被保险人存在违约,保险公司能否追偿成功? ………… 230
问题3-16：是否应支持保险公司追偿利息损失? …………………… 237
问题3-17：当事人上级公司之间的沟通是否构成诉讼时效的中断?
　　　　…………………………………………………………… 240
问题3-18：如何理解"被保险人的组成人员"? …………………… 245
问题3-19：追偿案件第三者以保险人不应承担保险赔偿责任等理由
　　　　提出的抗辩是否有效? ……………………………… 249

附录 ······ 257
　中华人民共和国保险法(2015年修正) ······ 257
　最高人民法院关于适用《中华人民共和国保险法》若干问题的解释(一)
　　······ 284
　最高人民法院关于适用《中华人民共和国保险法》若干问题的解释(二)
　　(2020年修正) ······ 286
　最高人民法院关于适用《中华人民共和国保险法》若干问题的解释(三)
　　(2020年修正) ······ 290
　最高人民法院关于适用《中华人民共和国保险法》若干问题的解释(四)
　　(2020年修正) ······ 294

总　　论

一、企业财产保险的定义和范围

现代企业经营早已经认识到保险对企业生产经营的影响,遂将保险纳入为企业发展保驾护航的重要手段之一,对企业财产保险的重视程度一直在不断地提升。

企业财产保险本身并不是一个专门的险种,而是以企业的固定资产(如房屋、机器设备)和流动资产(如存货、代保管财产)等为保险标的,以企业存放在固定地点的财产为对象的财产保险业务。财产保险是指投保人根据保险合同约定向保险人交付保险费,保险人按保险合同约定对所承保的财产及其有关利益因自然灾害或意外事故造成的损失承担赔偿责任的一种保险。

财产保险有广义和狭义之分。广义的财产保险是指以财产及其有关的经济利益和损害赔偿责任为保险标的的保险,如财产保险、农业保险、责任保险、信用保险等。其中,财产保险是指以物质财产为保险标的的保险,即狭义财产保险;农业保险是专为农业生产者在从事种植业、林业、畜牧业和渔业生产过程中,对遭受自然灾害、疫病、疾病等保险事故所造成的经济损失提供保障的一种保险;责任保险是指保险人在被保险人依法应对第三人负赔偿责任,并被提出赔偿要求时,承担赔偿责任的财产保险形式,如承运人运输责任险;信用保险是指权利人向保险人投保债务人的信用风险的一种保险,是一项企业用于风险管理的保险产品,主要保障企业应收账款的安全。以上这些保险通常也是市场上常见的财产保险公司主要经营的险种。

本书所关注的企业财产保险,即与企业资产、生产经营等有关的财产保险,同样存在广义和狭义之分。广义的企业财产保险是指与企业财产和生产经营有关的保险,包括财产基本险、财产综合险、财产一切险、机器损坏保险、利润损失险、雇主责任险、公众责任保险等。而狭义的企业财产保险是仅以企业的固定资产和流动资产为保险标的,以企业存放在固定地点的财产为对象的一种财产保险。企业财产保险承保的保险标的不仅包括被保险人所有或与他人共有而由被保险人负责的财产,而且包括由被保险人经营管理或替他人保管的财产以及其他具有法律上承认的与被保险人有经济利益关系的财产。企业财产保险具有一般财产保险的性质,适用于其他财产保险的原则多数同样适用于企业财产保险。本书主要是围绕狭义的企业财产保险展开讨论。

企业财产保险是在早期火灾保险的基础上,不断扩大保险责任、充实保险内容而逐渐发展起来的,在被保险企业遇到保险责任范围内的自然灾害或意外事故而遭受重大损害或损失时,能够及时给予经济补偿,恢复和保障企业正常生产和经营,同时配合企业开展防灾防损工作,保护社会财产安全。一般而言,企业财产保险具有以下几个特征:

(一)承保风险的多样性

企业财产保险承保的风险种类多样,包括各类自然灾害、意外事故等。在企业财产保险中,由于保险标的所处时间和空间的复杂性和多样性,保险事故的发生也表现出不同的形态,既包括暴风、暴雨、泥石流、滑坡、洪水等自然灾害,也包括火灾、爆炸、碰撞、盗窃等意外事故。保险事故所造成的损失,既包括直接的物质损失,也可以包括间接的费用损失、利润损失等。

(二)保险标的的复杂性

企业财产保险下的保险标的复杂多样,包括厂房、机器设备、库存、成品、半成品、原材料等。每一类保险标的都有一定的特殊性,比如厂房,保险人承保时要考虑坐落位置、厂房类型、建筑材料和施工工艺、建造时间、消防安全状况等;而对于机器设备,保险人承保时除了考量机器设备本身的购置时间、材料质地等情况外,通常还要综合考虑设备所面临的风险性,如设备存放环境,设备周边是否储存危险物品或易燃物品等。不同特性的保险标的将面临不同程度的风险,因此也决定了保险人的承保意向以及保险费费率的不同等。

(三)保险利益的特殊性

在企业财产保险中,财产损失保险是最基本的一类业务。与人身险相比,企业财产保险的保险利益产生于人(企业)与物之间的关系,即投保人(企业)与保险标的之间的关系,而人身保险的保险利益则产生于人与人之间的关系。在企业财产保险下,为防止和减少道德风险的发生,投保人对保险标的的保险利益仅限于保险标的的实际价值,因此保险金额须以财产的实际价值为限,保险金额超过财产实际价值的部分将因投保人无保险利益而无效,这就是财产保险下的损失补偿原则。而人身保险的保险利益,一般而言由于人的价值无法通过金钱来衡量,因此人身保险的保险金额并非依据人的价值而定,而更多地依赖投保人的缴费能力。此外,在企业财产保险中,要求被保险人在事故发生时对保险标的具有保险利益,而人身保险中,仅要求投保人在保险合同订立时对被保险人具有保险利益。这些都体现了企业财产保险的特殊性。

(四) 保险期限的限定性

通常而言,企业财产保险的保险期限为1年,当然,也可以选择按月甚至按日进行较短期限的投保。保险期限一般就是保险人实际承担保险责任的期限。然而,在其他类型的财产保险中,如工程保险,保险人实际承担保险责任的起止点往往要根据工程的具体情况确定;在货物运输保险中,保险人对被保险货物所承担的责任区间可以是从货物运离保险单所载明起运地发货人的仓库时开始,一直到货物运抵保险单所载明的目的地收货人的仓库时为止;在远洋船舶航程保险中,保险期限以保单上载明的航程为准,即自起运港到目的港为保险责任的起讫期限。由此可见,企业财产保险的保险期限有其自身特点。

从上述可以看出,相比其他种类的财产保险,企业财产保险具有综合性、专业性和复杂性的特点。虽然在日常的生产生活中,企业财产保险看似是人们较易接触到、较易理解的保险,但实际上,由于其专业性较强且具备上述特点,还有企业财产保险下经常发生重大灾害事故,损失金额也较大,因此,企业财产保险往往容易引发较大的争议,导致纠纷的发生。

二、企业财产保险常见的险种

实践中,企业在投保企业财产保险时,可以自主选择投保相应险种的主险,或选择在主险基础上同时投保附加险,其中主险是指可以单独投保的保险,而附加险则不能单独投保,必须附加于主险,用来补充主险承保范围内的保险。另外,为了调整保险适用范围,丰富保障内容,还可以增加附加条款的内容,对一些专门的事项进行特别约定。通常主险条款内容较为完备、要素齐全,包括《中华人民共和国保险法》(以下简称《保险法》)第十八条规定的应当具备的十项内容,而附加险条款内容相对简单,除了规定体现其特殊性的必备内容以外,与主险条款相同的内容一般省略,可直接适用主险条款的相应规定。而附加条款则不构成一个单独的险种,仅仅是在主险或附加险的内容下,增加一些专门的附加内容条款,也会被明确地称为"附件条款"。某些情况下,附件条款的增加会直接影响费率,造成保险费用的增加。

(一) 主险

企业财产保险中,比较常见的类型主要有财产基本险、财产综合险和财产一切险,而附加险比较常见的如营业中断险、盗窃险等,附件条款会很多,常见的如空运费用条款、改造和扩建条款、自动承保条款、减轻比例分摊条款、共保条款以及实践中非常容易引发争议的重置价值条款等。企业财产保险发展初始,财产基本险和财产综合险是企业财产保险中比较常见的险种。但是,由于历史发展的因素,财产基本险和财产综合险的保险责任范围有限,无法覆盖企业生产经营中可能遇到的各类风险,因此,越来越多的企业选择投保财产一切险。当然,实践中,仍存在一些企业考虑到保费等因素,投保企业财产基本险或财产综合险,但当事故发生后,因保险覆盖范围有限而引发了很多不必要的纠纷。实践中常见的企业财产保险的主险险种主要有:

1. 财产基本险

财产基本险承保责任范围一般包括火灾、爆炸、雷击、飞行物体及其他空中运行物体坠落,以及因前述原因造成的保险事故发生时,为抢救保险标的或防止灾害蔓延,采取必要的、合理的措施而造成保险标的的损失。企业财产基本险和其他主险相同,都是以物质财产为保险标的,相比财产综合险和财产一切险,该类别主险保险范围最小。

2. 财产综合险

财产综合险承保责任范围除了与财产基本险相同的保险责任之外,还包括暴雨、洪水、暴风、龙卷风、冰雹、台风、飓风、暴雪、冰凌、突发性滑坡、崩塌、泥石流、地面突然下陷下沉,以及被保险人拥有财产所有权的自用的供电、供水、供气设备因保险事故而遭受损坏,引起停电、停水、停气以致造成保险标的直接损失。

3. 财产一切险

财产一切险承保责任范围一般为保险期间内,由于自然灾害或意外事故造成保险标的直接物质损坏或灭失,除了财产综合险的保险责任之外,还包括很多人为的风险,如偷窃、员工操作不当等造成的损失。财产一切险在保险合同中仅约定除外责任,并不约定详细的保险责任,而财产基本险和财产综合险下,保险合同中对保险责任和除外责任都有明确约定。因此,在财产一切险下,若发生保险事故,则被保险人无须充分证明保险事故的具体原因即可获得保险理赔,保险人若拒赔则需要自行承担举证责任证明事故属于除外责任;而在财产基本险和财产综合险下,被保险人通常需要有足够证据证明保险事故发生的原因属于约定的保险责任范围。

（二）附加险

在投保上述某一财产险后可以附加投保附加险种,以进一步提供个性化保障,完善风险防控范围。比较多见的附加险如下:

1. 机器损坏险

机器损坏险属于企业财产保险的附加险种,以机器设备为保险标的,承保各工厂、矿山等安装完毕并已转入运行,且在国家规定使用期限内的机器设备,因除外责任之外的突然的、不可预料的意外事故造成的物质损失或灭失的一种保险。在保险期间内,通常因下列原因引起或构成突然的、不可预料的意外事故造成的物质损失或灭失,保险人按照相关保险合同的约定负责赔偿:

（1）设计、制造或安装错误、铸造和原材料缺陷;

（2）工人、技术人员操作错误、缺乏经验、技术不善、疏忽、过失、恶意行为;

（3）离心力引起的断裂;

（4）超负荷、超电压、碰线、电弧、漏电、短路、大气放电、感应电及其他电气原因,物理性爆炸、电气短路、电弧或因离心作用所造成之撕裂;

（5）除本条款中"责任免除"规定以外的其他原因。

保险事故发生后,被保险人为防止或减少保险标的的损失所支付的必要的、合理的费用,保险人按照本保险合同的约定也负责赔偿。

机器损坏险的保险金额一般应为重置价值承保,即重新换置同一厂牌或相类似的型号、规格、性能的新机器设备的价格。重置价值通常包括新机器的出厂价、运输费、保险费、税款、可能附加的关税以及安装费用等。

2. 营业中断险

营业中断险又称"利润损失险",是指承保由于火灾和自然灾害或意外事故造成被保险人保险标的的损失,在保险标的从受损到恢复营业前状况这一段时期内,因停产、停业或营业受到影响,被保险人遭受的利润损失和受灾后营业中断期间所需开支的必要费用等间接经济损失。如某保险公司营业中断保险条款第三条约定"在保险期间内,被保险人因物质损失保险合同主险条款所承保的风险造成营业所使用的物质财产遭受损失(以下简称"物质保险损失"),导致被保险人营业受到干扰或中断,由此产生的赔偿期间内的毛利润损失,保险人按照本保险合同的约定负责赔偿。本保险合同所称赔偿期间是指物质保险损失发生之日起,被保险人的营业结果因该物质保险损失而受到影响的期间,但该期间最长不得超过本保险合同约定的最大赔偿期"。如果说企业财产主险是对保险责任范围内的事故所造成的直接物质损失进行赔付,那么营业中断险就是对保险责任范围内的事故所造成的保险标的的损失进而引起的间接经济损失进行赔付。

但是，适用该保险的前提是被保险人投保了企业财产险的主险，否则无法投保该保险。在投保此类附加险时，被保险人还应注意，保险人仅赔偿合法、合理的经济损失，对于由于被保险人自身经营不善等原因或市场价格下跌等原因导致的损失，则不在赔付范围内。因此，对于如何合理计算相应的利润损失，实践中也较容易发生争议。

3. 盗窃险

盗窃险作为一种企业财产附加险，是指在保险期限内因保险标的被偷窃而发生的损失，保险人承担赔付责任的一种保险。然而，实际中，由于侦查难度并不一致，因此部分案件无法侦破，这种情况下，被保险人往往仅能提供立案通知书以及公安部门出具的无法侦破的情况说明等，而保险公司通常会因无法侦破是否构成盗窃案件、盗窃责任方无法明确等因素而做出拒赔处理，从而极易引发纠纷。为了避免此类纠纷发生，目前保险公司在附加盗窃险条款中均会明确约定盗窃的构成要件，如某保险公司财产险附加险条款为："盗窃、抢劫险扩展条款　经双方同意，由于使用暴力手段进出保险标的坐落地址或被电子监测系统记录的，并经公安部门证明确系盗窃或抢劫行为造成保险标的的损失，保险人按照本保险合同的约定负责赔偿。但下列损失，保险人不负责赔偿：（一）被保险人雇员、家庭成员及寄宿人员直接或间接参与盗窃及内外串通、故意纵容他人盗窃或抢劫所致的损失；（二）放置在室外的保险标的遭受的盗窃损失；（三）保险标的坐落地址发生火灾、爆炸时保险标的遭受的盗窃损失；（四）无合格的防盗措施、无专人看管或无详细记录情况下发生的损失；（五）营业或工作期间、进出库过程中发生的盗窃损失；（六）盘点时发现的短缺。保险人履行赔偿义务后破案追回的保险标的，应由双方协商处理。如归被保险人，被保险人应将已获赔款退还保险人；对被追回保险标的的损失部分，保险人按照本保险合同的约定进行赔偿。本附加条款与主条款内容相悖之处，以本附加条款为准；未尽之处，以主条款为准。"

此外，盗窃险附加险下，被保险人应注意，对于被保险人的雇佣人员或同住人员盗窃或纵容他人盗窃保险财产造成的损失以及因发生火灾、地震、洪水等自然灾害时保险财产被盗窃而造成的损失、对保险标的进行盘点时发生的短缺或损坏等，不属于赔付范围。

(三) 附加条款

保险合同中增加附加条款的主要目的是个性化扩展保险内容，以满足被保险人的风险保障需求。附加条款可以有很多，有些情况下可以多达几十条。在此选取几个比较典型的附加条款。

1. 重置价值条款

重置价值条款是财产保险中技术性很强的保险条款。谈到重置价值条款,就不得不先说说重置价值。

根据《中国保险监督管理委员会关于解释保险价值和重置价值问题的复函》(保监法〔2000〕9号),"根据《保险法》第三十九条规定,保险标的的保险价值,可以由投保人和保险人约定并在合同中载明,也可以按照保险事故发生时保险标的的实际价值确定。重置价值是指投保人和保险人约定以重新购置或重新建造保险标的所需支付的全部费用作为保险标的的保险价值,并据以确定保险金额。因此,保险价值和重置价值并非同一法律概念,重置价值仅仅是确定保险价值的一种形式"。但是该复函并未解决重置价值是按重新购置保险标的以恢复到全新状态时的价值,还是以重新购置达到出险时的原状的价值。而根据中国保险监督管理委员会《关于保险价值确定等问题的复函》[保监厅函(2007)71号],其中明确"重置价值,是指以同一或类似的材料和质量重新置换受损财产的价值或费用,为财产保险中确定保险价值的一种方法。'固定资产的保险价值是出险时的重置价值'是指人保财产保险基本险条款规定的以重置价值方式确定固定资产的保险价值"。根据该复函,重置价值应该是扣除折旧后的价值,因为恢复到出险前的状态才更贴合"同一或类似的材料和质量"的概念,这也符合《中华人民共和国保险法》(以下简称《保险法》)的"损失补偿原则"。

在保险价值按照重置价值确定的基础上,有的企业财产保险还会附加重置价值条款。目前较常见的重置价值条款内容如下:"经双方同意,若投保人与保险人约定保险价值为出险时的重置价值,则适用下列约定:(一)发生保险事故后,被保险人应对受损保险标的进行重置。重置是指:1. 替换、重建保险标的;2. 修理、修复保险标的。无论采用上述哪一种方式,目的都是使保险标的的受损部分经过重置后达到其全新时的状态。(二)若遇下列情况,保险价值变更为出险时的市场价值:1. 被保险人没有合理的原因和理由而推迟、延误重置工作;2. 被保险人没有对受损保险标的进行重置;3. 发生损失时,存在重复保险且其他保险合同没有按重置价值承保。本附加条款与主条款内容相悖之处,以本附加条款为准;未尽之处,以主条款为准。"根据该条款,与出险时的重置价值不同,保险公司承担的赔偿责任强调恢复该财产至崭新状态,这就导致对财产保险损失补偿原则的突破。

实务中,很多保险公司会选择约定按照重置价值确定保险价值,甚至同时附加承保重置价值条款。而一旦发生纠纷,甚至一些保险公司和专门从事保险纠纷处理的法律从业人员,常常都无法准确理解重置价值与重置价值条款。围绕该条款,经常引发争议,最核心的争议是赔偿到"重置"或"崭新"状态如何解释。

2. 共保条款

为了鼓励投保人足额投保,同时考虑到投保时难以准确设定保险金额带来的可能因保额不足而比例赔付的问题,保险双方可约定在保单中附加一个"共保条款",即"80%共保条款"。比如某保险公司保险条款中的共保条款为"不论是否有其他不同的规定,本保险单中被保险人申报的保险金额均代表被保险财产总价值的80%,保费也据此计算。兹经双方同意,如果保险财产发生损失,而实际的保险金额少于保险财产总价值的80%,则被保险人将作为共同保险人,以使保险金额达到此数,并据此对可能发生的损失按比例承担责任。本保险单项下如有一个以上的保险项目,则每一项目都将独立地适用此条款"。根据此条款,双方同意当发生损失时,保险金额达到或超过保险价值80%,则视同足额投保;若低于80%,则视同被保险人作为共保人承担相应比例的损失。

3. 建筑物变动扩展条款

建筑物变动条款主要承保已保险建筑在进行改动结构性修理或装修工程过程中发生保险范围内危险所致的物质损失。附加本保险时,不必每次因进行这些工程而另行保险。一般而言,该条款通常约定"经双方同意,由于保险单载明的保险标的地址内的建筑物进行扩建、改建、维修、装修过程中发生保险责任范围内的损失,保险人按照本附加险合同的约定负责赔偿,但被保险人须以书面形式提前通知保险人并恪尽职责防止损失发生"。

4. 供应中断扩展条款

企业财产保险附加条款中关于供应中断扩展条款通常约定"经双方同意,在保险期间内,由于本保险单载明的保险标的地址内供应电、水、气及其他能源的设备遭受保险事故致使供应中断造成保险标的的损失,保险人按照本附加险合同的约定负责赔偿"。

5. 施救费用条款

为了鼓励被保险人积极施救,有的企业财产保险合同会附加投保施救费用条款,通常约定内容为"经双方同意,当发生火灾或其他本保险合同承保风险时,被保险人、其代理人、雇员和受让人有义务、有必要采取施救措施,以防卫、保护和恢复保险标的,而不损害本保险合同效力,被保险人或保险人采取恢复、拯救和保护受损保险标的的措施,不应视作放弃或接受委付。因此发生的费用由被保险人和保险人比例分摊"。

三、本书特点

本书立足于为涉及和可能涉及保险纠纷的人士在处理企业财产保险纠纷、从事企业财产保险事务时，提供具有实践意义的帮助。因此，不论是内容还是体例，本书都具有极强的实务性。

在章节的编排上，本书考虑到保险业务的主要环节，以投保与承保、出险与理赔、代位追偿三大板块进行划分。其实，绝大部分保险纠纷发生在理赔环节。但是，并不是理赔环节发生的纠纷问题就发生在理赔上，如理赔程序的处理，理赔原则的理解、解释与适用等。很多问题或纠纷点实际上早在投保和承保环节就已埋下。如果投保人、被保险人或保险人在前面这些环节能够注意到这些问题，提早预防、提前处理，可能就不会在理赔过程中发生争议和纠纷。同样，有些在追偿环节发生的纠纷，也可能问题或隐患发生于投保和承保环节或理赔环节。因此，本书案例的分布基本上是按照风险点的分布、纠纷隐患埋藏的点来选取的。我们力争从体例方面为实务工作者快速找到自己希望探究的问题点，从而对其有所帮助。

虽然不可能覆盖企业财产保险的方方面面，但本书所选取的案例和讨论内容都是企业财产保险日常工作中、司法实践中非常典型和常见的情况。在案例的选取上，我们尽可能选取事实清楚、态度明确、可参考性强的诉讼案件，特别注意发生过再审程序的案件。因为发生过再审程序的案件往往经一审、二审之后，又经过更高级别法院的审理，读者可以通过不同审级的法院的观点进一步理解相关法律法规的适用、法院审判的标准和实践等。

本书的一大亮点是每个案例都有相应的风险提示。虽然企业财产保险纠纷案件往往是因被保险人对保险公司的理赔不满意而引发的，但其实在实践中，蓄谋诈赔或保险公司要赖不赔的情况都是较少发生的，而多是由于日常业务操作很难做到无缝隙衔接。归纳总结纠纷发生的原因，主要有：（1）保险双方在日常业务操作中的不规范、疏漏，导致资料不完整、未及时办理或完成保险或续保流程；（2）不专业，对保险有关的条款条件不了解，未能正确理解；（3）对保险合同内容的理解和解释存在不同；（4）限于各种现实条件而无法达到清楚举证或查明等情况。因此，笔者在各个环节都设计了风险提示部分，主要是归纳案例引发的风险点，提醒各方关注，以避免风险的发生，减少纠纷的发生。

另外有一个需要特别说明的事项是，本书列举的部分保险纠纷发生于《中华人民共和国民法典》（以下简称《民法典》）生效之前，因此，法院观点论述部分仍适用当时有效的《中华人民共和国合同法》(以下简称《合同法》)等规定,但实际上《合同法》相关规定在《民法典》中并无实质性变更。此外,个别司法案件发生在现行有效的《保险法》生效之前,因此,法院观点论述部分仍适用当时有效的《保险法》并依据相应的规定,同样,相关规定在现行《保险法》中并无实质性变更。所涉及之处,笔者均以脚注的形式作了说明。

第一章

投保与承保实务

第一节 导　　读

投保与承保是一组对应的关系和概念。在保险实务中，投保是投保人（在财产保险中多数情况下也是被保险人）向保险人即保险公司购买保险、支付保险费的过程；承保是保险人即保险公司接受投保人的投保，核定保险内容，出具保险单，收取保险费的过程。从法律层面上来说，投保与承保是保险合同达成的一个过程，投保人的投保行为是发出保险要约，保险人同意承保则构成保险承诺，进而双方达成保险合同。

在这个过程中，主要会涉及投保人、被保险人和保险人三方。投保人是指与保险人订立保险合同，并按照保险合同负有支付保险费义务的人。保险人是指与投保人订立保险合同，并承担赔偿或者给付保险金责任的保险公司。被保险人是指其财产受保险合同保障，享有保险金请求权的人，通常投保人既可以自己作为被保险人，也可指定他人为被保险人。在企业财产保险中，投保人和被保险人往往是一致的，即投保企业本身。当然，也有很多大型企业、企业集团甚至跨国公司等会把其母公司、子公司、层层的各类关联公司等在某一保险公司或保险集团进行统一的投保，此时投保人可能是集团公司，而被保险人则包括非常多的相关各类主体、多个公司等。

投保与承保是整个保险过程中非常重要的环节，很多未来在保险索赔与理赔环节发生的纠纷其实归结起来，其隐患就是在该环节产生的。投保时，投保人常常需要向保险人提交投保单，向保险人发出书面要约，载明申请投保的被保险人、被保险财产等情况。保险人收到投保人的投保单后则进行核保程序，即保险公司在掌握保险标的重要事实的基础上，对投保风险进行评估与分类，进而决定是否承保、以何种条件承保并厘定保险费费率等。保险人同意承保,则向投保人出具保险单,载明保险合同时期限、保险标的、保险金额与保险价值、保险责任、除外责任、保险费费率、保险费及其缴纳时间等内容。投保人或被保险人则应按照约定缴纳保险费,并履行其他根据合同应履行的义务。若投保单与保险单中记载事项不一致,发生事故后则很容易引起争议。由于保险业务实务中具有大规模操作的特殊性,因此投保和承保环节往往过于简单,在发生纠纷时举证困难,难以证明双方最初的保险意图、保险共识究竟如何,从而造成纠纷,甚至给一方或双方带来巨大损失。

第二节 典型案例

问题 1-1:未支付保费,保险合同是否成立、生效?

➢ 案件名称

福建省长乐市某针纺实业有限公司(简称"**针纺公司**")诉某财产保险股份有限公司长乐支公司(简称"**保险公司**")保险合同纠纷

➢ 案号

最高人民法院(2018)最高法民申 2906 号

➢ 案情简介

针纺公司自 2003 年起一直在保险公司投保,每年投保的项目及范围、保险金额及保险期限、保险费费率等均不相同。2012 年,针纺公司就存货和设备分别向保险公司投保财产综合险。其中,存货部分的保险金额为 8 000 万元,保险费为 56 000 元;设备部分的保险金额为 10 000 万元,保险费为 45 000 元。存货及设备保险分别对应的投保单及保险单中均载明:"每次事故免赔额 1 万元或损失金额的 10%,二者以高者为准。"针纺公司于 2012 年 1 月 17 日在存货和设备保险的两份投保单上盖章确认,保险公司业务员及核保人也于同日分别在该两份投保单中的"初审情况"栏及"核保意见"栏签字确认,两份投保单约定的保险期间均为 2012 年 1 月 18 日零时起至 2013 年 1 月 17 日 24 时。针纺公司于 2012 年 1 月 22 日缴纳了约定的保险费。保险公司在针纺公司缴纳保险费的当日,出具了两份保险单,保险单约定的保险期间自 2012 年 1 月 22 日零时起至 2013 年 1 月 21 日 24 时。

2013 年 1 月 22 日,保险公司业务员到针纺公司协商针纺公司存货及设备的保险事宜,双方都确认2013年1月22日双方洽谈续保的保险标的及保险金额与2012年度的财产综合险一致。保险公司业务员郑某于当日下午5点许向针纺公司联系人刘某手机号中发出以下短信内容:"保险公司14××××某银行某支行!财产险保费88 000元!麻烦了。"

2013年1月25日,针纺公司车间仓库发生火灾,造成货物及设备损失。火灾发生后,针纺公司即通知保险公司到场查勘。当晚,针纺公司将88 000元保险费汇入保险公司账户,后保险公司将该款项退还针纺公司。2013年2月7日,针纺公司与保险公司双方共同委托某保险公估有限公司对针纺公司机器设备、存货因火灾受损进行评估,保险公估有限公司于2013年3月20出具评估报告书,评估的机器设备实际损失为4 890 933元,存货的实际损失为10 846 588.02元。其中,机器设备公估价值为276 723 271元。

2013年2月25日,当地公安消防大队出具火灾事故认定书,认定2013年1月25日针纺公司一纺车间一层仓库发生火灾,过火面积为1 650平方米,起火原因系储存物品粘胶自燃引起火灾。

2013年5月16日,针纺公司向保险公司邮寄火灾损失赔偿请求书,要求保险公司就火灾损失予以赔偿。但保险公司以针纺公司未支付保险费,保险合同未成立为由拒绝承担本次火灾的赔偿责任,针纺公司则认为双方于2013年1月22日达成一致的意思表示,保险合同已于当日成立并生效,支付保费只是投保人应履行的缴费义务,并非保险合同成立及生效的前提。因此,针纺公司诉至法院,要求保险公司支付火灾事故保险赔偿款15 737 521.02元。

> **法院观点**

一审法院认为:

(一) 关于针纺公司与保险公司之间的保险合同是否成立生效的问题

针纺公司与保险公司之间存在长期的保险业务合作关系,2013年1月22日保险公司的工作人员到针纺公司洽谈保险事宜。针纺公司主张当日双方已就针纺公司的设备及存货的保险事宜达成一致且其已填写投保单提交给保险公司。针纺公司提交了保险公司的业务员郑某向针纺公司刘某发出的短信作为证据证明其上述主张。该短信内容为:"保险公司14××××某银行某支行!财产险保费88 000元!麻烦了。"保险公司仅确认双方已就保险标的、保险金额、承保条件达成一致,否认双方已就保险费达成一致并且否认针纺公司已提交投保单。根据双方在诉讼中的陈述,结合以往双方之间实际的投保操作流程考虑,规范的投保流程为:投保人针纺公司填写投保单并提交给保险公司;保险公司核保;保险公司核保意见为同意承保的,针纺公司缴纳保险费;保险公司出具保险单。按照上述投保流程,只有在针纺公司提交投保单并经保险公司核保同意承保的情况下,针纺公司才应履行向保险公司缴纳保险费的合同义务。保险公司业务员郑某发给针纺公司刘某的短信已包含明确保险费金额以及收取保险费的账户的内容,表达了保险公司催促针纺公司履行缴纳保险费合同义务的意思表示。

根据针纺公司所提交的证据短信的内容,可以认定针纺公司已填写投保单提交给保险公司,保险公司已同意承保并催促针纺公司缴纳保险费。依照《保险法》第十三条第一款"投保人提出保险要求,经保险人同意承保,保险合同成立"、第三款"依法成立的保险合同,自成立时生效"的规定,针纺公司于2013年1月22日就存货和设备向保险公司投保财产综合险的保险合同,双方已达成一致意见,该保险合同已成立生效。

(二)关于2013年1月25日针纺公司存货及设备的保险事故是不是在本案所涉的保险合同的保险期间内发生的问题

双方当事人对保险期间的起算时间存在争议。针纺公司主张2013年1月25日其公司的存货及设备的保险事故系在双方约定的保险期间内发生的。但保险公司抗辩称针纺公司的存货及设备发生事故时双方之间的保险合同的保险期间尚未起算。根据《最高人民法院关于适用〈中华人民共和国保险法〉若干问题的解释(二)》第十四条关于"保险合同中记载的内容不一致的,按照下列规则认定:(一)投保单与保险单或者其他保险凭证不一致的,以投保单为准。但不一致的情形系经保险人说明并经投保人同意的,以投保人签收的保险单或者其他保险凭证载明的内容为准"的规定,本案中保险公司尚未出具本案讼争保险合同的保险单。针纺公司填写并提交给保险公司的投保单是认定双方对于保险期间起算时间约定的关键证据。《最高人民法院关于民事诉讼证据的若干规定》第七十五条①规定,"有证据证明一方当事人持有证据无正当理由拒不提供,如果对方当事人主张该证据的内容不利于证据持有人,可以推定该主张成立"。投保单只有一式一份,投保人填写后提交给保险公司保管。现保险公司作为该投保单的持有人拒不提供该投保单,应承担对其不利的法律后果。而且,2011年、2012年的投保单的保险期间均为从保险公司同意承保的次日(合同成立的次日)起算的。因此,在保险公司拒不提供投保单的情况下,推定针纺公司提出的

---

① 届时适用的是2001年《最高人民法院关于民事诉讼证据的若干规定》,该规定第七十五条内容现已修改为《最高人民法院关于民事诉讼证据的若干规定》(2019年修正)第九十五条:"一方当事人控制证据无正当理由拒不提交,对待证事实负有举证责任的当事人主张该证据的内容不利于控制人的,人民法院可以认定该主张成立。"

2013年1月25日针纺公司存货及设备火灾事故发生在本案所涉保险合同的保险期间内的主张成立。一审法院判决保险公司支付保险赔偿金11 264 630.17元,保险公司不服一审判决,提起上诉。

二审法院观点同一审法院基本一致,认为根据双方确认的规范投保流程,只有在投保人提交了投保单且保险公司完成了核保、承保程序的情况下,才存在催缴情形,故一审认定2013年1月22日双方协商当日,针纺公司已填写投保单并交给保险公司,保险公司也已同意承保,并无不当。本案事故发生于2013年1月25日,在保险期间内。至于缴纳保险费仅是针纺公司的合同义务,不应以交费时间认定保险期间的起算时间。最终二审法院判决驳回上诉,维持原判。保险公司不服二审判决,提起再审申请。最高人民法院的再审观点与一审法院、二审法院基本一致,最终驳回保险公司的再审申请。

> **律师评析**

《保险法》第十三条规定,"投保人提出保险要求,经保险人同意承保,保险合同成立。保险人应当及时向投保人签发保险单或者其他保险凭证。保险单或者其他保险凭证应当载明当事人双方约定的合同内容。当事人也可以约定采用其他书面形式载明合同内容。依法成立的保险合同,自成立时生效。投保人和保险人可以对合同的效力约定附条件或者附期限"。由此可知,只要保险人同意对投保人的保险要求进行承保,双方之间则成立保险合同。保险单、保险凭证只是作为保险合同内容的表现形式。理清楚这一点,就能明白,为何实践中并非简单以保险单出具时间作为保险合同成立时间,往往需要结合实际情况判断保险合同到底何时成立。

实践中,保险公司在事故发生、造成损失而保费尚未缴纳的情形下,主张保险合同尚未成立,从而抗辩不承担保险赔付责任的情形时有发生。本案中保险公司即认为投保人未缴纳保险费,因此保险合同并未成立,更未生效。我们认为,保险公司的这一抗辩在通常情形下很难成立,因为保险合同是合同的一种,其成立与否的判断依据同样需要结合当事人是否就保险事项的意思表示达成一致,即是否通过了要约与承诺,具体到保险合同下的表现形式则为投保与承保。如果保险公司同意承保,则保险合同成立并生效,除非另有约定如有其他附加条件为限制。合同按生效条件可以分为附生效时间的合同或附条件的合同,这类合同在合同成立后并不立即生效,而是在一定时间到来或一定条件成就后方可生效。通常情形下,若保险合同中明确约定保险费的支付作为保险合同的生效要件,且投保人未及时足额支付保险费,则保险公司可主张抗辩保险合同尚未生效,保险责任尚未起始,但是涉案保险合同并无此类明确约定,并且结合双方交易惯例,都是在保险公司确认承保后,才支付保险费并出单,保险公司确认承保即视为双方保险合同成立且生效,是否支付保险费并非该保险合同生效的条件限制。

本案中,审判法院依据保险公司工作人员向投保人发出的短信内容,认定该短信内容包含保险公司同意承保的意思表示,从而以该时间点作为涉案保险合同成立并生效的时间。因此,即使涉案企业在事故发生时尚未支付保险费,保险人也尚未出具保险单,双方间的保险合同依然被法院认定为已经成立并生效,保险人需对火灾事故造成的损失承担赔偿责任。

> 风险提示

本案所涉及的情况在实践中是时有发生的。这就提示保险双方,应该尽量缩短投保和承保的时间。如果保险人想以保险费的缴纳作为合同生效的条件,那就应该在与投保人的交流中作出明确的表示。如本案中,保险公司的工作人员可以在发短信的时候同时注明"如果没收到保险费,保险就不能生效"等类似的意思表示,这样既可以催促投保人及时缴费又能减轻或避免空档期风险事故发生责任的承担。对投保人来讲,应及时缴费,以避免不必要纠纷的发生。同时,对于提交给保险人的资料特别是投保单等重要文件,应留存复印件和提交的证明等资料,以便日常管理和未来的不时之需。

问题 1－2: 保险责任开始时间与保险合同成立时间是否相同?

> 案件名称

福建省晋江市某鞋服有限公司(简称"**鞋服公司**")诉某财产保险股份有限公司晋江支公司(简称"**保险公司**")保险合同纠纷

> 案号

福建省泉州市中级人民法院(2013)泉民再终字第5号

> 案情简介

鞋服公司与保险公司于2005年12月19日订立050052号保单的财产综合险保险合同,双方约定保险期限12个月,自2005年12月22日12时起至2006年12月22日12时,保险金额为人民币2035万元,保险费费率为1‰。050052号保单保险合同的保险期限届满前数日,双方协商续保事宜。鞋服公司法定代表人丁某提出增加保险标的和保险金额,要求保险公司下调保险费费率。保险公司林某经请示后通知丁某保险费费率可下调——由1‰下调为0.6‰,并帮鞋服公司拟制了一份保险金额为人民币2982.5万元的财产清单。

2006年12月22日12时30分许,鞋服公司法定代表人丁某在其办公室告诉来访的保险公司林某,按林某拟制的财产保险清单续保,保险责任开始时间接050052号保单到期时间2006年12月22日12时。林某即电话通知保险公司业管部职员沈某将鞋服公司续保信息传送保险公司福建分公司核保。因沈某没有保险金额人民币2 982.5万元的财产清单,业务部录入员庄某就先按050052号保单的财产清单(保险金额人民币2 035万元)传送保险公司福建分公司核保,核保通过后网络系统生成保险单号为060248的内档电子保单。林某回到保险公司后,于当日18时许电话通知丁某,续保已通过核保,但没有告诉核保金额为人民币2 035万元。

2006年12月23日上午,丁某打电话向林某催要保单。林某载庄某到保险公司,按保单格式排版,制作出保险金额人民币2 982.5万元的060248号保单,并加盖保险公司的保单专用章。当日12时许,林某将060248号保单和对应的已填写的投保单、财产清单交给鞋服公司员工赖某。鞋服公司在投保单、财产清单盖章后于当日15时许交回给林某。060248号保单落款日期为2006年12月22日,载明保险金额人民币2 982.5万元,保险标的包括房屋建筑、机器设备、原材料、成品和半成品,保险期限12个月即自2006年12月22日12时起至2007年12月22日12时,保险费费率0.6‰,保险费应于2006年12月30日前付清。2006年12月25日鞋服公司支付了相应的保险费。此外,保险条款第二十条约定:投保人应当在保险合同生效前按约定交付保险费。并在"财产保险综合险保单明细表"中第十一款"付费"约定:(1)投保人应按约定交付保险费;(2)约定一次性交付保险费,投保人在约定交费日后交付保险费的,本公司自保险费到账的次日起承担保险责任,保险期间止期不变。

2006年12月23日4时25分许,鞋服公司的厂房发生火灾,保险公司和保险公司福建分公司于12月26日接到鞋服公司报险后,派人完成部分现场查勘;当地公安局消防大队于2007年1月19日作出火灾原因认定书,认定火灾系电气线路故障引燃周围可燃物蔓延成灾。保险公司福建分公司于2007年10月12日函告鞋服公司,因060248号保单是火灾事故发生后补签的,暂作出拒赔的处理决定。

鞋服公司认为,火灾事故属保险期间发生的保险事故,造成原告固定资产(包括房屋建筑和机器设备)、流动资产(包括原材料、库存产品及半成品)、救助费用等损失合计7 913 241元,于是提起诉讼,要求保险公司支付保险赔偿金。而保险公司认为,2006年12月23日13时许,鞋服公司在保单对应的投保单、财产清单上盖章确认,双方达成合意,本案保险合同这时才成立,讼争合同在火灾发生时尚未成立,且双方关于保险责任开始时间早于保险合同生效时间的约定不具有法律约束力,对此保险公司无须承担保险责任。此外,"财产保险综合险保单明细表"中第十一款约定"投保人在约定交费日后交付保险费的,本公司自保险费到账的次日起承担保险责任",涉案火灾发生在保费缴纳之前,其有权不予赔偿。

另外,一审法院委托公估公司对火灾受损进行评估,公估公司作出理算报告,结论为鞋服公司经济损失的理算金额为人民币 4 467 562.1 元。

> **法院观点**

一审法院认为:2002 年《保险法》第十三条并未规定保险合同必须采用书面合同,只要在投保人投保的意愿基础上保险人或其代表人作出了承保的意思表示,并就合同条款达成协议即为保险合同成立①。本案中,丁某于 2006 年 12 月 22 日 17 时 30 分向林某提出续保,林某于当日 18 时电话通知鞋服公司核保已通过,此时讼争保险合同即告成立。该保险合同无须办理法定批准、登记手续即可生效,又未约定附条件或期限生效,故自依法成立的同时生效。《保险法》均将保险期间的起止问题交予当事人自行约定,且未对追溯保险作出禁止性规定,故对当事人将保险责任开始时间追溯到保险合同订立前的约定具有法律效力。故本案保险合同的保险责任自 2006 年 12 月 22 日 12 时开始。公估公司进行评估作出的理算报告,程序和形式合法,可以作为认定损失的依据。因此,最终判决保险公司应当承担保险赔偿责任并支付保险金 4 467 562.1 元。保险公司不服一审判决,提起上诉。

二审法院认为:本案中,丁某于 2006 年 12 月 22 日 17 时 30 分向林某提出续保,林某于当日 18 时电话通知鞋服公司核保已通过,这一事实说明双方对保险合同的条款已达成一致意见,因此保险合同即告成立。2006 年 12 月 23 日上午,丁某打电话向林某催要保单,到鞋服公司在投保单、财产清单盖章后于当日 15 时许交回给林某的事实,也说明双方认可已协商一致的保险条款,且也根据合同的约定于 2006 年 12 月 25 日交费,保险合同已生效。但是,保险合同的成立并不能直接证明保险公司就应当承担保险责任。本案中,鞋服公司的投保行为是续保,对于 050052 号保单、060248 号两份保险合同的具体内容是清楚的,而且认可了保险合同中的具体条款。在本案保险合同中财产保险综合险条款第二十条约定:投保人应当在保险合同生效前按约定交付保险费。财产保险综合险保单明细表中第十一款"付费"约定:(1)投保人应按约定交付保险费;(2)约

---

① 现行《保险法》第十三条已经删除"并就合同的条款达成协议"这一表述。

定一次性交付保险费,投保人在约定交费日后交付保险费的,本公司自保险费到账的次日起承担保险责任;保险期间止期不变;(3)约定分期交付保险费的,本公司按照保险事故发生前本公司实际收取保险费与投保人应当交付保险费的比例承担保险责任。《保险法》第十四条规定:"保险合同成立后,投保人按照约定交付保险费,保险人按照约定的时间开始承担保险责任。"上述规定可以证明以下事实:保险公司自保险费到账的次日起按实际收取保险费与投保人应当交付保险费的比例承担保险责任,在未收到保险费时不承担保险责任。而本案火灾事故发生时间是在缴纳保险费之前,故根据合同的约定,保险公司对鞋服公司于2006年12月23日4时25分许发生火灾所造成的损失,不必承担保险责任。鞋服公司不服二审判决,提起再审申请。

再审法院认为:2002年的《保险法》第十三条并未规定保险合同必须采用书面形式。根据该条规定,只要在投保人投保意愿的基础上保险人或其代表人作出了予以承保的意思表示,并就合同条款达成协议,即为保险合同成立。而保险单只是反映经磋商成立的保险合同具体内容的一个工具,主要作用是证明保险合同当事人之间的权利义务关系。对于保险当事人能够证明其相互之间的权利义务关系的,即使合同没有采用书面形式,合同的成立和效力也不受影响,不能以此认定保险合同未成立或未生效。保险合同的订立过程,是投保人与保险人意思表示一致的过程,要经过要约和承诺两个步骤。本案中,丁某于2006年12月22日17时30分许向保险公司的业务员林某提出,按林某拟制的财产清单续保,这是鞋服公司要约到达保险公司。该要约包含按财产清单所列增加保险标的,保险金额增至人民币2 982.5万元,保险期限自2006年12月22日12时起至2007年12月22日12时计12个月,保险费费率为0.6‰等内容。林某于当日18时许电话通知鞋服公司核保已通过,即保险公司承诺到达鞋服公司,此时讼争保险合同即告成立。该保险合同无须办理法定批准、登记手续即可生效。双方约定在合同生效前交付保险费,只是对投保人履行合同义务的时间做出的特殊约定,双方并未明确将其约定为合同生效的条件。保险合同约定鞋服公司付费日期为2006年12月30日前,鞋服公司依约于2006年12月25日向保险公司缴纳了保险费,并不存在逾期交付保险费的违约行为,故双方间的保险合同在依法成立的同时生效。

保险合同中,保险人承保的是未来可能发生的保险事故,而不是承保已经发生的事故或已不可能发生事故的事实,故保险责任开始时间一般应迟于或等于保险合同成立的时间。不管是2002年的《保险法》还是2009年的《保险法》,均将保险期间的起止问题交予保险合同当事人自行约定,且未对追溯保险作出禁止性规定,故对当事人将保险责任开始时间追溯到保险合同订立前某一时间的约定,根据"当事人意思自治"原则,应认定对当事人具有法律约束力,但对于财产综合险保险合同须以追溯期间(追溯的保险责任开始时间至保险合同订立之时)没有发生保险事故为限制条件。060248号保单保险合同于2006年12月22日18时许成立,双方约定将保险责任开始时间追溯至当日12时,符合前述追溯保险的条件。并且,财产综合险条款是保险合同附加条款,属于格式合同。因该条款第二十条即"投保人应当在保险合同生效前按约定交付保险费",应为交付保险费是投保人的义务,并非保险合同生效要件,故应认定讼争保险合同的保险责任自2006年12月22日12时开始,保险公司应当按照合同约定的保险期限承担保险责任。最终判决撤销二审判决、维持一审判决。

> **律师评析**

《保险法》第十四条规定,"保险合同成立后,投保人按照约定交付保险费,保险人按照约定的时间开始承担保险责任"。由此可知,保险双方可以约定保险责任的起始时间及终止时间,也可以约定保险责任开始的条件,待条件满足后开始承担保险责任。因此,保险合同成立与生效的时间与保险责任开始时间可以一致,也可以不一致。

另外,还需要注意保险责任开始时间与保险期间的区别。从《保险法》第十八条规定,"保险合同应当包括下列事项:……(五)保险期间和保险责任开始时间……"可以看出,保险期间与保险责任开始时间并非一个概念,保险责任开始时间是指保险合同约定保险人开始承担保险责任的时间,而保险期间是指保险合同生效至终止这一时段。比如货物运输承运人责任保险,通常约定保险期间为1年,自保险合同成立并生效时起算,而保险公司承担保险责任的期间为货物装上运输工具时起至抵达目的地被卸离运输工具。

具体到本案中,法院认定,保险合同的成立与生效并不一定以书面合同为支持,仍遵循当时有效的法律规定下的要约与承诺规则。本案中虽然保单签发时间晚于保险事故发生时间,但由于双方达成合意的时间即保险公司电话告知通过续保的时间发生在保险事故发生之前,并且双方约定的保险责任开始时间也早于保险事故发生时间,因此,虽然保险事故发生时,保险公司并未出具保险单,但因为保险合同已经成立并生效,所以双方可以约定保险责任开始时间,即便保险责任开始时间早于保险合同成立时间和生效时间,只要事故发生在保险责任开始时间之后并处于保险期间,保险公司就应承担保险赔偿责任。

本案充分说明了两个问题,在实务中遇到此类问题时,一要判断保险合同是否成立、生效,何时成立、生效,二要判断保险事故是否属于保险责任即事故是否发生在保险责任开始之后并处于保险期间。第一个问题主要涉及保险合同的成立与生效,不论是一审法院、二审法院还是再审法院,都按照要约与承诺来判定保险合同是否成立,没有保单或其他书面文件,并不意味着保险合同没有成立、没有生效,并就保险合同的生效条件和时间展开了论述。而第二个问题则涉及保险责任开始时间的认定,对于保险人何时开始承担保险责任,二审法院和再审法院存在不同观点:二审法院认为,保险合同载明,"投保人应当在保险合同生效前按约定交付保险费""约定一次性交付保险费的,投保人在约定交费日后交付保险费的,本公司自保险费到账之次日起承担保险责任",那么在保险公司未收到保险费时不承担保险责任。因为本案火灾事故发生时间是在缴纳保险费之前,所以保险人不承担保险责任。我们认为,二审法院忽略了保险合同的保单明细表中特别约定了具体的保险费支付时间,投保人实际上在约定的缴费日之前缴纳了保险费这一事实。关于这一点的认定,再审法院的认定则更客观全面,再审法院虽然并未对保险费的支付时间进行阐述,但认为当事人将保险责任开始时间追溯到保险合同订立前某一时间的约定,属于意思自治,但该保险责任开始时间的追溯,须以追溯期间(追溯的保险责任开始时间至保险合同订立之时)没有发生保险事故为限制条件。涉案保险合同追溯的保险责任开始后至保险合同成立之间,并未发生保险事故,则应认定该保险责任开始时间追溯有效,本案保险事故属于保险责任时间范围。另外,再审法院认为财产综合险条款是保险合同附加条款,属于格式合同,该条款第二十条即"投保人应当在保险合同生效前按约定交付保险费",该条款应为交付保险费是投保人的义务,并不必然推定为如果投保人未交付保险费则保险合同就不生效,保险费的支付并非本案保险合同生效的要件,因而不能以本案中火灾事故发生时,被保险人尚未支付保险费从而认定保险合同尚未生效,保险人无须承担责任。

> **风险提示**

这是一个本不该发生的纠纷。对被保险人鞋服公司来说,只要在保险合同到期前及时向保险公司办理续保,就会在火灾发生时无争议地拥有向保险公司索赔的权利。对保险公司来说,平时业务管理人员应关注保户保险起讫时间,及时提醒保户办理续保手续。而一旦发生未及时续保的情况,就应注意避免倒签追溯保险期限的情况发生。如果发生了追溯保险期限的情况,就要承担空档期发生保险事故索赔的风险。对于二审法院与再审法院就保险公司是否应该承担保险赔偿责任而出现的不同意见,在实务中并不罕见。任何案件的处理都需要结合多种因素,仅仅依靠某一个条款或某一种措辞就作出责任的承担或不承担的判断往往是不周全的,法院判决通常会考虑多种因素的影响。因此,实务中,不能片面依赖某个条款或某句话来解决问题。

问题 1-3： 保险事故发生后支付保费,保险合同是否成立?

> 案件名称

某财产保险股份有限公司北京分公司(以下简称"**保险公司**")诉宁夏某洗煤有限公司(以下简称"**洗煤公司**")保险人代位求偿权纠纷

> 案号

最高人民法院(2015)民申字第 496 号

> 案情简介

2009 年 3 月 9 日,保险公司与被保险人宁夏某炭业有限责任公司(以下简称"炭业公司")签订了"财产一切险保险单"一份,保险期限自 2009 年 3 月 10 日起至 2010 年 3 月 9 日;保险金额 84 013 265 元,保险费 50 407 元,每次事故免赔额为 20 万元;保险标的是建筑物、固定设备、装置、室内资产、机器设备、笔记本电脑。同时约定炭业公司向保险公司缴付本保险单明细表列明的保险费,保险公司同意按保险单的规定负责赔偿在保险单明细表中列明的保险期限内被保险财产遭受的损失或灭失。炭业公司的"财产一切险保险单"中保险明细表第十条明确约定"中文保单仅作参考,以我司盖章确认的英文保单发生法律效力"。保险公司提供的保险合同原件保险明细表第十条内容是:"本保险单出具中英文版,中文保单仅作参考用,若中英文保单内容出现冲突,则以英文保单为准。"合同签订后,被保险人缴纳了相应的保险费。涉案保险合同及批单中文版本均由保险公司法定代表人签字确认,且加盖了保险公司英文长条章,并未加盖保险公司中文长条章,涉案英文版本保险合同及批单均无保险公司盖章。

保险公司于 2009 年 12 月 16 日向投保人(被保险人)炭业公司出具一份批单,对炭业公司的"存货"在原保单号 078Y"财产一切险保险单"项下进行保险,批单载明,自 2009 年 12 月 17 日零时起,上述保单项下被保险财产存货的保额增加 3 300 万元,应加收被保险人保费 4 502.47 元。……保单项下所载其他条件不变。但炭业公司直至 2009 年 12 月 30 日才缴纳了保险费。其间,2009 年 12 月 23 日上午 11 时许,洗煤公司雇员赵某驾驶洗煤公司所有的车辆在下坡时,车辆失控,发生溜滑,撞在炭业公司所有的专用电线杆上,造成三根电线杆损坏,炭业公司停电数小时的事故。保险公司委托公估公司对事故造成的损失进行定损,公估报告确定理算金额为 1 837 286.36 元。保险公司于 2010 年 11 月 16 日将赔偿款支付给了炭业公司。

保险公司支付保险赔款后诉至法院,请求法院判令洗煤公司支付其保险赔偿金 1 837 286.36 元,赔偿损失 115 932.97 元(从 2010 年 11 月 16 日至 2011 年 11 月 16 日按银行同期贷款利率计算,即 1 837 286.36×6.31‰=115 932.97 元),合计 1 953 219.33 元。

洗煤公司辩称:保险明细表第十条明确约定"中文保单仅作参考,我司盖章确认的英文保单具有法律效力"。炭业公司与保险公司之间的约定是只有加盖保险公司公章的英文保单才具有法律效力,而本案中保险公司的英文批单没有加盖公章,说明该批单不具有法律效力,保险公司不应承担保险责任。因此,保险公司无权代位追偿。

> **法院观点**

一审法院认为:因第三者对保险标的的损害而造成保险事故的,保险人自向被保险人赔偿保险金之日起,在赔偿金额范围内代位行使保险人对第三人请求赔偿的权利。因此涉案的保险合同是否生效,保险赔偿责任是否开始,造成的财产损失是否存在是本案保险公司代位行使炭业公司对洗煤公司请求赔偿权利的前提条件。

关于涉案的保险合同是否生效的问题,经查,洗煤公司从另一人民法院调取的被保险人提供的"财产一切险保险单"中保险明细表第十条明确约定"中文保单仅作参考,以我司盖章确认的英文保单发生法律效力"。而该保险合同、英文保单保险公司均未盖章,之后的批单保险公司也未盖章。保险公司提供的保险合同原件保险明细表第十条内容是:"本保险单出具中英文版,中文保单仅作参考用,若中英文保单内容出现冲突,则以英文保单为准。"与洗煤公司提供的上述保险合同的内容不一致。洗煤公司提供的保险合同来源合法,由于保险合同是格式条款,应当作出不利于提供格式条款一方的解释,因此保险合同的内容以洗煤公司提供的保险合同的内容为准。上述约定应当是对保险合同附生效条件。保险公司与炭业公司签订的批单,因在事故发生时,炭业公司并未缴纳约定的保险费,保险公司也未在批单上盖章,所以,按照保险合同的约定,此时批单并没有生效,对合同双方均无约束力,保险公司对非保险标的不承担保险责任,如果保险公司自愿承担非保险标的的保险责任,则不能依法取得代位求偿权,判决驳回保险公司的诉讼请求。保险公司不服一审判决,提起上诉。

二审法院认为:《保险法》第十三条规定"投保人提出保险要求,经保险人同意承保,保险合同成立。……依法成立的保险合同,自成立时生效。投保人和保险人可以对合同的效力约定附条件或者附期限"。本案中,洗煤公司从另一人民法院调取的保险明细表第十条约定"中文保单仅作参考,以我司盖章确认的英文保单发生法律效力"。保险明细表虽约定"盖章确认的英文保单发生法律效力",但并未明确约定加盖印章的种类,保险公司在"财产一切险保险单"和批单上均加盖了保险公司英文长条章,且由保险公司法定代表人签字确认,应当认定保险合同已经具备所附生效的条件。另外,根据《保险法》第十四条"保险合同成立后,投保人应当依约定交付保险费"的规定,在涉案保险合同没有约定投保人交付保险费为合同生效要件的情况下,交付保险费是投保人应当履行的合同义务,而非保险合同成立生效的要件。所以,原审判决以投保人在事故发生时未缴纳保险费、保险公司未在批单上盖章为由,认定批单当时未生效,对合同双方均无约束力,没有事实和法律依据。涉案保险合同应是投保人与保险人的真实意思表示,内容不违反法律、行政法规的强制性规定,均合法、有效。

关于保险公司是否依法取得代位求偿权的问题。涉案存货保险批单于2009年12月16日出具,载明自2009年12月17日零时起,上述保单项下被保险财产存货的保额增加3 300万元,应加收被保险人保费4 502.47元。虽然炭业公司于2009年12月30日向保险公司缴纳了"存货"保险的保险费4 502.47元,但根据"财产一切险条款"主险首页约定:"鉴于被保险人向保险公司提出书面投保申请和有关资料,并向保险公司缴付了本保险单明细中列明的保险费,保险公司同意按本保险单的规定负责赔偿在本保险单明细表中列明的保险期限内被保险财产遭受的损失或灭失……"其第五条第(二)项载明:"被保险人及其代表应根据本保险单明细表和批单中的规定按期缴付保险费。"第六条(一)项载明:"保单效力,被保险人应严格遵守和履行本保险单的各项规定,是本公司在保险单项下承担赔偿责任的先决条件。"被保险人只要履行了合同约定的义务,保险人就应承担保险赔偿责任。涉案保险合同没有约定交付保险费的期限,也没有特别约定交付保险费的时间即合同生效或者保险责任开始的时间,故被保险人在保险公司出具批单后交付了保险费,就履行了合同约定的交付保险费的义务,保险公司承担保险期限内的赔偿责任,符合合同约定和法律规定。保险公司向投保人炭业公司支付了保险赔偿金,依法取得向洗煤公司请求赔偿的权利,最终判决撤销一审判决,改判洗煤公司支付保险赔偿金1 837 286.36元。洗煤公司不服二审判决,提起再审申请。

《保险法》第十三条规定:"投保人提出保险要求,经保险人同意承保,保险合同成立。保险人应当及时向投保人签发保单或者其他保险凭证。依法成立的保险合同,自成立时生效。投保人和保险人可以对合同的效力约定附条件或者附期限。"第十四条规定:"保险合同成立之后,投保人按照约定交付保险费,保险人按照约定的时间开始承担保险责任。"再审法院认为,根据上述规定,除非当事人在保险合同中约定缴纳保费为保险合同的生效要件,否则,投保人提出保险要求,经保险人同意承保,保险合同即有效成立。缴纳保险费是保险合同有效成立后投保人应履行的合同义务,而非保险合同的生效要件。本案中,尽管案涉"财产一切险保险单"载明"鉴于本保险单明细表中所列明的被保险人向中国保险公司提出书面投保申请和有关资料,并向保险公司缴付了本保险单明细表中所列的保险费,保险公司同意按保险单的规定负责赔偿在本保险单明细表中列明的保险期限内被保险财产遭受的损坏或毁灭,并特立本保险单为凭",但该表述并不能当然解释为只有炭业公司缴纳了保险费,保险公司的保险责任才开始。因此,案涉保险费缴纳与否属于保险合同的履行问题,并不影响保险合同的成立与生效。因此,申请人原审判决以保险合同未约定交付保险费的期限为由,认定被申请人依法取得代位求偿权属于故意忽略案件主要事实及对证据认定错误的申请理由不能成立,本院不予支持,最终裁定驳回洗煤公司的再审申请。

> **律师评析**

《保险法》第十四条规定,"保险合同成立后,投保人按照约定交付保险费,保险人按照约定的时间开始承担保险责任"。由此可知,法律并未规定缴纳保险费是否为保险合同生效的条件。

具体到本案中,存货批单下保险费缴纳时间晚于事故发生时间,这就涉及批单是否有效、保险人是否应承担保险赔偿责任的问题。一审法院与二审法院、再审法院的观点截然不同。一审法院直接认为,在事故发生时,炭业公司并未缴纳约定的保险费,保险公司也未在批单上盖章,因此,按照保险合同的约定,此时批单并没有生效,对合同双方均无约束力,从而认定保险公司自愿赔付后不能依法取得代位求偿权。而涉案二审法院与再审法院的观点基本一致,认为除非当事人在保险合同中约定缴纳保费为保险合同的生效要件,否则,投保人提出保险要求,经保险人同意承保,保险合同即有效成立。缴纳保险费是保险合同有效成立后投保人应履行的合同义务,而非保险合同的生效要件。故认定涉案批单发生效力,保险公司赔付后,依法享有代位求偿权。

> **风险提示**

本案虽然是保险人代位追偿阶段发生的纠纷,但涉及的焦点问题即保险合同是否成立却是保险承保阶段涉及的问题。作为保险公司而言,不能简单地以保险费缴纳时间晚于事故发生时间为由就不承担保险责任;作为被保险人,投保后应及时支付保险费,避免发生保险事故后出现被退保、未能获得赔付等纠纷。

问题 1-4： 对建筑物结构有特别约定时，如何认定保险标的？

> **案件名称**

黄某诉某财产保险股份有限公司深圳分公司（简称"**保险公司**"）财产保险合同纠纷

> **案号**

深圳市中级人民法院(2015)深中法商终字第 286 号

> **案情简介**

惠州某工艺厂系个体工商户，黄某系该工艺厂的经营者。2014 年 4 月 8 日，惠州某工艺厂向保险公司投保了财产一切险，被保险人为惠州某工艺厂，保险财产为房屋建筑物，保险金额 1 000 万元，保费 1 万元，全部风险每次事故绝对免赔额为 1 000 元或损失金额的 5％，两者以高额为准，保险期限自 2014 年 4 月 22 日 0 时起至 2015 年 4 月 21 日 24 时。涉案财产险的投保单上填写了投保人、被保险人信息，承保标的为房屋建筑物，保险金额为 1 000 万元，免赔设定、保险期间等内容约定，同时该投保单上写明了特别约定——建筑物结构：钢结构铁皮房＋钢筋混凝土。该投保单上有保险人提示："本投保单为财产一切险保险合同的组成部分。请仔细阅读保险条款，尤其是黑体字标注部分的条款内容，并听取保险公司业务人员的说明，如对保险公司业务人员的说明不明白或有异议的，请在填写本投保单之前询问保险公司业务人员，如未询问，则视同已经对条款内容完全理解并无异议。"该投保单上的投保人声明一栏内载明："投保人及被保险人兹声明所填写上述内容（包括投保单及投保附件）属实。本人已经收悉并仔细阅读保险条款，尤其是黑体字部分的条款内容，并对保险公司就保险条款内容的说明和提示完全理解，没有异议。"黄某在投保人签章内加盖了某工艺厂的公章。

黄某向保险公司支付保险费，保险公司向黄某提供了财产一切险的保险单及保险条款，保险单上注明本保险单内容包括明细表、责任范围、除外责任、赔偿处理、被保险人义务、总则、特别条款等。本保险单还包括投保申请书及附件，以及本公司今后以批单方式更改的内容。该保险单所附的保险单明细表注明了被保险人、保险财产、每次事故免赔、保险期限、保险金额、保险费，其中第十二条特别约定——建筑物结构：钢结构铁皮房＋钢筋混凝土。房屋建筑物的保险价值为出险时的重置价值。

2014 年 5 月 16 日，因突发连续特大暴雨，山体滑坡，故惠州某工艺厂的挡水墙倒塌以及车间地面塌陷。次日,受黄某、保险公司委托,保险公估公司就2014年5月16日洪水致惠州某工艺厂厂房建筑物损失进行公估定损。同日,该公司对该厂现场勘查,在勘查记录中注明:打磨车间后面厂房挡水墙倒塌:20米×5米×0.6米;油房车间后面厂房倒塌:30米×4.5米×0.6米;附属建筑物挡水墙为一般水泥砖体结构。2014年7月14日,保险公估公司出具定损函,确认惠州某工艺厂的车间地面塌陷属于财产标的,该车间地面塌陷损失核定为32 272.5元;砌砖挡水墙属于构造物,不属于建筑物,而保险合同中列明的承保项目是房屋建筑物(钢筋混凝土结构),所以该挡水墙不属于保险财产范围,因此本次事故挡水墙的损失,保险公司不负责赔偿。黄某不认可该赔付方案,于是诉至法院,请求法院判令保险公司赔偿挡水墙损失204 600元等。

庭审中,双方确认黄某投保时,该挡水墙就已存在;受损的挡水墙为水泥砖体结构。黄某另向法院提交了福建省某建筑工程公司出具的建筑工程预算书,主张涉案砌砖挡水墙由该公司所建造,该砌砖挡水墙工程倒塌损失为204 600元。

> **法院观点**

一审法院认为:某工艺厂作为投保人、被保险人向保险公司投保财产一切险,财产保险标的为房屋建筑物,黄某系该工艺厂的经营者,黄某与保险公司之间的财产保险合同是双方的真实意思表示,合法有效,双方应按照保险合同的约定履行义务。根据双方约定以及相关法律规定,投保单、保险单、保险条款等内容均属于双方之间财产保险合同的构成部分。在涉案投保单、保险单所附保险单明细表上均有注明特别约定的内容,约定了建筑物结构为钢筋结构铁皮房+钢筋混凝土,某工艺厂作为投保人在投保单上加盖公章,确认投保单所填写的内容属实,确认已了解保险条款,尤其是黑体字部分的条款内容,并对保险公司就保险条款内容的说明和提示完全理解,应视为保险公司已对保险条款的免责部分尽到了提示和说明义务。保险公司并提示投保人、被保险人仔细阅读保险单包括明细表、责任免除等内容;且上述特别约定并不属于严格意义上的免责条款,是对保险标的房屋建筑物中的建筑物结构进行的明确约定。该约定属于保险合同的内容,对黄某、保险公司均具有约束力。

因涉案保险合同约定的保险标的房屋建筑物的建筑物结构为钢筋结构铁皮房+钢筋混凝土,而黄某所受损的挡水墙为水泥砖体结构,与合同约定保险标的物建筑物结构约定不符,故不属于保险赔偿范围。黄某请求保险公司支付挡水墙损失的保险赔偿金204 600元,没有事实和法律依据,该院不予支持。黄某不服一审判决,提起上诉。

二审法院认为：保险公司财产一切险条款"保险标的"部分第二条规定，"本保险合同载明地址内的下列财产可作为保险标的"，是指保险合同载明地址内的财产可作为保险标的投保，并非只要投保了财产一切险，保险合同载明地址内的所有财产就当然都是保险公司承保的财产。投保单显示保险标的、承保标的项目是房屋建筑物，保险单显示保险财产是房屋建筑物，也即某工艺厂投保的保险财产仅限于房屋建筑物，并未投保仓储物、机器设备等其他财产。而车间地面属于房屋建筑物的一部分，应属于保险财产，保险公司予以赔付，符合保险合同的约定。黄某上诉主张保险合同载明地址内的财产均应属于保险财产，缺乏合同依据，本院不予支持。投保单、保险单均对房屋建筑物作了特别约定，建筑物结构是"钢结构铁皮房＋钢筋混凝土"，其目的是要求房屋建筑物相对牢固，可降低保险事故发生的概率，有其合理性。黄某受损的挡水墙为水泥砖体结构，与保险合同特别约定的保险标的物房屋建筑物结构不符，不属于保险财产。黄某请求保险公司支付挡水墙损失的保险金 204 600 元，缺乏合同依据，本院也不予支持。最终二审法院判决驳回上诉，维持原判。

> ➢ **律师评析**

《保险法》第十二条规定，"……财产保险的被保险人在保险事故发生时，对保险标的应当具有保险利益……财产保险是以财产及其有关利益为保险标的的保险。被保险人是指其财产或者人身受保险合同保障，享有保险金请求权的人。投保人可以为被保险人。保险利益是指投保人或者被保险人对保险标的具有的法律上承认的利益"。由此可知，企业财产保险下的保险标的是指企业财产及有关利益。具体到实践中，企业财产通常包括被保险人所有的资产，由被保险人经营管理或替他人保管的财产以及其他具有法律上承认的与被保险人有经济利益关系的财产，而有关利益实践中主要表现为营业利润，如有的企业在投保企业财产险主险时，会一并投保营业中断险（又称"利润损失险"）。

虽然看似很简单，但具体到实践应用中，受损财产是否属于保险标的的范围，常常容易引发保险双方之间的争议。并非只要是位于保险合同中载明地址的财产，就都可以认定为保险合同下的保险标的。如果保险合同或投保单、保险单中对保险标的有特别约定，保险标的的认定就还需结合具体约定来认定。涉案投保单和保险合同中均对保险标的的建筑物的结构进行了约定，即钢结构铁皮房＋钢筋混凝土。由于本案受损挡水墙为水泥砖体结构，与保险合同特别约定的保险标的物房屋建筑物结构不符，因此法院认定受损财产不属于保险标的。实际操作中企业财产保险合同中通常情形下往往没有此类特别约定的具体事项,一旦发生纠纷,合同双方对于"建筑物结构"的定义就可能出现争议,涉案法院虽可通过投保明细或其他约定来认定投保的保险标的范围,但无疑会增加相关责任方的举证难度。

> ➤ 风险提示

究竟企业对哪些财产进行了投保?这个看似简单的问题在实践中却经常引发争议。因为企业财产保险的特点是针对生产经营中的企业,其包含的财产存在种类多、数量大且经常变化的特点,所以保险双方在投保和承保时应注意明确保险标的的范围、确定的标准等,避免出险后因理赔而发生纠纷。

问题 1-5: 保险明细表与投保单约定不一致时,如何认定保险标的?

> ➤ 案件名称

某财产保险股份有限公司莱阳支公司(简称"**保险公司**")与烟台某食品有限公司(简称"**食品公司**")财产保险合同纠纷

> ➤ 案号

最高人民法院(2013)民提字第 121 号

> ➤ 案情简介

2008 年 8 月 17 日,食品公司、保险公司签订了一份"财产保险综合险保单明细表",其中载明下列内容:

被保险人名称:食品公司;受益人名称:工商银行某支行;保险期限:共 12 个月,自 2008 年 8 月 18 日中午 12 时起至 2009 年 8 月 18 日 12 时;保险项目标的地址:莱阳市经济开发区某路北(房产证号);保险项目:房屋建筑;保险金额:8 023 700 元;保险金额确定依据:估价;免赔说明:每次事故绝对免赔额为 1 000 元人民币或损失金额的 15%,两者以高者为准;总保险费:人民币 4 814.22 元。特别约定:(1)房屋建筑按估价投保,如保额不足,则出险时按比例赔付(后附明细)。(2)每次事故绝对免赔额为 1 000 元人民币或损失金额的 15%,两者以高者为准。(3)第一受益人为工商银行某支行。(4)无其他特别约定。

2009 年 5 月 6 日,食品公司厂区内发生火灾。当地公安消防大队出具了火灾事故认定书。该认定书查明起火原因为谭某在焊接食品公司厂院南侧栏杆时,引燃了栏杆附近的废弃水果网套。2009 年 5 月 7 日,保险公司对火灾现场进行了勘察,并出具了非水险查账笔录,对损失的情况予以记录。2009 年 5 月 20 日,工商银行某支行出具证明一份,将该保险单受益人的全部权益转让给食品公司。后食品公司多次向保险公司索赔未果，遂于2009年5月31日诉至法院。

双方主要争议焦点为保险标的的范围。食品公司主张其向保险公司投保的是厂区内的全部房屋建筑，而保险公司则主张保险标的仅为房产证所列三栋房屋建筑，并向一审法院提交了"财产保险综合险投保单"及"抵押物清单"。对于该财产保险综合险投保单，其上除与"财产保险综合险保单明细表"的相关内容一致的以外，还载明：被保险人证件号码；保险财产项目：房屋建筑3栋，共4 463.47平方米；投保金额为802.37万元，该部分投保金额、免赔率、免赔额等数字内容有改动痕迹。但载明的下列内容未改动：建筑类型为钢筋混凝土、砖混；总保险金额（大写）：捌佰零贰万叁仟柒佰元整；（小写）：802.37万元。主险保费（大写）：肆仟捌佰壹拾肆元贰角贰分；（小写）：4 814.22元。另外，投保单还载明了安全设施情况：（1）自动报警或灭火装置为"无"；（2）消防栓、灭火器为"有"；（3）保安值勤为"有"。投保单记载的上述内容没有涂改痕迹。

食品公司主张投保单有涂改，不能证明保险公司主张，且其承认这份投保单系该公司在空白页上加盖公章交给保险公司形成的，不能证明保险公司改动前的内容。而抵押物清单当事人为食品公司与某银行，抵押物清单与本案无直接联系。

保险公司则认为，投保单与本案具有关联性，能够证明其所列房屋为本案保险合同的保险标的。抵押物清单是食品公司投保时提供给保险公司的，并由其加盖公章确认，双方依据此清单签订了保险合同，并将其作为合同的一部分。根据保险合同的约定，保险合同的第一受益人为某银行，可以看出涉案保险合同的投保目的应是为其在银行办理抵押贷款的抵押房屋提供风险保障，以确保第一受益人的利益。正因为如此，食品公司在投保时才将其办理抵押时的清单提供给保险公司作为投保单中所指的"明细"。这也间接证明了抵押物清单与本案具有很强的关联性，清单所列的房屋就是保险合同的保险标的。

> **法院观点**

一审法院认为：依据食品公司所提交的保单，食品公司所投保的保险项目为房屋建筑，保险金额为8 023 700元。保单并未明确食品公司所投保的房屋建筑是厂区内的哪部分房屋。保险公司主张食品公司所投保的房屋建筑为房产证上所列明的三栋房屋，依据有两个，一是投保单，二是抵押物清单。根据庭审质证查明的事实，投保单系保险公司提交，该投保单有多处涂改痕迹，且食品公司对该投保单的真实性予以否认，因此一审法院对该证据的效力无法认定。而抵押物清单所列当事人为食品公司及某银行，从该抵押物清单看无法证明保险公司所主张的抵押物清单系保险附件的说法。且食品公司厂区火灾发生后,保险公司派人员查勘了现场,保险公司所出具的非水险查账笔录中明显可以看出保险公司将食品公司所有受损房屋均进行了勘验。另经过对食品公司投保的保险标的及保险利益的分析,一审法院认为,应当认定食品公司将其厂区内所有房屋建筑进行了投保,因而一审法院支持了原告主张,判决保险公司赔偿食品公司保险金 3 054 478.45 元并承担相应的施救费用 51 696.34 元。保险公司不服一审判决,遂提起上诉。

二审法院认为:根据保险的特点及保险合同的解释原则,应认定保险合同的保险标的为食品公司厂区内的全部房屋。首先,投保单记载"房屋建筑三栋,共 4 463.47 平方米,投保金额 802.37 万元"。但是,该项记载事项有多处涂改痕迹,且食品公司不予认可,在无其他证据与之相互印证的情况下,投保单的该项记载不能单独作为认定事实的证据。其次,本案涉及的保险合同约定保险标的为"房屋建筑","房屋建筑按估价投保,如保额不足,出险时则按比例赔付",并注明"后附明细"。但保险公司并未对房屋建筑进行评估,也未附保险合同标的明细,而将食品公司抵押贷款的抵押物清单附后。该抵押物清单是食品公司一年之前向银行贷款时所提供的抵押物清单,抵押物价值评估的目的也是为房地产抵押贷款提供价值参考依据。因此,不能得出食品公司仅将抵押物清单上列明的三栋房屋投保的结论。最后,保险合同系由保险公司提供,对于保险合同主要条款约定不明的法律后果,保险公司应当明知,保险合同约定不明的责任应由合同条款提供人保险公司承担。本案中,保险人与投保人对合同标的存在争议,应当作出有利于投保人的解释。综上,在保险公司不能提供证据证明对保险标的有明确约定的情况下,按照不利解释原则,应当认定保险标的为食品公司厂区内的全部建筑。保单中记载的保险金额为 802.37 万元,因为保险合同签订时,保险公司未对保险标的进行评估,保险公司也未能提供证据证明该保险合同是不足额保险,所以,保险公司关于保险并非足额保险的主张,二审法院不予支持。二审法院判决驳回上诉,维持原判。保险公司不服二审判决,向最高人民法院提起再审申请。

再审法院认为:本案所涉保单上载明受益人为某银行而非食品公司,保险项目为房屋建筑,并附有一份加盖有抵押人食品公司及抵押权人某银行公章的抵押物清单。该抵押物清单上载明了相关房屋建筑的基本情况。可见,本案中食品公司为满足某银行的贷款条件,向保险公司购买贷款抵押物保险的交易关系明显。本案所涉保险标的物范围应当根据当事人交易背景、综合全案证据加以判定。

"财产保险综合险投保单"是本案重要书证之一,双方当事人对该证据的真实性均无异议,仅对其中涂改部分所证明的内容发生争议。尽管该投保单记载的被保险人证件号码、保险财产项目、投保金额、事故绝对免赔额等部分数字有涂改痕迹,但这些数字内容在投保单的其他地方也进行了明确记载,包括大写的"总保险金额"与小写的"802.37万元",二者完全一致。食品公司在诉讼中承认这份投保单系该公司在空白页上加盖公章交给保险公司而形成的,该事实表明,食品公司并未在该投保单上记载其投保的财产是其厂区内全部建筑,其应对在空白投保单上盖章的行为承担相应的民事责任。

本案中财产保险综合险保单明细表、财产保险综合险投保单、抵押物清单上记载的保险标的物房屋估价均为802.37万元,数额一致且与"工业房地产抵押价值评估报告"中806.76万元的房地产估价接近。财产保险综合险投保单、抵押物清单、厂房产权证和土地证书、工业房地产抵押价值评估报告上载明的标的物均明确指向食品公司拥有房屋产权证的位于莱阳市经济开发区某路北,面积为4463.47平方米、砖混和钢筋混凝土结构的办公楼、综合楼、车间(冷库)共三栋房屋建筑。上述证据内容相互印证,证明本案所涉保险标的物的范围就是上述特定的三栋房屋,而不包括食品公司厂区内其他建筑物和道路,因而最高人民法院最终没有支持食品公司对该三栋房屋之外的其他建筑物损失的索赔请求,最终判决撤销一审、二审判决,改判保险公司仅承担该三栋房屋损失对应的保险金612 836.4元。

> **律师评析**

我们知道,企业财产保险下的保险标的是指企业财产及有关利益。具体到企业财产保险的理赔中,关于保险标的的认定,往往需要通过投保单、保单明细表等证据材料予以证明。若投保单等文件出现涂改,则投保单可能面临证据法上的效力瑕疵,这也是本案一审法院、二审法院以投保单被涂改而未将其作为直接证据认定保险标的的原因。而最高人民法院最终却改判一审、二审判决,理由是虽然投保单出现涂改,但是其中的记载如保险金额、免赔额和免赔率、估价等均能通过其他证据予以佐证,尤其是保险金额和估价等数额,与双方均予以认可的保单明细表以及其他证据中的内容均能够相互印证,因而应该予以采纳。

此外,最高人民法院再审认为,认定保险标的的范围,应当根据当事人交易背景、综合全案证据加以判定。尤其是对于保险合同后附的抵押物清单以及受益人的约定,最高人民法院认为本次投保是为了满足向银行的贷款条款而特意投保的,后来又通过该抵押物清单中的内容也与投保单和保单明细表等相互佐证,从而最终认定保险标的范围仅限于特定三栋建筑。不得不说,最高人民法院对本案的认定和观点更能体现出对保险各方在达成保险合同时真实意思的深刻认识,并更充分地表现出法院在审理案件时的视野和对证据相互印证时的理解和处理。

> 风险提示

这是一个非常典型的企业为满足银行的贷款要求而就企业抵押物进行投保后引发的纠纷。目前,依然有很多企业缺乏保险意识。但当其向银行申请贷款时,为满足银行要求而不得不就抵押物进行投保。为了节省费用,很多企业只对明确被列为银行抵押物的特定房屋或大型设备等财产投保财产险,并约定银行为第一受益人。但是,一旦有事故发生,特别是火灾、暴雨等严重灾害事故发生时,往往会导致不限于抵押的建筑物、设备的损失,甚至会导致整个厂区建筑物、设备、货物等受损。此时,被保险企业又会罔顾当时投保的初衷,向保险公司就所有损失请求赔偿从而引发纠纷。其实,企业保险费支出的目的是减少可能发生的风险对企业持续经营的影响,是现代企业成本的一个组成部分。抱着只为满足银行贷款需求而实际上根本不会发生灾害损失投保的想法是不可取的。即使为了贷款,办理投保也应该从企业全面风险管理的角度考虑,而不应仅仅对银行贷款抵押财产投保。对保险人来讲,在办理此类业务时应该特别注意此类风险,在承保时明确特定保险标的的范围,尽量避免仅仅将抵押物清单作为保险合同附件进行投保的情况,最好提供详细的投保清单,以避免出现事故后争议的发生。

问题1-6:无证建筑物是否属于保险标的?

> 案件名称

青岛某海绵制品有限公司(简称"**海绵公司**")诉某财产保险股份有限公司青岛分公司(简称"**保险公司**")财产保险合同纠纷

> 案号

山东省高级人民法院(2012)鲁商终字第151号

> 案情简介

2009年6月10日和6月26日,海绵公司就其名下固定资产和流动资产(包括厂房、机器设备、成品、半成品、原材料)向保险公司投保财产保险综合险。保险金额分别为1003万元和1441万元,保险金额的确定方式为估价投保。海绵公司在相应投保单"安全设施情况:1.自动报警装置或灭火装置"处打钩确认。

保险公司先后向海绵公司出具了两份保单:第一份保单号码为A0090001760569,编号为0400007844,承保了海绵公司所属的复合车间楼、胶条车间楼、圆泡车间楼，以及部分列明的设备和流动资产中的半成品海绵、成品海绵和原材料。保险责任期限自2009年6月11日零时起至2010年6月10日24时。第二份保单号码为A0090001979455，编号为0400007845，承保了海绵公司所属的厂房平泡车间、仓库，以及部分列明的设备和流动资产中的成品海绵、半成品海绵和原材料。保险责任期限自2009年6月27日零时起至2010年6月26日24时。两份保单均未约定免赔额(率)。

2010年3月12日4时，海绵公司生产车间(平泡车间)发生火灾，将该车间存放的部分成品海绵、半成品海绵和原材料及机器设备烧毁。海绵公司立即向当地公安消防大队和保险公司报案。火灾发生后，当地公安消防大队委托当地价格认证中心对海绵公司因火灾造成财产损失的价值进行鉴定。鉴定结论书认定海绵公司财产损失价值为13 067 600元。海绵公司为此支付了鉴定费4万元。2010年7月12日，当地公安消防大队出具火灾事故认定书，认定起火原因排除了人为放火、自燃、遗留火种等，不排除电器线路故障引燃可燃物引发火灾。火灾发生后，消防部门将事故现场封闭，双方当事人未能在第一时间对损失物品予以清点确认，仅在2010年3月24日，双方当事人的工作人员对海绵公司的完好的存货进行了清点。

2010年9月2日，海绵公司向保险公司提交火灾事故认定书和当地价格认证中心的鉴定结论书，并申请索赔。9月6日，天安保险青岛分公司回函称不接受和认可当地价格认证中心的鉴定结论，拒绝按海绵公司要求的数额赔偿。保险公司还认为海绵公司的厂房为非法建筑，对其损失有权拒赔。海绵公司不服，遂诉至法院。

一审诉讼中，由于保险公司对当地价格认证中心出具的鉴定报告的效力不予认可，因此在法院的主持下，双方当事人一致同意委托另一家保险公估有限公司对海绵公司因火灾造成的财产损失的价值进行鉴定，并由法院依据相应鉴定结论与当地价格认定中心的鉴定结论的比对结果确定鉴定费的负担问题。后该公估公司出具司法鉴定报告书，鉴定结论为仁成海绵公司保险标的的净损失金额13 678 749.06元。

另外，海绵公司发生火灾的车间尚未办理房产证。2010年3月4日，当地公安消防大队对海绵公司进行消防监督抽查，并出具了消防监督检查记录。该记录载明海绵公司的建筑物已通过消防验收，消防安全管理要求全部达到，火灾自动报警系统和自动灭火系统无，消防给水设施有，灭火器设备正常。

> **法院观点**

一审法院认为：双方签订的保险合同是双方当事人真实的意思表示，其内容未违反任何法律规定,合法有效。保险合同承保的项目均为海绵公司所属的财产,保单是将海绵公司作为一个独立的风险单位分别就不同的财产项目约定各自保险金额予以承保。其中存货的保险金额应当为两份保单就原材料、海绵产成品和海绵半成品约定的保额相加确定而成。海绵公司车间发生火灾事故后,当地公安消防大队出具事故认定书,认定起火原因能够排除人为放火、自燃、遗留火种等,不排除电器线路故障引燃可燃物引发火灾。因此,火灾事故构成保险事故。保险公司认为海绵公司投保时未如实告知,对此问题,一审法院认为,投保单中保险公司的询问问题是海绵公司是否具有"自动报警装置或灭火装置",海绵公司虽不具备自动报警装置,但在其厂区内配有消防池、消防栓、防火墙、灭火器材等,海绵公司据此在该项询问后打钩确认,不能认定其"未如实告知"。保险公司此项拒赔理由无事实根据,法院不予认可。保险公司还认为海绵公司的厂房为非法建筑,对其损失,有权拒赔。海绵公司的出险车间虽尚未办理房产证,但没有任何一个行政机关认定其为非法建筑,且该建筑物已通过消防验收。保险公司承保时也明知该车间没有房产证,仍接受投保,出险后以此理由拒赔,并无法律和事实根据,法院不予支持。一审法院判决保险公司支付保险赔偿金 13 678 749 元。保险公司不服一审判决,提起上诉。

二审法院认为:上诉人保险公司在接受投保时明知被上诉人海绵公司的出险厂房在被上诉人的厂区之内虽无房产证,但无行政机关认定其为违章建筑,且通过了消防验收的事实,出险后以此理由拒赔无法律和事实依据,故不予支持。

➢ **律师评析**

实践中,大量企业在投保企业财产保险时,会对其厂区内全部建筑投保,纳入企业财产保险下,然而,部分企业存在将未最终验收并取得产权证的厂房一并进行投保的情况。发生事故后,保险人又往往以建筑物未取得验收并获得产权证为由,主张建筑物为无证建筑或违章建筑,因而不属于保险合同下的保险标的。本案中,对于没有取得房产证的建筑物是否属于保险标的的范围,二审法院最终认为,由于并无行政机关将其认定为违章建筑,并且被保险人提供了建筑物相应的消防验收记录等材料,且保险人投保时明知该情形仍同意承保,因此保险人不得以此为由拒赔。

➢ **风险提示**

本案是实践中常见的又一保险标的问题引发的纠纷。实践中,保险人仅仅以建筑物不具备房产证而认定其为无证建筑物,不属于保险标的的主张,很难得到法院支持。但若该建筑物的施工建设并无相应的建设工程施工许可证或建筑工程施工许可证,或者并未通过消防验收,或者存在土地或房产行政机关的相应处罚,这样的建筑物是否构成保险标的,是否可以拒赔,则仍需法院在判案时根据实际案情进行认定。对保险人来讲,应尽量减少对无证建筑承保的情况。虽然,从原则上来讲,保险标的应该是被保险人所有或保管的财产,此类财产应该是合法的,无证建筑可能存在违法的情况,但是,如果在承保时,保险人没有向被保险人说明不接受此类财产的投保,一旦承保后事故发生却以此拒赔则往往不能得到法院的支持。

问题1-7: 房屋装修是否属于保险标的?

> **案件名称**

江苏某户外用品有限公司(简称"户外用品公司")诉某财产保险股份有限公司丹阳支公司(简称"保险公司")财产保险合同纠纷案

> **案号**

江苏省镇江市中级人民法院(2017)苏11民终3142号

> **案情简介**

2014年9月12日,户外用品公司为其公司的厂房向保险公司投保了财产基本险,保险单约定的保险标的为建筑物(1号楼和3号楼),保险金额493.6万元,保险期间自2014年9月13日0时起至2015年9月12日24时。保险单免赔说明部分载明:财产基本险部分每次事故绝对免赔额为1000元或损失金额的12%,两者以高者为准。特别约定部分约定:本保单第一受益人为中国银行某支行。保险金额约定:保险金额依据评估报告中的评估价值确定,评估报告号为苏房地估字〔2014〕丹第601号。该报告为户外用品公司向中国银行某支行申请贷款时为确定抵押物的价值所作出,现相应的贷款已经还清。该评估报告中对1号楼描述为:外墙砖墙、内墙涂料,铝合金钢窗、推拉门,工业地坪,平屋顶,层高3米;对3号楼描述为:彩钢板墙面,铝合金钢窗、推拉门,工业地坪,平屋顶,层高6米;两房产评估总价为496.3万元,但评估报告未对两房产的各自价值予以区分。另外,1号楼面积为3446平方米,3号楼面积为247平方米,上述两房产建筑年代均为2013年。

2015年6月11日,户外用品公司在案外人保险公司江苏分公司处为其1号楼、2号楼及一处未办理房屋产权证的房屋建筑、机器设备及存货等投保了财产保险综合险,其中关于房屋建筑列明:保险金额450万元,其中1号楼为230万元,2号楼为100万元,另一栋楼为120万元;机器设备:保险金额200万元;存货:保险金额350万元。保险金额总计1000万元。保险期间为2015年6月

12日0时至2016年6月11日24时。保险单免赔部分载明:本保险对每次事故的绝对免赔额为1000元或损失金额的20%,两者以高者为准。

2015年7月19日晚10时许,户外用品公司的1号楼和2号楼发生火灾,火灾烧毁厂房四层办公室装修、办公用品等,无人员伤亡。事故经当地公安消防大队认定,起火原因为电气线路故障所引起。事故发生后,案外人保险公司江苏分公司委托公估公司对户外用品公司的损失情况进行了保险公估,对1号楼的损失金额认定为57.9万元。因1号楼涉及重复保险,关于重复保险部分的处理为:由于1号楼在保险公司江苏分公司的保险金额为230万元,在保险公司保单中1号楼的保险金额为493.6万元,故保险公司江苏分公司对1号楼的分摊比例为230万/(230万+493.6万)×100%=31.79%,最终对1号楼的理赔金额为14.7万元[核损金额57.9万元×分摊比例31.79%×(1−20%)]。该数额为案外人保险公司江苏分公司对1号楼的赔偿金额,户外公司予以书面认可。户外公司在本案中起诉保险公司,要求其赔偿1号楼保险赔款60.2万元,保险公司主张评估报告中评估价值不包括装修部分,与户外用品公司在投保单的保险明细一栏未选"装修"的事实相吻合,即本案保险标的不包括厂房装修。

> **法院观点**

一审法院认为:评估报告中对于评估对象的墙面、门窗、地坪特征均作了明确的描述,没有明确表述其评估价值不包括装修部分的意思表示,且建筑物的装修本身也是影响房屋价值的重要因素,故对保险公司主张保险标的不包括厂房装修的辩称不予采信,即一审法院认为厂房装修属于保险标的。考虑到1号楼和3号楼仅在墙面材料和层高方面不同,其他方面均无差别,故可认定,两建筑物可按照建筑面积比例折算价值为92.81%:7.19%,即1号楼厂房价值为458万元,3号楼厂房价值为35.4万元。户外用品公司向保险公司投保该两栋建筑物的保险金额应为1号楼房产458万元。因此,对于1号楼,保险公司就该保险标的应分摊的比例为458万元/(458万元+230万元)=66.58%,根据案外人保险公司江苏分公司委托的公估公司作出的公估报告,1号楼损失为57.9万元,因此,认定保险公司对1号楼的理赔金额应为57.9万元×66.58%×(1−12%)=33.9万元。保险公司不服一审判决,提起上诉。

二审法院认为:虽然投保单的保险明细仅表明建筑物一栏的保险金额和费率,但是该投保单明确了保险金额依据评估报告中的评估价值确定,而评估报告中的"估价对象建筑物状况一览表"中明确了装饰、使用情况,对包括内外墙面、门窗、楼地面等作了描述。这些项目就是对投保建筑物装修部分的描述,在保险公司认可的公估报告中,1号楼受损装修项目也包括了墙面、地面、门窗等项目,且在保险公司出具的"户外用品有限公司2015年7月19日火灾案定损单"中所列项目也包括墙面、门窗、玻璃、吸顶灯、电线等内容。以上项目明细均可说明建筑物的装修部分包含在投保范围内,况且房屋装修是房屋评估价值的组成部分,在没有证据证明房屋装修是在评估后附加上去的情况下,应认定建筑物的评估价值包含其装修价值。最终驳回保险公司上诉请求,维持一审判决。

> ➢ 律师评析

《保险法》第十二条仅笼统规定,"财产保险是以财产及其有关利益为保险标的的保险"。到底如何识别哪些财产属于保险标的,法律则并无具体规定。本案就涉及理赔过程中非常容易发生的争议,如保险标的如何认定以及重复保险等问题。由于投保时,保险合同中仅约定"建筑物",对于建筑物的"装修"并没有单独列明,因此在理赔时,保险合同双方对"装修"是否属于保险标的范围产生争议。本案法院通过对保险金额确定依据的评估报告的描述,并结合本案其他证据资料(如公估报告、定损单等),综合判定"装修"属于本案保险标的范围。

另外值得注意的一点是,户外公司所投保的两份保险单中均仅列明了保险金额,并未列明保险价值。实际上,保险金额是保险人履行赔偿责任的限额,保险价值则是保险人与被保险人约定的保险标的的价值或保险事故发生时保险标的的实际价值。而本案中法院混淆了保险金额和保险价值的概念,将保险金额直接作为损失计算依据,这也是实践中很多保险公司从业人员经常会出现的问题。关于保险金额和保险价值的区分和应用,本书后文将专门讲述。

> ➢ 风险提示

保险标的是保险合同中的重要内容,也是保险事故发生后,确定保险责任范围的关键,对于不属于保险标的的财产,保险公司有权不予赔付,相应损失将由被保险人自行承担,因此,不论是保险公司还是被保险人,对于承保财产,均应明确清晰地在保险合同中载明,或以财产清单的形式作为附件列在保险合同中,以避免出现事故后双方发生争议。

问题1-8:不同保险标的能够构成重复保险吗?

> ➢ 案件名称

四会市某纺织染整有限公司(简称"**染整公司**")诉某财产保险股份有限公司肇庆市四会支公司(简称"**保险公司**")财产保险合同纠纷

> ➢ 案号

广东省肇庆市中级人民法院(2017)粤12民终266号

> **案情简介**

2014年9月28日,染整公司为坐落于四会市东城街道五马岗内的工厂的财产向保险公司投保了财产综合险。该保险单约定的承保标的项目分别为固定资产——房屋建筑物,固定资产——机器设备,流动资产——染料、助剂,流动资产——成品布、坯布,保险金额分别为650万元、1 020万元、200万元、1 800万元,保单总保险金额为3 670万元;保险费为14 680元;保险期间为2014年9月28日0时至2015年9月27日24时。保单第三条特别约定,本保单的附件详细清单为本保单的有效组成部分。染整公司于2014年9月26日向保险公司支付了保险费14 680元,并取得了相应的保险费发票。染整公司向保险公司出具的"财产综合险投保单"约定了与保险单一致的承保标的项目、保险金额等,并附有"染整公司(二车间)固定资产明细表",该表中关于建筑的部分被描述为:建筑(1间厂房、1间仓库、1栋宿舍楼)650万元,相应的投保单和固定资产明细表均有染整公司盖章,固定资产明细表落款处还有手写注明"染整公司(二车间)"。

此外,染整公司还向案外人某保险公司广东分公司(简称"某某财险")投保了财产综合险,保险项目为流动资产、机器设备、建筑物,保险金额分别为9 000万元、2 200万元、2 481万元,总保险金额为13 681万元,保险期间为2014年7月29日0时至2015年7月28日24时。

2015年1月14日,染整公司厂区发生火灾事故,造成严重的财产损失。事故发生后,染整公司向四会市公安消防大队报警。2015年2月4日,公安消防大队作出"火灾事故认定书",其中认定:起火时间为2015年1月14日20时10分许;起火点为染整公司料仓车间二楼(夹层)成品仓西南角处;起火原因可以排除静电、雷击、无焰火源、纵火、自燃引发火灾的可能,不排除因染整公司料仓车间二楼(夹层)成品仓电气线路短路引发火灾的可能。

此外,事故发生后,染整公司也向保险公司和案外人某某财险均报了案,同时向保险公司提出了书面的索赔要求。案外人某某财险委托公估机构出具公估报告,公估师向被保险人财务人员和仓储人员询问时,两人在询问笔录中均表述:染整公司厂区内有两个车间,一车间财产属于赵某坚老板,二车间财产属于陈某文老板。染整公司将厂区内的1栋厂房、1栋宿舍、1栋仓库租赁给了陈某文(有租赁合同),陈某文所租赁的1栋厂房、1栋宿舍、1栋仓库称为二车间。为便于区分,染整公司厂区内除二车间的建筑物内财物外,其余财产都属于一车间。本次事故受损财产地点位于厂区内一车间的料仓。后在染整公司向保险公司索赔的过程中,保险公司认为其承保的保险标的为二车间,而本次受损的财产属于一车间,受损财产不是其承保的财产,因此予以拒赔。而染整公司则认为,其同时向保险公司和某某财险就整个厂区的财产投保,构成了重复保险,本次保险事故下的赔款应在两家保险公司之间分摊。因此,染整公司将保险公司诉至法院。

> **法院观点**

本案在审理过程中,一审法院和二审法院的观点基本一致。主要观点如下:

第一,投保单和投保单明细中的财产一致。根据染整公司向保险公司投保时提供的"财产综合险投保单",染整公司向保险公司投保的保险标的为:固定资产——房屋建筑物、固定资产——机器设备、流动资产——染料和助剂、流动资产——成品和坯布,保险金额分别为650万元、1 020万元、200万元、1 800万元,保单总保险金额为3 670万元;而投保单附有的"染整公司(二车间)固定资产明细表"列明的财产及金额分别为建筑(厂房、仓库、宿舍楼)650万元、定型机总额1 020万元、仓料(染料、助剂)200万元、布仓(成品、坯布)1 800万元,资产总额为3 670万元。由此可知,资产明细表列明的财产与投保单列明的财产是相互对应且一致的。

第二,投保单、保险单和询问笔录等互相印证,可以明显区分保险公司所承保的财产范围不是本次火灾受损财产范围。保险公司出具给染整公司的"财产综合险保险单"约定的保险标的、保险金额与"财产综合险投保单"一致;另外,染整公司盖章确认的两份询问笔录,均显示染整公司将厂房内的一栋厂房、一栋宿舍、一栋仓库租出去的财产范围均称为二车间,而该二车间的财产构成与"染整公司(二车间)固定资产明细表"的一栋厂房、一栋宿舍、一栋仓库能相互印证。因此,染整公司投保的即"染整公司(二车间)固定资产明细表"的财产,保险公司承保的标的即二车间的财产。根据询问笔录,本案事故发生在一车间。因此,案涉事故导致的受损财产不属于保险公司承保的范围,案涉保险责任不成立。而根据《保险法》第五十六条第四款"重复保险是指投保人对同一保险标的、同一保险利益、同一保险事故分别与两个以上保险人订立保险合同,且保险金额总和超过保险价值的保险"的规定,认定是否构成重复保险须同时具备以下几个要件:同一保险标的、同一保险利益、同一保险事故、与两个以上保险人订立保险合同、保险金额总和超过保险价值。本案中,因保险公司承保的标的没有发生火灾,未构成保险事故,所以,本案不构成重复保险。法院最终驳回染整公司的诉讼请求和上诉请求,保险公司无须为本次火灾承担赔偿责任。

> **律师评析**

《保险法》第五十六条第四款规定,"重复保险是指投保人对同一保险标的、同一保险利益、同一保险事故分别与两个以上保险人订立保险合同,且保险金额总和超过保险价值的保险",由此可知,重复保险构成要件之一为同一保险标的,若两份保险合同下,保险标的并不相同,没有任何重复之处,则当然不构成重复保险,也就无法主张按照重复保险向各保险人主张相应的赔偿。本案中,一审法院和二审法院均认定,由于涉案保险合同下的保险标的并非被保险人在案外人某某财险投保的财产综合险下的保险标的,因此认定不构成保险事故,更不构成重复保险,涉案保险公司不承担保险责任。

> **风险提示**

本案的情况在实践中也具有一定的典型性。由于在同一厂区内存在不同的生产经营者,因此,不同的生产经营者向不同的保险公司进行了投保。当灾害事故发生时,就面临区分受损财产范围与不同保单所承保的财产范围、是否构成重复保险等一系列问题。所幸的是本案中结合投保单、投保单所附明细表、被保险人笔录等证据,能够明确区分涉案保险的承保范围,而火灾所涉财产范围也与承保范围未发生重合,因而纠纷较易区分解决。但是,实践中出于各种原因,在承保财产、受损财产等方面发生不同程度重合的情况是很常见的。因此,这也提示保险公司和被保险人,在投保时,关于保险标的的描述,应注意严谨、规范,各个文件之间应协调统一,避免理赔时因描述不清而发生争议。

问题 1-9: 如何区分足额保险和不足额保险?

> **案件名称**

昭苏县某有限责任公司(简称"**昭苏公司**")、刘某诉某财产保险股份有限公司伊犁分公司(简称"**保险公司**")财产保险合同纠纷

> **案号**

新疆维吾尔自治区高级人民法院伊犁哈萨克自治州分院(2017)新 40 民终 1720 号

> **案情简介**

昭苏县百货大楼属昭苏公司固定资产,2009 年 8 月 20 日昭苏公司与刘某签订昭苏县百货大楼租赁合同书,将所属百货大楼摊位整体出租给刘某,租赁期限自 2009 年 9 月 1 日至 2012 年 9 月 30 日,年租金 350 000 元。2012 年 9 月 30 日到期后,双方将租赁合同期限延长至 2014 年 9 月 30 日。刘某分别与百货大楼各商户签订摊位租赁合同。

2013 年 9 月 21 日,昭苏公司、刘某共同为百货大楼 46 家商户的存货和昭苏公司建筑物向保险公司投保财产基本险,保险期间自 2013 年 9 月 21 日起至 2014 年 9 月 20 日,其中商户存货保险金额为 1 475 000 元。其中约定:每次事

故绝对免赔人民币2 000元或核定损失金额的20%,两者以高者为准。本保单承保的建筑物是昭苏县昭苏公司门面房和店面。流动资产是各商户的存货,详见清单。流动资产按估价承保,如不足额承保,出险时就按比例赔偿。

2014年9月17日,百货大楼发生火灾事故。起火原因经当地公安消防支队认定为:百货大楼一层西区A7号商铺北侧柜台处计算机主机箱内电源适配器故障起火,引燃周边棉织物等可燃物成灾。火灾过火面积340平方米,烧毁百货大楼一层西区内商品,财产损失为3 786 855.66元。2014年9月21日,保险公司委托保险公估公司对火灾事故造成的损失公估,经公估,商户存货及建筑物定损合计3 786 855.66元,保险公司就建筑物损失向昭苏公司理赔187 200元,就商户存货损失向刘某理赔583 890.7元,理赔款合计771 090.7元。

另查明:(1)昭苏公司为县百货大楼46家商户存货的投保金额均低于事故发生时公估公司查勘各商户存货金额;(2)公估公司在查勘、定损时盘点、登记46家受损商户存货,只有两户的存货金额与定损金额一致,其余44家商户存货金额均高于定损金额。

保险公司理赔后,昭苏公司、李某认为,保险公司以不足额投保为由,按比例赔付了583 890.7元,少赔付216 411.94元,请求法院依法判令保险公司对承保商户存货按足额投保予以理赔,给付理赔款216 411.94元。

保险公司辩称:昭苏公司与刘某为百货大楼商户存货和建筑物投保财产基本险属实,其中41家商户投保为不足额投保,依据保险合同约定,不足额投保按比例赔付,保险公司的赔付标准符合合同约定,且原告对本案保险标的无保险利益,保险公司误以为原告代表各商户投保,错误地将保险赔款支付给原告,依据法律规定原告不享有保险金请求权,故请求驳回原告诉讼请求,同时保留追偿保险理赔款的诉权。

> **法院观点**

一审法院认为:本案焦点为原告对保险标的是否有保险利益及本案保险标的是否为不足额投保,应否按比例赔偿。

第一,关于原告在事故发生时对保险标的是否有保险利益问题。保险利益原则是保险合同的基本原则,投保人或被保险人对保险标的应具有保险利益。就涉案存货而言,本案两原告作为百货大楼的出租人,在租赁期间对租赁物具有管理的责任,以保证租赁物的合法合理使用,对租赁期间因管理不力造成承租人财产损失的,予以赔偿,其作为管理人享有责任保险利益,而不享有所有权保险利益,故原告对各商户存货具有责任保险利益。保险公司在与原告订立保险合同时,知悉商户存货为流动资产并接受原告投保而收取保险费,承诺依照承保别对应的条款和约定承担保险责任，各方均是保险合同当事人。现保险公司辩解原告不享有保险利益，没有诉讼主体资格，理由不成立，本院不予采纳。

第二，关于本案保险标的是否为不足额承保，应否按比例赔偿问题。本案保险标的为各商户存货，为流动资产，而事故发生时各商户存货均高于投保金额，依照法律规定，保险金额低于保险价值为不足额保险，本案44家商户存货部分损失，2家商户存货全损，依照赔偿处理条款中约定：每次事故绝对免赔人民币2 000元或核定损失金额的20%，两者以高者为准；流动资产按估价承保，如不足额承保，出险时按比例赔偿。故保险公司在理赔时按保险金额与保险价值的比例赔偿，符合保险合同的约定。最终判决驳回原告昭苏公司、刘某全部诉讼请求。昭苏公司、刘某不服一审判决，提起上诉。

二审法院认为：昭苏公司、刘某与保险公司签订的保险合同系双方当事人真实意思表示，内容不违反法律、行政法规的强制性规定，为有效合同。昭苏公司、刘某投保的建筑物和存货在投保期间发生保险事故，事实清楚，本院予以认定。本案争议焦点是：涉案存货是应以约定的保险价值为赔偿计算标准还是以保险金额与保险价值比例承担赔偿保险金责任？《保险法》第五十五条规定："投保人和保险人约定保险标的的保险价值并在合同中载明的，保险标的发生损失时，以约定的保险价值为赔偿计算标准；投保人和保险人未约定保险标的的保险价值的，保险标的发生损失时，以保险事故发生时保险标的的实际价值为赔偿计算标准。保险金额不得超过保险价值。超过保险价值的，超过部分无效，保险人应当退还相应的保险费。保险金额低于保险价值的，除合同另有约定外，保险人按照保险金额与保险价值比例承担赔偿保险金的责任。"由此可见，确定保险价值有两种方式：定值保险和不定值保险。所谓不定值保险，是指保险双方当事人对保险标的不预先确定价值，投保时仅确定保险金额，保险标的发生事故时再确定其保险价值。本案中，双方当事人对保险价值确定方式为"出险时的账面余额"，双方并未在保险合同中具体载明保险标的的保险价值，仅仅约定了保险金额，即保险金额的确定是在投保环节，而保险价值的确定是在出险环节。故当发生保险责任范围内的损失时，应以保险事故发生时保险标的的实际价值为赔偿计算标准。经审查，本案的保险金额低于保险价值，对此，双方在合同中也没有其他约定，属于不足额保险，应按照保险金额与保险价值比例承担赔偿保险金责任。故昭苏公司、刘某主张以约定的保险价值为赔偿计算标准没有事实和法律依据，本院不予采信。最终二审法院判决驳回上诉，维持原判。

> **律师评析**

根据《保险法》第十八条第一款，保险合同中除了约定保险标的之外，还需要约定保险金额。该条第三款规定,保险金额是指保险人承担赔偿或者给付保险金责任的最高限额。企业财产保险中,不同的保险标的,往往依据不同的方式确定保险金额,如固定资产一般按照账面原值投保,或者按照重置价值投保,而流动资产一般按照近期账面余额确定保险金额。

《保险法》第五十五条规定,"投保人和保险人约定保险标的的保险价值并在合同中载明的,保险标的发生损失时,以约定的保险价值为赔偿计算标准。投保人和保险人未约定保险标的的保险价值的,保险标的发生损失时,以保险事故发生时保险标的的实际价值为赔偿计算标准。保险金额不得超过保险价值。超过保险价值的,超过部分无效,保险人应当退还相应的保险费。保险金额低于保险价值的,除合同另有约定外,保险人按照保险金额与保险价值的比例承担赔偿保险金的责任"。可以看出,保险金额与保险价值的关系非常紧密,二者的基本法律关系是,保险价值是确定保险金额的依据,保险金额可以低于保险价值,不得高于保险价值,保险金额超过保险价值的,超过的部分无效。具体地讲,在财产保险合同中,保险金额与保险价值的关系可以有三种状态:(1)如果保险金额等于保险价值,则为足额保险;(2)如果保险金额低于保险价值,则为不足额保险;(3)如果保险金额超过保险价值,则为超额保险。在不足额保险的情形下,保险标的发生部分损失时,除保险合同另有约定外,保险人将按保险金额与保险价值的比例进行赔偿;在超额保险情形下,超过保险价值部分的保险金额无效。由于企业财产保险多采用不定值保险,因此实践中,保险人往往以保险金额低于保险价值而主张不足额保险并按照两者比例赔付实际损失。这也是实践中经常发生争议之处。

此外,需要注意,超额保险并不等同于重复保险,超额保险仅限于一份保险合同,而根据《保险法》第五十六条第四款的规定,"重复保险是指投保人对同一保险标的、同一保险利益、同一保险事故分别与两个以上保险人订立保险合同,且保险金额总和超过保险价值的保险",即重复保险至少涉及两份不同的保险合同。

具体到本案中,被保险人投保时对存货投保了较低的保险金额,发生保险事故后,则不可避免地构成不足额保险,无法获得全面保障。

> **风险提示**

实践中,有些企业为了节约保险费,在资产价值明明很高的情形下,却投保了较低的保险金额。但是,保险金额是保险公司承担保险赔偿责任的最高限额,只有当保险金额大于等于保险价值时,才能获得全面的风险保障。因此,作为企业而言,应充分评估财产保险价值,合理确定保险金额,避免构成不足额保险而无法得到全面的保障。

问题 1-10：保险单中并未明确哪条生产线，如何认定保险标的？

> **案件名称**

南通某彩色钢板有限公司(简称"**彩钢公司**")诉某财产保险股份有限公司南通中心支公司(简称"**保险公司**")财产保险合同纠纷

> **案号**

江苏省南通市中级人民法院(2017)苏 06 民终 1837 号

> **案情简介**

彩钢公司拥有三条彩钢生产线，其中两条生产线并排安装在厂区内西南边的车间，一条生产线独立安装在厂区内东北角的车间。2015 年 4 月 23 日，彩钢公司向保险公司投保财产基本险，保险期间自 2015 年 4 月 24 日上午 0 时至 2016 年 4 月 23 日下午 24 时，保险项目为机器设备，保险金额 8 000 000 元，其中彩钢生产线一条，保险金额 6 147 687.45 元，保险金额确定依据为该企业清单。保险条款责任免除部分第七条规定："下列原因造成的损失、费用，保险人不负责赔偿：(一)投保人、被保险人及其代表的故意或重大过失行为……"第四十二条规定："重大过失行为是指行为人不但没有遵守法律规范对其较高要求，甚至连人们都应当注意并能注意的一般标准也未达到的行为。"

2015 年 10 月 11 日凌晨 4 点左右，彩钢公司厂区内 3 号彩涂线在生产过程中发生烘箱爆炸，造成 3 号线烘箱爆炸毁坏，部分电器、机电设备、厂房和窗户损坏。2015 年 11 月 30 日，事故调查组作出调查报告，认定事故的直接原因是彩涂线底漆提漆辊发生故障后，由于当班操作工调低引风机频率使风机基本处于停止状态，加上电工在更换变频器时，未确认电机正反转，导致涂机提漆辊反转漆膜数倍增厚，致使大量溶剂挥发聚集，达到爆炸极限，烘箱内温度在 270~280℃，已达到溶剂的自然温度，引起爆炸；间接原因是设备操作规程缺陷、安全教育培训及设备安全培训不到位、风险防范不到位、烘箱安全门未起到泄爆的作用。对事故性质认定为履行安全生产工作职责落实不到位，检修设备操作不规范而引发的安全生产责任事故。

在彩钢公司向保险公司索赔的过程中，保险公司认为，彩钢公司明确是贷款银行要求办理抵押设备的保险，贷款 800 万元，指定贷款银行为保单第一受益人，并提供了彩钢公司向银行借款时向银行提供的 1 号生产线的发票，发票金额价值 1 518 万元，认为保险标的为 1 号生产线，而非本案发生火灾事故的 3 号生产线,且即便本案保险标的为3号生产线,由于彩钢公司同时向另一家保险公司投保了企业财产保险,因此构成重复保险,两家保险公司应按照所承保的份额按比例赔付。彩钢公司认为,其向贷款银行贷款时,将机器设备抵押给该行,为800万元贷款提供担保,该行知晓彩钢公司现有的3条生产线均为2008年以后自行设计、购进材料、请人制作,每条生产线所涉发票均非常多,为了抵押程序上的方便,遂要求彩钢公司提供早已淘汰的生产线发票作为数据,但确认抵押物实为3号彩钢生产线(该说法在一审中得到贷款银行经办人的印证)。双方对理赔发生争议,彩钢公司将保险公司诉至法院。

一审法院委托扬州某保险公估有限公司对3号彩涂线机器设备损失进行评估,报告结论是估价标的在价值时点的修复价格为3 253 835元,对3号彩涂线受损机械设备残值估价54 207元。另查明彩钢公司曾将部分设备在另一家保险公司——南通公司(简称"保险公司2")投保财产损失保险。案涉事故发生后,保险公司2向彩钢公司支付理赔款450 000元。此外,一审法院为查明事实,对彩钢公司和保险公司当时经办保险的人员进行了询问,双方均确认,投保时双方已经明确知道投保的生产线为位于公司东北角的刚刚技术改造升级的生产线,即3号彩涂线。

> **法院观点**

一审法院和二审法院观点一致,均认为:财产保险是以财产及其有关利益为保险标的的保险,双方提供的保险单、保单明细单均明确保险标的为彩钢公司的机器设备,保险金额为8 000 000元,其中彩钢生产线一条,保险金额6 147 687.45元,其余空压机等设备保险金额1 852 312.55元。虽然设备清单中未写明彩钢生产线为几号线,但通过对当时的经办人的了解,投保人经办人已告知保险公司经办人,投保的彩涂生产线为位于彩钢公司东北角的3号彩涂线,这一点也得到了保险公司经办人的印证,故本案的保险标的是特定的3号彩涂线。关于保险公司辩称的保险标的为1号生产线的观点,其只提供了彩钢公司向银行借款时向银行提供的1号生产线的发票,就此推定投保的是1号生产线,对此,投保人经办人也作出了解释,借款时提供该发票是应银行借款保证的要求而提供,因3号生产线是自购设备材料进行加工组装而成,无整个生产线的发票,银行工作人员也未到现场进行核实,所以保险公司辩称保险标的为1号生产线的理由不能成立,该辩称也与其保险经办人的陈述相矛盾。

此外,由于彩钢公司还在案外人保险公司2投保,因此保险公司主张构成重复保险。关于重复保险,法院认为:重复保险是指投保人对同一保险标的、同一保险利益、同一保险事故分别与两个以上保险人订立保险合同,且保险金额总和超过保险价值的保险。案涉事故发生时,彩钢公司虽同时在保险公司及案外人保险公司2投保了财产损失保险,但保险标的并不完全相同,即彩钢公司向两保险公司所投保的机器设备并不完全相同,彩钢公司向保险公司投保的为部分机器设备及彩钢生产线,向案外人保险公司2投保的均为零散机器设备,虽设备存在部分重合,但对比两份机器设备清单,投保的机器设备名称、金额均存在较大差异,故无法确定各保险人应当承担赔偿保险金的责任比例。彩钢公司已经与案外人保险公司2协商理赔事项,并在庭审中同意将已从案外人保险公司2获得的保险理赔款450 000元在本案的诉讼请求中予以扣除,是其对自身权利的处分,予以照准。

> 律师评析

关于保险标的的认定,可以参考本书前文所述。本案中涉及的重复保险的判定,一方面需要认定事故受损财产是否属于涉案保险合同下的保险标的,另一方面需要区分重复保险涉及的多份保险合同下的保险标的的具体明细范围。对于建筑物之类的财产,由于位置固定,保单中往往可以单独列明,区分相对容易,但零部件、设备、库存等资产,明细庞杂、同质性很高,尤其是数量众多,因此很难对应到具体财产上。这一问题在涉及重复保险的情形下容易引发争议,尤其是某一保险合同仅投保部分设备且设备数量不同的情形下。本案中,涉案保险合同仅投保了部分设备,而在本案之外针对全部设备也进行了投保,但由于涉案保险合同下设备数量相差较大,很难区分两个保险合同下重合的保险标的,当发生保险事故后,明确界定"同一保险标的"就较为困难了。本案中,一审法院和二审法院均认为,由于两个保险合同下设备数量、单价存在较大差异,且部分设备又包含在3号生产线内,因此无法确定受损设备在两个保险合同下对应的保险金额,最终按照评估报告中的损失金额扣除残值,再减去案外从另一保险公司获得的赔偿后,作为本案重复保险的保险人应理赔的金额。

若本案中,另一重复保险的保险人并未进行理赔,被保险人将两个保险人都起诉到法院,法院应该判定两个保险人之间的责任分配就面临更大的困难。

> 风险提示

为办理银行贷款而应银行要求对用于抵押的财产进行投保的情况非常普遍。在此种情况下,无论是投保人、保险公司还是贷款银行,均应审慎地核对承保标的,避免不规范操作情况的发生;否则,灾害事故发生后往往会引发纠纷而无法达到银行为贷款安全而对抵押财产进行保险的目的。同时,对于为银行贷款而投保的企业,我们的建议是,既然要办理保险,那就应该认真对待,而不是抱着为保险而保险的态度应付了之;否则,一旦出险,就可能悔不当初,陷入纠纷之中。

问题1-11： 物流公司就其代保管财产投保，属于财产险还是责任险？

> ▶ **案件名称**

某物流(上海)有限公司(简称"**物流公司**")诉某保险股份有限公司上海市分公司(简称"**保险公司**")财产保险合同纠纷

> ▶ **案号**

上海市黄浦区人民法院（2012)黄浦民五(商)初字第3687号

> ▶ **案情简介**

2007年7月18日，物流公司与保险公司签订"财产一切险保险"合同，约定被保险人为物流公司，保险地点为上海市宝山区陈广路××号，保险期限为2007年3月15日中午12时至2008年3月15日中午12时。保险标的包括大楼、物品以及仓储物品，总保险费为217 015 948.16元，免赔额为每项损失5 000元。责任范围是在保险期限内，若保险单明确列明的被保险财产因自然灾害或意外事故(除特别指明除外的原因以外)造成直接物质损坏或灭失，保险公司就按照保险单的规定负责赔偿，其中自然灾害指雷电、飓风、台风、龙卷风、风暴、暴雨、洪水、水灾、冻灾、冰雹、地崩、雪崩、火山爆发、地面下陷下沉及其他人力不可抗拒的破坏力强大的自然现象。因被保险人及其代表的故意行为或重大过失引起的任何损失、费用和责任，以及被保险人的亲友或雇员的偷窃造成的损失，保险公司不负责赔偿。本保险单负责赔偿损失、费用或责任时，若另有其他保障相同的保险存在，不论是否由被保险人或他人以其名义投保，也不论该保险赔偿与否，则保险公司均仅负责按比例分摊赔偿的责任。2008年1月31日，保险公司出具批单将保险期限修改为2007年12月1日零时至2008年3月23日24时，并同意将位于被保险场所范围内列明于仓储货物清单中的手机和笔记本电脑纳入承保范围。

2007年11月12日，物流公司与委托人A公司(案外人)签订仓储管理合同，A公司委托物流公司将其货物储存在物流公司仓储保管，其中第5.1条约定因不可抗力造成的货物损失，乙方(物流公司)同意先行赔偿。

2008年1月28日，因遭遇特大雪灾造成仓库坍塌，物流公司管理的仓储货物毁损严重。另查明，A公司委托管理的货物所有权人分别为青岛某电器销售公司、重庆某家电销售有限公司、重庆某电器销售有限公司、某信息科技(深圳)有限公司、某信息技术有限公司，A公司已就其所涉货物向A保险公司投了一份保险。

事故发生后,A 保险公司委托 A 保险公估公司对损失进行公估,A 保险公估公司出具的"财产综合险损失报告"记载:本次事故原因为暴雪、雪灾。通过查看、检验、定损,最终核定保险标的损失金额共计 15 501 785.38 元。针对受损货物,A 公司已从 A 保险公司获得理赔金额 2 000 000 元。

而保险公司则委托了某公估机构进行公估,其出具的"保险公估终期报告"记载:事发时放置于事故地点的货物的所有权分别属于青岛某电器销售公司、重庆某家电销售有限公司、重庆某电器销售有限公司、某信息科技(深圳)有限公司、某信息技术有限公司。由于保险事故的原因是雪灾,被保险人无须就事故造成的货物损失承担民事赔偿责任,被保险人也不因事故遭受损失,因此被保险人索赔的损失不属于本保险单的保险责任范围,因被保险人索赔的损失不属于保险单的赔偿责任范围,所以公估机构未就事故进行估损。

另查明,2011 年 4 月 28 日,中国国际经济贸易仲裁委员会裁决物流公司赔付 A 公司因雪灾造成的货物损失款 13 500 000 元,并承担仲裁员实际费用 23 027.26 元及仲裁费用 158 933.60 元。裁决后,物流公司向第三人 A 公司支付了赔付款 13 593 577.83 元。

因保险公司迟迟未履行赔付义务,所以物流公司起诉至法院,要求保险公司支付保险理赔款 13 681 960.86 元,并以 13 681 960.86 元为本金按银行同期贷款利率支付自 2011 年 7 月 27 日起至判决生效之日的利息损失。

保险公司则抗辩认为其不应承担保险责任:(1)涉案保险包含财产保险的两种保险利益,根据《保险法》所确立的保险利益原则,对于被保险人自有财产,被保险人可享有财产权保险利益,而对于被保险人管理的他人财产,因被保险人可能对第三人负有赔偿责任,所以被保险人享有责任保险利益。财产管理人享有责任保险利益是基于其面临的可能承担法定赔偿责任的风险。本案受损财产并非物流公司所有,它只能享有责任保险利益,而不享有财产所有人的保险利益。(2)涉案保单承保的是物流公司的法定赔偿责任,不承保物流公司自愿承担的赔偿责任。物流公司与 A 公司在仓储管理合同中作出了不可抗力造成的财产损失由物流公司先行赔付的特别约定,导致物流公司承担赔偿责任,而保险公司作为责任险的保险人不承保法定赔偿责任之外的责任风险,除非物流公司在投保时明确提出该请求并经保险公司确认同意承保。但上述仓储管理合同订立日期在保险合同订立之后,因此保险公司不可能知晓进而确认承保这种特殊商业安排所致的责任风险。

> **法院观点**

本案的争议焦点在于因不可抗力而造成仓储货物的损失是否属于系争保险

合同约定的保险责任范围。

（一）我国法律未限制非保险标的物所有人的投保险种

物流公司虽然不是仓储货物的所有人，但其仍有权选择对仓储货物投保责任险或者财产险。现双方对于保险公司对仓储货物承担的是责任险还是财产险保险责任存在争议。本院认为，对于保险责任范围的确定应当根据保险合同的约定。首先，本案系争保险合同险种名为财产一切险，而非责任险。其次，保险合同中保险责任条款约定被保险财产因自然灾害或意外事故造成的直接物质损坏或灭失，并未对被保险财产是否属于被保险人所有进行区分。再次，责任保险是指以被保险人对第三者依法应负的赔偿责任为保险标的的保险。而系争保险合同责任免除条款约定因被保险人及其代表的故意行为或重大过失引起的任何损失、费用和责任不负责赔偿。该约定也不符合责任保险的目的。综上所述，系争保险合同的保险标的是被保险财产而非被保险人依法承担的责任，物流公司向保险公司投保的险种属于财产险，保险人对于被保险财产因自然灾害导致的损失应当予以赔偿。

（二）保险利益是指投保人或者被保险人对保险标的具有的法律上承认的利益

法律上承认的利益并非如保险公司所理解的仅限于法定利益，还应包括合同约定利益。判断被保险人是否具有保险利益的标准是被保险人是否因保险标的损害或者丧失而遭受经济上的损失或因保险事故的不发生使保险标的安全而受益。本案中，物流公司与A公司签订的仓储管理合同约定由不可抗力造成的仓储货物损失由物流公司先行赔付，未违反法律禁止性规定，该约定有效。对于因不可抗力造成的仓储货物损失，物流公司需向第三人进行赔付，事故的发生会给物流公司造成经济上的损失，故物流公司对仓储货物享有保险利益。

（三）作为财产险的承保公司，所承担的是保险标的损毁、灭失的风险

承保公司应预料到因自然灾害导致保险标的损失由其承担赔偿责任。因此，物流公司在保险合同签订后与A公司作出不可抗力先行赔付的约定没有增加保险公司的承保风险。故保险公司辩称该约定需经其确认同意承保，方对其产生效力，缺乏法律依据，本院不予支持。

至于理赔金额，本案所涉仓库内货物共涉及两份财产保险。根据系争保险合同的约定本保险单负责赔偿损失、费用或承担责任时，若另有其他保障相同的保险存在，不论是否由被保险人或他人以其名义投保，也不论该保险赔偿与否，则保险公司均仅负责按比例分摊赔偿的责任。物流公司提供的公估报

告、仲裁裁决书主张仓储货物损失为 15 501 785.38 元,扣除 A 保险公司承担的 2 000 000 元,保险公司应赔偿损失 13 500 000 元。鉴于物流公司在事故发生后已及时向保险公司报案,保险公司委托的公估公司对于仓库内货物的所有权人以及损失明细进行调查,保险公司也未提出该计算方式不正确,故本院对于物流公司主张的理赔金额予以确认。根据合同条款约定,每次事故免赔额为 5 000 元,应当予以扣除。故保险公司理赔金额应为 13 495 000 元。

对于利息损失,法院认定系因双方对物流公司作为仓储管理方所承担的责任等问题的理解而产生争议,保险公司并非恶意拖欠理赔款,并未支持利息损失,最终判决保险公司支付保险理赔款人民币 13 495 000 元。

> 律师评析

《保险法》第四十八条规定,"保险事故发生时,被保险人对保险标的不具有保险利益的,不得向保险人请求赔偿保险金"。因此,企业财产保险下,要求保险事故发生时被保险人对保险标的具有保险利益,否则,即便受损财产属于保险标的,因被保险人对其不具备保险利益,被保险人仍无权获得保险赔偿。何为保险利益?《保险法》第十二条第六款规定,"保险利益是指投保人或者被保险人对保险标的具有的法律上承认的利益"。但该定义并不具体明确,具体到实践中,仍需要结合实际情况具体判断。

保险利益原则是保险的基本原则,其本质内容是要求投保人或被保险人必须对投保的标的具有法律上承认的利益。根据该原则,在发生保险事故时,保险公司仅对投保人或被保险人具有保险利益部分的保险标的发生的损失进行赔偿,且所得到的保险金不得超过其保险利益范围。

我们知道,企业财产保险下的保险标的是企业的财产及其有关利益,该财产并不局限于企业所有的财产,也包括企业对其拥有占有权、抵押权、质权、留置权、典权等权利的财产及其有关利益,因此企业也可以就其代为保管、享有担保物权的财产投保相应的财产保险,如财产的所有人、经营管理人对其所有的或经营管理的财产具有保险利益,财产的抵押权人对于抵押物、质权人对于质押物、债权人对于留置物等具有保险利益,财产的保管人、承运人、承租人等对其保管、占用、使用的财产在负有合同义务的前提下具有保险利益等。

实践中,仓储单位或物流公司作为投保人、被保险人投保企业财产险的情况很常见。在这些单位投保的财产中,既有其自有财产,也往往涉及代保管财产,即由于这些单位的经营业务性质,经常有大量其他方的财产存储在其自有或租赁的仓库中。那么,这些代保管财产一旦遇到保险事故,发生损失,如何索赔和理赔就经常发生争议。

本案就涉及被保险人对其负责保管的仓储物是否具有保险利益以及被保险人对仓储物投保的财产险的性质是属于财产保险还是责任保险的问题。由于涉案事故将给被保险人物流公司造成经济上的损失，因此法院认定物流公司对其负责保管的仓储货物具有保险利益。

另外，财产险保险条款一般约定"本保险合同载明地址内的下列财产可作为保险标的：（一）属于被保险人所有或与他人共有而由被保险人负责的财产；（二）由被保险人经营管理或替他人保管的财产；（三）其他具有法律上承认的与被保险人有经济利害关系的财产"。涉案物流公司负责保管的仓储物显然属于"由被保险人经营管理或替他人保管的财产"且系"与被保险人有经济利害关系的财产"，因此将仓储物认定为属于财产险下的保险标的符合保险条款的约定。相应地，物流公司对仓储物投保的财产险对于物流公司来说也应当被认定为财产险而不是责任险。自然灾害属于财产险承保的风险，因此保险公司应当对案涉自然灾害造成的仓储物损失承担责任。

> 风险提示

实践中，保险公司承保仓储公司、物流公司财产险的情况非常多见，若承保时按照财产险而非责任险进行承保，一旦发生事故，又以被保险人对受损财产不具有保险利益、涉案保险性质为责任保险、被保险人不应承担责任等进行拒赔，就往往很难得到法院支持。

问题 1-12：企业对联营商品是否具有保险利益？

> 案件名称

淮北市某商贸有限责任公司（简称"**商贸公司**"）诉某财产保险股份有限公司淮北中心支公司（简称"**保险公司**"）财产保险合同纠纷

> 案号

安徽省高级人民法院（2020）皖民申 3155 号

> 案情简介

商贸公司与保险公司于 2018 年 4 月 23 日签订"财产综合保险保险单"，保险期间为 2018 年 5 月 13 日零时至 2019 年 5 月 12 日 24 时。该保险单载明的商贸公司的杨柳店的保险金额为：固定资产——房屋建筑物 1 880 100 元、固定资产——装置家具及办公用品 280 400 元、流动资产——存货 933 482.22 元。该综合保险条款第二条规定："本保险合同载明地址内的下列财产可作为保险标的：（一）属于被保险人所有或与他人共有而由被保险人负责的财产；（二）由被保险人经营管理或替他人保管的财产。"第三十二条规定："保险标的保险金额大于或等于其保险价值时,被保险人为防止或减少保险标的的损失所支付的必要的、合理的费用,在保险标的的损失赔偿金额之外另行计算,最高不超过被施救保险标的的保险价格。"

2018年8月18日13时至14时,商贸公司杨柳店所在地出现短时强降雨及八级大风,商贸公司杨柳店的屋顶被大风卷走,店内商品、设备、设施被暴雨浸泡。事故发生后商贸公司告知保险公司,保险公司立即派人到现场勘察并清点受损物品,对受损物品进行定损,商贸公司和保险公司双方在清单上签字予以确认,当时确定商贸公司自营商品税前损失为782 814.8元,其中保险公司拉走价值131 320元的商品;联营商品按零售价格计算确认价值为799 040.2元(其中服装、鞋的价值合计为702 755元)。但因保险公司对联营商品存有异议,双方就此并未确定损失(诉讼中商贸公司按照联营商品价值的四点五折主张保险赔偿)。商贸公司杨柳店的屋顶被风卷走,当时双方商定对钢结构屋面恢复原状,需花费100 000元;对室内吊顶装潢架及办公设备置换,并通过招标方式实施,后保险公司同意由中标的安徽某建筑装潢公司施工,当时工程定标价470 913元。另外,事故发生后,为了减少损失,商贸公司超市员工加班加点对现场进行清理,直至2018年10月16日超市才重新运营。

2018年8月31日,商贸公司将保单正本、资产损失清单、商品盘存表、送货单等交与保险公司。

另查明,在事故发生后商贸公司为防止损失扩大,买塑料薄膜支出施救费用370元;双方当事人为受损屋顶恢复原状所需价格问题,商贸公司支出鉴定费用2 000元。截至本案诉讼,保险公司已向商贸公司支付货物损失赔偿款356 679.31元,支付工程款200 000元。

后因保险双方对理赔范围和数额存有争议,于是商贸公司将保险公司起诉至法院,要求保险公司赔偿钢结构屋面恢复原状的10万元,室内吊顶装潢货架及办公设备置换270 913元(不含已支付的20万元);赔偿商贸公司货损(店内自营商品、店内联营商品)576 802.91元(已扣除先行赔付的356 679.31元),并赔偿施救费、鉴定费67 452元(未尽损失保留诉权)。保险公司则抗辩,商贸公司对联营商品不具有保险利益,其有权对联营商品损失不予赔付。

> **法院观点**

一审法院认为:本案商贸公司与保险公司签订的财产保险合同系财产综合保险,商贸公司投保后按合同约定缴纳了保险费用,保险公司向商贸公司出具了相应的保单,双方的保险合同依法成立,该合同对双方当事人都具有法律约束力,保险公司应在保险责任范围内承担保险责任。现商贸公司投保标的物遭受损失要求保险公司予以赔偿,保险公司应按照合同约定进行保险理赔。因此商贸公司的合法诉求应予以支持,双方所确认的损失部分,已经双方签字确认,商贸公司的诉求未超出保险责任范围,应予确认。一审法院判决保险公司赔偿商贸公司货物损失款 933 482.22 元、钢结构恢复原状款 100 000 元、工程款 470 913 元、买薄膜施救款 370 元、鉴定费 2 000 元,上述款项合计 1 506 765.22 元,扣除已支付的 556 679.31 元,余款 950 085.91 元应于判决生效后十日内履行完毕。商贸公司和保险公司均不服一审判决,提起上诉。保险公司上诉认为商贸公司对联营商品不具有保险利益,保险公司对联营商品不应承担赔偿责任,二审中商贸公司提交了证人田某、黄某的证言,拟证明商贸公司对联营商品负有保管义务。

二审法院认为:保险公司上诉认为,商贸公司所举证据不能证明商贸公司对联营商品具有保管义务,且商贸公司向其提交的上述相关资料不能确定联营商品的成本价值,商贸公司应承担举证不能的责任,故保险公司对联营商品不应承担赔偿责任。本院认为,商贸公司提交的证人田某、黄某的证言,能够证明商贸公司对联营商品负有保管义务。根据保险合同第二条第(二)款的规定,该部分损失属于保险标的,保险公司应予赔偿。事故发生后,商贸公司向保险公司请求赔偿时,已提交了相关证明及资料。在本院审理期间,双方就联营商品的成本价值进行核对,因商品种类较多,商贸公司仅对少量商品的成本价进行比对,对联营商品中价值 702 755 元的服装、鞋要求按四点五折赔偿,合计要求赔偿联营商品的损失为 412 524.95 元(799 040.2－702 755＋702 755×0.45)。根据本案案情,确认商贸公司的联营商品损失为 412 524.95 元并无不当。因保险单载明的存货保险金额为 933 482.22 元,远远超过商贸公司商品的实际损失,所以一审法院按保险金额对商贸公司的货物损失予以赔偿,本院予以维持。二审法院最终判决驳回双方上诉,维持原判。

保险公司不服二审判决,提起再审申请,认为对于争议的联营商品部分,商贸公司一直没有提供任何的书面协议证明其对联营商品具有保险利益。二审法院在要求商贸公司通知联营户经营者到庭作证并接受质证时,明确要求通知两个涉案金额最大的也就是服装和鞋的经营者出庭作证,二者的涉案金额就占了全部逾 79 万元商品的 70 万元以上,但是商贸公司只通知了 2 名总涉案金额仅 4 000 元左右的联营户出庭作证,仅仅以路费没有明确由谁负担为由说服装和鞋的经营者不愿到庭。另外,如果按照二审法院认定,商贸公司仅仅是对联营商品有保管义务,那么商贸公司应当先将损失赔付给联营者,后才能向保险公司索赔,或者由联营者直接起诉保险公司和商贸公司求偿,否则无法证明商贸公司的实际经济损失。因此,二审法院在明显缺乏核心证据的情况下判决保险公司直接支付保险金,存在帮助商贸公司通过虚假诉讼以保险牟利的风险,从而严重违反了《保险法》的相关规定。

商贸公司则辩称,从法律规定看,我国《保险法》关于财产保险利益必须具备三个成立要件,即合法性、经济性和可确定性;《保险法》第十二条所称"保险利益",应当是可以确定的经济利益。概括地说,凡属下列情形之一的,均可认为有保险利益:享有一般财产权的人、保管人、占有人、基于合同而产生的利益等。本案中,商贸公司所属超市对进货单位与个人均称为"供应商",所有商品都统一在卖场里摆放,统一经过卖场的收银机销售,只是与供应商的结算方式有所区别而已,即月结和销结。当事人双方在受灾现场查勘、清理出的受损商品由保险公司签字确认,无论保险公司给在受灾现场清理出的商品冠以"自营"还是"联营"的称谓,均改变不了该部分商品在受灾时属于其保管这一客观事实,也改变不了商贸公司对该部分商品享有保险利益这一法律事实。关于出庭事宜,二审法院第一次庭审后,保险公司向二审法院提出要求服装和鞋(系一人经营)及其他经营者出庭接受法庭询问,商贸公司已向法庭提供经营者的联系电话,服装和鞋的经营者因居住在南京而要求申请人支付必要差旅费用,保险公司没有同意,所以服装和鞋的经营者没有出庭。再审程序中如需该经营者出庭,商贸公司依然会积极配合联系通知其出庭。

再审法院认为:涉案保险合同约定的保险标的包括杨柳店的固定资产和流动资产,保险金额确定方式为清单估价,商贸公司依约缴纳了保费。保险事故发生时,所谓"联营商品"处于涉案超市,属于超市库存商品,商贸公司对该部分商品享有保险利益。至于损失最大的服装、鞋类经营者是否向商贸公司主张赔偿,与商贸公司是否对所涉服装、鞋类商品享有保险利益无关。事故发生后,当事人双方在受灾现场查勘、清理出的受损商品有保险公司签字确认,故保险公司对于商贸公司不具有保险利益的再审申请理由不予支持,最终裁定驳回保险公司的再审申请。

> ▶ 律师评析

在企业财产保险下,保险利益原则是指要求被保险人在事故发生时对保险标的具有保险利益。具体到本案中,虽然保险公司一直以被保险人对联营商品不具有保险利益进行抗辩,但不论一审法院还是二审法院均未正面回答被保险人商贸公司是否对联营商品具有保险利益。比如,一审法院并未对商贸公司对联营商品是否享有保险利益进行分析,也未对为何货物损失按照933 482.22元确定进行分析,而是直接进行了判决,但根据一审法院判决结果可以推断出,一审法院以保险公司和商贸公司对损失清单进行了签字确认直接作为责任认定依据。考虑到损失金额超过保险合同约定金额,最终按照保险金额 933 482.22 元认定损失。我们认为,保险理赔分为两个步骤——定损和理算。保险公司和商贸公司对损失清单进行了签字确认仅仅是第一步定损,甚至仅仅是对自营商品的定损,对联营商品仅仅是确认商品价值,并未确认损失金额。理算则需要根据具体保险合同约定来确定涉案事故是否属于保险责任、受损财产是否属于保险标的、是否存在免责情形等,最终计算出保险公司应承担的保险金数额。

本案二审法院则是根据该综合保险条款第二条"本保险合同载明地址内的下列财产可作为保险标的……(二)由被保险人经营管理或替他人保管的财产"的规定,并结合证人证言,认定商贸公司对该联营财产负有保管义务,因此该财产属于上述保险条款约定的"由被保险人经营管理或替他人保管的财产",继而认定该财产属于保险标的范围,并得出保险公司应赔偿联营财产的损失。但我们知道,是否构成保险标的与被保险人对保险标的是否具有保险利益属于两个不同的问题,二审法院仍未正面分析被保险人对联营商品是否享有保险利益。此外,本案中的联营商品的所有权到底归属于商贸公司,还是归属于与商贸公司合作的供应商,我们认为需要结合相应的合作协议或采购合同中的具体约定进行分析,从而认定涉案联营商品到底是被保险人所有的产品,还是被保险人经营管理的产品。我们知道,如果属于后者,被保险人对其负有保管责任的财产有权进行投保,发生保险事故后,根据"损失补偿原则",被保险人通常需要证明其已经发生损失,如已经向供应商进行了赔付等,但二审法院并未对保险公司"商贸公司仅仅是对联营商品有保管义务,那么商贸公司应当先将损失赔付给联营者,后才能向保险公司索赔,或者由联营者直接起诉保险公司和商贸公司求偿,否则无法证明商贸公司的实际经济损失"这一抗辩进行分析。

本案再审法院,虽分析较为简单,但正面阐述了商贸公司对联营商品具有保险利益,即"联营商品"处于涉案超市,属于超市库存商品,商贸公司对该部分商品享有保险利益。

> ➢ 风险提示

保险利益原则作为财产保险的基本原则,是所有财产保险事故中都应适用的原则,也是实践中常见的保险公司以被保险人对保险标的不具有保险利益为由而拒赔的理由。作为企业而言,需要在事故发生时对投保财产具有保险利益,否则将无权获得赔偿,这也是为了避免道德风险的发生。

问题 1-13： 投保时未查勘现场,能否以未履行如实告知义务拒赔?

> **案件名称**

温州市某布业有限公司(简称"**布业公司**")诉某财产保险股份有限公司浙江分公司(简称"**保险公司**")财产保险合同纠纷

> **案号**

浙江省高级人民法院(2015)浙民申字第132号

> **案情简介**

2011年4月11日,布业公司将坐落于浙江温州工业园区长海路的机器设备、原材料、半成品、成品向保险公司估价投保;同日,保险公司向布业公司出具了"财产基本险保险单",其中约定:总保险金额为4 825万元,其中机器设备的保险金额为1 925万元;原材料、半成品、成品的保险金额共为2 900万元,保险期限自2011年4月12日零时起至2012年4月11日24时,保险费收费确认时间为2011年4月11日,该保险单生效时间为2011年4月11日,双方约定每次事故绝对免赔率为人民币5 000元或者20%,两者以高者为准;在保险期间内,由于火灾、爆炸等因素造成的保险标的损失,由保险人按照约定负责赔偿。

2011年4月20日0时许,布业公司发生火灾,该次火灾烧毁建筑面积超1 600平方米,烧毁机器设备、原材料、成品、半成品等。2011年5月19日,消防大队作出"火灾事故认定书",认定起火部位为布业公司定型车间一楼内东侧流水线从北往南数第四个烘箱处,起火点为架设在两条流水线之间(在东侧流水线从北往南数第四个烘箱上方)的冷却箱东端南侧的导油管断开处,起火原因为导油管断裂喷溅出的导热油高温引燃周边可燃物蔓延所致,火灾成因为布业公司对机器设备保养不到位。该次火灾发生后,布业公司通知了保险公司。2011年4月22日,保险公司委托上海某保险公估公司办理该次火灾损失案的公估事宜。保险公估公司分别于4月23日至4月29日、5月10日至5月13日分两次对布业公司火灾中的机器设备和原材料、半成品、成品受损情况进行查勘,同时布业公司按照保险公估公司的要求提供了相关材料。

2011年6月22日,保险公估公司将初步定损报告出具给布业公司,其初步定损的金额为11 267 868.31元,其中机器设备定损6 994 800元,原材料定损1 223 001.79元,成品定损2 903 365.62元,半成品定损146 700.9元。理赔中,保险公司认为布业公司没有履行如实告知义务、隐瞒重大隐患以及布业公司对其所有的机器设备维护、保养不当引发火灾,布业公司擅自搭建违章建筑、在生产车间违规堆放布料和油料等,布业公司对涉案火灾的发生存在明显重大过失,其有权不予赔偿。布业公司不满保险公司的理赔处理,将保险公司诉至法院,诉请判令保险公司向布业公司支付保险赔偿金。保险公司在庭审中辩称:布业公司对于火灾事故的发生存在重大过失,包括布业公司没有履行如实告知义务、隐瞒重大隐患以及布业公司对其所有的机器设备维护、保养不当引发火灾,布业公司擅自搭建违章建筑、在生产车间违规堆放布料和油料,因此按照保险条款第七条、第二十条、第二十二条以及《保险法》第十六条第四、五款等规定,布业公司对涉案火灾的发生存在明显重大过失,保险公司享有不承担赔偿责任的权利,依法依约不应当承担保险责任。

> **法院观点**

一审法院认为:布业公司与保险公司订立的财产保险合同依法成立,合法有效,应受法律保护,双方当事人应当依照保险合同的约定全面履行各自的义务。布业公司已依保险合同的约定向保险公司支付了保险费,保险公司应按约定的时间开始承担保险责任。原告投保的标的在双方约定的保险期间发生火灾事故,被告在原告出险并提出索赔请求之后,应当根据合同约定及时进行损失核定并将核定结果通知原告,并据此支付保险赔偿金。关于布业公司投保标的因本案火灾事故遭受的损失认定:其中机器设备的损失,经布业公司申请,原告、被告协商鉴定机构之后,本院委托某资产评估有限公司于2012年8月20日作出评估报告,评估结论为:布业公司在火灾中投保的机器设备损失费用为7 794 075元。本院确认以该评估结论为准,被告应当依据该结论进行理赔。对保险公估公司公估报告对机器设备的初步定损结论,本院不予确认。

对于原材料、成品、半成品的损失,虽然布业公司不服保险公估公司关于原材料定损1 223 001.79元、成品定损2 903 365.62元、半成品定损146 700.9元的初步定损结论,曾向本院申请司法鉴定,但本院在第二次开展司法鉴定时,已经在庭审中明确告知布业公司如果撤回鉴定申请,则视为认可保险公估公司对原材料、成品、半成品的上述定损结论。原告在本院组织双方协商鉴定机构并收到对外委托司法鉴定费用预交通知书之后,于本院指定的期限内没有按照规定缴纳鉴定费用,本院推定布业公司撤回了司法鉴定申请。因此,本院认为,应当视为布业公司认可了保险公估公司关于原材料定损1 223 001.79元、成品定损2 903 365.62元、半成品定损146 700.9元的定损结论,对此结论被告也表示认可。综上所述,本院认定原告在本次火灾中的损失金额为:机器设备损失7 794 075元+原材料定损1 223 001.79元+成品定损2 903 365.62元+半成品定损146 700.9元=12 067 143.31元。根据保险合同约定,保险公司享有事故绝对免赔率为人民币5 000元或者20%,两者以高者为准,故保险公司应当向布业公司支付保险赔偿金9 653 714.65元(12 067 143.31元×80%)。

保险公司主张布业公司虚构夸大损失、编造虚假事故原因等,但未能提交充分证据,本院不予采信;布业公司的建筑物形成于双方签订保险合同之前,签订保险合同前对布业公司的建筑物现状的先行了解是保险公司决定是否承保涉案估价投保的基本注意事项,现保险公司主张布业公司没有履行如实告知义务、隐瞒重大隐患,以布业公司的部分建筑物违章属其过错,并扩大了火灾损害结果的理由不能成立,故不予采纳;保险公司认为布业公司对其所有的机器设备维护、保养不当,公司内部消防设施设备缺失,处置初期火灾能力缺乏,从而导致火灾损失的蔓延和扩大,对涉案火灾的损失扩大存在重大过错,应当对损失的扩大部分承担过错责任,从而主张保险公司由此享有对损失扩大部分不予赔偿的权利,也缺乏法律依据和合同依据。考虑到保险公司已经向布业公司支付了保险预赔款400万元,并同意从本案的赔偿款中直接扣除上述款项,因此,保险公司应付布业公司剩余保险赔偿款为9 653 714.65元-4 000 000元=5 653 714.65元。保险公司不服上述一审判决,提起上诉。

二审法院认为,本案有两大争议焦点:

(一)保险公司是否享有免责的权利

《保险法》第十六条规定,订立保险合同,保险人就保险标的或者被保险人的有关情况提出询问的,投保人应当如实告知。保险人在合同订立时已经知道投保人未如实告知的情况的,保险人不得解除合同;发生保险事故的,保险人应当承担赔偿或者给付保险金的责任。对布业公司的建筑物和生产状况进行现场考察,了解标的物出险的风险状况,是保险公司评估合同利益,确定保险费费率,以及决定是否承保所应当采用的基本方法。本案保险合同的签订与火灾发生的时间间隔较短,布业公司擅自搭建建筑物、占用防火间距,违规堆放布料、物品,公司内部消防设施设备缺乏等情况不可能发生于上述期间,而应当发生于本案保险合同签订之前。显然,保险公司只需现场考察便可知晓上述情况,因此,上述情况属于保险公司在投保时就应当知道的情况,保险公司以布业公司没有告知上述情况为由,主张其无须承担保险责任的上诉观点,与法律规定不符,故不予采纳。

《最高人民法院关于适用〈中华人民共和国保险法〉若干问题的解释(二)》第六条规定,投保人的告知义务限于保险人询问的范围和内容。当事人对询问范围及内容有争议的,保险人负举证责任;保险人以投保人违反了对投保单询问表中所列概括性条款的如实告知义务为由请求解除合同的,人民法院不予支持;但该概括性条款有具体内容的除外。保险公司没有证据证明其已经就机器保养、维护情况向布业公司询问,而布业公司存在隐瞒的事实,因此,保险公司以布业公司没有如实告知机器保养、维护情况为由主张其无须承担赔付责任的上诉观点缺乏法律依据,故不予采纳。

(二)保险公司主张其对扩大的事故损失无须赔偿的观点是否成立

《保险法》第五十七条规定,保险事故发生时,被保险人应当尽力采取必要的措施,防止或者减少损失;保险事故发生后,被保险人为防止或者减少保险标的的损失所支付的必要的、合理的费用,由保险人承担;保险人所承担的费用数额在保险标的损失赔偿金额以外另行计算,最高不超过保险金额的数额。根据上述规定,被保险人在保险事故发生时具有防止损失扩大的义务,被保险人没有履行上述义务并造成事故损失扩大的,保险人对于扩大的损失不承担赔偿责任。本案保险公司没有证据证明布业公司在火灾发生后存在没有履行防止损失扩大的义务并造成事故损失扩大的情形,因此,其以此为由主张无须赔偿损失扩大部分的上诉主张,缺乏事实依据,不予采纳。保险公司诉称的布业公司存在擅自搭建占用防火间距,机器设备维护、保养不当,违规堆放布料、物品,公司内部消防设施配备不足等情形,在本案保险事故发生前就已经存在,不属于布业公司不履行防止损失扩大义务的情形,因此,保险公司以此为由主张对扩大的事故损失免赔的上诉观点与法律规定不符,不予采纳。

最终二审法院判决驳回上诉,维持原判。保险公司不服上述二审判决,提起再审申请。

再审法院认为:本案保险合同签订时间和火灾发生时间间隔较短,二审法院认为布业公司擅自搭建建筑物、占用防火间距,违规堆放布料、物品,公司内部消防设施设备缺乏等情况发生于本案保险合同签订之前,具有合理性。保险公司在保险合同签订之前如果能够审慎核保,对保险标的的情况及其周边环境做细致询问,或进行现场查看,就可知晓上述情况。保险公司称其在投保单备注栏对布业公司如实填写相关内容进行了专项提醒,布业公司故意不履行如实告知义务。经查,保险公司没有证据证明其就机器保养、维护情况等具体问题向布业公司进行了询问。而投保人的告知义务限于保险人询问的范围和内容。基于此,保险公司要求依据《保险法》第十六条第四款、第五款的规定解除保险合同且无须承担赔偿责任缺乏事实和法律依据,驳回保险公司的再审申请。

> ▶ 律师评析

保险公司为了准确判断承保风险以及适用的保险费费率,决定是否承保等,需要对保险标的的风险状况进行详细的调查了解。然而,由于很多企业的财产保险是批量化处理的,保险公司很难做到现场核保,加上被保险人对保险标的的情况更为了解,因此,法律规定了被保险人的如实告知义务。

《保险法》第十六条规定,"订立保险合同,保险人就保险标的或者被保险人的有关情况提出询问的,投保人应当如实告知。投保人故意或者因重大过失未履行前款规定的如实告知义务,足以影响保险人决定是否同意承保或者提高保险费费率的,保险人有权解除合同。……投保人故意不履行如实告知义务的,保险人对于合同解除前发生的保险事故,不承担赔偿或者给付保险金的责任,并不退还保险费。投保人因重大过失未履行如实告知义务,对保险事故的发生有严重影响的,保险人对于合同解除前发生的保险事故,不承担赔偿或者给付保险金的责任,但应当退还保险费。保险人在合同订立时已经知道投保人未如实告知的情况的,保险人不得解除合同;发生保险事故的,保险人应当承担赔偿或者给付保险金的责任。……"通过该规定可知,被保险人故意或重大过失未履行保险义务,满足一定情况的,保险公司将有权解除合同并对发生的事故不予赔付。当然,《最高人民法院关于适用〈中华人民共和国保险法〉若干问题的解释(二)(2020年修正)》第六条规定,"投保人的告知义务限于保险人询问的范围和内容。当事人对询问范围及内容有争议的,保险人负举证责任。保险人以投保人违反了对投保单询问表中所列概括性条款的如实告知义务为由请求解除合同的,人民法院不予支持。但该概括性条款有具体内容的除外"。也就是说,被保险人的如实告知义务仅限于保险人询问的范围,即被保险人负有被动告知义务。

该司法解释第七条又规定,"保险人在保险合同成立后知道或者应当知道投保人未履行如实告知义务,仍然收取保险费,又依照《保险法》第十六条第二款的规定主张解除合同的,人民法院不予支持"。根据该规定,如果保险人在合同成立后知道或应当知道投保人未履行如实告知义务,但仍然收取保险费的,则将无权以投保人未履行如实告知义务主张解除保险合同。

本案系保险人在承保过程中既未对保险标的进行现场核保,也未向投保人询问,在保险事故发生后产生的争议。法院认为,保险人在签订保险合同前对投保人的建筑物和生产状况进行现场考察,了解标的物出险的风险状况,是保险人评估合同利益、确定保险费费率,以及决定是否承保所应当采用的基本方法。由于保险人未在签订保险合同前对保险标的进行现场核保,也没有证据证明其已经就机器保养、维护情况向投保人询问,故对保险人的主张不予支持。

实践中,的确存在很多保险人在承保时未去投保现场对保险标的进行核保的情况。本案法院的观点明确,订立保险合同前,保险人对保险标的的考察是保险人承保时评估合同利益、确定保险费费率应当采用的基本方法。对于承保前保险标的已经存在的风险,保险人因未去现场核保而未发现,保险事故发生后,又以此为由拒赔的,法院不予支持。此外,投保人的告知义务限于保险人询问的范围和内容。当事人对询问范围及内容有争议的,保险人负举证责任。综上所述,保险人既没有去现场核保,也未询问投保人的,因订立保险合同前已存在的风险发生了保险事故,保险人应承担保险责任。

> **风险提示**

本案的纠纷在实践中具有典型性。由于保险公司大规模承保的业务操作特点,要求保险公司对每一个被保险人、投保财产进行实地考察几乎是不可能的,因此,实践中,保险人高度依赖投保过程中被保险人提供的投保明细、对风险情况问询表等内容的回答等。而发生风险事故后,基于最大诚信原则,保险公司往往认为被保险人没有在投保时如实告知保险公司风险情况,从而给出拒赔的意见。但是,在法院的案件审理过程中,几乎所有的法院都认为对投保财产进行现场审查是保险公司作为专业机构的基本能力和要求,不能在出险后以被保险人未告知而拒赔。因此,对于保险公司来说,加强承保时的现场查看、必要证据保留已成为必需。

虽然要求保险公司像被保险人一样了解被保险财产是不现实的,但是对于一些显而易见的情况,如大型建筑是否存在、厂区现状是否有明显的违章搭建等,保险公司还是应该有基本的审查,至少应加强风险问询,要求被保险人提供必要的文字、照片、影像等材料,以便充分评估风险,并在发生保险纠纷时有理有据地给予处理。

问题 1-14: 如何区分定值保险和不定值保险?

> **案件名称**

陈某诉某财产保险股份有限公司阿荣旗支公司(简称"**保险公司**")的财产保险合同纠纷

> **案号**

最高人民法院(2011)民提字第 238 号

> **案情简介**

2002 年 3 月 12 日某木制品公司与保险公司签订"个体工商业财产保险单",约定为陈某所租房产投保固定资产保险,仅载明保险金额 18 万元,保险期限为 2002 年 3 月 13 日至 2003 年 3 月 12 日,同日陈某支付保险费 936 元。所附"财产保险投保标的明细表"对房产中的车间和宿舍分别约定保险金额 14 万元和4万元。2002年6月28日,某工厂经股东会议决定解散,公司解散清算后的一切债权和债务归陈某个人承担。

2002年8月19日,陈某又以某木制品厂为被保险人与保险公司签订"财产保险基本险保险单",约定保险金额为128万元,保险期限为2002年8月20日至2003年8月19日,在"以何种价值投保"栏目写明"估价",同日陈某缴纳保险费13 824元,所附"财产保险投保标的明细表"中对标的名称火柴杆生产线、旋转烘干线、雪糕棍生产线、冷热风烘干线、筛理生产线、开刀机、磨刀机、电焊机等分别列明保险金额。合同第十条格式条款载明,"固定资产的保险金额由被保险人按照账面原值或原值加成数确定,也可以按照当时重置价值或其他方式确定。固定资产的保险价值是出险时的重置价值"。

2002年9月15日凌晨0时30分许,位于同一地址的某木制品厂和原某木制品公司的厂房发生火灾,造成厂房及设备严重烧毁。当日陈某向公安局刑事警察大队及保险公司报案。公安消防大队及公安局刑事警察大队进行了现场勘查,但未能查明火灾原因,公安机关立案尚未告破。灾后陈某向保险公司提出索赔请求,提供了索赔单证并对出险现场采取相应保护措施,但保险公司不予理赔。该企业此后处于停产停业状态,无法恢复生产。后陈某起诉至法院。

另查明,在本案之外,房屋所有权人起诉陈某,陈某被判决作为该房产承租人应向出租人赔偿因火灾造成的房产损失87 033元。

2003年4月22日,保险公司委托公估公司对受损资产进行公估,公估结论为在不扣除残值的情况下,公估理算金额总值140 400元,固定资产残值已无法计算。由于保险公司理赔过程中,陈某提供的资料较少,而双方对于受损财产的价值认定存在较大争议,因此保险公司迟迟未予理赔。陈某遂诉至法院。在诉讼过程中,由于保险人未向法院说明正在委托公估的事项,因此双方均未向呼伦贝尔市中级人民法院申请进行鉴定。考虑到本案涉及保险标的损失金额无法确认,呼伦贝尔市中级人民法院于2003年12月征询当事人意见后,指定呼伦贝尔某会计师事务所对该保险标的价值进行鉴定。经鉴定,该会计师事务所出具了资产评估报告书,其中载明,该部分保险标的价值为214 550.40元,机械设备现场残值1 200元。该鉴定结论是依据国家木工机械质量监督检验中心出具的检验报告和某电机修理部出具的对相应电机检测结果作出的。

> **法院观点**

本案经历了一个复杂的诉讼过程。陈某将保险公司起诉后,内蒙古自治区呼伦贝尔市中级人民法院于2004年7月7日作出(2003)呼民初字第39号民事判决。陈某不服,上诉至内蒙古自治区高级人民法院,该院于2005年12月30

日作出(2004)内民一终字第137号民事判决。该判决发生法律效力后,保险公司不服,向内蒙古自治区高级人民法院申请再审,该院于2007年6月6日作出(2006)内民监字第64号民事裁定,决定对该案再审,并于2009年4月3日作出(2007)内民再提字第29号民事判决。陈某不服,向最高人民法院申请再审。最高人民法院于2010年12月16日作出(2010)民再申字第169号民事裁定,提审该案。经最高人民法院再审后作出(2011)民提字第238号民事判决书。

一审法院认为:双方虽然已在保险合同中对被保险标的物进行了约定,根据《保险法》第四十条[①]规定和双方当事人在保险合同第十条、第十三条第(一)项关于固定资产的保险价值是出险时的重置价值的规定,其出险时资产的保险价值非经法定鉴定难以确认。在双方均不主张鉴定的情况下,呼伦贝尔市中级人民法院委托有关评估鉴定机构进行鉴定是必要的。经鉴定出具鉴定结论,陈某不出庭质证,应视为放弃质证权利,在保险公司认可鉴定结论的情况下,应确认该资产评估报告书的鉴定结果。一审法院判决保险公司向陈某支付保险赔偿金300 383.40元(214 550.4－1200＋87 033＝300 383.4)。

二审法院认为:资产评估报告书基准日为2004年1月9日,距火灾发生时间较长。依该报告第九项特别事项说明,该评估报告评估结果在现场缺损严重,资产占有人的"索赔申请"中所列主体设备已不知去向,无法取得相应的现场勘查结果的情况下,仅依据国家木工机械质量监督检验中心出具的检验报告和不具鉴定资格的某电机修理部出具的检测结果作出的评估价,显然不具有客观真实性和完整性。因此,该资产评估报告依法不予采信,不能作为定案依据。现陈某主张142万元保险金额是投保人与保险人在订立保险合同时,对保险标的事先予以估价,并将其估价额载明于保险合同,符合定值保险特征。二审法院判决保险人应向被保险人支付142万元保险赔偿金。

再审法院认为:呼伦贝尔某会计师事务所是纳入人民法院司法鉴定的机构,鉴定人员具有相应资质,其鉴定结论应作为人民法院认定火灾损失的基础。因保险合同没有记载投保机械设备的商标及设备参数,火灾发生后陈某没有提供机械设备的商标及设备参数,国家木工机械质量监督检验中心的人员现场勘查投保设备无标牌、厂名及设备参数,国家木工机械质量监督检验中心是国家级木工机械产品质量监督检验的法定机构,其作出的关于火柴梗生产线及雪糕棍生产线的单机具有国内一般水平的认定应予采信。呼伦贝尔某会计师事务所将其作为定价的依据是客观的。某电机修理部不具有鉴定资质,其对电机的测试

---

① 一审法院审理时适用的是2002年《保险法》,该规定见现行《保险法》第五十五条。

不应作为呼伦贝尔某会计师事务所扣除电机残值的依据,应从评估报告结论中删除。

此外,保险合同没有载明火柴梗生产线、雪糕棍生产线、理筛生产线包括的机械名称及数量,保险公司火灾当天进行现场勘查也未核对生产线的组成机械名称及数量,故生产线的组成应以陈某提供的设备安装草图为依据。资产评估报告书是对单机评估后作出的,其所评估的机械设备数量比陈某提供的设备安装草图少 6 台机械设备,其价款(价格为 25 764 元和 93 749.30 元)应加入鉴定结论中。因双方签订的保险合同没有约定保险标的价值,因此二审法院判决以定值保险判令保险公司理赔,属适用法律错误。判决保险公司向陈某支付赔偿金 426 726.60 元。

最高人民法院再审认为:根据 2009 年 3 月 2 日保监会《关于发布〈2009 版保险术语〉行业标准的通知》(保监发〔2009〕29 号)[①]中全国保险业标准化技术委员会(保标会)制定的《2009 版保险术语》行业标准(标准编号为 JR/T0032－2009),其 6.3.2"财产保险确定保额"一栏列明,保险价值为经保险合同当事人约定并记载于保险合同中的保险标的的价值,或保险事故发生后保险标的的实际价值。而保险金额按照 1995 年《保险法》第二十三条第四款的规定,是指保险人承担赔偿或者给付保险金责任的最高限额。对于财产保险,保险价值是保险人赔偿金的计算标准。保险人赔偿责任以保险标的实际损失为限,保险赔偿基本原则为损失补偿原则,要确定保险标的实际损失必先确定保险标的实际价值也就是保险价值,保险标的价值是确定实际损失的条件,从而决定着保险赔偿金数额。而保险金额是保险事故发生后保险人支付保险赔偿金的最高限额,而非保险人支付赔偿金的计算标准。二者概念有本质的区别,但二者之间又相互联系。当保险标的实际损失超过保险金额时,保险人赔偿责任只能以保险金额为限;但当保险标的实际损失低于保险金额的,除当事人有特别约定外,保险人应按照保险金额与保险价值的比例承担赔偿保险金责任。保险金额必须在订立保险合同时按照一定方法确定,保险价值则可以不在订立保险合同时约定,而在事故发生后确定。保险价值和保险金额有不同的确定方法。根据中国人民保险公司《财产保险基本险条款》的规定,固定资产的保险价值是出险时的重置价值,即以同一或类似的材料和质量重新换置受损财产的价值或费用。固定资产的保险金额由被保险人按照账面原值或原值加成数确定,也可按照当时的重置价值或其他方式确定。流动资产的保险价值是出险时的账面余额。流动资产(存货)的

---

① 该文件现已失效。

保险金额由被保险人按最近 12 个月任意月份的账面余额确定或由被保险人自行确定。以估价方式确定保险金额投保的,发生保险事故后,保险价值应当按照发生保险事故时保险标的实际价值确定。因此,按照当事人对保险价值是否事先在保险合同作出约定,将保险合同分为定值保险和不定值保险。保险合同对保险价值有约定的为定值保险,否则为不定值保险。二者区别在于保险合同约定的保险事故发生后确定赔偿金额时,定值保险只需确定损失比例,而不定值保险不仅需确定损失比例,而且必须确定事故发生时保险标的实际价值,以实际价值作为保险赔偿金额的计算依据。

保险单中"以何种价值投保"中的"估价"并未对保险价值作出明确约定,因此本案应定性为不定值保险。本案保险合同条款文字按其文义不应引起争议或异议,也不存在两种以上解释从而适用有利于被保险人解释的前提。本案保险合同下保险标的保险价值只能按照保险事故发生时保险标的的实际价值确定。呼伦贝尔市中级人民法院委托鉴定机构对火灾财产损失价值进行评估鉴定,依法有据。本案保险事故发生后未得以及时理赔,事出有因,不能完全归咎于保险公司的过错,不能以此否定法院委托鉴定机构对火灾财产损失作出评估结论的有效性,改为按照保险合同约定的保险金额作为支付保险赔偿金的计算标准。内蒙古自治区高级人民法院再审判决按照陈某提供的设备安装草图增加缺少设备并按高价格追加损失额,已经考虑委托评估距离事故发生时间长、设备不完整等情况,处理妥当。最终判决维持内蒙古自治区高级人民法院再审判决。

> **律师评析**

根据《保险法》第五十五条第一款"投保人和保险人约定保险标的的保险价值并在合同中载明的,保险标的发生损失时,以约定的保险价值为赔偿计算标准",以及第二款"投保人和保险人未约定保险标的的保险价值的,保险标的发生损失时,以保险事故发生时保险标的的实际价值为赔偿计算标准"的规定,保险合同分为定值保险和不定值保险。定值保险是指在保险合同中事先约定具体的保险价值,而不定值保险则是按照保险事故发生时保险标的的实际价值确定保险标的的保险价值。在企业财产保险中,通常为不定值保险,即赔偿款的计算往往根据发生保险事故时保险标的的实际价值计算,这也是损失补偿原则的要求,即按照被保险人的实际损失赔付。然而实践中有些情形下发生保险事故后无法评估保险标的的实际损失,如海上货物保险,货物到底在海上哪个阶段发生了保险事故,而海上航程涉及不同地点,各个地点的价值可能差别较大,而且损失评估成本往往过高,因此在这种情形下,损失补偿原则无法发挥作用,往往会事先在保险合同中约定好保险价值,当发生保险事故时,不论保险标的的实际价值是多少,均按照保险合同中约定的保险价值作为计算赔款的依据,此种保险为"定值保险"。

定值保险和不定值保险的区分,从实际操作方面辨别并不难,通过对本案的分析,主要是提请保险合同双方注意分清保险金额和保险价值的概念、作用以及两者之间的关系。本案中,一审法院并未直接认定"定值保险"或"不定值保险",但根据最终判决来看,一审法院应是按不定值保险来最终确定保险人赔付金额。而本案二审法院则直接认定涉案保险合同为"定值保险",这应该是错误地理解了"保险金额"和"保险价值"的概念,更没有厘清保险金额和保险价值之间的关系,直接按照"保险金额"的数额来确定最终保险赔付,被内蒙古高院再审认定为"适用法律错误"。最终最高人民法院的观点也支持了内蒙古高院再审的观点。

> **风险提示**

保险金额、保险价值是一组在财产保险中非常重要的概念,直接影响被保险财产是否足额投保、理赔时的赔偿责任额度如何等。本案提醒被保险人,在投保时注意明确保险金额和保险价值的确定方式,保证足额投保,避免不足额投保导致发生损失后保险赔付不能覆盖全部损失。

另外,本案还有一个非常具有典型意义的情况:在灾害事故发生后,被保险人拒不配合提供财产的实际情况,如受损的设备型号、购置合同等,以期能够通过保险单上的保险金额约定获取高额赔偿。针对此种状况,提醒保险公司加强投保时的资料收集,加强投保明细管理和风险问询是非常重要的。对被保险财产的情况了解得越多,越能帮助保险人在出险后掌控实际损失情况,作出客观的赔偿决策。

问题 1-15: 保险公司应何时履行提示说明义务?

> **案件名称**

山东某食品有限公司(简称"**食品公司**")诉某财产保险股份有限公司临沂中心支公司(简称"**保险公司**")财产保险合同纠纷

> **案号**

山东省高级人民法院(2021)鲁民再 74 号

> **案情简介**

2009 年、2010 年食品公司连续两年在保险公司购买财产保险综合险,2011—2014 年食品公司连续四年在保险公司购买财产保险基本险。2015 年 10 月 13 日,食品公司向保险公司投保企业财产保险基本险,该保险通过保险代理机构购买，保险期限自2015年10月14日0时至2016年10月13日，并于当日缴纳了保险费。对于2015年投保保险，保险公司、食品公司各提交投保单一份，其中保险公司提交的投保单未填写投保单号，填写有投保人的联系电话，有复核意见同意承保印章，有复核人武某签字，业务来源项勾选兼业代理。此外，保险公司提交的投保单的清单附件打印件（××0004清单附件）载明：……2. 保险人已就本保险合同中责任免除条款作出说明，投保人对此无异议。3. 兹经保险合同双方同意，本保险每次事故绝对免赔额为：因火灾造成的财产损失每次事故绝对免赔额为2 000元或者损失金额的20%，两者以高者为准；其他原因造成的财产损失，每次事故绝对免赔额为2 000元或者损失金额的10%，两者以高者为准。食品公司提交的投保单填写有投保单号××0004，未填写投保人的联系电话，未填写复核意见，没有复核人武某签字，未勾选业务来源项。对于这两份投保单，涉案保险业务制单员李某认可食品公司提交的投保单内容是其制作的，其中手写内容全部由其书写；认可保险公司提交的投保单前半部分手写内容是其书写的，不确定后半部分手写内容是不是其书写，不知道核保意见栏同意承保印章是谁加盖的、复核人武某的签字是谁书写的，且李某明确说明保险公司电脑系统上传的投保单中应当填写投保单号。

涉案保险单载明：保险单号××0004，基本险投保标的项目包括房屋厂房、楼房等建筑物，罐头设备，冷库设备，原材料（白糖各种配件等）……（详见标的清单）。保险金额40 970 145.64元，保险费40 970.14元。责任期限自2015年10月14日0时起至2016年10月13日。特别约定：……2. 保险人已就本保险合同中责任免除条款作出说明，投保人对此无异议。3. 经保险合同双方同意，本保险每次事故绝对免赔额为：因火灾造成的财产损失每次事故绝对免赔额为2 000元或者损失金额的20%，两者以高者为准；其他原因造成的财产损失，每次事故绝对免赔额为2 000元或者损失金额的10%，两者以高者为准。详见清单……保险公司在保险单上加盖保险公司承保专用章，保险单中未加盖食品公司公章。涉案双方均未提供保险单的保险标的清单和保险单特别约定清单。

关于责任范围及免责条款，保险公司财产保险基本险保险条款第五条第四款规定空中运行物体坠落属于责任范围，第七条第八款规定对雪灾不承担赔偿责任。

案涉保险合同制单员李某证实：李某办理业务时拿着空白投保单、保险合同送达及如实告知回执单等去食品公司加盖公章，拿回后其在投保单和回执等材料上填写内容，保险单打印后其将保险单、保险条款、保险费发票等材料交给了某银行，没有送至食品公司，投保过程中其没有向食品公司的任何人说明包括保险险种、责任范围以及免责条款等在内的保险合同内容。因此，涉案保险单、保险条款均未送达食品公司。

2015年11月24日上午8时30分许,食品公司成品罐头仓库发生火灾,下午3时将火灾扑灭。火灾致使库房、成品罐头、水井控制柜等物品不同程度受损,无人员伤亡。火灾扑灭后,食品公司向保险公司报案。另外,由于当地发生暴雪,当日食品公司厂房坍塌。食品公司认为,火灾影响其除雪机制,若除雪机制有效,则厂房不会坍塌,除雪机制无效引起厂房坍塌。

本次火灾经当地公安消防大队出具的火灾事故认定书,对本次火灾事故起火原因认定如下:起火原因为电气线路故障引燃周围可燃物,导致火灾事故发生。2015年11月26日,食品公司、保险公司就财产损失保险理赔事宜商谈,食品公司得知雪灾损失不在保险范围内,双方协商理赔事宜未果。当日,保险公司和食品公司委托保险公估公司对食品公司火灾事故、雪灾事故进行保险公估。

2015年11月29日,食品公司向保险公司提出书面索赔申请。2016年4月15日,食品公司向保险公估公司催要公估报告,保险公估公司答复"结果需要保险公估公司与保险公司的韩总协商后才可以出""保险公司同意后可以出公估报告"。2016年5月12日,保险公估公司出具食品公司"2015.11.24"火灾案公估报告,结论是本次事故核损金额为2 906 053.29元,残值为4 011.32元,建议赔款金额653 686.08元。

2017年11月9日,食品公司再次向保险公司提交书面索赔申请。同年11月17日,保险公司回复食品公司:索赔申请书已经收到,"一、经我司核定,依据灾后查勘和评估,贵司因火灾导致的损失为653 686.08元。请接到本回复后,……来我司办理支付保险金事宜……二、对贵司因雪灾造成的损失,因不属于双方企业财产基本险合同约定的保险责任范围,我司按照该合同约定,依法拒绝赔付"。食品公司不认可该回复意见,未到保险公司办理领取保险金事宜,并起诉至法院,要求保险公司支付保险金23 272 407元及利息损失(自2015年12月24日至判决生效之日,按中国人民银行同期贷款基准利率计算)。涉案保险公司抗辩认为,食品公司投保的是基本险,根据保险条款约定,雪灾不属于承保责任范围,其有权不予赔付因雪灾而导致的损失。且食品公司2011年将财产综合险调整为财产基本险,并在2011年至2014年连续在保险公司投保财产基本险,其很清楚财产综合险和财产基本险的区别。

庭审中,食品公司认为保险公估公司的公估过程及结论须与保险公司沟通,须保险公司先同意才能出具公估报告,违反了公估独立、客观、公正原则,因此申请对涉案损失重新鉴定。经食品公司申请,一审法院于2018年6月14日委托价格评估机构对涉案事故损失进行价值评估。评估结论为:食品公司诉保险公司一案财产损失总金额为 23 272 407 元,具体为厂房损失 5 856 025 元、存货损失 15 911 643 元、机械设备损失 1 354 739 元、施救费 150 000 元。

> ➢ 法院观点

一审法院认为:关于食品公司和保险公司分别提交的两份投保单的效力问题,本案中出现两份内容不一致的投保单不合常理,不属于正常现象。两份投保单,应当只有一份是有效的,而另一份应当是无效的。案涉保险单制单员李某指认食品公司提交的投保单照片所呈现的手写内容全部系其书写,不确定保险公司所提交的投保单中手写内容的后半部分是不是其书写。保险公司提出对己方提供的投保单手写内容笔迹进行司法鉴定,但拒不按一审法院通知要求提交检材和样材,不配合鉴定。此外,保险公司所提交的投保单没有单号,而其提交的该投保单的清单附件却载明单号,两证据不能相互印证,清单附件中的单号在此没有来源依据,显然不能证明保险公司所提交的投保单系该清单附件的有效投保单,可认定食品公司提交的投保单为有效的投保单。

关于免责条款的效力问题。根据最高人民法院《关于适用〈中华人民共和国保险法〉若干问题的解释(二)》第九条规定,保险人提供的格式合同文本中的责任免除条款、免赔额、免赔率、比例赔付或者给付等免除或者减轻保险人责任的条款,属保险法规定的"免除保险人责任的条款",此类条款未向投保人作提示或者明确说明的,该条款不产生效力。案涉投保单、保险条款、投保单的清单附件、保险单及保险合同送达及如实告知回执单既有格式条款,也有手写内容,手写内容系保险公司员工先让食品公司加盖公章,后由保险公司员工自行书写或打印,仅送交某银行,而未向食品公司送达。李某的证言等证据能证明这几份材料未送达、未尽明确说明和告知义务,该情形符合《最高人民法院关于适用〈中华人民共和国保险法〉若干问题的解释(二)》第十三条关于"投保人对保险人履行了符合本解释第十一条第二款要求的明确说明义务在相关文书上签字、盖章或者以其他形式予以确认的,应当认定保险人履行了该项义务。另有证据证明保险人未履行明确说明义务的除外"规定的情形。保险公司提出案涉保险属于基本保险,食品公司明知财产保险基本险雪灾免赔,但保险公司没有提供证据证实 2011 年综合险变更为基本险时其是否履行了明确告知义务,也未证实其 2009 年至 2014 年的保险合同是否履行了送达和明确告知义务,即使此前年度投保过程中其对免责条款向食品公司进行了明确告知,也不能替代对 2015 年度案涉保险合同免责条款所应当履行的明确告知义务。因此,保险合同的免责条款内容及免赔额、免赔率的规定对食品公司不发生效力,保险条款约定对雪灾不承担责任的约定对食品公司不发生效力。

出险后，双方当事人委托保险公估公司对案涉财产损失进行公估，但保险公估公司公估时违背独立、客观、公正原则，其公估过程及结论"须与保险公司沟通""须保险公司先同意"等受保险公司影响，所作出的公估报告存在重大遗漏，失去独立性、客观公正性，一审法院不予采用。价格评估机构作为依法注册设立的鉴定人，对案涉财产损失作出价格评估报告书，一审法院最终按照该价格评估报告书判决保险公司支付食品公司财产损失保险金 17 712 716.69 元及相应利息。食品公司不服一审判决，提起上诉。

二审法院认为：《最高人民法院关于适用〈中华人民共和国保险法〉若干问题的解释（二）》第十四条第一款规定，投保单与保险单或者其他保险凭证不一致的，以投保单为准。在保险合同订立过程中，投保单为书面要约，作为书面要约，投保单的内容应具体确定，且一经受要约人即保险人承诺，投保人即受该意思表示约束。故投保单相比保险单、保险条款等保险凭证，更能体现当事人的真实意思。本案中，食品公司、保险公司分别提交了投保单，这两份投保单中均无因雪灾造成保险标的损失是否属于保险责任的记载，保险单标题虽为"财产基本险投保单"，但财产基本险的含义只有辅以保险条款文本及说明才能使投保人知悉，投保时投保单未附保险条款的，难以推定投保人必然知悉财产基本险的含义。

本案一审中，案涉保险合同制单员李某证实，其办理业务时拿着空白投保单、保险合同送达及如实告知回执单等去食品公司加盖公章，拿回后其在投保单和回执等材料上填写内容，保险单打印后并没有送至食品公司，投保过程中其没有向食品公司的任何人说明包括保险险种、责任范围以及免责条款等在内的保险合同内容。李某两次出庭就其证言接受质询，作为保险公司，在认为其工作人员李某的证言不实的情况下理应能够提出反驳的证据，但保险公司未能提出足以反驳李某证言的证据，李某的证言具有可信性。

具体到本案中，食品公司虽在保险合同送达及如实告知回执单中加盖了印章，其中载明"贵司工作人员在本人投保时已就该险种的合同条款内容向本人进行了说明，并对其中免除保险人责任的条款向本人进行了明确说明，本人已了解和认可保险合同的全部内容，包括保险责任、责任免除、合同解除、特别约定等重要事项"，但保险公司主张不承担本案雪灾造成损失保险理赔责任的理由仍不成立。理由如下：其一，李某出庭作证，系投保人举出的能够证明保险人存在未说明、不实说明或说明程度达不到"明确"标准的有力证据。其二，如前所述，保险人对免除保险人责任条款的明确说明义务属于先合同义务，即该义务的履行应于保险合同成立前。这是因为保险人的明确说明义务在本质上是一种基于诚信原则而产生的附随义务。附随义务是一种法定义务，而非合同约定义务。这种明确说明义务的重要意义在于使相对人能够清醒地认识到特定的法律后果,在公平、合理、了解的前提下缔结保险合同。如果在保险合同成立后才进行明确说明,就失去了法律设定的明确说明义务制度的意义。而本案中,案涉财产保险基本险保险单的打印时间为2015年10月13日,收费确认时间为2015年10月13日,而加盖食品公司印章的保险合同送达及如实告知回执单的日期为2015年10月14日,不足以认定作为保险人的保险公司履行了先合同义务,保险公司未能证实已使投保人(食品公司)知悉企业财产保险基本险的概念和内容。综合全案证据,保险人主张免除承担雪灾造成损失保险理赔责任的理由,不足采纳。最终判决驳回上诉,维持原判。保险公司不服二审判决,提起再审申请。再审法院观点与二审法院一致,最终判决维持二审判决。

> 律师评析

正如涉案一审法院所述,涉案出现两份不同的投保单,不合常理,不属于正常现象。此外,涉案保险单、保险条款、回执等虽有被保险人盖章,但并未送达被保险人。虽然存在上述情形,但涉案法院仍结合证人证言、投保单及其附件、保险单等各个材料,认定保险公司提交的投保单无效,被保险人提交的投保单为有效投保单,并认定保险公司并未向被保险人履行明确说明义务。

关于免责条款的明确说明义务,《保险法》第十七条规定,"订立保险合同,采用保险人提供的格式条款的,保险人向投保人提供的投保单应当附格式条款,保险人应当向投保人说明合同的内容。对保险合同中免除保险人责任的条款,保险人在订立合同时应当在投保单、保险单或者其他保险凭证上作出足以引起投保人注意的提示,并对该条款的内容以书面或者口头形式向投保人作出明确说明;未作提示或者明确说明的,该条款不产生效力"。免责条款从设立初衷而言,是为了保护保险公司,但由于保险公司相比一般的企业,对保险条款的理解更加专业,且作为保险格式合同的提供方,处于信息优势地位,为了防止保险公司滥用自身优势地位来损害被保险人的利益,法律对保险公司提出了更高的要求,即对免责条款须履行提示和明确说明义务,否则此类条款将直接无效。

实践中,如何认定保险公司履行了法律规定的提示和明确说明义务呢?《最高人民法院关于适用〈中华人民共和国保险法〉若干问题的解释(二)》第十一条"保险合同订立时,保险人在投保单或者保险单等其他保险凭证上,对保险合同中免除保险人责任的条款,以足以引起投保人注意的文字、字体、符号或者其他明显标志作出提示的,人民法院应当认定其履行了保险法第十七条第二款规定的提示义务。保险人对保险合同中有关免除保险人责任条款的概念、内容及其法律后果以书面或者口头形式向投保人作出常人能够理解的解释说明的,人民法院应当认定保险人履行了保险法第十七条第二款规定的明确说明义务"。该规定对提示说明义务的履行提出了明确具体的标准,即以足以引起投保人注意的文字、字体、符号或者其他明显标志作出提示,对免责条款的概念、内容及法律后果应以书面或者口头形式作出一般人能够理解的解释说明。

关于保险人何时履行及如何履行免责条款的提示说明义务,我们认为二审法院的论述非常精辟,即明确说明义务在本质上是一种基于诚信原则而产生的附随义务,该义务是一种法定义务,该义务的重要意义在于使相对人能够清醒地认识到特定的法律后果,在公平、合理、了解的前提下缔结保险合同,若在保险合同成立后才进行明确说明,就失去了法律设定明确说明义务的意义。

> **风险提示**

本案虽案情较复杂、罕见,但给了保险公司很有益的启示:不论是通过保险代理机构还是保险公司业务员购买,或者保险为多年连续续保,均应规范承保程序和手续,不能忽略任何一个步骤,尤其在出具保单之前,对保险合同中的免责条款应充分履行明确说明义务。虽然本案中保险单、保险条款、回执中都有被保险人的盖章确认,但根据查明事实却发现,盖章是在空白合同上的盖章,相关免责条款并未向被保险人进行明确说明,更未将盖章后的文件送达被保险人,最终保险公司被认定并未对免责条款履行明确说明义务,需要支付高额的赔付。

问题 1-16: 保险单特别约定中的免责条款是否当然有效?

> **案件名称**

临沂某铝业有限公司(简称"**铝业公司**")诉某财产保险股份有限公司临沂中心支公司(简称"**保险公司**")财产保险合同纠纷

> **案号**

山东省临沂市中级人民法院(2018)鲁 13 民终 5631 号

> **案情简介**

2017 年 7 月 22 日,铝业公司就其房屋建筑、机器设备、原材料、成品等在保险公司处投保财产保险综合险,合同约定被保险人为铝业公司,保险金额共计 36 588 771.92 元,其中房屋建筑为 746 372.32 元、机器设备为 9 784 655.37 元、原材料为 8 149 709.07 元、成品为 11 190 035.16 元,保险期间自 2017 年 7 月 23 日 0 时起至 2018 年 7 月 22 日 24 时。以上保费铝业公司已足额缴纳。保险合同约定:每次事故绝对免赔额为 2 000 元或实际损失金额的 20%,两者以高者为准。财产综合险条款第五条约定:在保险期间内,由于下列因素造成保险标的的损失,保险人按照本保险合同的约定负责赔偿:……(二)雷击、暴雨、洪水、暴风、龙卷风、冰雹、台风、飓风、暴雪、冰凌、突发性滑坡、崩塌、泥石流、地面突然下陷下沉。保险公司持有的保险单副本第十一条特别约定部分第四条:"存货应放置在垫仓板上,且垫仓板的高度不低于15厘米;地面以上30厘米以下的存货不负洪水、暴雨责任。"

2017年7月30日,铝业公司发生水淹事故,当晚7点后保险公司到达现场,并对现场进行查勘,其中水淹的有三个仓库,分别是3号车间、中间车间以及原料成本库,铝业公司受淹的铝卷为生产原材料,为便于运输和存放,生产厂家出售的铝卷均配备垫板(托盘),生产厂家证明载明垫板由两层构成,每一层木托的高度均在7.5~10厘米,垫板呈"井"字形。车间进水高度在35厘米左右,原材料车间最为严重。

2017年9月18日,临沂市气象台出具气象灾害证明一份,证明2017年7月30日6时到7月31日6时临沂市出现降水天气,局部地区出现暴雨,并伴有雷电。

2017年10月31日,山东某价格评估有限公司出具的价格评估报告书证明因水淹造成铝卷损失的金额为938 620元。

另查明,铝业公司一直通过保险业务员高某投保。2017年7月22日,铝业公司通过高某缴纳保险费51 224.28元后,高某向其发送保单生效照片,告知其保单已生效,但表示看不到保险单正本。7月26日,高某告知保险单来了,并向铝业公司要了公司信息及需要提供的资料,同时说明这些证件送保险单时要拿回来留存。经铝业公司多次索要,7月28日,保险公司通过高某将保险单和待盖章的投保单、特别约定说明等资料交给铝业公司,让铝业公司在投保单及特别约定等资料上盖章。铝业公司工作人员对保险单中的特别约定有个异议,即为何规定了30厘米,存货就必须有垫仓板且其高度不低于15厘米。保险公司解释,垫仓板高度是15厘米,如果放在地上就是30厘米。29日下午,高某将盖章的材料拿走。

涉案事故发生后,保险公司认为保险单特别约定条款约定"地面以上30厘米以下的存货不负洪水、暴雨责任",而根据其现场勘察情况,地面积水最深仅30厘米,因此做出拒赔处理,铝业公司于是将保险公司起诉至法院,要求支付理赔款758 404.80元。本案焦点为,保险单特别约定条款中的免责条款是否有效。

庭审中,高某出庭作证:当时铝业公司的财产保险快到期了,联系我要求投保企业财产险。当时保险公司要求提供投保材料,我通知了铝业公司,这些材料有营业执照、资产负债表、投保的标的明细、公司建筑物及机器的图片等。铝业公司将这些材料传给了我。保险公司核保通过,通知铝业公司打款,盖章时投保单是空白的,投保人是我给写上去的,在需要盖章的地方画圈给标注了,没有告知特别约定第四条30厘米以下存货不负暴雨责任。我自己也不知道这个约定。特别约定说明中的日期是事后补上的。对于货物应放在不低于15厘米的垫仓板上,铝业公司知道。铝业公司当时只对地面以上30厘米以下的存货不负暴雨责任提出异议。

> **法院观点**

一审法院认为:根据《保险法》第十七条第一款"对保险合同中免除保险人责任的条款,保险人在订立合同时应当在投保单、保险单或者其他保险凭证上作出足以引起投保人注意的提示,并对该条款的内容以书面或者口头形式向投保人作出明确说明;未作提示或者明确说明的,该条款不产生效力",被告保险公司依法应在订立保险合同时向原告铝业公司明确说明该条款,但根据查明的事实,保险公司于2017年7月22日保单生效,直至7月28日才通过保险业务员高某将保险单和投保单、特别约定说明等资料交给铝业公司,让铝业公司在投保单及特别约定等资料上盖章,高某在铝业公司提异议之前并不知晓特别约定第四条关于"地面以上30厘米以下的存货不负洪水、暴雨责任"的内容。上述事实说明订立保险合同时,保险公司并没有就保险责任免除条款向铝业公司尽到明确说明义务,该条款对铝业公司不产生法律效力,即保险公司不能依据该条款拒绝向铝业公司理赔。

此外,一审法院还认为,铝业公司向业务员高某通过微信发送的铝卷及垫板图片与涉案双方提供的现场照片相吻合,说明保险公司对保险标的的有关情况是知悉的,即其在承保时已经明知或应当知道铝卷垫板的高度,仍同意承保并收取保险费,表明其有实现合同目的之意。保险合同的订立,除应遵守当事人意思自治原则外,还应遵守公平原则和诚实信用原则等法律原则。若在保险事故发生之后其对投保标的铝卷的损失仍可以不符合垫板存放高度为由免责,则意味着保险公司对该部分投保标的只享有收取保费的权利而不承担任何赔付风险,这显然是违背公平原则和诚实信用原则的。因此,对于保险人明知保险标的在投保时已经出现或已经存在保险免责条款约定的免责事由而仍接受投保并收取保费的情形,应视为保险人对该免责条款及免责事由抗辩的弃权,保险人以后不得再以该免责条款及免责事由抗辩被保险人的保险索赔。一审法院最终判决保险公司向铝业公司支付原材料损失749 018.80元。保险公司不服一审判决,提起上诉。

二审法院认为:根据铝业公司提交的证据,保险公司在收到保险费的第六日才向铝业公司交付保险单和投保单、特别约定说明等资料,保险公司没有确实充分的证据证明已经对特别约定第四条履行了告知和说明义务,因此,该免责条款对铝业公司不发生效力。

> ➢ **律师评析**

根据《保险法》第十七条的规定,订立保险合同时保险人使用格式条款的,应向投保人提供该格式条款并说明全部内容。对免除保险人责任的条款,保险人应当在投保单等保险凭证上作出足以引起投保人注意的提示,并对该条款的内容以书面或者口头形式向投保人作出明确说明;未作提示或者明确说明的,该条款不产生效力。

涉案保险单特别约定了"地面以上30厘米以下的存货不负洪水、暴雨责任"的免责条款。根据《最高人民法院关于适用〈中华人民共和国保险法〉若干问题的解释(二)》第九条:"保险人提供的格式合同文本中的责任免除条款、免赔额、免赔率、比例赔付或者给付等免除或者减轻保险人责任的条款,可以认定为保险法第十七条第二款规定的'免除保险人责任的条款'。"因而,涉案保险单该特别约定中的条款构成免责条款。通常来说,保险单特别约定条款往往不构成保险公司事先拟定的、为了重复使用的格式条款,而是针对特定保险下保险双方协商并形成的合意。因此,只有保险公司需举证证明该条款是其与被保险人相互协商的结果,才可以援引该免责条款。具体到本案中,根据被保险人提供的证据,其于保险合同成立后约一周的时间才将投保单、保险单特别约定等条款发给被保险人盖章,并将保险单正本提供给被保险人,可以明显看出,该特别约定条款并非双方协商的结果。因此本案一审法院和二审法院均未支持保险公司关于援引该免责条款的主张。

> ➢ **风险提示**

在保险实务中,投保人与保险公司除在保险单、保险条款中对免责条款予以约定外,也会采用保险单"特别约定"的形式对免责条款进行约定,此时"特别约定"是否有效往往是争议的焦点。本案保险公司由于承保时未规范承保,保险合同成立并生效后,才将投保单、保险单特别约定条款等内容提交被保险人盖章确认,明显属于未与被保险人就特别约定条款等进行事先沟通协商,因而最终被认定该特别约定条款对被保险人不发生效力,这也提醒保险公司,在承保具体业务时,应规范承保,对特别约定条款进行充分协商,对格式条款尤其是免责条款等做好提示和明确说明义务。但具体到本案来说,本案中在2017年7月28日收到保险单后,铝业公司曾注意到该条款并提出了异议,保险公司工作人员进行了解释。此后铝业公司并没有提出其他异议也没有办理退保等手续,应推定铝业公司在保险人解释后接受了该条款,这种情况下,是否仍然应确认保险公司未尽到说明义务值得商榷。

问题1-17: 连续投保时如何认定特别约定中免责条款的效力?

> ▶ **案件名称**

沭阳县某木业有限公司(简称"**木业公司**")诉某财产保险股份有限公司淮安市分公司(简称"**保险公司**")财产保险合同纠纷

> ▶ **案号**

江苏省高级人民法院(2016)苏民终27号

> ▶ **案情简介**

木业公司在2011—2012年度和2012—2013年度连续两年在保险公司投保财产综合险。2013年是木业公司第三次在保险公司投保,木业公司于2013年7月25日在保险公司投保财产综合险——2009版保险合同。该合同约定的主要内容包括:保险金额为714万元,保险费为22 500元,保险期间自2013年7月27日零时起至2014年7月26日24时,争议解决方式为诉讼,特别约定详见特别约定清单。特别约定清单中第五条明确载明"每次事故赔偿限额和火灾累计赔偿限额均为100万元"。另查明,2011—2012年度和2012—2013年度财产综合险保险合同中也有该特别约定条款,且木业公司在企业财产险特别约定告知书上加盖了公司印章。

2013年12月27日7时许,木业公司厂房发生火灾,主要烧损厂区内西侧中间一幢厂房及厂房内压机、成品模板及原材料等。经本案保险双方确认,木业公司实际损失分别为:原材料5 182 733元、成品板1 971 758元、厂房损失562 185元和机器设备一台。

2014年1月8日,木业公司向保险公司提交合计6 555 007元的赔偿申请。2014年1月15日,保险公司向木业公司送达赔偿清单,载明因理算金额大于保单中关于"火灾累计赔偿限额为100万元"的特别约定,故本次事故应按赔偿限额100万元予以赔付。双方就理赔数额无法达成一致,保险公司出具了理赔依据"业务留存联(副本)特别约定"和"企业财产险特别约定告知书"两页保险合同的复印件,但木业公司与保险公司签订的保险合同中没有以上两页特别约定内容,故而木业公司起诉至法院,认为该特别约定条款不发生效力,要求保险公司支付保险赔款6 555 007元。诉讼中,木业公司提交的保险合同存在明显缺页,该合同各页上加盖的条款骑缝章无法拼接完整,该缺页内容正是特别约定清单页,其认为保险公司故意抽页,在缔约时故意隐瞒且未向其交付特约条款,但无相应证据证明这一主张。

庭审中,木业公司对保险公司提供的2011—2012年度、2012—2013年度、2013—2014年度企业财产险特别约定告知书中打印文字与木业公司印章的形成时间先后有异议,认为是木业公司先盖章、保险公司后打印文字,申请对这些告知书进行司法鉴定。经一审法院委托,南京金陵司法鉴定所于2015年4月27日作出司法鉴定意见书,鉴定意见为:2011—2012年度企业财产险特别约定告知书是先打印文字再盖章,2012—2013年度企业财产险特别约定告知书倾向认为是先打印文字再盖章,2013—2014年度企业财产险特别约定告知书是先打印文字再盖章。保险双方对该司法鉴定意见书均无异议。

> 法院观点

一审法院认为:本案中,最高赔偿限额为100万元的特别约定属于免除保险人责任的条款,被告已履行提示和明确说明义务,该特别约定条款对于原告发生法律效力。具体理由如下:第一,木业公司提供的2013—2014年度保险单中,"特别约定"四字字体特别加粗,位置醒目,并且明确写有"详见特别约定清单"。保险公司还就特别约定条款制作了企业财产险特别约定告知书,该告知书自成一页,标题明确醒目。木业公司在该告知书下方加盖其公司印章,应当视为木业公司已经明确知悉"保险金额在500万元以上的,每次事故赔偿限额和累计火灾赔偿限额均为100万元"的约定内容。保险公司提供的业务留存联(副本)特别约定中载明"每次事故赔偿限额和火灾累计限额均为100万元",也可与特别约定告知书相印证。木业公司主张保险合同中没有业务留存联特别约定内容和特别约定告知书,保险公司也未就相关赔偿限额向其进行明确说明,但其提供的保险合同原件明显缺页,且缺少的恰恰是特别约定清单,木业公司对此无法作出合理的解释。木业公司在特别约定告知书中加盖其公司印章,应当认定保险公司已就特别约定进行了提示和明确说明。第二,木业公司并非首次向保险公司投保,木业公司于2011—2012年度、2012—2013年度均在保险公司投保了企业财产险,且其均在企业财产险特别约定告知书上加盖了公司印章,也能证明木业公司应当知晓案涉险种保险合同特别约定条款的内容。一审法院判决保险公司向木业公司支付100万元。木业公司不服一审判决,提起上诉。

二审法院认为:应认定保险人已向投保人交付限额赔偿的特约条款并履行了提示及明确说明义务。具体理由如下:(1)案涉财产综合险的保险单已载明特别约定,详见特别约定清单。作为投保人应注意该记载内容,并关注特别约定的内容。木业公司主张其提交的保险合同明显缺页,保险公司故意隐瞒特别约定条款,但无相应证据证明。(2)在保险公司提交的投保单中,木业公司已在投保单上的投保人声明栏盖章,确认在投保之时,保险人已向其提供并详细介绍保险条款,且对其中免除保险人责任的条款,以及保险合同中付费约定和特别约定的内容向其做了明确说明,其已充分理解并接受前述内容,同意以此作为订立保险合同的依据。依据《最高人民法院关于适用〈中华人民共和国保险法〉若干问题的解释(二)》第十三条的规定,应认定保险人已履行其对前述条款的明确说明义务。(3)木业公司已连续在保险公司投保相同险种2年,案涉保险属续保业务。木业公司不仅对案涉保险合同关于限额赔偿的特约条款予以确认,对前两份保险合同,也同样以在企业财产险特别约定告知书上加盖印章的方式予以确认。最终二审法院判决驳回上诉,维持原判。

> 律师评析

保险单特别约定条款中的免责条款效力一直是保险双方在理赔时容易产生争议之处。保险公司通过提交经被保险人盖章确认的投保单特别约定条款,证明被保险人已经知晓特别约定条款中的内容并已盖章确认保险公司已经履行提示说明义务,而且提交了该被保险人前两年连续投保的保险单,证明被保险人一直知晓特别约定条款。因此,最终法院认定保险公司对相应的免责条款已经履行相应的提示和明确说明义务。

> 风险提示

同样都是保险单特别约定条款中的免责条款,但由于案情不同,尤其在承保阶段不同的承保流程中,有的案件中的特别约定条款能够被法院认定对被保险人发生效力,而有的案件中的则被法院认定不发生效力。本案中,在保险公司提交充分证据证明被保险人已经在特别约定条款上盖章,并在提示说明中盖章确认,虽然被保险人主张其手头保险合同条款尤其是特别约定条款缺页,但在无任何证据证明保险人故意抽页的情形下,其关于免责条款对其不发生效力的主张没有得到法院支持。

问题1-18: 连续投保时能否免除保险人的提示说明义务?

> 案件名称

安吉某五金制造有限公司(简称"五金公司")诉某财产保险股份有限公司安吉支公司(简称"保险公司")财产保险合同纠纷

> 案号

湖州市中级人民法院(2017)浙05民终832号

案情简介

2015年1月16日,五金公司为其所有的钢结构厂房、砖木结构食堂、砖木结构办公室在保险公司投保了财产综合险,并取得"财产综合险(2009版)保险单"一份(以下简称"第一份保险合同"),约定钢结构厂房的保险金额为413.4万元,保险期限自2015年1月22日0时起至2016年1月21日24时;五金公司随后在被保险人声明、综合险特别约定及责任免除说明书三处盖章确认,其中约定保险公司免赔率为20%,原告依约支付保险费13 002元。

2016年1月15日,五金公司为其所有的上述厂房等再次向保险公司投保了财产综合险,并取得"财产综合险(2009版)保险单"一份(以下简称"第二份保险合同"),约定钢结构厂房的保险金额仍为413.4万元,保险期限自2016年1月22日0时起至2017年1月21日24时,原告依约支付保险费13 002元。但第二份保险合同的被保险人声明、综合险特别约定及责任免除说明书三处并无五金公司盖章确认。

2016年1月22日,因普降大雪致使五金公司投保的上述厂房等损毁。2016年1月26日,保险公司对五金公司厂房进行了现场查勘,并作出赔案联系记录单一份。后五金公司就其厂房等损毁所受损失及因此停业遭受的损失委托某价格评估公司进行价格评估。价格评估公司的评估结论为五金公司因雪灾造成的厂房等损失价值864 700元(其中厂房损失为320 625元,厂房及附属设施价值为357 083元),停业后五金公司应得纯利润损失83 300元。五金公司要求保险公司对损失进行理赔,因多项内容双方无法达成一致,所以保险公司拒绝赔付。随后五金公司向法院提起诉讼。本案中,保险公司认为依据保险合同约定,保险的赔偿范围仅限于评估报告中的"厂房"一项,对于其他损失不予赔偿。此外,第一份保险合同与第二份保险合同内容相同,仅保险期间不同,第一份保险合同下五金公司已经在免责条款处盖章确认,视为其已经知晓相应的免责条款;第二份保险合同下无须再履行说明义务,其有权享有20%的免赔率。而五金公司则认为其并未在第二份保险合同的被保险人声明、综合险特别约定及责任免除说明书三处盖章,因此相应的免责条款对其不发生效力。双方争议焦点为第二份保险合同中保险公司的免责条款效力问题。

法院观点

关于争议焦点一保险赔偿范围问题:五金公司要求保险公司依据价格评估报告书所评估的价值赔偿其厂房等损毁损失及因此停业遭受的损失,而保险公司辩称依据保险合同约定,保险的赔偿范围仅限于评估报告中的"厂房"一项。一审法院认为,保险单中载明的保险标的项目系钢结构厂房,而卷闸门、铝合金窗户、线路、照明等既是厂房的附属设施，也是厂房不可分割的组成部分，原告与被告之间对厂房所作的投保约定应及于卷闸门、铝合金窗户、线路、照明等附属设施，除非双方有明确的特别约定，故对五金公司主张的保险公司赔偿该部分范围内的保险责任，本院予以支持；至于原材料、半成品、机械设备等损毁损失及因此停业遭受的损失并不属厂房不可分割的组成部分，也未在保险单的保险标的项目中列明，故对五金公司主张的该部分损失，一审法院不予支持。

关于争议焦点二免责条款问题：从保险公司的举证、质证内容来看，双方对雪灾事故发生于第二份保险合同的保险期间并无争议，依据《保险法》第十七条第二款"对保险合同中免除保险人责任的条款，保险人在订立合同时应当在投保单、保险单或者其他保险凭证上作出足以引起投保人注意的提示，并对该条款的内容以书面或者口头形式向投保人作出明确说明；未作提示或者明确说明的，该条款不产生效力"的规定，保险合同中免责条款的说明义务乃法定义务，五金公司向法院举证的被保险人声明、综合险特别约定及责任免除说明书中均未有五金公司盖章或法人签名，这可以证明在签订第二份保险合同时，保险公司未对该份保险合同中的免责条款尽到明确说明义务，保险公司又未能提供证据证实以其他方式向五金公司履行了告知、说明义务。保险合同系典型的格式合同，双方当事人在订立或者履行合同过程中，必须以最大诚意履行自己应尽的义务，方符合《保险法》的最大诚信原则，故保险公司以五金公司的续保行为来推定五金公司对免责条款系知情显然不能成立。第二份保险合同中的免责条款对五金公司不产生效力，保险公司仍应就上述确定的损失范围承担全部保险赔偿责任。最终，一审法院判决保险公司应向五金公司支付保险赔偿款402 478元并承担相应的诉讼费及评估费。保险公司不服上述一审判决，提起上诉。

关于争议焦点一保险责任赔偿范围，二审法院的观点与一审法院的一致；关于争议焦点二免责条款的效力，二审法院认为，依照《最高人民法院关于适用〈中华人民共和国保险法〉若干问题的解释（二）》第九条的规定，免赔率条款属于免除保险人责任的条款，保险人只有向投保人履行明确说明义务，免除保险人责任的条款才对投保人产生法律效力。2015年与2016年的财产保险合同是两份独立的合同，两者不具有关联性。即便2015年保险公司在与五金公司签订财产保险合同时向五金公司履行了免除保险人责任条款的明确说明义务，也不能免除保险公司在承保本案2016年财产保险时仍应履行明确说明义务，因此，本案财产保险合同中免赔率20%的条款对五金公司不产生效力，保险公司要求保险赔偿款扣除免赔率20%的上诉主张，二审法院不予支持，最终维持一审判决。

> 律师评析

保险人的提示说明义务一直是众多保险纠纷中的重要问题。根据《保险法》第十七条的规定,保险合同中免责条款的说明义务乃保险人的法定义务,且免责条款在保险人履行了法定的说明义务后,才能对保险合同对方当事人即投保人产生法律效力。此外,《最高人民法院关于适用〈中华人民共和国保险法〉若干问题的解释(二)》第九条规定:保险人提供的格式合同文本中的责任免除条款、免赔额、免赔率、比例赔付或者给付等免除或者减轻保险人责任的条款,可以认定为保险法第十七条第二款规定的"免除保险人责任的条款"。即本案保险合同中"免赔率20%"的条款属于保险人负有说明义务的免责条款,保险人只有履行了说明义务,该条款才会产生法律效力。

本案中,五金公司连续两年在保险公司处投保了同种类的财产综合险,第一年的被保险人声明、综合险特别约定及责任免除说明书文件上均盖章确认,但第二年的被保险人声明、综合险特别约定及责任免除说明书中五金公司均未盖章或有法人签名。再次签订同种类保险合同,保险人是否对相同的免责条款仍然负有说明义务是本案的争议焦点之一。首先,五金公司连续两年投保的同种类的财产综合险系独立的两个法律关系。其次,从法律规定及适用上,目前暂没有免除保险人对同种类险种免责条款的说明义务的法律依据。所以,因五金公司第二年在投保同种类财产综合险时未在被保险人声明、综合险特别约定及责任免除说明书中盖章或法人签名,保险公司也没有其他证据证明已履行说明义务,本案中第二年签订的财产保险合同中免赔率20%的条款不对五金公司产生效力。

> 风险提示

随着我国保险行业的发展,法制不断健全,未来对于明确说明义务可能存在其他除外的情形。2012年3月22日发布的《最高人民法院关于适用〈中华人民共和国保险法〉若干问题的解释(二)》(征求意见稿)第十三条规定:"明确说明义务的除外情形,续保或同一投保人与同一保险人连续二次以上签订同种类保险合同,合同免责条款内容一致且保险人有证据证明曾就相同的免责条款向投保人履行过明确说明义务的,可免除保险人的明确说明义务。"其立法精神已体现出兼具公平与效率原则,明确说明义务存在其他除外的情形,虽然该法条最终没有在《最高人民法院关于适用〈中华人民共和国保险法〉若干问题的解释(二)》(法释〔2013〕14号)中适用,但笔者相信该立法精神的落实是大趋势。实践中,已有越来越多的法院综合考虑双方过往保险合同的签订情况,并非一味支持被保险人在本案中的主张。但是,无论如何,作为保险公司,承保阶段加强风险控制,切实履行对投保人的免责条款告知义务,对于减少纠纷的发生都是非常重要的。

问题 1-19: 如何区分共同保险与再保险?

➤ **案件名称**

某财产保险股份有限公司北京市分公司(简称"A 保险公司")诉某财产保险股份有限公司沈阳市分公司营业部(简称"B 保险公司")再保险合同纠纷

➤ **案号**

北京金融法院(2021)京 74 民终 534 号

➤ **案情简介**

2017 年 5 月,某手机公司作为甲方(投保人、被保险人)与乙方(保险人)A 保险公司签订"G 款系列手机屏碎保障责任保险合作协议",其中约定:某手机公司就"某手机 G 款系列手机屏碎保障服务"向 A 保险公司投保;有效期自 2017 年 5 月 1 日零时起至 2020 年 4 月 30 日 24 时,并约定从首次出单之日起三个月后满期赔付率达到 70%,保险人可向投保人提出保费价格、承保条件及残值价值调整,但无论何种情况,在投保人与保险人达成一致前保险人应继续履行保险赔付责任。

此后,A 保险公司作为甲方(首席承保人)与乙方 B 保险公司签订共保协议,约定双方以共保协议为基础,共同承担该业务的保险责任;A 保险公司为本项目的首席承保人,B 保险公司为共保合作人;投保产品为 G 款系列手机,保险期限为 6 个月,双方共保比例分别为保险金额的 50%,A 保险公司作为本项目的代表,负责处理与被保险人及保险合同有关的业务事宜,必要时,经 A 保险公司要求,B 保险公司有义务协助 A 保险公司共同处理上述业务事宜。A 保险公司负责自被保险人处收取保险费,收到保费后,将 B 保险公司份额内保费划付至 B 保险公司。A 保险公司先行支付赔款,再按共保比例向 B 保险公司摊回。

2018 年 6 月 20 日,A 保险公司内部的邮件沟通记录载明:"关于某手机项目未决赔款事宜……现初步达成协议,我司放弃残值,赔付实收保费的 90%,即总赔款 102 653 527.73 元,减已赔付 63 227 748.81 元,再支付赔款 39 425 778.92 元,支付后我司对该项目的一切赔偿责任终了。"

2018 年 6 月 29 日,A 保险公司向 B 保险公司发送的题为"某手机 G 款业务"的邮件载明:"因弧形屏材质,出险率较高,索赔金额逐步增加;我司于去年底开展第一次核查工作,发现一些存在的问题,降低了赔偿金额;进入 2018 年赔案仍在逐步增加，预计项目满期赔付率超过 120%；就上述问题，我司已经聘请律师与某手机公司开始正式谈判，就目前的赔付情况开始协商；沟通目的是降低赔付率，将满期赔付率控制在 90%；因风险逐步增加，某手机在中国市场销售萎缩，双方分歧较大，已经确定不再继续合作，2018 年 3 月出具的保单作退保处理，后续也不再与某手机公司合作；之前已经提供给贵司摊赔的赔案请尽快处理，账期已超半年；后续赔案逐步赔付之后，会逐步向贵司摊赔，还请高度重视摊赔时效。"

2018 年 6 月 29 日下午，某手机公司作为甲方与乙方 A 保险公司签订补充协议书，其中载明：关于某手机保险业务，双方签订了包括涉案 G 款系统手机屏碎保障责任保险在内的 6 类手机型号多份责任保险合作协议，双方就合作手机型号的赔款事宜，根据某手机公司索赔和退保情况，一致约定 A 保险公司需向某手机公司赔款 39 425 779 元，并向某手机公司退保费 676 480.84 元；对于所有理赔残值（维修后回收的旧资材），A 保险公司同意放弃所有权利，且同意归某手机公司所有并由某手机公司处置；补充协议签署后，双方之间已无合同约定的任何未决事宜，且双方同意如上所有合作协议全部终止，双方不得再依据如上协议进行任何的索赔、理赔或退保工作。

从 A 保险公司提供的数据综合分析，A 保险公司就案涉 G 款系列手机保险业务向某手机公司出具 9 份保单，从满期赔付率指标看，9 份保单按照出具时间先后分别为 118.80%、115.15%、111.15%、112.64%、107.35%、103.13%、92.48%、74.60%、52.79%，总体呈现依次下降趋势。

2018 年 6 月 29 日，A 保险公司与 B 保险公司签订补充协议，将原保险条款中的赔偿限额进行调整，将每台手机的赔偿上限由 1 100 元调整为 1 200 元。

A 保险公司就涉案 G 款系列手机保险赔款向某手机公司共计支付 80 682 095.08 元，其认为 B 保险公司应按照其向某手机公司实际赔付金额的 50% 进行分摊，而 B 保险公司认为应按照 G 款系列手机收取保费的 90% 赔付。双方发生争议，诉至法院。

> **法院观点**

一审法院认为：本案的焦点在于确定 G 款系列手机保险的赔付比例。A 保险公司内部邮件载明"赔付实收保费的 90%"，该条款虽未言明系针对 G 款系列手机，但 B 保险公司与 A 保险公司之间仅针对 G 款系列手机进行合作，且邮件标题也仅提及 G 款系列手机，邮件内容最终也与补充协议书的内容高度印证。最终支持了 B 保险公司的观点，按照 G 款系列手机总保费收入的 90% 认定 B 保险公司应当分摊的金额，最终判决 B 保险公司应当向 A 保险公司支付

1 665 608.07元分摊赔款并支付相应的利息。A保险公司不服一审判决,提起上诉。

二审法院认为:案涉共保协议及补充协议虽名为"共保",但实质上符合再保险的定义及特点,应认定为再保险。具体理由如下:参与主体方面,共同保险发生于投保人与保险人之间,系数个保险人与投保人建立的直接保险合同关系;而再保险发生于保险人与保险人之间,参与主体仅为再保险分出人与分入人。在权利和义务方面,共同保险的权利和义务直接发生于投保人与保险人之间,而再保险人分入人与投保人不存在直接的权利义务关系。保险费收取方面,共同保险投保人系向数名保险人提出保险要求,由各保险人承担保险责任并收取相应的保险费;而再保险中,再保险分出人从投保人处收取保费后向再保险分入人支付相应保费,再保险分入人并不直接从原保险投保人收取保费。责任分摊方面,共同保险是两个或两个以上的保险公司及其分支机构(不包括同一保险公司的不同分支机构)使用同一保险合同,对同一保险标的、同一保险责任、同一保险期限和同一保险金额进行的保险,是对责任的横向分担;而再保险合同中,再保险分入人就原保险合同的责任进行承保,不直接对原保险合同的被保险人承保,原保险人通过合同约定,将原保险合同的保险业务部分转移给再保险分入人,系责任的纵向分担。具体到本案,A保险公司与B保险公司签订的共保协议及补充协议,约定了将G款系列手机的屏碎保障保险业务由A保险公司分出给B保险公司,对于该业务中6个月内的投保产品的保险赔付责任按固定比例进行分摊,案涉G款系列手机保险条款在共保协议及补充协议有效期内反复适用,此种约定符合上述再保险规范中的合约分保与比例再保险的特点。据此,A保险公司与B保险公司公司之间构成再保险合同法律关系,本案案由也应确定为再保险合同纠纷。

本案赔偿款分摊方式及比例应结合再保险赔款摊回的"共命运"原则进行确定。《财产保险公司再保险管理规范》(保监发〔2012〕7号)第三章第一节第六条规定:"再保险双方应严格按照分保条件约定进行赔案管理,任何一方均不能以任何理由拒绝履行或拖延履行发送出险通知、提供赔案资料和摊回赔款等责任。赔款摊回适用'共命运'原则,即在分出公司根据保险条款尽职厘定损失的前提下,分出公司的理赔决定自动适用于再保险接受人。再保险接受人的赔偿责任限于原保单以及再保险合同约定的保险责任范围,分出公司自身的坏账、倒闭等财务风险,以及未经再保险公司同意的通融赔付(分出公司明知无实际赔偿责任的自愿赔付)等除外。"从上述规定及保险法基本原理出发,再保险赔款分摊应适用"共命运"原则确定赔款分摊,而再保险分出人尽到最大诚信原则以及审慎尽职厘定保险实际损失则是适用"共命运"原则的前提。审慎尽职厘定保险实际损失系要求再保险分出人在处理赔偿时进行合理务实的调查,处理赔偿时避免出现重大过失或过于草率,否则,再保险分入人可相应减轻赔偿责任。

具体到本案中,A保险公司在履行保险合同义务时违反了最大诚信原则,且在厘定损失方面存在过失。理由如下:A保险公司未尽职厘定损失,导致案涉保险业务满期赔付率、出险率、赔偿金额等方面出现异常。A保险公司在满期赔付率指标数期高于70%之时,并未及时在首次出单之日起三个月后及时行使合同权利与投保人协商调整保费、承保条件及残值价值,违反了最大诚信原则。此外,A保险公司并未就保险残值问题与B保险公司进行告知与沟通,违反了最大诚信原则,其自行放弃保险残值的行为表明其在履行尽职厘定损失义务时存在过失。综上所述,本院酌定A保险公司自行承担案涉某G款系列手机保险业务赔付责任的10%,其余90%的赔偿责任由A保险公司和B保险公司按共保协议约定的比例分摊。结合A保险公司已经支付的保险赔款、退回保费等情形,最终改判B保险公司应向A保险公司支付2 773 648.96元。

> **律师评析**

根据《关于大型商业保险和统括保单业务有关问题的通知》(保监发〔2002〕16号):"三、共保是共同保险的简称,是指两个或两个以上的保险公司及其分支机构(不包括同一保险公司的不同分支机构)使用同一保险合同,对同一保险标的、同一保险责任、同一保险期限和同一保险金额进行的保险。……"《保险法》第二十八条第一款规定:"保险人将其承担的保险业务,以分保形式部分转移给其他保险人的,为再保险。"《再保险业务管理规定》第二条规定:"本规定所称再保险,是指保险人将其承担的保险业务,部分转移给其他保险人的经营行为。本规定所称直接保险,也称原保险,是相对再保险而言的保险,由投保人与保险人直接订立保险合同的保险业务。……"

关于再保险与共同保险,核心不同之处主要有以下几点:(1)合同关系是否直接建立。共同保险由投保人与多个保险人直接建立保险合同关系。而再保险下投保人仅与再保险分出人直接建立保险合同关系,与再保险分入人并不存在直接的合同关系。(2)保险费缴纳。共同保险下,通常情形下由投保人向各个保险人分别支付保险费;而再保险中,再保险分出人从投保人处收取保费后向再保险分入人支付相应保费,再保险分入人并不直接从原保险投保人收取保费。(3)责任分摊方面,共同保险是两个或两个以上的保险人使用同一保险合同,对同一保险标的、同一保险责任、同一保险期限和同一保险金额进行的保险,是对责任的横向分担;而再保险合同中,再保险分入人就原保险合同的责任进行承保,不直接对原保险合同的被保险人承保,保险期限可能与原保险合同相同,也可能仅是原保险期限的一部分,原保险人通过合同约定,将原保险合同的保险业务部分转移给再保险分入人,系责任的纵向分担。此外,再保险合同应适用"共命运"原则,即在分出人根据保险条款尽职厘定损失的前提下,分出人的理赔决定自动适用于再保险接受人。而共同保险下,事故发生后,往往由数家保险公司一并沟通协商理赔处理。本案中,一审法院并未直接对保险公司之间的法律关系进行认定,而是直接进行保险赔款分摊认定;而二审法院认定,虽然保险公司签订了名为"共保协议"的合同,但因协议内容符合再保险的特征,保险公司之间构成再保险法律关系,故以此进行保险赔款的分摊计算。

此外,本案中还涉及再保险下"共命运"原则的适用问题。再保险合同如同保险合同,也应遵循最大诚信原则。最大诚信原则是保险合同当事人订立合同及在合同有效期内,应依法向对方提供影响对方作出订约与履约决定的全部重要事实,同时绝对信守合同订立的约定与承诺,否则受到损害的一方可以以此为由宣布合同无效或不履行合同约定的责任或义务,甚至对因此受到的损害还可要求对方赔偿。再保险分出人之所以有权全权处理保险费收取、赔款结付、对受损标的的施救、损失收回、向第三者追偿等事项,是源于《保险法》最基本的最大诚信原则,即再保险分出人对分入人的充分信任,由此产生的一切权利和义务由双方按达成的协议规定共同分享和分担。基于此而产生再保险的基本原则,即"共命运"原则。

当然,并非任何再保险均绝对适用"共命运"原则,它们仍受到相应的限制,即再保险分出人尽职厘定、不存在违反最大诚信原则等。本案中,因 A 保险公司未能在原合同履行过程中及时行使合同赋予的权利与投保人协商调整保费、擅自放弃残值等,被法院认定为违反最大诚信原则,所以需要自行承担损失中的一部分,而无权就该部分向分入人要求分摊。

> 风险提示

实践中,对于巨额保险,保险公司通常会安排共同保险或再保险,由于共同保险与再保险存在一定的相似性,即涉及多家保险公司,保险公司之间按照一定的比例或金额共同承担风险,因此,经常会发生保险公司、被保险人甚至保险专业人员混淆两者的情况。司法实践中,经常出现名为"共保协议"、实为再保险合同的情况。本案中也是如此,保险公司虽然签订了名为"共保协议"的协议,但其最终仍被认定为再保险合同,而再保险适用"共命运"原则(关于再保险下共命运原则及其例外的分析详见本书其他部分)。因此,保险公司再进行风险分摊的时候,一定要注意厘清二者的区别,选择适合自身的保险业务,规范开展业务,合规签订相应的保险合同,否则,极有可能出现保险合同关系认识不到位,导致最终出现保险事故的时候发生被动的情形。虽然相应纠纷在保险公司诉讼案件中占比很小,但一旦涉及就会暴露出保险公司在业务操作和管理方面较大的漏洞,因此保险公司需关注并重视共保业务和再保险业务。

另外,虽然再保险合同下适用"共命运"原则,即在分出人根据保险条款尽职厘定损失的前提下,分出人的理赔决定自动适用于再保险接受人,通常情形下,再保险分入人只能按照分出人的理赔决定进行保险赔款分摊,但是,该原则适用的前期是最大诚信原则,若再保险分出人违反最大诚信原则或未能尽职尽责厘定损失或其他过失,则再保险分入人有权降低分摊比例或分摊金额。因此,再保险分出人仍应履行最大诚信原则,规范投保、承保,并做好事故发生后的查勘、理赔等工作,避免因过失行为而导致自行承担一定比例的保险风险而无法要求分摊。

问题 1-20: 如何认定保险经纪公司有权获得佣金?

➤ 案件名称

某国际保险经纪股份有限公司(简称"**保险经纪公司**")诉某财产保险股份有限公司秦皇岛市分公司(简称"**保险公司**")保险经纪合同纠纷

➤ 案号

河北省高级人民法院(2021)冀民终 263 号

➤ 案情简介

保险经纪公司是具有经营保险经纪业务许可的法人。2016 年 7 月 19 日,某港口集团(以下简称"**集团公司**")向保险经纪公司出具授权委托书,授权保险经纪公司为集团公司及所属各法人公司的风险管理与保险经纪顾问,对集团公司及所属各法人公司的财产风险、仓储风险、公众责任风险等与生产业务和财产类相关风险进行评估,风险转移,全权处理保险相关事宜,有效期 5 年,自 2016 年 7 月 19 日至 2021 年 7 月 18 日。

2016 年 12 月 29 日,集团公司下属港口公司(甲方,以下简称"**港口公司**")与保险经纪公司(乙方)签订"风险管理与保险经纪服务协议书",约定乙方作为甲方唯一授权风险管理及保险经纪服务机构,协助甲方开展风险管理与保险经纪服务,甲方无须向乙方支付任何费用。协议有效期为 2016 年 8 月 17 日至 2017 年 8 月 16 日。2016 年 12 月 15 日,保险经纪公司(甲方)与保险公司(乙方)签订了"港口公司一揽子保险项目合作协议",就港口公司一揽子保险项目承保责任、理赔服务等各项保险服务合作事项作了约定,有效期1年,并约定双方商定港口公司各险种经纪费费率为财产一切险、建筑/安装工程一切险、雇主责任险、公众责任险、团体人身意外伤害保险、交通工具人员意外伤害险、现金综合险、机动车交强险等为30%,机动车商业险为25%,机动车交强险为4%。2016—2017年度保险公司收到保险费后,已按协议约定向保险经纪公司支付保险经纪费。

2018年10月31日,港口公司与保险经纪公司签订"风险管理与保险经纪服务协议书",约定保险经纪公司作为港口公司唯一授权风险管理及保险经纪服务机构,协助甲方开展风险管理与保险经纪服务,协议有效期为2018年11月1日至2019年10月31日。

保险经纪公司(甲方)与保险公司(乙方)签订"港口公司2018—2019年度一揽子保险项目合作协议",就港口公司2018—2019年度一揽子保险项目承保责任及理赔服务等各项保险服务合作事项作了约定。协议有效期1年,自签订之日起生效。其第二章"承保险种及经纪费的确定"约定:"4. 乙方在收到客户缴付的保险保费后,应立即通知甲方所收保费金额并确认后5个工作日内支付甲方经纪费。……8. 法律责任。保费到账后,乙方未按合同第四条约定支付甲方佣金经纪费的,乙方应按佣金经纪费总金额0.5%每日给付甲方违约金。"该合作协议第三页关于各险种保险佣金经纪费费率显示,财产一切险、机器损坏保险、船舶一切险、公众责任保险、家庭财产综合保险、供电责任保险、吊装责任保险、特种设备第三者责任保险、道路危险货物承运人责任保险、团体人身意外伤害保险、交通工具人员意外伤害保险均为税后净保费的5%(含专项培训及咨询基金);机动车辆保险其中交强险为税后净保费的4%(含专项培训及咨询基金);商业险为税后净保费的10%(含专项培训及咨询基金)。该合作协议中"32%"有涂改的痕迹。保险公司提交的"港口公司2018—2019年度一揽子保险项目合作协议"原件中保险经纪公司落款日期空白,保险公司落款日期为2018年11月23日。

另查明,2018年11月23日至2019年11月22日港口公司在保险公司投保一揽子保险的税后净保费为财产一切险2 062 041.73元、机器损坏保险3 262 725.39元、现金险6 792.46元、现金险项下的雇主责任险11 320.75元、家庭财产综合保险579 719.15元、船舶一切险3 052 159.27元、公众责任保险683 820.75元、供电责任保险72 641.51元、特种设备第三者责任保险697 462.47元、机动车辆交强险74 480.29元、机动车商业险197 848.03元,合计10 701 011.80元。

2018—2019年度港口公司最后缴纳保险时间为2019年11月21日。港口公司缴纳保费后,保险公司未向保险经纪公司支付佣金经纪费。于是,保险经纪公司起诉至法院,请求判令保险公司立即偿还经纪费1 657.08万元(暂计至2020年8月15日)、未按时支付经纪费产生的违约金6 281.7万元(暂计至2020年8月15日)。

> **法院观点**

一审法院认为:

(一)保险公司应当按照合同的约定向保险经纪公司支付经纪费

2016年7月19日集团公司出具授权委托书授权保险经纪公司为集团公司及所属各法人公司的风险管理和保险经纪顾问,有效期为5年,自2016年7月19日至2021年7月18日。保险经纪公司主张作为集团公司所属的法人公司的港口公司的保险项目招标、竞标、中标以及投保和风险管理从属于该5年期授权,自2017年8月16日起保险公司未支付经纪费,保险公司应向保险经纪公司支付2017—2018年度、2018—2019年度、2019—2020年度经纪费。经查,港口公司系国有控股公司、上市公司,集团公司、港口公司系两个独立法人公司。集团公司于2016年7月19日出具的授权委托书对港口公司不具有约束力。港口公司明确表示不认可授权委托书的内容。港口公司陈述,自2017年8月16日起保险经纪公司为港口公司提供保险经纪服务的期间为2018—2019年度。保险公司辩称2017—2018年度、2019—2020年度其与保险经纪公司不存在保险经纪合同关系。保险经纪公司也未提供充分证据证实2017—2018年度、2019—2020年度保险经纪公司为港口公司提供保险经纪服务,并与保险公司就港口公司一揽子保险项目达成合作的合意,故保险经纪公司关于保险公司应支付2017—2018年度、2019—2020年度保险经纪费的主张,一审法院不予支持。

"港口公司2018—2019年度一揽子保险项目合作协议"约定,协议的有效期为1年,自2018年11月23日起至2019年11月22日。财产一切险2 062 041.73元、机器损坏保险3 262 725.39元、现金险6 792.46元、现金险项下的雇主责任险11 320.75元、家庭财产综合保险579 719.15元、船舶一切险3 052 159.27元、公众责任保险683 820.75元、供电责任保险72 641.51元、特种设备第三者责任保险697 462.47元、机动车辆交强险74 480.29元、机动车商业险197 848.03元,合计10 701 011.80元。2018年11月23日,佣金经纪费确认函及"港口公司2018—2019年度一揽子保险项目合作协议"对保险佣金经纪费的费率作了具体的约定。但保险经纪公司与保险公司对佣金经纪费确认函、"港口公司2018—2019年度一揽子保险项目合作协议"中的佣金经纪费费率存在争议。保险经纪公司提交的佣金经纪费确认函原件、"港口公司 2018—2019 年度一揽子保险项目合作协议"原件中的经纪费费率存在涂改的痕迹，保险经纪公司与保险公司均称是对方涂改。保险公司对于涂改变更后的经纪费费率不予认可。保险经纪公司未提供充分证据证实保险经纪公司与保险公司对佣金经纪费确认函、"港口公司 2018—2019 年度一揽子保险项目合作协议"上涂改变更后的经纪费费率已达成合意。故保险经纪公司主张应按涂改变更后的经纪费费率计算经纪费，理据不足，不予支持。故保险公司向保险经纪公司支付佣金经纪费费率为财产一切险、机器损坏保险、船舶一切险、公众责任保险、雇主责任保险、家庭财产综合保险、供电责任保险、特种设备第三者责任保险、道路危险货运承运人责任保险、团体人身意外伤害保险、交通工具乘客意外伤害保险为税后净保费的 5%（含专项培训及咨询基金），机动车辆交强险为税后净保费的 4%（含专项培训及咨询基金），机动车商业险为税后净保费的 10%（含专项培训及咨询基金）。佣金经纪费确认函及"港口公司 2018—2019 年度一揽子保险项目合作协议"对现金险不存在经纪费费率约定。综上所述，2018—2019 年度保险公司向保险经纪公司支付财产一切险、机器损坏保险、雇主责任险、家庭财产综合保险、船舶一切险、公众责任保险、供电责任保险、特种设备第三者责任保险经纪费为人民币 521 094.55 元（10 421 891.02 元×5%），机动车辆交强险保险经纪费为 2 979.21 元（74 480.29 元×4%），机动车商业险保险经纪费为 19 784.80 元（197 848.03 元×10%）。保险公司向保险经纪公司支付经纪费共计 543 858.56 元（521 094.55＋2 979.21＋19 784.80）。

（二）保险公司应当向保险经纪公司支付因未按时支付经纪费而产生的违约金

2018 年 11 月 23 日签字的佣金经纪费确认函约定，保险公司在收到保费后 5 日内向保险经纪公司支付佣金经纪费；如未按规定执行，则按照佣金经纪费总金额的 0.5% 每日支付违约金。保险公司收取保险费最后到账时间为 2019 年 11 月 21 日。在保险经纪公司催要后至今未支付佣金，已构成违约。在本案审理过程中，保险公司认为根据双方约定的违约金计付标准计算的违约金数额过高并提出调整的请求。在保险经纪公司未举证证明其因保险公司逾期支付经纪费而造成的其他损失的情况下，一审法院认为保险经纪公司所主张的逾期支付经纪费的违约金，主要是因保险公司逾期支付使相应经纪费资金被占用所造成的损失。根据公平原则和诚实信用原则，结合案涉协议的履行情况、当事人的过错程度以及逾期利益等综合因素，对违约金标准酌定为按同期全国银行间同业拆借中心公布的贷款市场报价利率的 1.3 倍计算。故保险公司向保险经纪公司支付违约金为以保险公司未支付的经纪费543 858.56元为基数,自2019年11月27日起至实际付清之日,按同期全国银行间同业拆借中心公布的贷款市场报价利率的1.3倍计算。最终判决保险公司支付保险经纪公司保险经纪费人民币543 858.56元,以及逾期支付违约金(以人民币543 858.56元为基数,自2019年11月27日起至实际付清之日,按同期全国银行间同业拆借中心公布的贷款市场报价利率的1.3倍计算)。保险经纪公司不服一审判决,提起上诉。

二审法院的观点与一审法院的观点基本相同,并进一步分析,即使集团公司出具的授权委托书对港口公司具有约束力,该授权委托书也只是授权保险经纪公司全权处理集团公司及所属法人公司相关保险事宜,保险经纪公司主张保险经纪费的前提是为委托人提供了保险经纪服务,即与港口公司签订保险经纪合同,取得港口公司的授权,为投保人设计保险计划;与保险公司签订保险经纪合作协议,与保险公司就经纪费达成合意。以2016—2017年度、2018—2019年度为例,双方均签署了一系列相关文件,保险公司向港口公司出具保单,港口公司支付了保费。但2017—2018年度及2019—2020年度,保险经纪公司不仅缺少相关的合同,而且不能提供充分证据证明其履行了相应的合同义务,提供了保险经纪服务,仅依据保险公司与港口公司签署了保险合同这一结果向保险公司主张经纪费事实且合同依据不充分,原审不予支持并无不妥。最终判决驳回上诉,维持原判。

> **律师评析**

《保险法》第一百一十八条规定:"保险经纪人是基于投保人的利益,为投保人与保险人订立保险合同提供中介服务,并依法收取佣金的机构。"《保险经纪人监管规定》第三十六条规定,"保险经纪人可以经营下列全部或者部分业务:(一)为投保人拟订投保方案、选择保险公司以及办理投保手续;(二)协助被保险人或者受益人进行索赔;(三)再保险经纪业务;(四)为委托人提供防灾、防损或者风险评估、风险管理咨询服务;(五)中国保监会规定的与保险经纪有关的其他业务"。实践中,对于一些巨额或集团内保险,通常会通过专业的保险经纪公司为投保人与保险人订立保险合同提供中介服务,如拟订投保方案、办理投保手续、协助理赔等。而对于集团对保险经纪公司的授权,需注意授权内容,并非仅凭该授权即可认定集团内公司与保险经纪公司之间就存在委托关系从而有权获得相应佣金,仍需结合实际情况,如保险经纪合同、设计保险计划、与保险公司签订保险经纪合作协议、达成合意、签发保单等,只有认定保险经纪公司真实履行了保险经纪服务,其才有权获得相应佣金,否则,仅凭集团公司出具的授权书就直接主张授权期限内全部佣金,可能无法得到支持。

另外,需要注意保险经纪与保险代理的区别。根据《保险法》第一百一十七条第一款的规定,"保险代理人是根据保险人的委托,向保险人收取佣金,并在保险人授权的范围内代为办理保险业务的机构或者个人"。保险经纪与保险代理的重要区别为,保险经纪是基于投保人的利益,通常接受投保人的委托,在投保人的授权范围内行事,而保险代理则接受保险人的委托,在保险人的授权范围内行事。

> 风险提示

保险经纪公司作为专业的保险从业机构,相比一般企业,往往具备更专业的保险筹划能力和保险业务知识。对于大型企业、集团企业或巨灾保险而言,通过专业的保险经纪公司进行企业财产保险方案设计、选择专业的保险公司、协助理赔等,不仅能弥补企业自身保险知识不足的缺点,而且在出险后能协助企业快速理赔,这具有非常重要的意义。当然,这也对保险经纪公司提出了更高的要求,履约过程中尤其要规范各个阶段的手续和文件,避免将来发生纠纷。

第二章

出险与理赔实务

第一节 导　　读

一、出险报案和索赔

当发生保险事故后,被保险人或投保人应尽快向保险人发送出险通知,将保险事故通知保险人。保险人收到出险通知后,受理案件,核对被保险人的保险情况。保险人通常会尽快安排人员赶赴事故现场,对事故发生原因以及保险标的受损情况进行查勘。被保险人应配合提供相应的索赔资料,以便保险人确认保险事故的性质、原因和损失程度等,并提出自己的索赔要求。保险人在收到被保险人提供的索赔资料后,对索赔材料进行审核、调查,作出赔付或拒赔决定。理赔资料一般包括保险单正本、投保明细、被保险人身份证明、索赔清单、出险证明(如火灾事故认定书、气象部门或公安部门证明文件等)、现场照片、相应财务账册、原始购买凭证以及其他保险人要求提供的理赔资料。需要提醒注意的是,保险事故发生后,被保险人应该尽快通知保险人,以便保险人进行受理,并安排现场查勘,调查事故原因,评估损失情况等。若被保险人未能及时履行通知义务,则根据《保险法》第二十一条的规定,"投保人、被保险人或者受益人知道保险事故发生后,应当及时通知保险人。故意或者因重大过失未及时通知,致使保险事故的性质、原因、损失程度等难以确定的,保险人对无法确定的部分,不承担赔偿或者给付保险金的责任,但保险人通过其他途径已经及时知道或者应当及时知道保险事故发生的除外",保险人将有权对无法确定的部分损失不承担保险赔偿责任。也就是说,由于被保险人报案延迟而造成损失原因难以查明或增加调查难度、调查费用甚至无法查明等情况,都可能导致对被保险人的损失赔偿不利的后果。

二、查勘定损

接到灾害事故发生的通知后,保险人通常会安排其工作人员和公估人员到事故现场进行查勘定损,以确定事故是否属于保险责任范围以及事故造成的损失情况,即进行查勘定损。查勘定损是指接到出险通知后,保险查勘人员立即赶赴现场进行查勘,了解出险时间、地点、原因,并对事故现场进行拍照、估损,协助被保险人施救,向被保险人索取有关单证,作好现场记录的工作过程。现场查勘可以帮助保险人对保险事故的性质、原因、损失程度和责任认定等方面进行较为全面的调查了解。对损失原因难以确定,或在确定保险标的损失时涉及较强的技术性问题,或损失较大时,可以聘请公估机构、技术专家或权威技术鉴定部门等外部力量参与现场查勘和保险赔案处理工作。保险人在聘请第三方公估机构时,应注意获得被保险人的同意,避免面临被保险人不认可公估报告结论,双方发生争议,从而不利于后续理赔工作推进的情况。

通常而言,查勘工作一般包括:(1)现场拍照、绘制草图,注重体现出险地点、现场概貌及保险财产的受损数量、受损程度等,标明受损财产的存放地点、分布情况以及损失现场周围建筑物、地形地貌等,并作简要的文字说明;(2)核实出险时间、地点,核实出险日期是否在保险期限内,受损标的所在地点是否与保险单中载明的地址相一致;(3)查明出险原因,必要时应争取消防、气象、公安、安监等部门的支持和配合,还可聘请有关部门或专业技术人员进行事故鉴定,为准确定责提供可靠的依据,对原因不明或有疑点的,应会同被保险人及相关职能部门共同保护现场,根据需要可邀请有关部门或聘请专家查明原因,做出鉴定;(4)及时初步确定保险责任。对于在现场就能够明确出险原因且在查勘人员权限范围内的案件,及时作出初步责任认定。通过现场查勘从而确定事故性质和损失程度,便于后续开展理赔。

三、保险责任认定

保险责任认定是理赔人员根据查勘记录、事故证明及有关材料,以及保单中保险责任和责任免除条款的规定,分析灾害事故的主客观原因,认定是否属于保险责任的过程。责任的认定建立在前期现场查勘及相关资料收集的基础上,也是往往最容易出现争议的环节。

在责任认定过程中，需要根据查勘报告、查勘记录、事故证明及有关材料，以及保险条款约定，确定是否属于保险事故。对无法确定的，可进一步索取有关资料并请权威部门或其他部门进行分析鉴定。对于企业财产保险中经常发生的火灾等事故，责任认定过程中除了尊重当地消防部门对火灾原因的认定意见外，保险人还应重点关注被保险人消防设施是否健全、电缆设备是否年久失修、存货堆放是否符合消防等，有时也可能存在被保险人有重大过失甚至恶意纵火等情况。

四、保险理赔

经过查勘、责任认定等环节，保险人认为事故属于保险责任范围的，则进入按照定损情况向被保险人或受益人赔偿或者给付保险金的环节。若保险人认为事故不属于保险责任，则会向被保险人或受益人发出拒赔通知。

实践中，由于保险事故较为复杂、事故导致的损失情况短时间内难以确定、双方对损失金额等存在一定的争议等，因此被保险人可能要求保险人在保险责任确定后、最终保险金数额确定前，向被保险人预先支付一定数额的保险金，即"预付赔款"。原则上，预付赔款不超过估损金额的50%。预付赔款能够很好地缓解被保险人的资金压力，帮助被保险人尽快恢复生产运营。在保险人最终进行赔付时，再将预付赔款从最终保险赔付金中剔除。

保险理赔其实也是一个复杂的过程，并非人们想象的，企业在灾害事故中遭受的所有损失都会得到赔偿。在保险理赔过程中，保险人除了核实灾害事故中的实际损失情况外，还需要根据保险合同的约定，核实是不是保险标的、保险标的的投保是否足额、是否存在免赔情况、是否存在损失或费用承担的特别约定等很多情况。因而，保险理赔的结果很可能与被保险人的实际损失，或被保险人的期待存在很大的差距，从而引发纠纷。但不论如何确定损失，均需要遵守损失补偿原则。

损失补偿原则是适用于财产保险以及其他补偿性保险合同的一项基本原则，当保险事故发生造成保险标的毁损致使被保险人遭受经济损失时，保险人在责任范围内对被保险人所受的实际损失进行补偿，被保险人不能通过保险事故获得额外的利益。

五、拒赔

拒赔是保险公司对被保险人提出的索赔要求予以明确拒绝的行为。若保险人认为保险事故不属于承保风险或属于除外风险,或保险人认为遭受损失的财产不属于保险标的等情况,则保险人有权向被保险人作出拒赔决定。保险人应谨慎作出拒赔决定,尤其注意拒赔通知中应说明拒赔的原因、依据,要做到理由充分、证据确凿。

保险人向被保险人送达拒赔通知书时,应注意获取被保险人签收或送交记录。被保险人收到拒赔通知后,应妥善保管相关拒赔资料。如被保险人不同意、不接受保险人的拒赔决定,则应尽快提起仲裁或诉讼,通过必要的法律程序来维护自己的合法权益。

第二节 典型案例

问题 2-1: 未及时通知导致事故原因、损失等难以确定的,如何理赔?

> 案件名称

嘉峪关某广告装饰工程有限公司(简称"**广告公司**")诉某财产保险股份有限公司嘉峪关中心支公司(简称"**保险公司**")财产保险合同纠纷

> 案号

嘉峪关市中级人民法院(2015)嘉民二终字第 23 号

> 案情简介

2011 年 5 月 11 日、2012 年 9 月 14 日,广告公司与保险公司签订了财产基本险保险合同和财产综合险保险合同,两份合同约定投保标的为公交候车亭与路牌灯箱,保险金额分别为 5 064 500 元和 500 万元,保险责任期间分别为 2011 年 5 月 12 日至 2012 年 5 月 11 日和 2012 年 9 月 15 日至 2013 年 9 月 14 日。合同签订后广告公司依约向保险公司缴纳了保险费。据当地公安局指挥中心和当地市政公用设施管理处出具的证明,证实投保标的公交候车亭与路牌灯箱在 2011 年 5 月至 2013 年 9 月期间共发生损毁事故 67 起。2014 年 2 月 26 日,广告公司依据自行制作的损失明细表向保险公司申请理赔。保险公司认为广告公司的索赔缺乏事实依据,未予理赔。广告公司将保险公司诉至法院,诉请判令保险公司支付保险赔偿金。

> 法院观点

一审法院认为:广告公司与保险公司之间的财产保险合同关系有效,投保人、被保险人或者受益人知道保险事故发生后,应当及时通知保险人。故意或者因重大过失未及时通知,致使保险事故的性质、原因、损失程度等难以确定的,保险人对无法确定的部分,不承担赔偿或者给付保险金的责任。本案中广告公司无证据证实保险事故发生后及时通知保险人即保险公司,且广告公司提交的证据不足以证明67起财产损毁事故均发生在保险责任期内,即保险事故无法认定,至于财产损失的数额仅是依据广告公司单方制作的明细,并无发票、付款凭证等其他证据证实,尽管维修人对此出庭作证,但对维修次数前后陈述矛盾,故不予采纳。综上所述,广告公司提交的证据不足以证实其主张。一审法院最终判决驳回广告公司的诉讼请求。广告公司不服上述一审判决而提起上诉。

二审法院认为:双方签订的保险合同是广告公司与保险公司的真实意思表示,对双方当事人均具有约束力。关于双方争议的保险事故发生后广告公司是否及时通知保险公司的问题,《保险法》第二十一条规定:"投保人、被保险人或者受益人知道保险事故发生后,应当及时通知保险人。故意或者因重大过失未及时通知,致使保险事故的性质、原因、损失程度等难以确定的,保险人对无法确定的部分,不承担赔偿或者给付保险金的责任,但保险人通过其他途径已经及时知道或者应当及时知道保险事故发生的除外。"保险合同第三十五条第二款也作了相同的规定。综上所述,无论是《保险法》还是保险合同,均要求广告公司在保险事故发生后应尽到及时通知保险公司的义务,而本案中广告公司主张其通过电话及时通知保险公司,保险公司对此不认可。当地公安局指挥中心出具的证明仅能证实事故发生后,广告公司向其报案,当地市政公用设施管理处的整改通知也证实其通知广告公司对破损的灯箱、广告牌进行定期整改,但均无法证实广告公司在事故发生后向保险公司履行了通知义务。因其未尽到通知义务,致使事故的性质、原因、损失程度无法确定,故应由其承担不利的后果,广告公司的该项上诉理由不成立,法院依法不予支持。关于双方争议的67起事故是否发生在保险期间的问题,广告公司提交的事故照片系其事后单方制作,时间有部分与整改通知时间不一致,且其维修工祁某在一审出庭作证时陈述"在两份保险合同之间也发生过事故",而当地公安局指挥中心出具的证明证实2011年5月至2013年9月期间广告公司共发生毁损事故67起,但该67起事故是否全部发生在保险期间内无法区分,广告公司的上述证据与证人证言之间相互矛盾,故对以上证据不予采纳,广告公司的该项上诉理由不成立,法院依法不予支持。关于双方争议的损失问题,广告公司仅依据单方制作的明细单,并无其他证据互相印证,且保险公司未对事故进行定损,致使损失无法确定,故广告公司的该项上述理由不成立,法院依法不予支持。最终二审法院判决驳回上诉,维持原判。

> 律师评析

《保险法》第二十一条规定："投保人、被保险人或者受益人知道保险事故发生后,应当及时通知保险人。故意或者因重大过失未及时通知,致使保险事故的性质、原因、损失程度等难以确定的,保险人对无法确定的部分,不承担赔偿或者给付保险金的责任,但保险人通过其他途径已经及时知道或者应当及时知道保险事故发生的除外。"通过该规定可知,保险事故发生后,被保险人负有及时通知义务,既是为了让保险人尽快进行事故查勘,厘清保险事故的性质、原因与损失程度等,也是为了防范道德风险,避免保险欺诈行为发生。

具体到本案中,根据《民事诉讼法》第六十七条第一款规定："当事人对自己提出的主张,有责任提供证据。"投保人、被保险人对主张已履行《保险法》第二十一条规定的及时通知义务负有举证责任。结合本案,投保人连续两年向保险人投保,但保险责任期间并不连续。此外,投保标的系公交候车亭与路牌灯箱,被保险人在保险责任期限届满后将投保期间的保险事故统一向保险人申请理赔,但未能提供保险事故发生后及时通知保险人的有效证据,也不能证明这些保险事故发生在保险责任期间,因此最终导致被保险人败诉。

> 风险提示

发生风险事故后,投保人、被保险人应及时通知保险人,这是投保人、被保险人的重要义务,而不论所发生的事故损失是否最终得到保险公司的赔付。很多人认为自己买了保险,出了事故保险公司肯定会赔付,但通过本案也提示各被保险人,发生保险事故后应及时通知保险公司且收集或保留好通知的证据,否则,一旦保险公司以被保险人未及时通知而导致其无法查明事故原因、损失等为由,被保险人就有可能面临既花钱购买了保险又无法得到保险赔付的情况。

问题2-2：事故发生后未及时通知保险公司,是否有权减免责任?

> 案件名称

郝某诉某财产保险股份有限公司湖北分公司(简称"**保险公司**")企业财产保险合同纠纷案

> 案号

湖北省高级人民法院(2014)鄂民申字第00758号

> 案情简介

2009年7月9日,郝某与某外资企业签订了一份融资租赁协议,由第三人某外资企业从某机械(上海)有限公司购买一台320D挖掘机,然后出租给郝某。

2009年7月10日，保险公司签发保险凭证，第一受益人为某外资企业，被保险人为某外资企业与郝某，险种为机械设备损坏一切险附加第三者责任险。该保险凭证同时载明：本保险凭证仅供某外资企业的业务使用，承保条件以"机器设备损坏一切险附加第三者责任险"预约保险单为准。保险公司机器设备损坏一切险附加第三者责任险预约保险单载明的保险价值为重置价值，针对其他风险的免赔额为5 000元。

承保明细记载："保险金额：机器一切险部分——以被保险人于每月（日历年度）初申报的已出租的机器设备清单为准""保险价值：重置价值"。案件审理过程中双方均未提供完整的保险合同条款。上述保险凭证上，没有关于保险金额的具体数额、保险金赔偿计算规则、保险标的财产折旧标准、残值估价标准等的记载，除设备名称/型号、机编码外，没有关于承保挖掘机的发动机号或其他识别依据的记载。

2011年1月28日，郝某承租的挖掘机在当地镇政府组织的拆除违章建筑过程中，被曾某等3人烧毁。刑事案件侦察过程中，当地公安局委托当地物价局价格认证中心对被毁挖掘机的损失价值进行了鉴定，当地物价局价格认证中心出具价格鉴定结论书，载明320D挖掘机修复价格大于重置价格，按整车报废处理，扣减残值52 000元后损失金额为900 000元。

本案中，出险后，郝某并未向保险人报案，保险公司认为，郝某出险后并未向保险人报案的行为，导致保险人无法核实事故损失、性质等，根据《保险法》规定其有权对于无法确定的损失不承担赔付责任，且在保险公司未参与定损的情况下，鉴定结论认定的成新率、残值及鉴定金额不能作为其依据保险合同法律关系承担民事赔偿的证据适用。郝某于是起诉至法院，要求保险公司支付保险赔款，某外资企业作为第三人参与诉讼。

> **法院观点**

一审法院认为：郝某保险事故发生后及时报警交由警方处理并无不当，且在刑事侦查过程中，公安部门已委托当地物价局价格认证中心对所毁损的320D挖掘机的毁损价值进行鉴定，该鉴定结论在刑事案件处理时也已作为有效证据予以确认，虽然郝某没有另行向保险公司报险，但上述公安机关的委托行为及鉴定部门的鉴定行为均合法有效，并未损害保险公司的利益，故对于当地物价局价格认证中心受公安机关委托所作出的鉴定结论一审法院予以采信。关于该机械设备损坏一切险承保明细中明确载明保险价值为重置价值，当地物价局价格认证中心出具的价格鉴定结论也能够证明被毁损的挖掘机修复价格大于重置价格，按整车报废处理，故对郝某和外资企业按重置价格赔偿的主张，一审法院予以支持。因320D挖掘机残值部分郝某未返还给保险公司,故应按评估的重置价格952 000元扣减残值52 000元及免赔额5 000元后,按余款895 000元予以赔付。保险公司不服一审判决,提起上诉。

二审法院认为:郝某与某外资企业作为被保险人,虽不能证明将保险事故及时通知了上诉人,但相关刑事案件判决书、价格鉴定机构依据侦办刑事案件的公安机关委托所作价格鉴定结论书,以及价格鉴定机构现场勘验记录等证据,能够证明保险事故的性质、原因和损失程度,保险公司关于郝某违反出险后及时通知的义务,导致事故的性质、原因、损失程度难以确定的上诉理由不能成立。

关于赔偿金额,二审法院认为:价格鉴定结论书得出的鉴定金额900 000元,是在重置价格1 120 000元基础上扣减了折旧率(1—成新率85%),再扣减残值52 000元得出的,而重置价格是采用2011年1月28日即保险事故当天的市场价格,以上计算基准、计算方法(重置成本法和市场法)及计算过程均符合涉案保险合同系以保险事故发生时保险标的的实际价值作为赔偿计算标准的不定值保险合同的属性。此外,价格鉴定结论中的成新率、残值等符合其采用的重置成本法和市场法,上诉人虽对此提出异议但未提供相应的合同依据或法律依据。在案保险凭证仅记载保险金额以被保险人申报的机器设备清单为准,没有关于保险金额的具体数额的记载,上诉人未提出保险金额低于保险价值的抗辩,也无证据表明涉案价格鉴定金额超出保险金额。综合以上情况,以价格鉴定金额作为赔偿计算依据符合法律规定和保险合同约定。最终二审法院驳回了上诉人保险公司的上诉请求。保险公司不服二审判决,提起再审申请,鉴于保险公司的再审申请事由并不包括郝某违反出险后及时通知的义务,因此其有权拒赔,此处不再赘述再审法院的判决内容,且再审法院最终驳回了保险公司的再审申请。

> ➤ **律师评析**

关于事故出险后的通知义务是否为保险理赔的必要条件,本案中法院判决给出了一个清晰的观点。本案中虽然被保险人在出险后未通知保险人,被保险人甚至没有通知过保险人,而是直接针对保险人提起索赔诉讼,根据本案证据,被保险人也没有提供足以证明其向保险人作出出险通知的证据。但由于本案涉及刑事诉讼,在刑事诉讼中,有公安机关和价格鉴定中心的相应证据,能够证明本案保险标的受损情形和损失原因,因此法院以此为由判决保险人应当对本次事故承担保险责任,并依据刑事诉讼中价格鉴定中心的鉴定结论作为确定本案保险人的理赔责任的依据。

此外,本案还涉及保险金额如何确定的问题。本案中的保险凭证并未明确约定具体的保险金额,而是以被保险人申报的清单为准。本案审理过程中,法院并未具体查明受损保险标的的保险金额,而是以合同约定不清,且保险人未提出保险金额低于保险价值的抗辩,从而按照鉴定中心出具的鉴定结论中的数额扣除相应免赔额之后,直接作为本案保险人应赔付的依据。

> 风险提示

从本案审理过程中双方提供的保险相关材料和陈述看,本案在承保阶段是比较简单的,甚至连保险金额这样基本的内容都没有约定。这也造成理赔过程中保险公司的被动,丧失了因存在不足额投保而应降低赔偿数额的抗辩机会。另外,虽然本案中法院没有因为被保险人在事故发生后未通知保险人而对被保险人的赔偿进行减免,但应该看到这是因为存在相关刑事案件且有关损失原因、损失程度等都有明确的调查和证据材料作证。如果没有这些作证,那么因被保险人未在出险后及时通知保险人而造成事故和损失无法查清等情况就可能发生,从而影响被保险人得到赔偿。因此,实践中,被保险人还是应该在出险后及时通知保险人,以避免不必要的纠纷和损失的发生。

问题 2-3: 被保险人应如何履行减损义务?

> 案件名称

绥中县某粮贸有限责任公司(简称"**粮贸公司**")诉某财产保险股份有限公司葫芦岛中心支公司(简称"**保险公司**")保险合同纠纷

> 案号

葫芦岛市中级人民法院(2015)葫审民终再字第 00010 号

> 案情简介

2012年2月24日,粮贸公司在保险公司处投保了财产综合险保险,保险标的为流动资产(存货),保险金额为1192万元。保险期限自2012年2月25日零时起至2012年9月24日24时。双方当事人对该份保险单进行了特别约定,内容为:(1)本保单项下流动资产(存货)玉米,数量6041.7吨;(2)针对综合险项下30厘米以下的库存流动资产因发生洪水、暴雨、水暖管爆裂而发生的损失,保险人不负责赔偿;(3)被保险财产的保险金额根据某银行葫芦岛分行的评估书由投保人自行确定;(4)经保险合同双方同意,本保险项下第一受益人为某银行葫芦岛分行,中途退保需经第一受益人同意。

2012年8月3日至4日,绥中县境内降暴雨,导致九江河上游水位暴涨至堤坝决口,河水进入粮贸公司玉米库房内,致使库房内的玉米被淹。事故发生后,粮贸公司向保险公司报案,保险公司为了避免损失扩大,于2012年8月4日向粮贸公司作出授权书,授权粮贸公司及时处理受损玉米(折价销售和烘干)。粮贸公司处理事故玉米的方式如下:2012年8月5日,对水浸玉米进行烘干,烘干玉米数量为2 233.74吨(烘干后净重2 077.380吨),价款3 323 808.00元;2012年8月7日,向秦皇岛某粮油贸易有限公司出售玉米1 184.58吨,价款1 257 961.08元;2012年8月9日,向秦皇岛某淀粉股份有限公司出售玉米1 076.732吨,价款1 219 661.08元;2012年8月8日,向秦皇岛市某工贸有限公司出售玉米1 412.64吨,价款1 584 950.43元;零售玉米1 214.735吨,价款1 817 514.16元;上述玉米数量合计7 122.427吨,价款合计9 203 894.75元。另外,2012年8月8日,粮贸公司与保险公司共同委托保险公估有限公司进行评估,保险公估公司作出了公估报告书。2012年8月22日,粮贸公司、保险公司及保险公估公司三方达成确认协议,确认仓库北面水淹高度平均为0.95米,对烘干后的玉米,按照每吨1 600.00元一次性核定价格,由粮贸公司自行妥善处理。银行于2012年10月16日出具的证明,证明粮贸公司已经偿还在该银行的全部贷款及利息,银行放弃第一受益人权利。但在随后的保险理赔过程中,粮贸公司与保险公司发生纠纷,粮贸公司将保险公司诉至法院,诉请判令保险公司向粮贸公司支付保险赔偿金。

> **法院观点**

一审法院认为:粮贸公司在保险公司处投保了财产综合险,保险第一受益人为某银行葫芦岛分行。故粮贸公司、保险公司之间的保险合同关系成立。因粮贸公司已经偿还在银行的全部贷款及利息,银行已自愿放弃第一受益人权利,故粮贸公司作为保险合同中的被保险人,有权作为本案的原告参加诉讼。保险公司对本次保险事故的发生原因未提出异议,并在保险事故发生后向粮贸公司发出授权书,授权粮贸公司为减少损失的进一步扩大,及时处理受损玉米(折价销售和烘干)。粮贸公司在收到授权书后,对受损的过水(水淹)玉米进行烘干,同时因受闷热天气影响,部分未过水的玉米已经受潮,为防止受潮范围扩大甚至发生霉变,粮贸公司在现有天气、场地以及烘干设备无法满足对全部受潮玉米进行烘干的情况下,对未过水部分的玉米进行了折价处理。该救济措施是为了减少保险标的损失的扩大,采取折价处理的救济措施是必要的、合理的,并无不当之处。保险公司提出的因粮贸公司自行折价处理的玉米与该起保险事故无近因关系,该部分损失保险公司不同意理赔的辩解无法对抗粮贸公司对减少损失而处理标的物的事由,且保险公司无法抗辩粮贸公司处理方式的不当,故该辩解法院不予采信。粮贸公司因此次保险事故所遭受的损失虽经保险公估公司作出了公估报告书,但该份报告书中仅对过水玉米的损失进行了评估,对保险标的因保险事故发生而产生的其他必然的损失未进行全面评估,故该份公估报告书不能完全作为本案的定案依据。依据《保险法》第五十七条"保险事故发生时,被保险人应当尽力采取措施,防止或者减少损失。保险事故发生后,被保险人为防止或者减少保险标的的损失所支付的必要的、合理的费用,由保险人承担……"因此,对于粮贸公司折价处理玉米所遭受的合理经济损失,保险公司应按照保险合同的约定向粮贸公司支付保险金。双方在庭审中对于玉米的当时市场价格为每吨 2 092.69 元均未提出异议,法院予以确认。该起事故给粮贸公司造成的经济损失经审核如下:(1)烘干玉米损失。烘干玉米数量为 2 233.74 吨(烘干后净重 2 077.380 吨),对于烘干玉米的损失应参照烘干后净重的损失予以计算。对于烘干后玉米,粮贸公司、保险公司之间已达成确认协议,为每吨 1 600.00 元。故烘干后玉米的损失为 1 023 504.35 元[(2 092.69 − 1 600.00)×2 077.380]。(2)烘干费:依据原告提供的委托烘干协议、烘干结算确认书及发票,确认烘干费为 178 699.20 元。(3)折价处理玉米的损失:依据粮贸公司提供的出库单及销售发票,确认粮贸公司折价处理玉米数量共计 4 888.687 吨(其中包括向秦皇岛某粮油贸易有限公司出售玉米 1 184.580 吨、秦皇岛某淀粉股份有限公司出售玉米 1 076.732 吨、向秦皇岛市某工贸有限公司出售玉米 1 412.640 吨、零售玉米 1 214.735 吨),所得货款共计为 5 880 086.75 元。故粮贸公司折价处理玉米的损失共计为 4 350 419.65 元(2 092.69×4 888.687 − 5 880 086.75)。(4)运输费用:依据粮贸公司提供的运输合同及发票,确认运费为 192 480.00 元。(5)人工费:粮贸公司遭受此次事故必然产生人工费用,但粮贸公司对其主张的人工费 18 000.00 元并未提供证据予以证实,法院酌情认定人工费为 5 000.00 元。上述损失共计 5 750 103.20 元。经审查,粮贸公司、保险公司之间签订了特别约定条款,并加盖了粮贸公司单位的公章,这应视为双方当事人的真实意思表示。该条款第二项已明确约定,对综合险项下 30 厘米以下的库存流动资产因洪水、暴雨、水暖管爆裂发生损失,保险人不负责赔偿。因此对保险公司提出的关于 30 厘米以下的损失,即 192 183.59 元,保险公司不应当承担理赔责任的辩解予以支持。本案中粮贸公司所投保的保险标的的保险金额低于保险价值,即粮贸公司存在不足额投保的事实,依照《保险法》第五十五条,"保险金额低于保险价值的,除合同另有约定外,保险人按照保险金额与保险价值的比例承担赔偿保险金的责任"。因粮贸公司、保险公司双方在庭审中对不足额投保比例为 78.95%均未提出异议,对该赔偿比例法院予以确认。综上所述,保险公司按照保险合同约定,应当向粮贸公司支付的保险理赔金为 4 387 977.53 元[(5 750 103.20 − 192 183.59)×78.95%]。

保险公司不服上述一审判决，提起上诉。

二审法院认为，粮贸公司与保险公司所签订的财产综合险合同是双方当事人的真实意思表示，且不违反相关的法律、法规的禁止性规定，予以确认。双方当事人应当按照该财产综合保险合同的约定履行应尽的义务。粮贸公司履行了交付保险费的义务后，其投保流动资产发生保险事故，保险公司应予以理赔。本案争议的焦点问题是赔偿数量及金额问题。本案发生保险事故的时间未超过保险合同约定的时间。发生保险事故后，保险公司对本次保险事故应该理赔予以认可，并在保险事故发生后向粮贸公司出具授权书，授权粮贸公司处理受损玉米。粮贸公司依据授权书，对受损的水淹玉米进行烘干并降价处理。对部分未遭水淹但已经受潮的玉米，为防止受潮范围扩大或发生霉变，粮贸公司在现有天气、场地以及烘干设备无法满足对全部受潮玉米进行烘干的情况下，对未过水但受潮的玉米进行了降价处理。其目的是减少保险标的损失的扩大，折价处理并无不当之处。上述对玉米的降价处理而造成的损失的原因均应认定为由本次水淹的保险事故引起。粮贸公司因此次保险事故受损玉米数量为 7 122 427.00 吨，依保险合同的约定该损失均应由保险公司予以赔偿。故保险公司认为，受损水淹玉米数量为 1 235.23 吨，应该按照 1 235.23 吨赔偿，金额是 522 962.54 元的观点无事实及法律依据，法院不予采信。二审法院判决驳回上诉，维持原判。

保险公司不服上述判决，提起再审申请。

再审法院认为，本案双方当事人对保险事故发生的事实没有争议。本案争议焦点为除保险公估有限公司作出的公估报告所确定的水浸玉米之外的受潮玉米是否属于本次保险事故的理赔范围。2012 年 8 月 4 日，保险公司授权粮贸公司处理因此次保险事故导致的受损玉米，包括折价销售和烘干两种方式。本次保险事故中的暴雨引发的绥中九江河水位上涨致堤坝决口，是粮贸公司库存玉米被水淹和受潮的直接原因和根本原因，保险事故的发生原因与粮贸公司处理烘干玉米和折价处理玉米的行为之间存在因果关系，保险公司主张粮贸公司折价处理玉米的数量不应包含在保险责任范围内无事实依据，粮贸公司为防止受潮玉米的霉变导致损失的进一步扩大，采取必要的减损措施，对受潮玉米进行折价处理，符合客观事实和法律规定，因此，粮贸公司依据保险公司授权书折价销售的受潮玉米应当属于本次保险事故的理赔范围，保险公司的该抗辩理由不能成立。本案中的公估报告是保险公司单方委托保险公估有限公司对受损玉米进行的评估，该公估报告不能作为认定本案事实的依据，粮贸公司虽然在公估委托单上签名、盖章，但该行为只对保险当事人信息进行确认和配合保险公估有限公司工作，而双方并未约定将公估报告作为此次保险事故的理赔依据，且该公估报告不属于人民法院在审理案件过程中由当事人申请或者人民法院委托鉴定的情况,该公估报告也不属于鉴定意见,粮贸公司主张保险事故的必然损失和合理费用符合法律规定。

《保险法》第五十七条第一款中规定的被保险人采取必要的措施,防止或者减少损失,这种措施是为防止保险事故的扩大而对保险财产进行的抢救、保护、整理等措施,粮贸公司折价处理受潮玉米是防止投保玉米损失进一步扩大而采取的合理措施,受潮玉米因折价而减少的财产价值属于粮贸公司的因保险事故的发生而造成的直接经济损失。对于处理水浸玉米和受潮玉米的烘干费用、运输费用、人工费适用《保险法》第五十七条第二款的规定,并无不当。

粮贸公司在本次保险事故发生后,零售玉米1 214.735吨,原审认定实际销售收入1 817 514.16元为税后所得,原审判决认定事实正确。保险公司该项再审请求法院不予支持。

粮贸公司向保险公司申请保险理赔和本案原审诉讼过程中,粮贸公司已经提供本次保险事故的发生原因和财产损失情况,双方当事人对本案保险事故的事实无争议,依照近因原则,粮贸公司已经证明保险事故的发生原因与折价处理受潮玉米的因果关系,而保险公司并未提供证据推翻上述事实。综上所述,判决维持原判。

> **律师评析**

最大诚信原则是《保险法》的基本原则。保险事故发生后,基于最大诚信原则,被保险人有义务采取必要措施减损,避免或减少损失的扩大。《保险法》第五十七条规定,"保险事故发生时,被保险人应当尽力采取必要的措施,防止或者减少损失。保险事故发生后,被保险人为防止或者减少保险标的的损失所支付的必要的、合理的费用,由保险人承担;保险人所承担的费用数额在保险标的损失赔偿金额以外另行计算,最高不超过保险金额的数额"。由此可知,保险事故发生后,被保险人应当尽力采取必要的合理的措施,以防止或减少损失。

具体到实践中,事故发生后,被保险人采取的哪些行为构成履行减损义务,是实践中容易发生争议的问题,本案就涉及这一问题。本案的投保标的是玉米,保险事故发生后,保险人向被保险人作出授权书,授权被保险人及时处理受损玉米(折价销售和烘干)。被保险人将过水玉米烘干,对部分未过水受潮玉米进行折价处理。保险人认为折价处理未过水受潮玉米与该起保险事故无近因关系,因而对该部分损失不予理赔。而审理法院认为保险事故的发生原因与被保险人折价处理未过水受潮玉米之间存在因果关系,属于减少损失而处理标的物,也符合保险人授权书的处理方式,故不支持保险人的抗辩。

本案中保险人理赔有两项内容:一是受损保险标的,因保险事故而过水的玉米和未过水受潮的玉米;二是因本次保险事故而产生的施救减损费用。争议最大的是对未过水受潮玉米的折价处理是否属于为了减少保险标的损失的扩大而采取的必要的、合理的救济措施。当保险人向被保险人作出授权书,授权被保险人及时处理受损玉米(折价销售和烘干),而被保险人根据保险人的指示采取了行动时,该行为应认定为属于为减少保险标的损失的扩大而采取的必要的、合理的救济措施。

> 风险提示

本案是被保险人在灾害事故发生后采取施救措施是否得当而引发纠纷的一个典型案例。实践中,发生保险事故后,有的情形下保险人会告知被保险人救济减损的方式,多数情形下则由被保险人自行实施救济措施。被保险人履行减损义务的意义在于防止或减少保险标的损失的扩大,只要被保险人作出的施救措施的初衷是此目的,采取的措施是当时情形下合理的,即可认定为已履行减损义务,而保险人应承担相应的施救减损费用和损失。

问题 2-4:保险公司未及时定损,是否会承担扩大损失的赔偿责任?

> 案件名称

某食品有限公司(简称"**食品公司**")诉某财产保险股份有限公司临沂中心支公司(简称"**保险公司**")财产保险合同纠纷

> 案号

山东省高级人民法院(2021)鲁民申 2099 号

> 案情简介

2014 年 12 月 9 日,食品公司向保险公司递交投保单,投保财产综合险。投保单中的栏目内容均为手工填写,并加盖了食品公司公章。其中标的名称为"存货",保险价值确定方式为"出险时账面余额",保险金额确定方式为"估价",保险金额(元)为"32 508 000",保险费(元)为"40 960"。在其他约定栏中手工填写的内容为"(1)本保单第一受益人为某银行……(3)承保标的详见承保标的明细表;如不足额承保,则出险后按照保险金额与保险价值比例赔付。(4)每次事故绝对免赔额为 10 000 元或绝对免赔率 20%,两者以高者为准。(5)存货必须放置在高于地面 30 厘米的垫板上,否则因发生水灾及存货未按照要求放置造成的损失,在原免赔的基础上加扣 20%免赔率",该约定栏加盖了食品公司公章。在投保人声明栏,印制有"本人已经仔细阅读保险条款,尤其是黑体字部分的条款内容,并对保险公司就保险条款内容的说明和提示完全理解,没有异议"字样并加盖了食品公司公章。

2014年12月9日,保险公司签发保险单。保险单的约定内容同投保单,手工填写的相应栏目内容均改为打印机填制。作为合同组成部分的保险条款第五条约定:"在保险期间内,由于下列原因造成保险标的的损失,保险人按照本保险合同的约定负责赔偿:(二)……暴雪……"第七条约定:"保险事故发生后,被保险人为防止或减少保险标的的损失所支付的必要的、合理的费用,保险人按照本保险合同的约定也负责赔偿。"第二十六条约定:"知道保险事故发生后,被保险人应该:(一)尽力采取必要、合理的措施,防止或减少损失,否则,对因此扩大的损失,保险人不承担赔偿责任;(二)立即通知保险人……(三)保护事故现场……"

2015年11月23日夜间至24日,当地突降暴雪致食品公司钢结构仓库垮塌,将部分罐头砸坏,部分罐头外包装、外壳浸湿,部分罐头遇寒冷天气受损。2015年11月24日,保险公司接报案后派人员到达现场清点、勘验。

2015年11月28日,食品公司和保险公司共同委托公估机构对本次事故进行保险公估。2015年11月29日,保险公司要求食品公司按照"提供材料明细表"提交相应材料,并注明"因近期天气不好,为避免损失扩大,请自即日起加大人力、机械设备等施救方面的投入"。

2015年12月中旬,食品公司向公估机构提供了其自制的资产负债表及会计报表附注,注明存货期末余额为81 976 505.61元:其中原材料2 215 601.94元,包装物596 872.03元,产成品罐头79 164 031.64元(截止到2015年11月23日,11月23日到11月30日未生产)。2015年12月28日,保险公司通过银行转账支付食品公司预付赔款保险金500 000元。

2016年9月9日,公估机构、保险公司应食品公司要求对事故现场进行复勘。2016年10月,公估机构作出公估报告并送达食品公司和保险公司。该报告认定:(1)本次事故原因为暴雪,属于保险责任。(2)根据食品公司提供的财务账册,截至2015年11月23日,产成品按出险时的账面价值确定保险价值应为79 164 031.64元。但公估机构认为食品公司提供的明细价格过高,故应将食品公司提供的保险价值除以公估时测算的平均单价8 531元得出事故发生时全部库存数量为9 294吨,再乘以公估人核定的单价每吨6 500元,从而得出事故发生时的保险价值为60 411 000元(9 294吨×6 500元/吨),并据此计算投保比例为53.8%(32 508 000÷60 411 000元×100%)。保险公司认可该比例,食品公司认为投保比例应为100%。(3)关于本案的损失数额,平均单价为每吨6 500元,双方均认可。

公估报告共分为三部分:(1)砸压变形部分,推定为全损,数量共计307托(314.916吨),损失金额为2 047 008.68元。(2)水湿部分,数量为1 282托(1 319.637吨)。勘验时,保险公司认为罐头按托多层存放,虽外层罐体水湿但内层并未水湿。食品公司持相反意见,主张此类的水湿罐头实际应为全损。公估报告按现场查勘水湿部分总量的50%计算水湿数量。该类损失,公估机构定损时认定为659.82吨(1 319.637×50%),公估报告认定损失价值4 344 691.50元。(3)外观完好部分,数量为2 249托(2 401.697吨),公估机构按3%的比例计算损失,认定损失为72.05吨,损失价值468 333.50元。

公估报告认定以上三部分总计损失金额6 860 034.18元,加上施救费300 220元,定损金额合计7 160 254.18元,根据投保比例,理赔金额为3 081 773.399元。对公估报告有关损失的认定,保险公司予以认可,并于2016年12月27日,保险公司将剩余理赔款2 584 773.40元汇入食品公司账户。

食品公司对损失金额和理赔金额不予认可,认为公估报告作出的时间为2016年10月,食品公司收到公估报告的时间为2016年11月14日,此时距离事故发生时间已经接近一年,由于保险公司对受损罐头不予处置,造成涉灾罐头全部毁损,应认定为全损,该涉灾罐头全损的责任和过错在保险公司,保险公司应该全额赔偿食品公司的损失。食品公司于是起诉至法院,请求判令保险公司赔偿财产损失18 275 442.2元及利息。涉案保险合同约定的第一受益人某银行书面答复明确放弃保险金的请求权。

另查明,根据食品公司提交的证据,能证实雪灾发生后,未经保险公司同意,食品公司不得处置受灾罐头。根据公估报告中载明的外形完好部分的现场勘验记载,能证实对于受灾罐头,保险双方仅仅进行了外观识别,对于受灾罐头的内在质量问题,一直未进行质量检测。另外,根据当地环保部门要求,未经保险公司同意,食品公司处置罐头581托(598.43吨)。

> **法院观点**

一审法院认为:

(一)关于本案是否为足额保险及投保比例的问题

本案保险合同中明确约定保险金额为"32 508 000元",保险价值确认方式为"出险时的账面余额",根据《保险法》第五十五条的规定,"投保人和保险人未约定保险标的的保险价值的,保险标的的发生损失时,以保险事故发生时保险标的的实际价值为赔偿计算标准。……保险金额低于保险价值的,除合同另有约定外,保险人按照保险金额与保险价值的比例承担赔偿保险金的责任"。本案保险双方在保险合同中约定了保险金额,没有明确保险价值的具体数额,仅仅明确出险时保险价值的计算方式,符合《保险法》第五十五条的规定,属于典型的不定值保险合同。本案应当先确定食品公司在保险事故发生时的保险价值,才能认定是否为足额保险以及投保比例。

因双方在合同中明确约定保险价值的确认方式为出险时的账面余额,故本案的保险价值应当以食品公司提供的2015年11月30日的资产负债表及会计报表附注中的账面余额为准。因为食品公司11月23日到11月30日并未进行生产,资产负债表及会计报表附注中的"存货"期末账面余额即为保险事故发生时保险标的的实际价值。其中保险标的罐头的期末账面余额为79 164 031.64元。由此,该79 164 031.64元即出险时的保险价值,投保比例应为41.06%(32 508 000÷79 164 031.64×100%)。但是,公估机构的公估报告对产成品罐头的账面余额79 164 031.64元未予认可,公估机构认为食品公司提供的明细价格过高,故应将食品公司提供的保险价值除以公估时测算的平均单价8 531元得出事故发生时全部库存数量为9 294吨,再乘以公估人核定的单价每吨6 500元从而得出事故发生时的保险价值为60 411 000元(9 294吨×6 500元/吨),并据此计算投保比例为53.8%(32 508 000÷60 411 000元×100%)。因保险公司在庭审中未对公估报告中该保险价值以及投保比例提出异议,且按照公估机构最终理算金额履行了赔付义务,该行为是当事人对民事权利的自愿处分,一审法院最终采信公估报告认定的事故发生时的保险价值60 411 000元、投保比例为53.8%的结论;但对于公估机构将施救费按照投保比例计算的看法,一审法院不予认可,认为施救费是施救过程中单独发生的费用,是食品公司实际支出的费用,保险公司应予以赔偿。

(二)关于本案的损失如何确定,是否存在扩大的损失

若存在扩大的损失,则数额及责任如何认定?双方当事人对公估机构确定的平均价格每吨6 500元没有争议,仅对实际损失数量有争议。故确定损失数额之前应当先查明实际的罐头损失数量。本案双方及公估人在现场勘验时均认可事故中的罐头损失类型有三种:(1)砸压变形、破碎类,双方认定该314.916吨为全部损失。(2)水湿类,双方认定该水湿罐头共计1 319.637吨。公估机构定损时认定为659.82吨(1 319.637×50%),但食品公司认为应为全损。一审法院认为,在事故发生时,水湿类损失为50%,较为客观,但至食品公司提起诉讼时,由于该类罐头没有及时处置,因此推定为全损更符合客观情况,对食品公司的按照全损主张权利予以认可。(3)虽现场勘验时完好但食品公司主张受冻

损失的部分,双方确认数量为 2 401.70 吨。根据食品公司提交的证据,2016 年 9 月 6 日食品公司根据环保部门的要求,未经保险公司同意,处置罐头 581 托即 598.43 吨。对于食品公司自行处置行为,处置过程中未通知保险公司,责任后果应由食品公司自己负担。对于外形完好的受灾罐头,双方仅仅进行了外观识别,对于受灾罐头的内在质量问题,一直未进行质量检测。2016 年 9 月 9 日,食品公司就前述外观完好的罐头再次报损复勘。公估机构也仅仅是针对外形存疑的胀罐部分按照该部分总量 3% 的比例进行了定损。法院认为,对于罐头的存放、保管和质量要求不同于一般产品,在食品公司提起诉讼时,距离事故发生已经一年零三个月,在这期间,这些罐头都已经腐烂变质,应该推定为全损。但对于食品公司自行处置的罐头 581 托,即 598.43 吨,食品公司也未提交证据证实其对应的三类罐头中的类别,对其未通知保险公司而处置的行为,食品公司应承担对其不利的后果。最终一审法院认定,食品公司的实际损失应属赔偿范围的罐头数量为 3 437.823 吨(314.916+1 319.637+2 401.70−598.43),其中属于扩大损失的数量为 2 391.039 吨(1 319.637×50%+2 401.70−598.43−72.05)。

(三) 对于扩大损失责任问题

保险公司不允许食品公司处置受损罐头产品,罐头长期存放导致腐烂变质,是造成扩大损失的重要原因,但作为生产商,食品公司明知罐头产品对储存和保质期等方面有严格要求,却未告知保险公司相关方面的要求,自身也负有不可推卸的责任,因此,对于扩大损失,双方当事人均负有过错责任。对于扩大损失的理赔计算是否适用不足额保险问题是本案的难点。法院认为,扩大的损失是在正常灾害引起的损失基础上由于过错造成的损失,它主要是人为因素带来的扩大化的损失,是双方因过错造成的;不是正常灾害引起的损失,不应该适用不足额保险的计算方法,而应该直接根据过错原则,计算双方应该承担的过错责任。

最终,一审法院认定保险公司赔偿食品公司损失 2 952 558.71 元[6 860 034.18 元×53.8%×(1−20%免赔率)](已支付)、施救费损失 300 220 元(已支付 171 005.31 元),按照过错责任,就扩大损失部分,赔偿食品公司损失 7 770 876 元(2 391.039×6 500×50%)。

保险公司不服一审判决,提起上诉。

二审法院关于涉案保险为不足额保险的观点与一审法院的相同,但关于施救费用是否全赔、扩大损失如何认定及理赔的问题,二审法院的认定与一审法院不同。

二审法院认为:

(一) 关于施救费用是否应该全赔问题

按照保险合同第三十二条的约定,"保险标的保险金额小于其保险价值时,被保险人为防止或减少保险标的的损失所支付的必要的、合同的费用按被施救保险标的的保险金额与其保险价值的比例在保险标的损失赔偿金额之外另行计算,最高不超过被施救保险标的的保险金额"。因本案系不足额投保,施救费应按不足额投保即按上述规定按比例由保险公司承担理赔责任,即 161 518.36 元 (300 220×53.8%)。

(二) 关于扩大损失应如何认定及如何理赔

一审法院认定的扩大损失的构成部分系涉案产品遭受雪灾后未及时处理造成的损失。该部分产品受灾后虽转移至他处,但长时间未处理,已变质损坏。食品公司提交的证据证实,保险公司要求未经其同意不能动罐头,而根据公估报告中载明的外形完好部分的现场勘验记载,能证实对于外形完好的受灾罐头,双方当事人仅仅进行了外观识别,对于受灾罐头的内在质量问题,一直未进行质量检测。2016 年 9 月 9 日,食品公司就前述外观完好的罐头再次报损复勘。公估机构也仅仅是针对外形存疑的胀罐部分按照该部分总量 3%的比例进行了定损。对于罐头的存放、保管和质量要求不同于一般产品,在食品公司提起诉讼时,距离事故发生已经一年零三个月,在这期间,这些罐头都已经腐烂变质,应该推定为全损。此损失系保险公司不允许食品公司处置导致罐头因长期存放而腐烂变质,这是造成该损失的原因,应属于保险事故。

另处,当地环保局的责令改正违法行为决定书可以证实,食品公司处理了 598.43 吨罐头,该损失应当认定为扩大的损失部分。以上对于扩大的损失,保险公司也未提供证据证实食品公司未采取必要的措施,故该损失应按保险合同约定方式理赔,理赔金额应为 8 363 338.47 元[(2 391.039+598.43)×6 500× 53.8%×(1-20%免赔率)]。

根据二审改判结果,最终保险公司赔偿食品公司损失 2 952 558.71 元 [6 860 034.18 元×53.8%×(1-20%免赔率)](已支付)、施救费损失 161 518.36 元(已支付 129 214.69 元),就扩大损失部分,赔偿食品公司损失 8 363 338.47 元。

保险公司不服二审判决,提起再审申请,认为认定保险公司承担扩大损失缺乏客观证据证明,属于严重的事实认定错误。

再审法院认为:按照《保险法》第二十三条第一款的规定,"保险人收到被保险人或者受益人的赔偿或者给付保险金的请求后,应当及时作出核定;情形复杂的,应当在 30 日内作出核定,但合同另有约定的除外。保险人应当将核定结果通知被保险人或者受益人;对属于保险责任的,在与被保险人或者受益人达成赔偿或者给付保险金的协议后 10 日内,履行赔偿或者给付保险金的义务"。根据上述法律规定可知,保险人收到被保险人或者受益人的保险金赔付请求后,要依法履行核定、通知和赔付三项义务,三者之间相互衔接,存在逻辑上的前后关系。就本案而言,涉案被保险财产遭受雪灾后,除食品公司进行积极的施救外,保险公司作为保险人也应根据被保险财产的特性依法及时对保险事故造成的被保险财产损失进行核定,若保险人未依法及时履行前述法定义务,由此造成的扩大损失,保险人就应承担相应的责任。涉案被保险财产为无法长期保存的罐头食品,特别是遭受雪灾后,保险公司应采取积极措施,对受损的食品采取相应的减损措施作出妥善处理。本案经原审查明,涉案被保险财产遭受雪灾后,虽转移到他处,但长时间未作处理,致使产品变质,造成财产损失放大,该损失的扩大与保险公司未依法履行前述保险法规定的义务具有一定的牵连,原审判决保险公司对涉案产品的扩大损失承担责任具有事实和法律依据,最终驳回保险公司的再审申请。

> **律师评析**

《保险法》第二十三条第一款、第二款规定:"保险人收到被保险人或者受益人的赔偿或者给付保险金的请求后,应当及时作出核定;情形复杂的,应当在三十日内作出核定,但合同另有约定的除外。保险人应当将核定结果通知被保险人或者受益人;对属于保险责任的,在与被保险人或者受益人达成赔偿或者给付保险金的协议后十日内,履行赔偿或者给付保险金义务。保险合同对赔偿或者给付保险金的期限有约定的,保险人应当按照约定履行赔偿或者给付保险金义务。保险人未及时履行前款规定义务的,除支付保险金外,应当赔偿被保险人或者受益人因此受到的损失。"该条规定了保险人的及时核定、通知、赔付等义务,否则,保险人还应赔偿被保险人因此受到的损失。但该损失部分,在不足额保险的情况下,是按照全额赔偿还是不足额赔偿,并无明确法律规定。

此外,《保险法》第五十七条第一款规定,"保险事故发生时,被保险人应当尽力采取必要的措施,防止或者减少损失"。但若因保险公司导致被保险人无法积极履行相应的义务,则导致的扩大损失,保险公司是否承担责任,以及如何承担责任呢?

具体到本案中,因保险公司未能"及时"定损,尤其是在明确表示未经保险公司同意不得擅自处置罐头的情形下,间隔一年多仍未对受损财产的处置作出指示,明显属于未及时履行保险人定损等义务,最终导致受损财产进一步扩大,被法院认定对扩大损失部分仍应承担相应的赔偿责任。

不过,值得注意的是,根据法院认定和判决情况,可以看出,关于"扩大损失部分",一审法院并未按照不足额投保比例,而是直接按照过错比例计算保险公司应承担的赔偿金额,而二审法院则是按照该损失属于保险事故造成的损失,适用不足额投保比例等进行核算。但不论如何认定,保险公司均应当对扩大损失部分承担相应的赔偿责任。

> ➢ 风险提示

在出险以后,保险公司一方面要求被保险人积极施救,减少损失,另一方面又通知被保险人未经保险人同意不得处理受损物资,然后就不管不顾了的情况并不罕见。本案给保险公司上了生动的一课。如果本案保险公司积极履行事故发生后的损失核定等义务,时刻关注受损物资的处理,及时给出处理意见等,那么最终承担的赔偿金额可能将大大降低,却因忽视了后期的受损物资处理的相关跟进工作,最终被法院判决承担高额的保险理赔款,不禁让人唏嘘。这也提示保险公司在事故发生后,应及时完成查勘、定损等工作,及时对受损财产的处置给出指示,这不仅有助于查明事故原因和具体情况,而且能避免承担额外的保险赔偿责任。

问题 2-5: 承保风险和除外责任并存时如何运用近因原则?

> ➢ 案件名称

湖北某发电有限公司(简称"**发电公司**")诉某财产保险股份有限公司荆州中心支公司(简称"**保险公司**")保险合同纠纷

> ➢ 案号

湖北省高级人民法院(2013)鄂民监三再终字第 20 号

> ➢ 案情简介

2010 年 3 月 20 日,发电公司向保险公司投保了财产基本险,由保险公司对发电公司的生产机器设备承担财产保险责任,双方当事人约定保险金额 900 万元,保险费 13 500 元,保险期限为 2010 年 3 月 20 日至 2011 年 3 月 19 日。双方当事人还特别约定全部风险绝对免赔额为损失金额的 10%,受益人为某银行。保险公司与发电公司在"财产基本险条款"第五条中约定:"在保险期间内,由于下列原因造成保险标的的损失,保险人按照本保险合同的约定负责赔偿:(一)火灾;(二)爆炸;(三)雷击;(四)飞行物体及其他空中运行物体坠落。"在第八条中约定:"下列原因造成的损失、费用,保险人不负责赔偿……(四)任何原因导致供电、供水、供气及其他能源供应中断造成的损失和费用……"

2010 年 7 月 4 日 19 时 15 分,发电公司内主变压器遭受雷击损坏,导致全厂生产设备供电中断,2号汽轮机组及配套设施跳闸,导致2号汽轮机停止工作,在停机操作过程中,汽轮机叶片出现断裂,造成2号汽轮机组损坏。2010年7月8日,发电公司向保险公司报案,保险公司答复同意揭盖检查,发现问题及时反馈。

2010年7月11日、12日,发电公司分别与湖北省某工程公司、某机械电力设备公司签订检修工程承包合同和汽轮机配件、转子修复合同及补充协议,对受损的2号汽轮机组进行了检修和修复,发电公司为此共花去费用473 967.20元,其中分别支付湖北省某工程公司309 211.20元、某机械电力设备公司164 756元。之后,发电公司向保险公司索赔,保险公司于2010年7月14日向发电公司发出拒赔函,认为保险标的(2号汽轮机)叶片受损断裂事故不属于财产基本险保险责任范畴,无法对此事故中所遭受的损失进行理赔。发电公司遂向法院提起诉讼,要求保险公司支付保险金473 967.20元,并由保险公司承担本案的诉讼费用。另查明,某银行在诉讼中明确表示放弃诉权。

> **法院观点**

一审法院认为:本案系财产保险合同纠纷,双方当事人在平等、自愿的基础上所签保单及保险条款均属保险合同内容,合法有效,应受法律保护。虽然保险合同约定了受益人为某银行,但根据《保险法》的有关规定,被保险人和受益人都享有保险金请求权。现某银行在诉讼中明确表示放弃诉权,发电公司作为被保险人行使保险金请求权,并无不当。根据"财产基本险条款"第八条规定"下列损失、费用,保险人也不负责赔偿……(四)任何原因导致供电、供水、供气及其他能源供应中断造成的损失和费用……"保险公司拒绝向发电公司赔偿。但"财产基本险条款"第五条规定因雷击造成的保险标的损失,保险人负责赔偿。在赔偿条款与免责条款对赔付与否发生争议时,应根据《合同法》[①]有关制式条款的规定,作出对格式合同提供者不利的解释。依照文义解释,对上列免责条款中约定的"任何原因导致供电中断",应理解为在通常情况下的停电,虽然发电公司汽轮机并非直接受雷击而损坏,而是雷击停电导致机器损坏,但是停电仅为直接的中间原因,雷击是机器受损的根本原因,故该保险事故符合"财产基本险条款"第五条约定的赔偿范围。此外,通过庭审查明保险公司没有提供证据证明其在订立合同时就免责事由向发电公司作出过说明,故保险公司依法应承担相应的法律责任。保险人在保险事故发生后对保险事故及损失进行调查核实,是保险理赔的关键环节和应尽义务。保险公司虽对发电公司进行检修和修复的费用数额有

---

① 自2021年1月1日起施行《民法典》,包括《合同法》在内的多部法律同时废止。

异议,但未以任何形式向相关鉴定机构申请对发电公司受损原因及损失数额进行鉴定,应由其对此承担举证不能的法律后果,故对保险公司关于本案诉讼标的物损害不属保险责任范畴且损失数额异议的抗辩主张不予支持。一审法院判决保险公司给付发电公司保险金473 967.20元。保险公司不服一审判决,提起上诉。

二审法院认为:关于发电公司诉请的损失是否属于保险公司保险责任的问题,《财产基本险条款》第五条约定,"在保险期间内,由于下列原因造成保险标的的损失,保险人按照本保险合同的约定负责赔偿:(一)火灾;(二)爆炸;(三)雷击;(四)飞行物体及其他空中运行物体坠落。前款原因造成的保险事故发生时,为抢救保险标的或防止灾害蔓延,采取必要的、合理的措施而造成保险标的的损失,保险人按照本合同的约定也负责赔偿",且第八条约定,"下列原因造成的损失、费用,保险人不负责赔偿……(四)任何原因导致供电、供水、供气及其他能源供应中断造成的损失和费用……"本案的事实是,2010年7月4日19时15分,发电公司内主变压器因遭受雷击损坏,导致全厂生产设备供电中断,2号汽轮机组及配套设施跳闸,导致2号汽轮机停止工作,在停机操作过程中,汽轮机叶片出现断裂,造成汽轮机组损坏。后对受损的2号汽轮机组进行了检修和修复,发电公司为此共花去费用473 967.20元。根据双方合同的"财产基本险条款"第五条、第八条的约定,只有变压器的损失才是雷击所导致的直接损失,而一审法院判决所认定的汽轮机损失,并不是直接雷击损失,不属于保险责任范围的损失。也就是说,保险标的的损失,并不是合同中约定的由雷击所造成的损失,而是因为停电所造成。发电公司向保险公司主张保险金,不符合双方当事人合同的约定,没有事实依据。二审法院判决撤销一审判决,驳回发电公司的诉讼请求。二审判决生效后,发电公司不服二审判决。本案后经检察机关抗诉后再审法院裁定提审。

再审法院认为:发电公司财产损失的根本原因是雷击导致断电所致,按"财产基本险条款"第五条约定,保险公司应承担保险责任,但保险公司以"财产基本险条款"第八条为由拒赔。在赔偿条款与免责条款对是否赔付发生争议时,根据《合同法》第四十一条[①]的规定,对上述免责条款中约定的停电事由,应作不利于提供格式条款一方的解释,即"任何原因导致供电、供水、供气及其他能源供应中断造成的损失和费用"中的"任何原因"应为"除'财产基本险条款'第五条约定外的任何原因",因此本案中发电公司因雷击导致断电造成的相关损失不适用上述

---

① 《合同法》第四十一条内容已被《民法典》第四百九十八条取代。

免责条款,保险公司应承担保险责任。最终判决撤销二审判决,并判保险公司支付保险金 426 570.50 元[473 967.20×(1−10%)]。

> 律师评析

近因原则是保险理赔处理的重要原则之一。近因原则最早来源于英国 1906 年海上保险法(Marine Insurance Act,1906)。作为认定保险理赔中承保风险与损失之间因果关系的规则,该法第五十五条第一款规定:"除本法或保险单另有约定外,保险人对于以承保危险为近因所致的损失负有责任,但对于非由以承保危险为近因所致的损失不负责任。"

最高人民法院于 2003 年 12 月公布的《关于审理保险纠纷案件若干问题的解释(征求意见稿)》第十九条第二款规定,"近因是指造成承保损失起决定性、有效性的原因"。但其中"决定性""有效性"的含义显然过于模糊,缺乏可操作性,仍有待司法实践以判例的形式予以个案化和具体化。在我国,不论是《保险法》抑或《海商法》,均未对该原则作出明文规定,但该原则已经成为司法实践中判断保险人是否应承担保险责任的一个重要标准。"近因"一词源于英美法,且英美法重视个案分析。我国作为成文法国家,如何准确理解近因原则对我国保险实践至关重要。

虽然国家法律层面对"近因原则"没有明确规定,但各地法院的主流意见是:近因应是指在风险和损害之间,导致损害发生的最直接、最有效、起决定性作用的原因,而不是指时间上或空间上最近的原因。如《山东省高级人民法院关于审理保险合同纠纷案件若干问题的意见(试行)》第十四条规定:"如事故是由多种原因造成,保险人以不属保险责任范围为由拒赔的,应以其中持续性地起决定或主导作用的原因是否属于保险责任范围为标准判断保险人是否应承担保险责任。"《福建省高级人民法院民二庭关于审理保险合同纠纷案件的规范指引》第三条规定:"所谓近因,是指导致标的物损害发生的最直接、最有效、起决定性作用的原因,而非指时间上或空间上最近的原因。"这也是目前对近因原则的主流看法。

具体到本案,该起保险事故中存在多种原因如雷击、断电、2 号汽轮机停止工作等,最终导致 2 号汽轮机组发生损坏,属于典型的多个原因连续发生的情形,这种情形下需要判断各个原因之间是否存在必然因果关系。笔者知道,如果没有雷击,就不会断电,那么断电和雷击之间存在必然因果关系,因此,雷击应认定为导致本案损害发生最直接、最有效并起决定性作用的原因。本案保险公司将时间上最为接近的断电认定为近因,并以此拒赔,明显错误理解了近因原则的含义,违背了近因原则的本质。

▶ **风险提示**

近因原则是在判断风险事故是否属于保险事故,是否因此而造成的损失应由保险公司承担的一个重要原则。由于现实的复杂性,当损失发生时,造成损失的原因可能并非一个,也可能并非最接近损失、连接点最显著的那个。对损失原因的判断和理解的不同是造成保险理赔纠纷的重要因素之一。在实践中,投保人和被保险人应充分阅读和理解保险责任和除外责任等合同条款内容,而保险人则应注意向投保人和被保险人做好提示和解释工作,帮助其正确理解相关内容。作为专业的保险机构也应提高工作人员对此概念的正确理解和掌握。

问题 2-6: 事故原因未发生于保险期间,是否可以拒赔?

▶ **案件名称**

吉林省某装饰装潢有限公司(简称"**装饰公司**")诉某财产保险股份有限公司长春市分公司(简称"**保险公司**")财产保险合同纠纷

▶ **案号**

吉林省高级人民法院(2018)吉民申 188 号

▶ **案情简介**

装饰公司(被保险人)、保险公司(保险人)、吉林省某信用担保公司(投保人和受益人)因原财产基本险保险合同将于 2013 年 2 月 28 日 24 时到期,于 2013 年 2 月 26 日三方又签订了财产综合险保险合同,保险标的项目为装饰公司坐落于宽城区奋进乡蔡家村的房屋,共计 8 662.17 平方米,保险金额为 10 000 000 元,保险期间自 2013 年 3 月 1 日零时起至 2015 年 8 月 31 日 24 时,确定保险价值的方式为出险时的重置价值。保险费 13 000 元由装饰公司缴纳。

关于保险责任,保险合同第五条约定:"在保险期间内,由于下列原因造成保险标的的损失,保险人按照本保险合同的约定负责赔偿:……(二)雷击、暴雨、洪水、暴风、龙卷风、冰雹、台风、飓风、暴雪、冰凌、突发性滑坡、崩塌、泥石流、地面突然下陷下沉……"第六条约定:"被保险人拥有财产所有权的自用的供电、供水、供气设备因保险事故遭受损坏,引起停电、停水、停气以致造成保险标的的直接损失,保险人按照本保险合同的约定也负责赔偿。"第七条约定:"保险事故发生后,被保险人为防止或减少标的的损失所支付的必要的、合理的费用,保险人按照本保险合同的约定也负责赔偿。"

2013 年 3 月 1 日 6 时 40 分许,装饰公司经理马某发现保险标的厂房部分被雪压塌,遂向保险公司报案,保险公司当日前往现场。由于本次事故,装饰公司库房及库房内货物、机器设备受损。2013年3月1日13时37分保险公司询问马某的笔录中,马某陈述厂房倒塌1 136平方米(宽20米、长55.6米)。2013年3月1日由装饰公司盖章的现场平面图记载,被大雪压塌的备料间面积为1 136平方米(长56.8米、宽20米)。在2013年3月1日由装饰公司填写并盖章的出险通知书和索赔申请中,装饰公司填写的损失和索赔损失均约为30万元。

2013年4月24日,经装饰公司和保险公司共同委托,保险公估公司出具涉案损失鉴定报告,其中记载:经现场勘查,塌落的备料库长56.8米、宽20米,建筑面积1 136平方米。装饰公司报损金额368 648元。事故原因为:大雪堆积在备料库棚面上,超过棚面载荷导致塌落。鉴定结论为:装饰公司备料库损失金额为166 872元,残值17 614元,扣除残值后损失金额为149 258元。装饰公司总经理张某在保险标的损失清单上签名并盖装饰公司公章。

2013年6月9日,装饰公司签收保险公司保险拒赔通知书,拒赔原因为2013年3月1日0时至3月2日24时,无暴雪天气,未达到财产综合险条款规定,装饰公司事故损失不属于保险责任赔偿范围。2013年7月9日,经装饰公司申请,当地公证处指派公证人员到装饰公司,对装饰公司院内现状进行证据保全公证,打出照片29张,光碟1盘。装饰公司支付公证费4 000元。

由于倒塌房屋部分原始设计图纸已丢失,为了对有关倒塌房屋的工程造价进行评定,以确定装饰公司的实际损失,2014年1月2日,吉林省某项目管理有限公司(简称"**项目管理公司**")受装饰公司的委托,对装饰公司阻燃半成品车间、化工材料车间及2000T半自动冷压机木材阻燃罐车间面积共计1 971平方米的受损厂房(装饰公司已拆除现场钢构架)的工程重建造价进行编制,工程造价为1 036 077元,装饰公司支付财产评估费5 000元。

另外,装饰公司庭审时提供了当地气象档案馆出具的一组气象证明,其中2013年5月27日的气象证明记载:2013年2月26日至3月1日,长春市降雪量为14.9毫米。其中2月28日8时后长春地区有一场明显大暴雪,至28日20时,长春市12小时降雪量为8.2毫米,达到大到暴雪等级。综合来看,这两次降雪过程具有间隔时间短、降雪量大、积雪厚度深、降雪范围广等特点,为历史最大值。2013年6月13日的气象证明记载:2013年2月28日8时后长春市有一次明显降雪过程,截止到3月1日8时,长春市24小时降雪量为10.1毫米,达到暴雪等级。

保险公司在开庭审理时提供了当地气象档案馆于2013年6月8日出具的证明,证实2013年3月1日0时至3月2日24时长春市气象站记录,降雪量为0.9毫米,为小雪。

双方对涉案事故是否属于保险事故存在争议，因此，装饰公司诉至法院，请求判令保险公司支付保险赔偿金1 036 077元，并承担涉案发生的公证费、财产评估费共计9 000元。

保险公司则辩称：装饰公司的损失不在财产综合险保险合同约定的赔偿范围内，保险公司依法不承担装饰公司主张的保险金赔偿责任。经当地气象局气象证明证实，导致装饰公司损失的暴雪是2013年2月28日开始的，并且于2013年2月28日19点32分结束，装饰公司的厂房于2013年3月1日6时40分倒塌，导致损失的原因（暴雪压塌厂房）不是在保险期间内发生的，不构成保险责任。保险公司与装饰公司订立的财产综合险保险合同的保险期间始于2013年3月1日0时。当地气象局出具的气象证明证实，自2013年3月1日0时起长春市天气状况为小雪，无暴雪天气，暴雪天气发生在2013年2月28日，不在保险期间内，且2月28日暴雪与3月1日小雪为两次降雪过程。根据上述财产综合险保险合同条款第五条，必须是在保险期间内，由于暴雪造成保险标的的损失才构成保险责任，保险人才按照本保险合同的约定负责赔偿。装饰公司聘请的评估机构作出的结论是新建工程造价，与本案无关，不能作为保险理赔的依据。

> **法院观点**

一审法院认为：装饰公司与保险公司双方的"财产综合险保险合同"签订后，装饰公司已经交付保险费，该保险合同生效，双方应当按照合同约定履行。双方对于装饰公司厂房是2013年3月1日被暴雪压塌的事实均没有异议。虽然根据气象证明能够认定装饰公司厂房塌落的原因是2013年2月28日的暴雪造成的，但厂房塌落发生在保险期间内，根据"财产综合险保险合同"第五条的约定，属于保险事故，保险公司应当对装饰公司因此次事故造成的合理损失承担赔偿保险金责任。

在装饰公司报案后，保险公司及时出险，并且进行了现场勘查，绘制了现场平面图，并由装饰公司就厂房塌落面积进行了确认，为1 136平方米。2013年4月24日，经装饰公司和保险公司共同选定的公估机构对装饰公司1 136平方米备料库塌落的原因、损失金额进行了鉴定。2014年1月2日，装饰公司自行委托项目管理公司对受损厂房1 971平方米的工程重建造价进行的鉴定，是在现场钢构架已拆除后进行，并且鉴定的面积远远大于其确认的厂房塌落面积，因此，该工程造价结论不能作为确认其因此次事故造成损失的依据。装饰公司的损失应当按照双方共同选定的公估机构的鉴定结论计算，为149 258元，其支付的财产评估费应自行承担。装饰公司在保险公司出险并对现场勘查确认厂房塌落面积后，自行申请公证机构证据保全，该公证费并非为查明和确认保险事故的性质、原因和保险标的的损失程度的必要支付,应自行承担。最终判决保险公司支付装饰公司保险金 149 258 元。保险公司不服一审判决,提起上诉。

二审法院认为:涉案保险条款中约定,"在保险期间内,由于下列原因造成保险标的的损失,保险人按照本保险合同的约定负责赔偿:(一)火灾、爆炸;(二)雷击、暴雨、洪水、暴风、龙卷风、冰雹、台风、飓风、暴雪、冰凌、突发性滑坡、崩塌、泥石流、地面突然下陷下沉;(三)飞行物体及其他空中运行物体坠落。前款原因造成的保险事故发生时,为抢救保险标的或防止灾害蔓延,采取必要的、合理的措施而造成保险标的的损失,保险人按照本保险合同的约定也负责赔偿"。该条款明确了损失发生应当在保险期间内,但对于造成事故的原因是否发生于保险期间内,并未明确约定。

同时,气象部门就 2013 年 2 月 28 日当日及第二日即 2013 年 3 月 1 日的降雪情况出具了多份说明,就连续两日的降雪是否为同一场降雪存在不同解释,但可认定 2013 年 2 月 28 日起存在大量降雪,达到暴雪程度。本案中,保险期间自 2013 年 3 月 1 日零时起算,即 2013 年 2 月 28 日晚 12 时经过后即起算保险期间。保险公司主张暴雪是于 2013 年 2 月 28 日发生的,未持续到保险期间内,对此保险公司应当负有举证证明的责任。但其提交的气象部门的说明与装饰公司提交的气象部门的说明存在矛盾之处,且未能提交其他证据就该事实进一步证明,故其应当承担举证不能的法律后果。现双方对于损失系暴雪造成且对于损失数额均无异议,保险公司应就该损失数额进行理赔。综上所述,原审判决认定事实清楚,适用法律正确,保险公司的上诉理由不能成立。二审法院最终驳回上诉,维持原判。保险公司不服二审判决,提起再审申请。

再审法院认为:前一个保险合同的险种为财产基本险,其保险范围不包括暴雪,后一个保险合同的险种为财产综合险,保险范围包括暴雪,且其气象证明也证明为两次降雪过程,但两次过程下雪的雪量对保险标的物的作用是持续性的,并不是前一次暴雪融化后,第二次降雪才开始。因此,其诉争的保险标的损失与两次降雪具有因果关系。因而,保险公司应当在保险期间内对其保险标的的损失承担保险责任,再审法院裁定驳回再审申请。

> **律师评析**

我们知道,财产基本险的保险范围最小,通常承保火灾、爆炸、雷击、飞行物坠落等造成的保险标的损失,而财产综合险的保险范围则比财产基本险保险范围更广,除了财产基本险的保险范围之外,还包括暴雨、洪水、暴雪、台风、冰雹等 13 种自然灾害造成的保险标的的损失。本案很有意思,前一个保险为财产基本险,后一个保险却变更为财产综合险,然后在前一个保险的保险期间发生暴雪,后一个保险期间刚开始就发生房屋坍塌事故。涉案法院都认定前一个保险期间的最后一天即 2013 年 2 月 28 日发生了暴雪,但一审法院直接以涉案坍塌事故发生在保险期间为由,判定保险公司承担保险责任,而二审法院则详细论述,保险条款明确了损失发生应当在保险期间内,但对造成事故的原因是否发生于保险期间内并未明确约定,且进一步论述,保险公司主张暴雪是在 2013 年 2 月 28 日发生的,未持续到保险期间,因此,保险公司对此应负举证证明责任,但保险公司并未进一步证明,因其承担举证不能的法律后果,从而认定保险公司应承担相应的保险责任。再审法院则以两次降雪为持续性的,且两次降雪与涉案保险标的的损失均具有因果关系,从而判定保险公司应承担保险责任。

> 风险提示

本案值得一提的是,涉案保险合同订立时间为 2013 年 2 月 26 日,而根据案件中的气象部门证明,2013 年 2 月 26 日就已经开始下雪,2 月 28 日有暴雪,通常来说,气象部门会提前一段时间对暴雪等恶劣天气进行预警,因而,保险公司承保涉案保险时,理应知晓将来可能发生暴雪天气,但其同意将财产基本险变更为财产综合险,扩大了保险责任范围,那就需要承担相应风险。因此,对于保险公司来说,进行保险险种变更时,尤其是保险范围扩大时,保险公司应增强风险意识,做好相应的核保工作,控制保险风险。

问题 2-7: 如何理解重置价值?

> 案件名称

某能源公司诉某财产保险股份有限公司莆田中心支公司(简称"**保险公司**")财产保险合同纠纷

> 案号

福建省高级人民法院(2020)闽民申 2571 号

> 案情简介

某能源公司于 2008 年竣工完成涉案燃气管道,材质为钢管。2014 年,当地水利水电部门开挖涉案燃气管道旁边的河道。2015 年 7 月 25 日,某能源公司首次向保险公司投保财产一切险,保险期限为 1 年,于 2016 年 7 月 26 日、2017 年 7 月 26 日分别进行续保。保险单约定保险标的"管网"部分的保险金额为 2.27 亿元,保险价值确定方式为"出险时的重置价值","重置价值"是指替换、重建受损保险标的,以使其达到全新状态而发生的费用,但不包括被保险人进行的任何变更、性能增加或改进所产生的额外费用。2017 年 7 月至 8 月,莆田受台风影响,7月全市普降大暴雨、局部特大暴雨,8月以小到中雨为主。2017年8月26日上午,某能源公司发现涉案天然气管道发生损坏进而发生燃气泄漏事故,便立即报告有关部门,包括保险公司,并组织各方力量进行抢修。

抢修过程中,某能源公司认为,原管网破损段发生地质变化不适合继续使用而改线施工。因事故发生而发生钢管焊接等工程费用202万元,案外人提供管道定向穿越施工方案,费用为454万元,事故抢修使用的PE塑料管级钢管等主要材料费用为51万元,管道漏气气量损失等间接费用为75万元。某能源公司于当年9月份向保险公司申请理赔,保险公司认为涉案受损管道仅20米,其他路段并未受损,而某能源公司要求的损失是管网改线的新工程产生的费用,管网改线的原因与涉案事故发生没有任何关系,未进行理赔。于是某能源公司起诉至法院,要求保险公司支付保险金782万元并承担诉讼费。

诉讼中法院组织对涉案管道破损原因和涉案管道破损后是否需要改线进行了司法鉴定,经鉴定为多种因素共同作用导致,并认为涉案的天然气管道需要改线,理由主要为部分管网的地表出现了不均匀沉降,地面容易发生较大沉降甚至滑坡。如果不改线在原地质继续使用燃气管道,就需要对120米长的管网地基进行加固,该方案工程量大、工期长,考虑到该管网为整个莆田的供气,长期施工会对市民生产和生活带来极大不便,所以选取合适的位置改线所用的工期短,也避开了地质安全隐患地段,而且目前管网旁边有河道,将来会受水位、堆土等因素影响,存在较大安全隐患。某能源公司预交鉴定费30万元,保险公司预交鉴定费14万元。

> **法院观点**

一审法院认为:某能源公司投保的险种为财产一切险,而保险的宗旨是弥补损失,某能源公司因本案事故而造成的损失都应当属于保险赔付的范围;根据司法鉴定意见,对涉案燃气管道破损后需要改线,因此由改线而产生的费用均应当属于直接损失;根据保险单保险价值确定方式,保险价值是出险时的重置价值,且财产一切险条款对"重置价值"的释义为"替换、重建受损保险标的,以使其达到全新状态而发生的费用",改线施工就是为了替换、重建受损的管道,恢复原有的输送燃气功能,以使其达到全新的输送燃气的状态,并没有任何变更、性能增加或改进的情况。故某能源公司因涉案事故而产生的管线爆破抢修工程钢管焊接费用,改线PE管施工、钢管下管、土石方、定向穿越、运输费用,主要材料费用,管道漏气气量损失等费用均是因本案事故而产生的直接损失,保险公司应当予以理赔,并判决保险公司支付保险金672万元以及鉴定费用30万元,合计702万元。

保险公司不服一审判决，提起上诉，认为应当按照保险合同约定的"重置价值"承担保险责任，涉案受损管道仅20米，因此其仅承担20米受损管道的修复、重置费用，一审法院认定其承担改线施工的直接费用，明显不当。

二审法院认为：保险单确定保险价值为"出险时的重置价值"，财产一切险条款第四十一条的释义为，"重置价值"是指替换、重建受损保险标的，以使其达到全新状态而发生的费用，但不包括被保险人进行的任何变更、性能增加或改进所产生的额外费用。根据上述条文与释义，重置的根本目的不在于恢复原物，而在于恢复原性能。故重置的目的是恢复事故发生前的状态即管道正常运行，而并非保险公司主张的只能以受损管段20米的修复、重置费用为限。其次，从重置方式考察，本案保险事故发生后，理论上存在两种重置方式：原有位置重置与改线重置。保险公司主张可以原有位置重置。但根据鉴定意见，原管线所在的位置有120米出现沉降，如不加固则不适合继续承载管道，如加固则工程量大、工期长且存在较大安全隐患。故本院认为，本案改线不仅仅是基于经营角度，而且是从减少双方损失、维护公共安全的角度出发，是合理且必要的。最后，从重置效果考察，如前所述，采取改线方案相对于原有位置重置，存在工程量小、工期短、安全隐患减少的优点，且改线重置后，其供气的性能并未增加，不存在额外费用，即不存在保险公司主张的安全隐患减少则存在改进所产生的额外费用。在进行重置的时候，将重置后的标的物置于安全隐患之中，无论从经济成本、社会责任成本出发，均不符合本案双方利益，不符合最大诚信原则，不符合人民法院判决指引导向。最终二审法院判决驳回上诉，维持原判。

保险公司不服二审，提起再审，认为管网实际受损的长度为20米，即使按照一审法院委托的司法鉴定所的鉴定意见，在不改线的情况下需要对120米长的位移、破损的管道进行修复，其总费用也仅为108万元，即受损管道的重置价值为108万元，但一二审法院却采纳了某能源公司的改线方案，废弃原管道，并改线到远离河道的地方，改线后管道约800米长，无疑是对原管道位置、长度的变更，改线导致的直接经济损失不属于重置价值的范围。

再审法院认为：保险公司主张"重置价值"应为在原地重置网管的价值，因位置迁移而增加的重置价值部分不属于理赔范围。但根据双方关于重置价值的约定，并未限制对保险标的的重置必须是原地重置，且重置包括"替换、重建"并使保险标的"达到全新状态"。同时，根据鉴定意见，原管线所在的位置有120米出现沉降，如原地重置需要加固地基，工程量大、工期长且存在较大安全隐患。而"选取合适的位置改线所用的工期短，也避开了地质安全隐患地段"。故二审判决认定采取改线的重置方式是合理且必要的并无不当，驳回保险公司的再审申请。

> ➤ 律师评析

保险价值指投保人与保险人订立保险合同时,作为确定保险金额基础的保险标的的价值,也即投保人或被保险人对保险标的所享有的保险利益在经济上用货币估计的价值。对于保险价值,《保险法》第十八条第一款并未规定保险合同中必须约定保险价值,根据《保险法》第五十五条第一款的约定,"投保人和保险人约定保险标的的保险价值并在合同中载明的,保险标的发生损失时,以约定的保险价值为赔偿计算标准"。保险人与被保险人可以约定保险价值的确定方式。实践中,企业财产保险条款中,通常对保险标的的保险价值约定采用如下方式,即流动资产的保险价值为出险时的市场价值,固定资产、在建工程等的保险价值为出险时的重置价值。

由此可知,重置价值是确定保险价值的一种方式。何为重置价值?某企业财产保险公司的财产一切险条款对重置价值的定义为"指替换、重建受损保险标的,以使其达到全新状态而发生的费用,但不包括被保险人进行的任何变更、性能增加或改进所产生的额外费用"。

虽然,财产保险采用"重置价值"确定保险价值并承保,在理赔时以该"重置价值"为基础考察理赔金额,但其理赔范围仍应遵守我国《保险法》确定的"损失补偿原则"。因此,在确定出险时的重置价值时,除了按照出险时的市场和技术条件核算重置费用外,还应该注意在出险时原有财产已经不是崭新的这么一种情况。但考虑到实践中几乎很难找到在材料、质量、性能等各方面完全一样的财产进行对比并计算出相应的重置价值,具体到不同案件中,保险双方往往对重置财产的费用容易出现争议。具体到本案中,由于原位置重置管网将存在安全隐患且工程量大、工期长等问题,因此法院认定对管网改线后重置仍符合保险合同约定的"重置"行为,属于保险赔付范围。

> ➤ 风险提示

"重置价值"通常是指替换、重建受损保险标的,以使其达到全新状态而发生的费用,但不包括被保险人进行的任何变更、性能增加或改进所产生的额外费用。但实践中,对于一些工程类项目或者大型设备,发生保险事故后,由于客观因素所限,往往需要改线,这就需要重新设计、施工,相比在原有位置,不可避免会产生额外的改线费用,或者由于市场、人工等各方面的变化导致重建费用远高于当初的造价,保险双方则不可避免会对是否导致变更、性能增加或改进等发生争议,进而引发保险理赔纠纷。因此,保险公司在承保时,需要充分考虑不同保险标的的不同特性,做好核保工作,订立保险合同时充分沟通,并在保险合同中做好相应的约定,避免将来出现争议。

问题 2-8: 如何区分重置价值与重置价值条款?

> **案件名称**

王某诉某财产保险股份有限公司北京市经济技术开发区支公司(简称"**保险公司**")财产保险合同纠纷

> **案号**

内蒙古自治区高级人民法院(2011)内民三终字第 11 号

> **案情简介**

2008 年 7 月 8 日,王某与某融资租赁公司签订了融资租赁协议。某融资租赁公司根据王某选择的卡特 330DL 挖掘机,向卡特挖掘机的供应商威斯特公司发出采购订单,融资租赁协议约定购买价格为 1 895 000 元,首期租金 40 万元,此后按月还款,直至 2011 年 8 月 9 日,并约定由承租人王某自付费用购买设备有关保险。实际上,威斯特公司作为供应商,采取了由其赠送部分保险费的方式促销设备,实际保险费为 40 695 元,王某仅承担了 19 897.5 元,其余部分由威斯特公司承担,涉案挖掘机的保险由威斯特公司代为办理投保手续,由威斯特公司与保险公司直接接触、协商,形成了"财产保险综合险保险单"。保险单约定以购置价值进行投保,保险金额为 1 895 000 元,并约定固定资产的保险价值是出险时的重置价值,第四条至第六条约定了火灾、爆炸等保险责任,第七条至第九条约定了自燃等免赔责任。第十三条第(一)项约定全部损失:保险金额等于或高于保险价值时,其赔偿金额以不超过保险价值为限;保险金额低于保险价值时,按保险金额赔偿。特别约定:融资租赁公司为第一受益人,每车每次事故免赔额为 8 000 元或损失金额的 10%(两者以高者为限),以及重置价值条款。

2010 年 5 月 7 日,王某租赁的挖掘机工作时突然着火,在场人员随即组织人员、设备取土掩埋灭火,并向消防部门报警和向保险公司报险,在消防人员行至中途时,火被扑灭,消防人员中途返回,未到现场。保险公司接到报案后于 2010 年 5 月 9 日赶到现场对现场残骸进行了查勘。查勘后,保险公司指令由挖掘机供应商威斯特公司对挖掘机损失情况进行估价认定,并出具报价单,认定王某的挖掘机损失为 2 062 168 元,未包含全车损坏液压管路、柴油管路、大臂润滑管路及铁管、电线线速(驾驶室除外)。在施救过程中,支出施救费、定损费共计 24 800 元。此后,王某向保险公司索赔,保险公司认为火灾原因为自燃,王某无法提供消防部门的火灾原因及火灾责任认定书,因此涉案事故构成除外责任,并以此进行拒赔,王某遂起诉保险公司,要求其支付保险赔款1 895 000元以及施救费、定损费共计24 800元,某融资租赁公司作为第三人参与本案诉讼。二审中,保险公司除了主张涉案事故为自燃之外,还主张本案保险合同为不定值保险,保险事故发生时保险标的已经运行7 030小时,扣除折旧后的保险价值应低于保险金额;对此,王某则认为,本案投保了重置价值条款,保险公司应按照重置价值赔偿。

> **法院观点**

一审法院认为:从保险公司提供的证据材料看,挖掘机受损虽然是由于设备自燃导致的,但其提供不出导致自燃原因的相关证据。"财产保险综合险保单"第八条第(三)项中所约定的自燃损失除外责任的条款属于格式条款,涉案保险合同是由供应商与保险公司签订的,王某对保单中约定的免责条款是不清楚的,保险公司对所约定的免责条款和特别约定中的事故免赔额内容均没有尽到合理提示和说明的义务,也缺乏有效证据能够证明已经尽到特别提示和特别说明的义务。所以,该免责条款应当被认定为无效,最终判决保险公司向王某支付保险赔偿金1 895 000元以及施救费、定损费共计24 800元。

保险公司不服一审判决,提起上诉,保险公司认为保险事故发生时保险标的已运行了7 030小时,扣除折旧后的保险价值应低于保险金额,一审判决保险公司赔偿王某一台全新的挖掘机,完全违背了保险的补偿性原则。而王某答辩认为,保险标的在2008年购买时的价格为1 895 000元,2010年保险事故发生时保险标的的重置价值为2 062 168元,由于投保了重置价值条款,因此保险公司应按重置价值赔偿。

二审法院认为:威斯特公司出具的报价单能够作为认定保险标的的重置价值的依据。本案中,保险合同约定固定资产的保险价值是出险时的重置价值。重置价值是指投保人和保险人约定以重新购置或重新建造保险标的所需支付的全部费用作为保险标的的保险价值,重置价值仅仅是确定保险价值的一种形式。威斯特公司作为保险标的的供应商,在2010年5月9日保险公司现场查勘后,于5月10日到现场进行定损,出具报价单。保险公司在诉讼前以及诉讼中,并未提出针对重置价值重新估价的申请,故可认定保险标的的重置价值,即保险价值应为2 062 168元。本案中,保险金额为1 895 000元,低于保险标的的保险价值,故保险公司应按1 895 000元支付保险赔偿金。本案中,保险合同约定为重置价值条款,故不应扣减折旧,且保险合同中也未约定扣减折旧,故对保险公司主张扣减折旧的上诉理由不予支持。

> **律师评析**

本案主要涉及财产保险中"重置价值条款"的理解和适用问题。在企业财产保险合同中,有投保时确定保险价值为出险时的"重置价值",也有理赔时适用"重置价值条款"。实践中,大多数人认为这两者是一样的,其实并不尽然。重置价值是确定保险价值的一种形式,虽然理赔时会以"重置价值"为基础考察理赔金额,但其理赔范围仍应受"损失补偿原则"限制。而财产保险中的"重置价值条款"则有较大差异,保险公司有时会通过"重置价值条款"进一步阐述或限制保险理赔时"重置价值"这个标准的使用。该条款通常约定如下:"如发生本保险责任范围内的损失,则其赔偿金额应按受损保险财产的重置价值计算。重置价值是指:(1)重置或替换受损财产;(2)修理或修复受损财产。无论属于哪一种情况,受损财产都应达到等同或基本近似但不超出其崭新时的状态。"通过该条款的描述可以看出,与出险时的重置价值不同,该条款强调的是恢复至受损财产崭新时的状态,即便受损财产发生事故时已经运行多年或为老旧设备,此种情况下保险公司承担的赔偿责任仍是恢复该财产至崭新状态,这就导致对财产保险损失补偿原则的突破。

因此,实践中不论是保险公司还是被保险人,都应厘清重置价值和重置价值条款的含义,保险公司尤其应慎重附加承保"重置价值条款",特别是对老旧设备承保时,更应注意,否则可能在发生保险事故后对于赔付金额与被保险人产生重大争议,甚至可能面临保险诈骗的风险。

具体到本案中,一审法院在作出判决时,并未直接依据重置价值条款进行判决,而是仅认定不构成免责,应予以赔付,并直接支持原告诉讼请求。而二审法院则先阐述了受损财产在出险时的重置价值高于保险金额,因此按照保险金额赔付,此后在论述是否应扣除折旧时,又阐述了保险合同约定为重置价值条款,故不应扣减折旧,但在法院事实查明部分,并未列明特别约定条款中约定的重置价值条款的具体内容。不过,考虑到本案特殊性,即出险时的重置价值高于保险金额及购买时的价格,因此,不论是按照出险时的重置价值,还是按照重新购买崭新的设备的价格,由于涉案赔付金额均受保险金额即购买价格的限制,因此理赔金额都将是保险金额即 1 895 000 元。

> **风险提示**

通常情形下,保险公司附加承保的"重置价值条款"中确定的赔偿目的是"使受损财产基本恢复至崭新时的状态"。如本案,设备仅运行了 2 年,但若受损的机器设备为使用多年的老旧设备,且发生事故的被保险人的厂区已处于停产状态呢?此种情形下,被保险人重置这些设备的愿望并不强烈。此时,发生了保险事故,如果被保险人按照"重置价值条款"中受损财产的"崭新"状态得到赔偿,可以想象,其实际上是以极低的代价(数万元的保险费)换取到数百万元,甚至更高金额的保险赔偿,其中的道德风险不难想象。所以,实践中,很多保险公司的"重置价值"在描述赔偿目的时采用的并不是"崭新"或"新的"一类的词汇,而是明确为"出险前"或"出险时"的状态,以避免此类混淆的发生。

无论如何,"重置价值条款"在保险业务中还是应当谨慎使用的,尤其是现在很多保险公司只要承保企业财产保险就附加重置价值条款的做法并不值得提倡。特别是对老旧设备或厂房来说,出险后的赔偿依据是"重置价值",即使本着损失补偿原则,按照出险时的受损财产价值赔偿,可是因为实践中,各类评估手段往往难以达到分辨出保险重置价值条款中所规定的"重置价值指的是损失发生时,重置与受损财产具有相同类别、产量、规格及品质的新财产所产生的成本或费用,运费除外"的程度,也不得不参照类似或接近的财产(甚至新财产)赔偿,这往往引发纠纷甚至道德风险,更不用说有的保险公司在"重置价值条款"中约定赔付"崭新"或"新"的财产,则更容易引发保险诈骗。因此,为了防范道德风险的增加,对于资产损耗率大,实际价值与重置价值差别大的企业,设备较陈旧,尤其是生产技术多年变化不大的业务,应当慎用重置价值条款。

问题 2-9: 重复保险的构成要件包括哪些?

> **案件名称**

某财产保险股份有限公司中山市分公司(简称"A 保险公司")诉某财产保险股份有限公司东莞分公司(简称"B 保险公司")财产保险合同纠纷

> **案号**

广东省高级人民法院(2021)粤民终 318 号

> **案情简介**

2017 年 1 月 11 日,第三人东莞某港务有限公司(简称"**港务公司**")、东莞某码头有限公司(简称"**码头公司**")与某化肥有限公司(简称"**化肥公司**")签署了一份"散装/袋装化肥港口代理协议"(简称"港口代理协议"),约定化肥公司委托港务公司和码头公司代理到港货物的接卸、储存、保管等事宜。

2018 年 3 月 19 日,A 保险公司承保了化肥公司向其申请投保的财产一切险及相关附加险,并出具了 035 号保险单。该保单载明,投保人和被保险人为化肥公司,保险标的为化肥;保险金额/赔偿限额为 4 766 484 670.95 元;保险价值以出险时的市场价值确定;保险期间自 2018 年 3 月 20 日 0 时至 2019 年 3 月 19

日 24 时。特别约定清单就被保险人载明：被保险人为化肥公司，共同被保险人为某集团公司、某贸易公司、某离岸商业服务公司、某农资公司、某农业科技公司、某作物科技公司（以下合称为"集团公司及下属公司"）。特别约定清单就保险范围载明：所有甲方拥有货权的商品，包括化肥、农药、种子、农膜、微肥、有机肥等，但在货运险承保期限内的除外；所有甲方向 A 保险公司办理保险投保业务的存放在我国各港口及内陆堆场、仓库的货物，均属于保险协议范围之内。特别约定清单就投保险别载明：对被保险人存放于全国各地仓库的保险标的，使用财产一切险（2009 版）附加"露天存放及简易建筑内财产扩展条款 B"等其他条款，无免赔。特别约定清单就保险金额载明：保险金额为货物销售价。特别约定清单就赔偿限额载明：每次事故最高赔偿限额为主险保险金额的 80%。特别约定清单就免赔额载明：每次事故 10 万元或损失金额的 5%，两者以高者为准。庭审中，A 保险公司认可该保单下足额投保。

2018 年 5 月，B 保险公司承保了港务公司和码头公司 2018—2019 年度的一揽子保险项目，包括港口财产一切险及相关附加险，加盖了港务公司和码头公司印章的投保单载明免赔条款为：台风造成的被保财产损失每次事故绝对免赔额 5 万元或损失金额的 20%，以高者为准。B 保险公司出具了 23M 号保险合同，保险单明细表、特别约定及备注部分载明：投保人为港务公司/码头公司，被保险人为港务公司/码头公司及其他相关利益公司；保险地址包括麻涌港区等多个地址。其中，存货的保险金额以账面余额确定，存货的保险金额为 2 469 750 000 元；就每次事故免赔载明，台风造成的被保财产损失每次事故绝对免赔额为 5 万元或损失金额的 20%，两者以高者为准；保险期限自 2018 年 5 月 12 日 0 时至 2019 年 5 月 11 日 24 时；保险标的包括建筑物及附属设施、机电设备及附属设备、水工类、存货（包括被保险人所有的存货和处于被保险人作业/照管之下的第三者所有的货物）；该保险单扩展存货的货主为共同被保险人，该保险单列明的存货的保险金额认同为足额投保。

因 2018 年 9 月 16 日"山竹"台风的影响，东莞深赤湾码头出现潮水倒灌及部分货篷布被掀开，致使化肥公司存放在此处的逾 30 万吨化肥遭受不同程度的雨淋以及海水倒灌。

涉案保险事故发生后，A 保险公司委托公估公司对涉案化肥受损事故进行现场查勘、定损。公估公司于 2019 年 11 月 20 日出具公估终期报告，载明涉案事故遭受的损失为 43 427 337.88 元，理算金额［(定损金额－残值)×投保比例－免赔额］为 43 203 058.34 元。

2019 年 12 月 10 日，A 保险公司向化肥公司支付涉案化肥受损事故的保险赔偿金 4 320 万元。赔付后，A 保险公司认为，A 保险公司和 B 保险公司分别作为保险人的保险合同构成重复保险，A 保险公司作为第一赔付人，有权就重复保险行使分摊请求权，B 保险公司应分担 50% 的保险赔偿金。但 B 保险公司拒绝向 A 保险公司支付前述保险分摊款项，因此，A 保险公司诉至法院，要求 B 保险公司支付保险分摊款 2 160 万元及其利息。收到涉案起诉材料后，B 保险公司又委托另一 B 公估公司作出相应的分析意见，B 公估公司认为 A 保险公司定损严重扩大，其理算结果仅为 1 151 万余元。

B 保险公司在本案中辩称：(1) 本案不构成重复保险。根据《保险法》第五十六条，重复保险的构成要件包括同一投保人、同一保险标的、同一保险利益。从本案情况来看，A 保险公司和 B 保险公司分别承保的保险合同的投保人不同；A 保险公司承保的保险标的为化肥，保险金额为 47.66 亿余元，B 保险公司承保的保险标的物为存货，保险金额为 24.697 5 亿元；本案不存在同一保险利益，化肥公司向 A 保险公司投保的保险利益是该公司对保险标的物的所有权，港务公司和码头公司向 B 保险公司投保的是该两公司对存货的保管权或代理权。(2) 即使本案存在重复保险，A 保险公司关于 B 保险公司应按 50% 比例分担赔偿总额 4 320 万元的诉求也不能成立。A 保险公司对化肥公司的损失认定明显扩大，极为不合理，A 保险公司未在保险事故发生后通知 B 保险公司参与现场查勘，其查勘结果不能约束 B 保险公司。另外，即使构成重复保险，B 保险公司应当分担的比例也不应是 50%。港务公司和码头公司就"存货"投保的金额为 24.697 5 亿元，该"存货"并非只是化肥公司的化肥，而是由几十余家公司的存货组成。根据 B 公估公司的公估报告，化肥公司的化肥数量为 30.83 万余吨，保险价值仅为 7.62 亿余元，其重复保险比例仅为 13.8%。即使 B 保险公司需要承担重复保险分摊责任，扣除免赔额后，B 保险公司应承担的分摊损失也仅为 114.74 万余元。

> **法院观点**

一审法院认为：根据《保险法》第五十六条第四款"重复保险是指投保人对同一保险标的、同一保险利益、同一保险事故分别与两个以上保险人订立保险合同，且保险金额总和超过保险价值的保险"的规定，并结合《合同法》的相关规定，构成重复保险需同时满足存在数个合法有效的保险合同、存在数个不同的保险人、数个保险人承保同一保险标的、被保险人在不同保险合同项下享有同一保险利益、相关损失是因数个保险合同约定的同一保险事故所致、保险事故发生于不同保险人承保的责任期间、保险金额总和超过保险标的的保险价值、数个保险合同中均没有"禁止他保条款"等禁止投保人重复投保的合法有效约定条款等要件。从该规定来看，我国《保险法》对于重复保险的界定并未要求投保人是同一主体，不同的投保人分别向不同保险人投保仍可构成重复保险。因此，B保险公司就其与A保险公司作为保险人的不同保险合同的投保人不同一，辩称本案不构成重复保险的理由不能成立。结合案件情况，法院对本案是否构成重复保险分析如下（以下重点分析存在争议的点）：

（一）同一保险标的要件

本案保险标的是否同一的关键在于判断035号保险合同项下作为保险标的的"所有甲方拥有货权的商品，包括化肥、农药、种子、农膜、微肥、有机肥等，但在货运险承保期限内的除外。所有甲方向原告办理保险投保业务的存放在我国各港口及内陆堆场、仓库的货物。甲方享有在货运险保单的保险期限结束仍享有可保利益的进口货物"与23M号保险合同项下的作为保险标的的"处于港务公司和码头公司作业/照管之下第三者所有的货物"是否同一。

由于035号保险合同相关条款并未明确界定"甲方"所包含的主体范围以及"货权"指向的权利类型，因此，这里应根据体系解释等方法予以判断。根据035号保险合同特别约定的相关条款可合理推知，"甲方"指向的主体范围应既包括投保人化肥公司，也包括集团公司及下属公司等共同被保险人。"货权"并不是一个规范的法律用语，从通常理解来看，"货权"是对保险标的享有某种权利，故"货权"指向的权利类型既应包括所有权，也应包括以外观显示出来的所有权中的占有、使用、收益、处分等权能，还可包括抵押权等担保物权。因此，"货权人"并不应局限于货物的所有人，也应包括对相关货物行使或部分行使占有、使用、收益或处分权能的其他主体，比如货运代理人、港口经营人、运输合同的承运人或者受货物所有权人委托行使相关占有、使用等权能的主体；还应包括对于货物享有抵押权或留置权等担保物权的主体。

结合035号保险合同对于保险标的的界定，035号保险合同的保险标的宜界定为集团公司及下属公司等被保险人享有保险利益的存放于我国各港口及内陆堆场、仓库的化肥、农药、种子、农膜、微肥、有机肥等货物。根据23M号合同条款，该保险合同中的"存货"宜界定为在麻涌港区等多个保险地址的存放于"被保险人所有的货物和处于被保险人作业/照管之下的第三者所有的货物"。前述条款中的被保险人指向的主体为港务公司和码头公司。根据已查明的事实，2018年9月16日，因台风"山竹"引发潮水倒灌麻涌港区时，存放在该港区的、由化肥公司交由港务公司和码头公司操作港口代理业务的各类化肥共计308 333.68吨。前述化肥在范围上既属于A保险公司承保的保险标的范围中"被保险人享有货权的货物"，也属于B保险公司承保的保险标的范围中的"被保险人作业/照管之下的第三者所有的货物",前述化肥属于035号和23M号保险合同项下保险标的范围中的交叉重叠部分,该重叠部分能否理解为《保险法》第五十六条第四款中的"保险标的同一",合议庭成员存在不同意见。

合议庭多数意见认为,《保险法》第五十六条第四款中的"同一保险标的"不宜被理解为数份保险合同项下的保险标的完全同一。只要依法成立的数份保险合同项下的保险标的范围存在交叉关系、包含关系、完全同一关系中的任意一种情况,数份保险合同项下重叠的保险标的就均宜被认定为《保险法》第五十六条第四款的"同一保险标的"。具体到本案中,虽然港务公司和码头公司与化肥公司的港口代理协议约定由化肥公司自行负责货物在港口储存期间的保险。但是,港务公司和码头公司在向B保险公司投保时并未申报前述"存货"的货主及具体货物清单,未将化肥公司与港务公司和码头公司订立的港口代理协议项下的化肥排除于"存货"之外。B保险公司在保险合同订立过程中,也未明确表示拒绝承保前述港口代理协议项下存放于麻涌港区的化肥。而且化肥公司与港务公司和码头公司订立的港口代理协议并不以化肥公司必然享有对其交由港务公司和码头公司进行相关业务操作的货物享有所有权为前提要件。因此,23M号保险合同项下"处于东莞港务公司和东莞码头公司作业/照管之下第三者所有的货物"包含了化肥公司交由港务公司和码头公司进行相关业务操作并在本案中遭受潮水倒灌致损的化肥,035号和23M号保险合同的保险标的同一。

(二)同一保险利益要件

重复保险构成要件中的同一保险利益指的应是享有保险金请求权的同一被保险人在数个保险合同项下对同一保险标的享有的具有法律上承认的利益完全相同。因此,保险利益的同一不仅要求保险利益形式的一致,如保险利益均基于所有权或者抵押权抑或保管权而产生,而且要求保险利益享有主体的同一,即对同一保险标的享有相同保险利益的主体,可同时依据数个保险合同的约定向不同保险人行使索赔权。

035号和23M号保险合同均拓展了共同被保险人。035号保险合同的被保险人除了投保人化肥公司外,还拓展至涉案买卖合同项下的集团公司及下属公司;23M号保险合同的被保险人除了港务公司和码头公司外,还扩展至处于港务公司和码头公司作业/照管之下的存储于麻涌港区的化肥的"货主"。虽然现有证据没有证明前述被保险人拓展条款已经征得035号和23M号保险合同项下被拓展的当事人的同意,但前述拓展条款属于保险合同订立过程中投保人与保险人之间真实、合法、有效的意思表示,对于被拓展的被保险人而言,前述拓展条款使其享有了额外的利益保障,该条款属于财产保险合同中的利他性条款。

在财产保险合同中,在前述因被保险人拓展条款而受益的权利人没有明确作出反对的意思表示且在保险事故发生之时该权利人具有保险利益的,可依前述被保险人拓展条款享有保险索赔权。因此,035号和23M号保险合同中的被保险人拓展条款均应合法有效。

根据035号保险合同的约定,该合同项下的保险利益是化肥公司、集团公司及下属公司等基于对存放于我国各港口及内陆堆场、仓库的化肥的"货权"而产生的法律上的利益。如前所述,"货权"既可包含所有权,也可包含占有、使用等权能,还可包括抵押权等担保物权。根据23M号保险合同的约定,虽然港务公司和码头公司仅向被告投保了一份保险合同,但该保险合同系综合不同保险利益的一份综合性保险合同。从保险利益范围来看,既包括了港务公司和码头公司作为存货所有权人享有的保险利益,也包含了港务公司和码头公司需要向"货主"承担对外赔付责任的保险利益,还包括了与港务公司和码头公司存在以作业或照管为权利和义务内容的"货主"对存放于码头的"存货"的保险利益。

合议庭成员对于23M号保险合同项下的存货的"货主"享有的保险利益与化肥公司在035号保险合同项下享有的保险利益是否同一存在不同意见。合议庭多数意见认为,23M号保险合同项下的"货主"不宜仅局限于"存货"的"所有权人",该"货主"指向的主体范围与035号保险合同项下"货权人"指向的主体范围相一致,既包括"存货"的所有权人,也包括就该"存货"与港务公司和码头公司成立港口作业、仓储或者代理等法律关系的主体,比如化肥公司。因此,在035号保险合同项下享有保险利益的被保险人化肥公司也是23M号保险合同项下被拓展的享有保险利益的"货主"即适格的被保险人,化肥公司在23M号合同项下享有的保险利益与其在035号保险合同项下的保险利益同一。

(三) 保险金额总和超过保险标的的保险价值

虽然本案保险标的物的保险价值存在争议,但根据035号和23M号保险合同的相关约定,保险合同项下的保险标的均被视为足额投保,故可认定涉案两份保险合同的保险金额总和超过保险标的的保险价值。

需要明确的是,投保人与不同保险人订立的数份保险合同约定的保险损失计算标准、赔付方式、免赔率以及在数份保险合同的保险金额总和超过保险标的的保险价值的情况下数份保险合同关于保险金额和保险价值的不同约定,并不属于认定是否构成重复保险的构成要件。

根据《保险法》第五十六条第二款"重复保险的各保险人赔偿保险金的总和不得超过保险价值。除合同另有约定外,各保险人按照其保险金额与保险金额总和的比例承担赔偿保险金的责任"的规定,A保险公司向化肥公司赔偿后,即使B保险公司需要进行分摊,也仅需要按照B保险公司承保的保险金额与A保险公司和B保险公司承保的保险金额总和的比例承担分摊责任即可。同时,如果B保险公司可以享有免赔的权利,B保险公司对其免赔部分就不承担分摊责任。但由于涉案两份保险合同下保险标的仅部分存在重合,因此,关于如何认定两份保险合同下B保险公司对涉案化肥损失应分摊的保险金额,合议庭成员存在不同意见。

合议庭多数意见认为,如果035号和23M号保险合同项下的保险标的的范围存在交叉重叠应被认定为"保险标的同一",则在035号和23M号保险合同均未对交叉重叠的存放于麻涌港区的308 333.68吨化肥涉案货物的保险金额明确约定且两份保险合同均视投保人为足额投保的情况下,A保险公司和B保险公司均应按照50%的比例进行分摊。23M号保险合同载明,台风造成的被保财产损失每次事故绝对免赔额5万元或损失金额的20%。因此,如果B保险公司需要承担保险金分摊责任,B保险公司需要承担的分摊金额就为1 728万元[43 200 000×0.5×(1−20%)]。

最终一审法院按照合议庭多数意见,判定本案构成重复保险,被告向原告支付重复保险分摊款1 728万元及其利息。保险公司不服一审判决,提起上诉。

二审法院的观点基本同一审法院的,最终判决驳回上诉,维持原判。

> 律师评析

根据《保险法》第五十六条第四款的规定,"重复保险是指投保人对同一保险标的、同一保险利益、同一保险事故分别与两个以上保险人订立保险合同,且保险金额总和超过保险价值的保险",由此可见,重复保险中至少有两份保险合同,且保险金额总和必然超过保险价值,各个保险合同中的保险标的、保险利益和保险事故均应相同。在保险实务中,重复保险容易诱发道德风险,极易引发保险诈骗,危害甚大,与损失补偿原则相悖,因此,《保险法》第五十六条第二款对重复保险下保险赔偿进行了限制,即"重复保险的各保险人赔偿保险金的总和不得超过保险价值。除合同另有约定外,各保险人按照其保险金额与保险金额总和的比例承担赔偿保险金的责任"。这也是损失补偿原则的体现。但是,重复保险下,并不意味着由于投保了重复保险而使得被保险人获得较少的赔偿金,也就是说,重复保险下,各个保险人的赔偿总额不应低于被保险人依照合同及法律规定、根据保险价值所本应获得的赔偿。

具体到本案中,本案的判决书可以说是难得一见!本案法院通过大量的篇幅非常详细地论述了重复保险的构成要件,并对合议庭的意见进行了详细的阐述。实际上,本案法院判决中,法院除了详细描述了合议庭多数意见之外,还详细描述了合议庭少数意见,鉴于篇幅问题,本书仅选取了合议庭多数意见,感兴趣的读者可以根据案号,详细阅读合议庭少数意见,它们也非常具有启发性。

➢ **风险提示**

虽然《保险法》第五十六条第一款规定了重复保险的投保人应当将重复保险的有关情况通知各保险人,但投保人是否通知各保险人并不属于重复保险的构成要件,而且实践中,由于重复保险属于专业的保险概念,专业的法官、律师或保险公司人员理解的时候都存在不同的观点,普通企业往往很难理解,因此,保险公司在处理理赔时,可对投保人进行详细询问,了解是否存在重复投保,如存在重复保险,则建议与其他保险公司一起勘察、定损等工作,避免将来分摊时出现纠纷。

问题 2-10:火灾事故认定书认定不排除自燃,保险人能否拒赔?

➢ **案件名称**

某(连云港)新材料有限公司(简称"**新材料公司**")诉某财产保险股份有限公司连云港分公司(简称"**保险公司**")财产保险合同纠纷

➢ **案号**

江苏省高级人民法院(2017)苏民再 345 号

➢ **案情简介**

2014 年 4 月 4 日,新材料公司为其位于连云港市连云港经济技术开发区大浦工业区的固定资产及存货在保险公司投保了财产综合险,其中固定资产保险金额为 2 982 054.4 元,存货保险金额为 29 462 664.4 元,保险费费率为 3.55‰,保险费为 186 178.8 元,保险期限自 2014 年 4 月 5 日起至 2015 年 4 月 4 日。本保单每次事故绝对免赔额 5 000 元或损失金额的 15%,以高者为准。保险条款中责任免除条款约定:因自燃造成的损失、费用,保险人不负责赔偿。新材料公司在填写"企业财产险(2009 版)风险问询表——生产性企业"时,注明生产产品为发泡剂,存货方式为仓储,仓储物品为发泡剂,在"易燃、可燃、难燃或不燃"选项中选择了"难燃或不燃"。在保险理赔记录一栏中填写"无",在以前曾发生的索赔事例一栏中未填写任何内容。

2014 年 5 月 27 日 19 时 53 分许,位于连云港开发区大浦工业区的新材料公司成品仓库发生火灾,过火面积约 1 500 平方米,主要烧毁新材料公司成品仓库及部分 AC 发泡剂,成品仓库南侧生产车间、东侧垃圾池房屋部分受损,无人员伤亡。连云港市公安消防支队开发区大队经查勘对起火原因认定如下:起火原因排除外来火源,排除电气线路故障,不排除自燃引起火灾所致。后双方对损失金额发生争议,共同委托公估公司对火灾造成的损失进行评估。2014年12月9日,公估公司评估结论为:本次事故评估总损失7 014 483.58元,扣除残值80 740.4元,净损失为6 933 743.18元。双方未能就是否赔偿达成一致意见。后保险公司单方委托苏州某检测技术有限公司(简称"**检测公司**")对新材料公司起火原因进行鉴定。检测公司于2015年6月5日出具专家意见书。该意见书陈述,起火仓库货物以复合后的AC发泡剂(偶氮二甲酰胺)为主,由《危险化学品名录2012版》可知,偶氮二甲酰胺为易燃固体。检验意见为:案涉AC发泡剂存放环境通风散热不良,分解产生的热量积聚,造成低自燃点物品自燃,从而引燃其他易燃物品。新材料公司对此专家意见不予认可。

一审审理中,2015年6月30日保险公司出具解除保险合同通知书,理由是新材料公司违反如实告知义务,未如实告知主要仓储物"发泡剂"属于易燃物。同时,保险公司还主张该新材料公司未告知在投保前,曾在某财产保险(中国)公司投保财产险,并数次出险理赔,使其不知承保的风险程度,足以影响其决定是否同意承保或者提高保险费费率。因而,保险公司认为其不应该赔偿。

> **法院观点**

一审法院认为:虽风险问询表中对其存货产品名称只简单地填写为"发泡剂",但保险公司作为专业机构,在承保过程中对投保人填写的风险问询表应当尽到合理审查核实义务。新材料公司系生产发泡剂的化工企业,对其产品是否属于易燃易爆化学品,保险公司应进行合理审查。即使保险公司当时不知发泡剂是易燃物,在事故发生后,公估公司于2014年12月9日出具的公估报告中明确了新材料公司存放于成品仓库中的存货为AC发泡剂,学名为偶氮二甲酰胺,在国家相关机构对外公开发布的《危险化学品名录2012版》中明确为易燃固体。此时,保险公司也应当知道。但保险公司在事故发生一年之后,即2015年6月5日收到检测公司专家意见书后才知道存货AC发泡剂(偶氮二甲酰胺)是易燃物的理由不能成立。关于新材料公司在理赔记录一栏中填写"无"和索赔记录中空白,该事项不足以构成保险人解除合同的理由。

消防部门的事故认定书的最终结论是不排除自燃引起火灾,故未明确认定该起火灾事故是由自燃引起。最终一审法院判决保险公司向新材料公司支付保险赔偿金5 893 681.7元。保险公司不服一审判决,提起上诉。

二审法院认为:保险费费率受多重因素影响,仅凭一审法院的分析尚不足以判断保险公司对上述情况系知情。而新材料公司明知其在订立案涉保险合同前存在多次理赔情形并告知与事实不符的内容,其也未能提供证据证明保险公司知道上述情形,故新材料公司未履行如实告知义务存在故意。根据《保险法》第十六条的规定,针对上述情形,保险人有权解除合同。因案涉合同已经解除,所以事故是否因自燃原因引起,本案不再予以审理。二审法院判决驳回新材料公司诉讼请求。新材料公司不服二审判决,提起再审申请。

再审法院认为：在本案所涉保险事故发生后,保险公司委托公估公司对火灾事故损失进行了评估,公估公司于2014年12月9日出具的公估报告明确了新材料公司存放于成品仓库中的存货为AC发泡剂,学名为偶氮二甲酰胺,在国家相关机构对外公开发布的《危险化学品名录2012版》中明确为易燃固体。此时,保险公司对保险标的物的属性应当明知。然而,直至2015年6月30日,保险公司发出解除合同通知书期间已逾六个月,根据《保险法》第十六条关于投保人履行如实告知义务的规定,有关保险公司的合同解除权自知道有解除事由之日起超过三十日不行使而消灭。本案中,保险公司于2015年6月30日要求解除案涉保险合同,超过了三十日的法定期限,故该保险合同的解除权消灭。

根据中华人民共和国公安部《火灾原因认定暂行规则》第二十二条关于"认定起火原因应当列举所有能够引燃起火物的原因,根据调查获取的证据材料逐个加以否定排除,剩余一个不能排除的作为假定唯一的起火原因"的规定,消防部门对案涉保险事故的起火原因明显排除了外来火源及电气线路故障,唯一没有被排除的是自燃。另外,考虑到起火处为堆放保险标的物的仓库,该仓库除了堆放保险标的外,并未堆放其他物品。故本案中将自燃作为案涉保险事故起火的原因具有高度盖然性,可以认定案涉保险事故系保险标的物自燃所引起。二审判决虽认定事实不清,适用法律错误,应予纠正,但案涉火灾事故为保险标的物自燃所引起,符合保险合同约定的保险人免责情形,故新材料公司要求保险公司承担支付保险赔偿金的诉请不能得到支持,二审裁判结果可以予以维持。

> 律师评析

《中华人民共和国消防法》(简称《消防法》)第五十一条第三款规定："消防救援机构根据火灾现场勘验、调查情况和有关的检验、鉴定意见,及时制作火灾事故认定书,作为处理火灾事故的证据。"而根据《最高人民法院关于适用〈中华人民共和国保险法〉若干问题的解释(二)(2020年修正)》第十八条规定,"行政管理部门依据法律规定制作的火灾事故认定书等,人民法院应当依法审查并确认其相应的证明力,但有相反证据能够推翻的除外"。也就是说,火灾事故认定书在火灾事故索赔案件中对于火灾原因这一事实认定具有很强的证明力。

本案中,被保险人投保了财产综合险,并在免责条款处约定"因自燃造成的损失、费用,保险人不负责赔偿",自燃除外是企业财产保险中的除外责任,在很多保险公司的保险条款中都有约定。但由于实践中往往很难直接被认定为"由于自燃导致",更多的是消防部门在认定起火原因时采用类似"不排除自燃导致"等措辞,导致保险理赔过程中各方产生分歧。本案中,江苏省高院再审中,综合考虑了唯一没有被排除的是自燃,且起火处为堆放保险标的物的仓库,该仓库除了堆放保险标的外,并未堆放其他物品。因此,将自燃作为本案保险事故的起火原因具有高度盖然性,可以认定为涉案保险事故系保险标的物自燃所引起。应该说这个判决在实践中并不多见,曾经有不少判决以"不排除自燃"并不等于自燃为由而认定保险人应该对火灾事故进行赔偿。这个案例具有很强的启发性,值得关注和探讨。

> 风险提示

本案中除了火灾原因的认定争议外,笔者认为值得关注的还有被保险人未尽如实告知义务以及保险人在发现被保险人未如实告知且可能影响其承保判断后的处理问题。本案中被保险人未如实告知相关信息而对保险人的判断造成影响的情形是较为典型和清楚的,但是保险人在发现该情况后迟迟未作出反应长达一年的时间,从而错过了较佳的处理时间段和处理方式。这是保险人应引起注意的。实践中,由于内部较为复杂的管理体系,保险公司往往需要较长的时间才能作出决策,这不仅会引发被保险人等客户的不满,而且容易给自己的工作造成被动,应引起注意。

问题 2-11:擅自拆除消防水泵房是否导致危险程度显著增加?

> 案件名称

南通市某工业技术科技有限公司(简称"**科技公司**")诉某财产保险股份有限公司(简称"**保险公司**")财产损失保险合同纠纷

> 案号

最高人民法院(2015)民申字第 2319 号

> 案情简介

2007 年 3 月底至 2010 年 3 月,科技公司为其位于海门港厂区(简称"**老厂区**")的财产向保险公司投保财产保险综合险,固定资产和存货按照投保时的账面原值和账面余额分别确定,保险金额合计分别为 1 068 950 元、2 048 783.10 元、45 096 908.23 元、50 075 850 元。后其另在海门市青龙港建设新厂区(简称"**新厂区**")。

2011 年,科技公司提交投保单,其中载明:投保人和被保险人为科技公司,财产地址为老厂区和新厂区共两个地址,固定资产保险价值按2011年2月底账面原值,保险金额为47 612 653.25元;流动资产保险价值按2011年1—12月份账面余额,由原材料、半成品组成,其中原材料保险金额为3 704 871.56元,半成品保险金额为5 495 551.17元,代保管资产保险价值确定方式为估价,保险金额为1 080 000元,在建工程保险价值确定方式为按2011年底账面原值,保险金额为42 405 347.25元;保险金额合计100 298 423.23元;每次事故免赔额(率)为10%或1 000元;保险责任期限自2011年3月26日至2012年3月25日。投保时,科技公司提交了2011年2月28日科技公司的资产负债表(年报)1份,该资产负债表"年末数"一栏中载明:存货合计15 263 693.94元,其中原材料3 704 871.56元、半成品5 495 551.17元、低值易耗品6 063 271.21元;固定资产原价47 612 653.25元;在建工程42 405 347.25元(注:除了低值易耗品之外,均在投保单中体现并一一对应)。2011年3月19日,保险公司出具风险查勘报告(财产险),对科技公司两个厂区的财产进行查勘,标的范围为建筑物、货物、机器设备,承保建议为拟同意承保,请分公司领导审核。科技公司在该风险查勘报告上加盖公章。

2011年3月25日,保险公司向科技公司签发财产综合险保险单1份,其中保险标的为四项——流动资产、代保管资产、固定资产和在建工程;保险价值确定方式为流动资产按出险时账面余额,代保管资产、固定资产、在建工程均按出险时重置价格;保险金额确定方式为流动资产按账面余额,代保管资产按估价,固定资产、在建工程按账面原值;保险金额分别为9 200 422.73元、1 080 000元、47 612 653.25元、42 405 347.25元,保险金额合计100 298 423.23元;保险责任期限自2011年3月26日起至2012年3月25日,保险财产地址为新厂区共一个地址。保险单附页中特别约定内容为:对本保险责任范围内的意外事故致使流动资产、代保管资产、固定资产、在建工程的损失,赔偿时扣除(绝对)免赔额1 000元或按损失金额的10%扣除(绝对)免赔率,两者以高者为准。该附页上无科技公司盖章或公司人员签字。保险公司财产综合险条款第八条规定,下列原因造成的损失、费用,保险人不负责赔偿:(一)投保人、被保险人及其代表的故意或重大过失行为……第二十五条规定,在合同有效期内,如保险标的的占有与使用性质、保险标的地址及其他可能导致保险标的危险程度显著增加的,或其他足以影响保险人决定是否继续承保或是否增加保险费的保险合同重要事项变更,被保险人应及时书面通知保险人,保险人有权要求增加保险费或者解除合同。被保险人未履行前款约定的通知义务的,因保险标的的危险程度显著增加而发生的保险事故,保险人不承担赔偿责任。

2011年3月30日,科技公司向保险公司出具批改申请书1份,申请批改如下:"被保险人要求名下两个房产证号下的1 300万元固定资产抵押某银行,第一受益人为某银行海门支行(简称'海门某银行')。"保险公司据此签发批单1份,该两个房产证号下的房屋坐落于老厂区。

2011年9月24日15时06分,科技公司位于新厂区的合金五线车间发生火灾。根据当地公安消防大队最终出具的火灾事故认定书:起火部位位于锌镍合金五线生产线的电解除油槽的阳极棒与导电铜排的接线点一侧的材质为聚丙乙烯的电解除油槽,起火原因排除自然、人为纵火等因素,不排除锌镍合金五线生产线的阳极棒与导电铜排的接线点因接触电阻过大,通电发热,与导电铜排接触的电解除油槽达到燃点,引发火灾。灾害成因为:消火栓系统内水压不足,导致火灾初期灭火救援工作未能正常开展。

另外,2011年10月14日,当地公安消防大队向科技公司总经理助理兼行政人事部部长就科技公司擅自拆除消防设施的问题进行询问。2011年10月27日,当地公安消防大队作出公安行政处罚决定书,内容为:2011年10月11日,在检查中发现科技公司擅自拆除消防水泵房,该行为违反了《消防法》第二十八条的规定。根据《消防法》第六十条第一款第二项的规定,决定给予科技公司罚款3.5万元的处罚。

2011年9月24日火灾发生后,保险公司与科技公司迅即于2011年9月28日共同委托保险公估公司进行公估。根据保险公估报告,涉案火灾事故造成损失共计60 471 661.11元,具体如下:保险标的定损金额为23 382 325.2元,其中,流动资产(在加工、产成品)定损金额115 839.46元,代保管资产(代保管设备)定损金额799 000元,固定资产定损金额8 958 472.41元,在建工程定损金额13 498 483.4元,施救费用10 529.93元。非保险标的定损金额为37 089 335.91元,其中:流动资产(低值易耗品生产线槽罐药液)损失金额4 527 395.75元,固定资产(2011年3月份及之后入账)损失金额10 216 557.6元,在建工程(2011年3月份及之后入账)损失金额13 670 869.33元,账外财产损失金额8 674 513.23元,公估保险标的理算金额为14 697 417.67元。保险公估公司并未将2011年3月份及之后科技公司新增加的固定资产和在建工程作为保险标的范围。科技公司于是起诉至法院,要求保险公司赔偿科技公司保险金100 298 423.23元并承担诉讼费用。

保险公司认为:(1)公安消防部门查明科技公司2011年6月份擅自拆除厂区内的消防水泵房,造成消火栓系统内水压不足继而形成火灾事故,构成明显的重大过失,保险公司有权不予赔付;(2)保险合同生效后,科技公司擅自拆除消防水泵房导致保险标的危险程度显著增加,未及时通知保险公司,且因保险标的危险程度显著增加而发生保险事故,根据合同约定和法律规定,保险公司不承担赔偿保险金的责任。

> **法院观点**

一审法院认为:

(一)案涉保险标的应当被认定为科技公司对其老厂区和新厂区同时进行了投保,依据2011年2月28日资产负债表(年报)载明内容所对应的账面财产

理由如下:

(1)科技公司向保险公司提交的投保单中明确投保财产位于新厂区、老厂区两个地址,且案涉投保单载明的流动资产、代保管资产、固定资产和在建工程都是按账面原值投保,而投保时确定账面原值的依据是科技公司2011年2月28日的资产负债表(年报)中对应的具体科目内容、金额,该资产负债表系包括科技公司投保时新老厂区的资产在内而未作区分。除代保管资产约定按估价外,对于保险标的中的流动资产、固定资产、在建工程的保险金额均与2011年2月28日的资产负债表(年报)中对应科目的年末金额存在一一对应关系。

(2)依据保险公司就本案投保所作的风险查勘报告及拍摄的现场照片,应当认定本案风险查勘的财产范围包括新厂区、老厂区的投保财产,并非仅限于新厂区的投保财产。

(3)2011年3月30日,天安保险公司系根据科技公司的申请,将案涉保险单中涉及的价值1 300万元房产的第一受益人变更为海门某银行农行。该两处房产系位于科技公司老厂区,故应认定本案纳入投保的财产范围系包括老厂区的财产,否则案涉保险单签发后科技公司无须向保险公司申请批改。

因保险标的在投保时必须确定,而双方是以上述资产负债表上的账面财产进行投保,嗣后双方当事人也未约定对于科技公司2011年3月份之后投入新厂区的财产纳入保险标的范围,故该部分财产不应被认定为保险标的范围。综上所述,一审法院认定涉案保险标的包括2011年2月28日新老两个厂区的代保管财产、流动资产(不包括低值易耗品)、固定资产、在建工程等,但不包括科技公司2011年3月1日后投入新厂区的财产。因此,一审法院以保险公估公司出具的公估报告为依据,认定科技公司所投保的保险标的的财产损失为23 382 325.2元。

(二)科技公司擅自拆除消防泵房的行为并未导致保险标的危险程度显著增加,保险公司不能免除支付保险赔偿金的责任

根据当地公安消防大队作出的火灾事故认定书、科技公司负责人的询问笔

录、行政处罚决定书,应当认定在案涉保险合同的保险期限之内,科技公司擅自拆除青龙港厂区内消防水泵房的行为既违反有关消防安全的法律法规,又导致了案涉火灾发生时救援工作未能正常开展。但根据公安消防机关认定的火灾成因,科技公司擅自拆除消防水泵房并非本案火灾发生的直接原因。科技公司擅自拆除消防水泵房导致消火栓系统内水压不足,客观上导致火灾发生后救援工作未能正常进行,造成损失扩大,该行为应被认定为科技公司作为被保险人在维护保险标的的安全过程中存在瑕疵,而非据此认定科技公司基于自身故意或者重大过失造成保险事故。保险公司关于因科技公司自身因素导致保险标的危险程度显著增加以及科技公司未尽危险增加的通知义务故而应免除保险赔偿责任的主张,于法无据,该院不予支持。因科技公司对于保险标的未尽安全管理责任,该院酌情认定对于火灾事故造成的损失,科技公司自行承担20%的责任,剩余80%的责任由保险公司承担。综上所述,科技公司所投保的保险标的的财产损失应认定为23 382 325.2元,双方当事人在保险合同约定的特别免赔率为10%,根据责任分担比例,保险公司应向科技公司支付的保险理赔款应为:23 382 325.20×(1-10%)×80%=16 835 274.14(元),扣除2012年7月已先行赔付的100万元,一审法院最终判决保险公司尚应向科技公司支付剩余保险理赔款15 835 274.14元。科技公司、保险公司均不服上述一审判决,提起上诉。

二审法院关于保险标的是否包括两个厂区的观点同一审法院,但对于是否包括2011年3月份之后新增加的财产,则观点相反。二审法院认为,从案涉投保单、保险单等分析,除投保单明确未列入流动资产项下的低值易耗品外,两个厂区的科技公司流动资产、代保管资产、固定资产和在建工程均为案涉保险标的。在财产保险中,保险标的在投保时是确定的,系指投保人与保险人就保险标的达成一致意思表示,而非保险标的的实物形态在投保时确定并在保险合同生效后一成不变。作为案涉保险标的科技公司流动资产即可能处于不断变化之中,如果在投保之后取得的流动资产不能作为保险标的,则该保险对投保人毫无价值。故一审法院以保险标的在投保时必须确定为由,认定2011年3月份之后进场的固定资产、在建工程、账外财产均不属于本案保险标的的不妥,本院予以纠正。涉案公估报告并未将包括2011年3月以后入账的公司财产纳入保险标的的范围,应属对案涉保险标的的认定不准确,公估报告认定的保险标的总损失23 382 325.2元和其他财产损失32 561 940.16元(已扣除低值易耗品损失4 527 395.75元)均为案涉保险标的的损失,即案涉保险标的的损失应为55 944 265.36元。

关于保险公司是否应当以及如何承担保险责任的问题,科技公司拆除的是消防水泵房而非消防水泵,且消防部门并未认定拆除消防水泵房是火灾成因,故对保险公司以科技公司拆除消防水泵构成重大过失为由要求免责的主张,该院也不予支持。因消防部门就火灾成因已做出了重新认定,排除了车间内未经防火分隔导致火灾蔓延扩大这一原因,故对保险公司以科技公司在车间内增加生产线,并未经防火分隔,使本案保险标的危险程度显著增加为由要求免责的主张,法院不予支持。一审法院认定科技公司擅自拆除消防水泵房导致消火栓系统内水压不足,客观上导致火灾发生后救援工作未能正常进行,造成损失扩大,缺乏证据证明,其由此酌情认定对于火灾事故造成的损失,由保险公司与科技公司按 8∶2 的比例予以承担不妥,法院予以纠正。虽然案涉保险单上未记载免赔额(率),但投保单中明确记载"每次事故免赔额(率):10% 或 1 000 元",一审法院据此认定案涉保险免赔额(率)并无不妥,法院予以维持。

根据上述分析认定,案涉保险标的损失为 55 944 265.36 元,免赔率为 10%,保险公司应向科技公司支付的保险理赔款为:55 944 265.36×(1−10%)=50 349 838.82(元)。其中减去保险公司于 2012 年 7 月已先行赔付的 100 万元,保险公司尚应向科技公司支付剩余保险理赔款 49 349 838.82 元,以及自 2011 年 12 月 12 日起至实际赔付之日期间,依据中国人民银行同时期贷款基准利率计算的相应利息。最终二审法院判决变更一审判决第一项为保险公司于本判决生效之日起 10 日内向科技公司支付保险理赔款 49 349 838.82 元。保险公司不服上述二审判决,提起再审申请。

再审法院认为:关于保险公司是否因科技公司拆除消防水泵房而无须承担保险赔偿责任问题。科技公司拆除的是消防水泵房而非消防水泵,消防部门也未认定拆除消防水泵房是火灾成因,故对保险公司以申海科技公司拆除消防水泵房导致保险标的危险程度显著增加,构成重大过失为由要求免责的主张缺乏事实和法律依据。保险公司的申请再审事由均不符合法律规定,裁定驳回保险公司的再审申请。

> ➤ 律师评析

《保险法》第五十二条规定,"在合同有效期内,保险标的的危险程度显著增加的,被保险人应当按照合同约定及时通知保险人,保险人可以按照合同约定增加保险费或者解除合同。保险人解除合同的,应当将已收取的保险费,按照合同约定扣除自保险责任开始之日起至合同解除之日应收的部分后,退还投保人。被保险人未履行前款规定的通知义务的,因保险标的的危险程度显著增加而发生的保险事故,保险人不承担赔偿保险金的责任"。

司法实践中如何认定保险标的危险程度显著增加,曾有较多争议,《最高人民法院关于适用〈中华人民共和国保险法〉若干问题的解释(四)》第四条规定，"人民法院认定保险标的是否构成保险法第四十九条、第五十二条规定的'危险程度显著增加'时，应当综合考虑以下因素：（一）保险标的用途的改变；（二）保险标的使用范围的改变；（三）保险标的所处环境的变化；（四）保险标的因改装等原因引起的变化；（五）保险标的使用人或者管理人的改变；（六）危险程度增加持续的时间；（七）其他可能导致危险程度显著增加的因素。保险标的危险程度虽然增加，但增加的危险属于保险合同订立时保险人预见或者应当预见的保险合同承保范围的，不构成危险程度显著增加"。该规定明确了"危险程度显著增加"的认定因素，为司法审判提供了法律依据。

结合本案，被保险人擅自拆除消防泵房的行为是否导致保险标的危险程度显著增加是本案最大的争议焦点。根据当地公安消防大队作出的火灾事故重新认定书、公司管理人员的询问笔录、行政处罚决定书，审理法院均认定被保险人存在拆除消防泵房的行为，但不同的是一审法院认定擅自拆除消防水泵房导致消火栓系统内水压不足，客观上导致火灾发生后救援工作未能正常进行，造成损失扩大，被保险人在维护保险标的的安全过程中存在瑕疵，酌情认定对于火灾事故造成的损失由保险人与被保险人按8∶2的比例予以承担，而二审法院则认为拆除的是消防水泵房而非消防水泵，消防部门未认定拆除消防水泵房是火灾成因，被保险人拆除消防水泵不构成重大过失。再审法院则与二审法院的观点基本一致，不认为拆除消防水泵房导致保险标的危险程度显著增加构成重大过失，保险公司无权要求免除或减少保险赔偿责任。

本案保险人因未能举证证明保险标的危险程度显著增加，也未能证明保险事故的发生是保险标的危险程度显著增加导致而败诉。笔者认为，根据消防部门作出的火灾事故认定书，本次事故有起火原因和灾害成因两部分内容。很显然，起火原因与消防水泵房的拆除没有因果关系，即保险事故的发生与消防水泵房的拆除没有因果关系。即使保险人举证证明消防水泵房的拆除与消火栓系统内水压不足之间存在因果关系，也会因为不是保险事故发生的原因而不被支持。

> 风险提示

企业生产经营是一个动态的过程。实践中，为了便于生产管理，企业往往会对厂区内建筑物、设备等进行改建改造，对生产经营进行调整等，不可避免会导致保险标的客观所处的环境、面临的风险因素发生变化，进而或多或少会影响保险标的的危险程度，而保险标的的危险程度情况将直接决定承保时的保险费数额。为了避免道德风险，针对被保险人隐瞒保险标的的危险程度情况，《保险法》要求被保险人在保险标的危险程度显著增加的情形下应履行及时通知义务，这是因为保险标的由被保险人保管、使用,被保险人最清楚保险标的的情况,否则保险公司将有权拒赔。而何种情形下构成危险程度"显著增加",则需要结合具体个案进行判断。此外,保险公司还应注意,即便保险标的危险程度增加,但增加的危险属于保险合同订立时保险人预见或者应当预见的保险合同承保范围的,则不构成危险程度显著增加,这也要求保险公司在承保的时候,注意现场勘察、核保,对于在保险合同订立时应当预见的风险,若因保险公司未履行好核保程序而未注意到,则保险公司不得以此作为拒赔事由。

问题 2-12: 员工燃放爆竹导致火灾是否构成被保险人的重大过失?

➤ 案件名称

北京某黏合剂有限公司(简称"**黏合剂公司**")诉某财产保险股份有限公司北京分公司(简称"**保险公司**")财产保险合同纠纷

➤ 案号

北京市第四中级人民法院(2015)四中民(商)终字第 46 号

➤ 案情简介

黏合剂公司与保险公司于 2014 年 1 月 9 日签订了财产保险综合险保险合同,黏合剂公司缴纳了保险费,保险公司同意承保。保险合同约定,投保财产坐落地址为北京市房山区窦店镇白草洼村,保险标的为房屋建筑、库存商品,其中房屋建筑的保险金额双方估价确定为 40 万元,库存商品的保险金额按照投保时黏合剂公司账面余额确定为 300 万元,保险期间自 2014 年 1 月 10 日至 2015 年 1 月 9 日。黏合剂公司实际经营人为姜某。

2014 年 1 月 31 日 2 时左右,黏合剂公司院内存储木质相框的仓库起火,导致该仓库主体结构及室内物品烧毁,经公安消防支队火灾事故认定书认定,系人为燃放烟花爆竹,引燃棚顶可燃材质起火所致。

经公安分局派出所查证并作出决定,"2014 年 1 月 31 日 0 时许,黏合剂公司员工张某在事发仓库院内,燃放烟花爆竹,后引燃该公司院内西侧仓库,致使仓库内木质相框烧毁,造成直接经济损失 44 100 元。根据《消防法》第六十四条第二项的规定,给予张某行政拘留十二日的处罚(2014 年 4 月 23 日至 2014 年 5 月 4 日)"。

张某在派出所所作询问笔录中承认,2014 年 1 月 30 日 23 时 30 分许,其在黏合剂公司厂门口和门内燃放了鞭炮和一些花炮,厂门口燃放位置距起火地方有三四十米,院内燃放位置距起火点有 15 米;燃放的地方距离库房不远,燃放了八九盘大地红,还有烟花,燃放时间大概为二十多分钟,其也承认知道库房里存放着易燃品,但因为每年都在院内燃放,燃放完后会检查一遍,其认为检查完了就不会着火了。姜某在询问笔录中承认,2014年1月30日18时许,其与张某、崔某在库房大院内的办公室中打麻将,快到晚上12点的时候,张某和姜某说要去燃放烟花爆竹,姜某告诉张某燃放时要离库房远一点,燃放完毕后要好好检查火星。同时查明黏合剂公司所涉火灾仓库院内,张贴了"安全防火须知""防火组织机构""禁止吸烟""禁止烟火"等告示及警示标志,院内设有灭火器、铁锹、铁桶等简易灭火设备。"安全防火须知"第七条写明"在节日期间,做好值班工作,严禁燃放烟花爆竹"。

保险公司认为涉案事故是由于黏合剂公司员工在事故仓库院内燃放烟花爆竹所致,火灾事故的发生原因属于财产综合险第八条"下列原因造成的损失、费用,保险人不负责任赔偿:(一)投保人、被保险人及其代表的故意或重大过失行为"约定的责任免除范围,其不应承担赔偿责任,并作出"拒绝(注销)案件通知书"。随后,黏合剂公司将保险公司诉至法院,要求其支付保险赔偿金。

> **法院观点**

一审法院认为:保险公司最初提供的是财产基本险投保单,于2014年1月7日以条款说明书的形式向粘合剂公司就财产综合险合同条款进行了说明与解释,黏合剂公司也以盖章的形式进行了确认,同时财产综合险保险合同条款中免责条款加黑加粗有别于合同一般条款,保险公司尽到了提示、说明义务,合法有效,对黏合剂公司和保险公司有约束力。

公安机关是调查处理刑事、治安案件的国家行政机关,其做出的处罚决定如无相反证据足以推翻则应予以采信,本案所涉火灾事故经公安机关认定是张某燃放烟花爆竹引起的,对此法院予以确认。另外,张某作为黏合剂公司员工,在厂区内的行为也代表了黏合剂公司,虽然黏合剂公司主张,张某事发之时是在放假时间,只是由于无处可去而住在厂里,且张某与崔某出庭作证予以证明,但是考虑到张某与崔某为黏合剂公司员工,其与黏合剂公司之间存在利害关系,对张某放假的证明内容一审法院不予认可,张某在春节期间留在厂中,应为黏合剂公司假期留守值班人员。不应在堆放有易燃物品的仓库地区燃放烟花爆竹是人们通常应尽的安全注意义务,且张某作为黏合剂公司防火组成员,对在仓库周围燃放烟花爆竹的危害性更应知晓,而作为实际经营者的姜某在事发当天与其员工张某同在厂区办公室内打麻将,在张某告知其要燃放烟花爆竹时,姜某虽要求张某燃放时要远离厂区,但张某仍在厂区门口和厂区院内燃放了烟花爆竹,时间长达20分钟,姜某并未及时制止,仅仅是说离仓库远点,事实上对张某燃放的行为表示了默许。法院认为,张某燃放烟花爆竹的行为构成投保人、被保险人及其代表的重大过失行为,依据黏合剂公司与保险公司签订的保险合同,保险公司对本案所涉火灾事故损失不负责赔偿。综上所述,一审法院判决驳回黏合剂公司的全部诉讼请求。黏合剂公司不服一审判决,提起上诉。

二审法院认为:结合事发当时公安派出所对张某等人所作询问笔录、行政处罚决定书、火灾事故认定书等证据,能够认定一审法院所确认的事实。黏合剂公司所投保的财产位于堆放有易燃物品的仓库,而在堆放有易燃物品的仓库地区禁止燃放烟花爆竹是人们通常应尽的安全注意义务,黏合剂公司也有相应禁止烟火的标示,作为存放易燃物品仓库的管理者和物品所有权方,黏合剂公司应当尽到较一般人更高的安全注意义务。综合本案已查明的事实,足以认定黏合剂公司在火灾发生当天没有尽到安全注意义务,甚至没有达到一般人应当注意的标准,这应属于重大过失行为。根据财产综合险条款的规定,因投保人、被保险人及其代表的故意或重大过失行为而造成的损失,保险人不负责赔偿,故保险公司对本案所涉火灾事故损失不负责赔偿。二审法院判决驳回上诉,维持原判。

> **律师评析**

"因投保人、被保险人及其代表的故意或重大过失行为造成的损失、费用,保险人不负责任赔偿"是企业财产保险合同中常见的免责条款。何为"重大过失",《保险法》并无明确规定。某财产保险公司财产一切险条款对重大过失行为定义为"指行为人不但没有遵守法律规范对其较高要求,甚至连人们都应当注意并能注意的一般标准也未达到的行为"。

然而,实践中基于该条款保险公司获免责的情况并不多见。该条款的有效适用需满足以下几点:首先,保险公司对免责条款已履行说明义务;其次,有充分证据证明保险事故的发生系投保人、被保险人及其代表的故意或重大过失行为导致。实践中,保险公司会以被保险人存在重大过失拒赔,但何为重大过失一直是双方当事人争议的焦点。结合本案,保险公司在保险合同签订时履行了免责条款的说明义务,因而双方的主要争议焦点是黏合剂公司工作人员张某作为黏合剂厂的员工在厂区内燃放烟花爆竹的行为是否属于"投保人、被保险人及其代表的故意或重大过失行为"。两审法院进行了详尽的阐述,证据充分,笔者也认可法院的最终裁判,认定黏合剂公司在火灾发生当天没有尽到安全注意义务,甚至没有达到一般人应当注意的标准,其行为应属于重大过失行为。

> **风险提示**

究竟什么样的行为、什么程度的过失才能构成"投保人、被保险人及其代表的重大过失行为",这些是实践中经常争议的事项。本案就是一个非常生动的例子,给企业应该加强员工的安全教育、加强风险管理意识敲响了警钟。

问题 2-13： 员工未按规程操作是否构成被保险人的重大过失?

➢ 案件名称
茂县某能源有限公司(简称"**能源公司**")诉某财产保险股份有限公司崇州市支公司(简称"**保险公司**")财产保险合同纠纷

➢ 案号
成都市中级人民法院(2015)成民终字第 4442 号

➢ 案情简介
2013 年 10 月 28 日,能源公司向保险公司申请投保机器损坏保险(2009 版),并支付保险费 730 619.86 元人民币;投保财产综合险,并支付保险费 946 576.40 元。两者共计 1 677 196.26 元。其中,机器损坏保险(2009 版)条款免责条款约定:"火灾、爆炸原因造成的损失、费用保险人不负责赔偿。"其中,财产综合险(2009 版)保险单载明:保险标的项目为固定资产 256 937 888.90 元、流动资产(存货)6 000 000.00 元,详见财产综合险(2009 版)保险标的项目清单——该清单第 72 项为某二建集团公司 2012 年 8 月 18 日"现场制作安装合同",合同总价为 461 万元,不包括自供钢材和油漆,其中电石尾气气柜为 194.02 万元;并约定固定资产以出险时的重置价值确定保险价值,流动资产以出险时的账面金额确定保险价值。特别约定注明:(一)发生保险事故后,被保险人应对受损保险标的进行重置。重置是指:(1)替换、重建保险标的;(2)修理修复保险标的。无论采用上述哪一种方式,目的都是使保险标的的受损部分经过重置后达到其全新时的状态。(二)若遇下列情况,则保险价值变更为出险时的市场价值:(1)被保险人没有合理的原因和理由而推迟、延误重置工作;(2)被保险人没有对受损保险标的进行重置;(3)发生损失时,存在重复保险且其他保险合同没有按重置价值承保。每次事故免赔额为人民币 5 000 元或损失金额的 12%,二者以高者为准。并约定:本附加条款与主条款内容相悖之处,以本附加条款为准。财产综合保险条款(2009 版)第四十三条第二十款规定"重大过失行为:指行为人不但没有遵守法律规范对其较高要求,甚至连人们都应当注意并能注意的一般标准也未达到的行为"。能源公司在上述两份保险单投保单中声明:保险人已向本人提供并详细介绍了"某保险公司财产险条款(2009版)"及其附加险条款(若投保附加险)内容,并对其中免除保险人责任的条款(包括但不限于责任免除、投保人被保险人义务、赔偿处理、其他事项等),以及本保险合同中付费约定和特别约定的内容向本人做了明确说明,本人已充分理解并接受上述内容,同意以此作为订立保险合同的依据,自愿投保本保险。

2014年1月26日,能源公司投保财产中的电石尾气柜发生爆炸,保险公司接到能源公司报险后,到事故现场进行了查勘、拍照、记录并提取了能源公司人工氧分析原始记录。该记录载明了2014年1月1日至2014年1月25日期间能源公司人工每天进行电石尾气氧气含量记录,每天至少一次、最多四次。此外,能源公司制定的"100#布袋:200#一氧化碳初净化工序操作规程(含100#一氧化碳气柜)"的"一、100#布袋操作规程……5. 正常操作要点……5.1"中载明:分析新纪元回收总管气体氧含量小于1.0%,才能打开布袋四个进口阀向能源公司送气,且每小时分析一次氧含量及一氧化碳。

2014年5月23日,当地安全生产监督管理局对能源公司作出行政处罚决定书,内容为:2014年1月26日,一氧化碳气柜进口在线氧气含量检测仪因调试过程中出现故障而未能正常运行,采取人工手动分析样本又未按规定进行频率分析,致使无法监控气柜氧含量的高低,导致不合格电石尾气直接进入气柜进而引起爆炸,造成直接经济损失81.6万元。根据《四川省安全生产条例》第七十八条第二款的规定,给予能源公司罚款6万元的处罚。

2014年2月10日,能源公司与制作安装电石尾气柜的某二建集团有限公司签订了"电石尾气柜修复工程"合同,合同价格为190万元,不包括钢材和油漆。能源公司为尽快恢复生产,立即委托某二建集团有限公司重庆分公司进行一氧化碳气柜修复完善工作。修复完毕后,经结算,工程结算价为199万元,其中9万元为新增合同价,能源公司自认新增价款9万元为窝工造成。此外,能源公司自己负责采购钢材油漆等部分共计904 671.74元。能源公司向保险公司申请理赔,2014年5月29日,保险公司向能源公司出具了一份拒赔通知书,保险公司认为本次事故是能源公司的员工未按规程操作,构成重大过失而导致的,因而拒绝理赔,由此纠纷产生并诉讼到法院。

> **法院观点**

一审法院认为:虽然按照当地安监局行政处罚决定书载明的保险事故发生原因为:"一氧化碳气柜进口在线氧气含量检测仪因调试过程中出现故障未能正常运行,采取人工手动分析样本又未按规定进行频率分析,致使无法监控气柜氧含量的高低,导致不合格电石尾气直接进入气柜进而最终引起爆炸。"但按照双方保险合同约定,只有"行为人不但没有遵守法律规范对其较高要求,甚至连人们都应当注意并能注意的一般标准也未达到的行为"才是重大过失行为。本案中,按照保险公司在爆炸事故现场提取的能源公司人工分析记录和当地安监局行政处罚决定书记载的事故原因表明,能源公司在线检测分析仪出现故障后,采用了人工手动分析,只是分析的频率没有达到规定的标准,并非连人们都应注意并能注意的一般标准都未达到,因此,不构成重大过失,不属于保险公司免责事由。关于如何确定赔偿金的问题,一审法院认为,因财产综合险(2009版)保险单约定以出险时的重置价值确定保险价值,并约定保险事故发生后应进行重置以使财产达到全新的状态,所以,对保险公司认为应以当地安监局行政处罚决定书载明的损失金额81.6万元确定赔偿金额的主张,因不符合保险合同约定,本院不予支持;因财产综合险(2009版)保险单投保的固定资产是以能源公司安装设备时的合同价进行投保,其中包含了电石尾气柜合同价194.2万元和防腐面漆合同价355 000元、钢材合同价16 592 423.93元,且约定保险价值以出险时的重置价值确定,并约定保险事故发生后应进行重置以使财产达到全新的状态,所以,能源公司委托尾气柜制作单位进行修复,符合双方的约定;因投保时是以合同价确定的保险金额,所以,出险时的重置价值也应以修复的合同价190万元确定,最终按照重置价值190万元作为赔偿标准,扣除12%免赔率后,最终判决保险公司支付保险赔款167.2万元。保险公司不服一审判决,提起上诉。

二审法院认为:能源公司自行制定的"100#布袋:200#一氧化碳初净化工序操作规程(含100#一氧化碳气柜)"要求对氧含量及一氧化碳含量的分析也应当为每小时一次。然而能源公司在2014年1月1日—2014年1月25日期间,仅对一氧化碳气柜进口处的气体含量进行了共计10次检测分析,既未保证自动监测仪器的正常运行,又未保证人工手动分析的频率,从而导致此次事故发生。根据保险条款规定"重大过失行为:指行为人不但没有遵守法律规范对其较高要求,甚至连人们都应当注意并能注意的一般标准也未达到的行为"。能源公司作为危险化学品生产企业,其注意义务理应高于普通人或普通企业,在试生产过程中不仅违反国家安全生产相关法律法规的规定,甚至连自行制定的操作规程也未遵守,属于重大过失行为。根据财产综合险条款(2009版)第八条的规定,保险公司作为保险人,不应承担赔偿责任。最终判决撤销一审判决,驳回能源公司所有诉讼请求。

> **律师评析**

保险公司在保险索赔纠纷案件中,以被保险人构成重大过失为由进行抗辩是比较常见的做法。考虑到投保人/被保险人缔结保险合同的目的是防范风险,目前法院对依据保险合同中约定的投保人或被保险人对保险事故的发生有重大过失而认定保险人免责的情况仍然持比较谨慎的态度。保险公司承担重大过失的举证责任,即保险公司需要证明投保人或被保险人存在重大过失且与保险事故的发生具有因果关系。总的说来,此类案件中,保险公司承担的举证责任较重。因此,实践中保险公司以被保险人构成重大过失为由从而抗辩成功的案例并不多见。

本案中,被保险人最终被二审法院认定为存在重大过失,综合考虑了特定被保险人自身理应尽到的注意义务,以及实际操作中是否规范运作等情形,并据此直接认定保险公司不承担保险责任。笔者认为,本案中事故的发生与被保险人的重大过失直接相关,虽然法院没有论述重大过失与事故之间的因果关系,但这一点在本案中并无任何疑问之处。不过,值得注意的是,司法实践中,保险公司若仅凭被保险人重大过失直接拒赔,则得到法院支持的可能性仍较低。

> ➢ 风险提示

应该说,在实践中,因操作不当而造成灾害事故的情况时有发生,并不鲜见。对被保险人来讲,他们投保的重要原因之一就是防范意外事故导致的损失,而意外事故中人为因素造成风险的现象非常普遍。是否能构成重大过失一直是很有争议的,往往需要结合具体情况来判断。所以,被保险人不应因为投保了相应的财产保险就放松管理,而保险公司也应注意,避免轻易引用重大过失来拒赔从而造成商誉损失。

问题 2-14: 盗窃案件长时间未被侦破,保险公司是否有权拒赔?

➢ 案件名称

韶关市某冷气工程有限公司(简称"**冷气工程公司**")诉某财产保险股份有限公司韶关市分公司(简称"**保险公司**")财产保险合同纠纷

➢ 案号

广东省韶关市中级人民法院(2014)韶中法民二终字第 107 号

➢ 案情简介

2011 年 12 月 20 日,冷气工程公司以某仓储公司为被保险人向保险公司购买了财产综合险,并附加了盗窃、抢劫险,期限至 2012 年 12 月 26 日,后经双方协商将保险期限延长至 2013 年 6 月 30 日。特别约定清单约定,发生保险责任事故赔偿时,第一受益人为某银行韶关分行。保险单所附的"盗窃、抢劫扩展条款"载有:"盗窃、抢劫扩展条款经双方同意,由于使用暴力手段进出保险标的坐落地址或被电子监测系统记录的,并经公安部门证明确系盗窃或抢劫行为造成保险标的的损失,保险人按照本保险合同的约定负责赔偿,但下列损失,保险人不负责赔偿……(四)无合格的防盗措施、无专人看管或无详细记录情况下发生的损失……（六）盘点时发现的短缺。"

2012年12月31日，某仓储公司向保险公司报案，称位于韶关市工业中路厂区细沙车间仓库发生电视机和洗衣机被盗，并于2013年1月1日向当地派出所报警。曾某称：其2012年12月30日18时30分许，从冷气工程公司位于韶关市武江区工业中路厂区仓库下班之后把仓库大门锁好就离开了，至次日9时许回公司上班时发现公司仓库内的20台电视机被盗了，被盗电视机总价值为95 901元。

2013年1月22日，保险公司向某储仓公司发出"保险查勘意见告知函"，函上载有，对照保单中盗窃、抢劫险扩展条款的约定，上述所报被盗事故经查：其一，现场没有发现任何用暴力手段进出保险标的坐落地址的痕迹，2012年12月31日零时18分至4时18分也无电子监测系统记录，报案损失情况不在附加盗抢险保险赔偿责任范围。其二，一是损失是在发货中发现货物短少，盘点后核实短少20台电视机，其后才向有关部门报案称其被盗，对照保单条款约定，对于盘点时发现的短缺，保险人不负责赔偿。二是贵司仓管员称其被盗时间约为12月31日凌晨，没有人值班，也无监控录像记录，对照保单条款的约定，无专人看管或无详细记录情况下发生的损失，保险人不负责赔偿。鉴于以上原因，保险查勘认为：以上报案损失情况不属保险赔偿责任范围。

2014年1月7日，当地派出所出具证明，内容为"2013年1月1日事主曾某来所报称：2012年12月30日18时30分许，其从冷气工程公司位于韶关市武江区工业中路厂区仓库下班之后把仓库大门锁好就离开了，至次日9时许回公司上班时发现公司仓库内的20台电视机被盗了，被盗电视机总价值为95 901元。我局已于2013年1月7日对该盗窃案立案侦查。特此证明"。截至起诉，案件仍未被侦破。

另外，2014年2月18日，某银行韶关分行（甲方）与冷气工程公司（乙方）、某仓储公司（丙方）签订协议书，约定因乙方就上述出质财产向保险公司投了财产综合险，保险合同载明的被保险人为丙方，受益人为甲方，现甲方和丙方将被盗部分财产保险金请求权让渡给乙方，由乙方自主向保险人主张权利。于是，冷气工程公司提起诉讼，要求保险公司支付保险赔偿款95 901元。

> **法院观点**

一审法院认为：原告和被告签订的保险合同依法成立并生效，该合同由保险单、批单、条款共同组成，是解决当事人争议的依据。当事人对自己提出的诉讼请求所依据的事实或者反驳对方诉讼请求所依据的事实有责任提供证据加以证明；没有证据或者证据不足以证明当事人的事实主张的，由负有举证责任的当事人承担不利后果。冷气工程公司主张保险财产被盗，发生了保险事故，要求保险公司赔偿，但冷气工程公司提供的证据只能证明其向公安机关报案，公安机关已立案侦查的事实，不能证明保险财产是"由于使用暴力手段进出保险标的坐落地址或被电子监测系统记录的，并经公安部门证明确系盗窃或抢劫行为造成保险标的的损失"，因此不符合保险单所附的盗窃、抢劫险扩展条款的约定。最终一审法院判决驳回原告诉讼请求。冷气工程公司不服一审判决，提起上诉。

二审法院认为：保险单所附的盗窃、抢劫险扩展条款载明："盗窃、抢劫险扩展条款 经双方同意，由于使用暴力手段进出保险标的坐落地址或被电子监测系统记录的，并经公安部门证明确系盗窃或抢劫行为造成保险标的的损失，保险人按照本保险合同的约定负责赔偿……"其中明确约定了盗窃、抢劫险的条件、范围。从本案查明的事实看，现场没有发现任何用暴力手段进出保险标的坐落地址的痕迹，出事当晚的2012年12月31日零时18分至4时18分也无电子监测系统记录，因此，不符合双方约定的"由于使用暴力手段进出保险标的坐落地址或被电子监测系统记录的，并经公安部门证明确系盗窃"的情形。法院最终驳回冷气工程公司的上诉，判决维持原判。

> 律师评析

本案中，虽然保险公司附加承保了盗窃、抢劫险扩展条款，但在具体扩展条款中明确约定了盗窃、抢劫的构成条件、范围，即"由于使用暴力手段进出保险标的坐落地址或被电子监测系统记录的，并经公安部门证明确系盗窃或抢劫行为造成保险标的的损失"。通过对比本案与其他类似盗窃案件，我们可以发现，盗窃事故均长时间未被侦破，仅有当地派出所出具的立案证明。在有的案件下，法院认定案件未被侦破的风险由保险公司承担，保险公司应按照保险条款承担保险责任，而在本案下，法院则作出相反的认定，认为涉案事故不符合保险单约定的盗窃条件、范围，因而最终驳回被保险人的诉讼请求。

> 风险提示

本案例中保险公司成功拒赔，给了所有保险公司一个重要启示，即在附加承保盗窃险的情形下，为了避免长时间无法侦破案件，甚至为了避免可能存在的被保险人员工或代理人监守自盗等道德风险，从而影响保险公司理赔以及将来的代位追偿，可以在附加承保此类保险时明确相应的构成条件，如"由于使用暴力手段""并经公安部门证明确系盗窃"等，否则仅凭简单一句附加承保盗窃险，一旦被保险人报警称货物被盗，保险公司就需要承担相应的赔偿责任。

问题 2-15： 对受损货物的利润损失部分是否应予以赔付？

> **案件名称**

锦州某电器有限公司(简称"**电器公司**")诉某财产保险股份有限公司锦州中心支公司(简称"**保险公司**")财产保险合同纠纷

> **案号**

锦州市中级人民法院(2014)锦民二终字第 00015 号

> **案情简介**

2012 年 7 月 26 日,电器公司在保险公司处投保了财产综合保险,承保标的项目为流动资金——存货,保险金额为 180 万元,保险财产坐落地为"辽宁锦州市上海路某商场一楼"。保险期限为 2012 年 7 月 26 日零时起至 2013 年 7 月 25 日 24 时,同时电器公司投保了水暖管爆裂的附加险。

2012 年 8 月电器公司投保的库房因中央空调水管爆裂造成房屋积水,使库房内的品牌电器被水浸泡。电器公司报案后,保险公司工作人员及时出现并对被水浸泡的电器进行了拍照,列出清单。被浸泡电器总估价 95 098.418 元,物品已降价处理,经核对,双方认为货物损失额为 52 651.57 元。又查,该电器全国统一定价,零售价的利润率一般是进价的 30%。双方对于货损价值并无异议,焦点在于保险公司是否应赔付受损电器的利润损失。电器公司认为,这个不单纯属于利润损失,因为该电器是全国统一价,用他们的销售价减去售价,这个差额就是他们的直接损失,因此他们认为这部分的损失应该予以赔偿。保险公司则认为利润损失不在保险合同的约定赔偿内,保险合同条款中并没有约定发生保险事故,保险公司应当赔偿利润损失,所以利润损失不应赔偿。电器公司遂起诉至法院,要求保险公司支付保险赔款。

> **法院观点**

一审法院认为：电器公司与保险公司签订的保险合同,符合相关法律规定,依法应予以保护。现双方均认可货物损失额为 52 651.57 元,故保险公司按此损失予以赔偿,法院应予支持。利润损失因属于合理性损失,故保险公司应予赔偿。结合本案的具体情况,保险公司赔偿电器公司受损货物进价的 20% 计算利润损失额为宜,即 19 019.68 元。因此次保险事故发生在保险期间,所以保险公司应按保险合同的约定在保险限额内履行给付保险赔偿金的义务,至于保险公司辩称涉案事故是空调管爆裂,并非水暖管爆裂,因双方在投保时没有明确约定是什么管道爆裂,故对此辩解理由不予支持。最终一审法院判决保险公司赔付保险金 52 651.57 元，以及利润损失 19 019.68 元（按受损货物进价的 20% 计算）。保险公司不服一审判决，提起上诉。

二审法院认为：关于保险公司提出利润损失不应赔偿的上诉主张，经查，家电销售有限公司证明该电器实行全国统一定价，货物的利润率是进价的 30%，故这批受损货物的利润额在发生保险事故时是可以预见和计算的。保险事故发生，不仅使被上诉人本应获得的利润无法实现，且被上诉人为了降价处理这批受损货物，还需要额外支付一定的人工费和场地租赁费。如果不对被上诉人这部分损失予以适当保护，则有失公平。基于以上情况，原审法院酌情按 20% 支持被上诉人利润损失是合理的。最终驳回上诉，维持原判。

> 律师评析

本案是一个涉及保险利益原则的有趣案件。《保险法》第十二条第六款规定，"保险利益是指投保人或者被保险人对保险标的具有的法律上承认的利益"。保险利益原则不仅有助于防范道德风险，而且是限制保险人赔偿责任的最高限额，保险人仅对保险利益范围内的保险标的的损失进行赔付。但是，保险利益的范围究竟是哪些经常引发争议。保险利益包括现有利益和期待利益，利润属于期待利益，即利润属于将来可以确定的利益。企业对期待利益享有法律上的保险利益，因此企业可以对其将来可以确定的利润进行投保。虽然在企业财产保险中，此类情况并不多见，但是在国际海上货物运输中，货主普遍在对货物本身的价值即成本、保险费、运费（CIF 价格）投保的基础上再另加成 10%，即按货物 CIF 价格的 110% 投保，这 10% 就是预期利润。

具体到本案中，一审法院、二审法院认定货物利润在发生保险事故时是可以预见和计算的，且由于保险事故的发生导致电器公司本应获得的利润无法实现，这一认定和表述本身并无问题，但二审法院因此就认定"不对被上诉人这部分损失予以适当保护则有失公平"，笔者认为法院这一论述在逻辑上有待商榷。笔者知道，企业对其利润具有法律上认可的期待利益，企业对此享有保险利益并可以对此进行投保。但若企业并未对该期待利益进行投保，则企业并无权获得相应保险利益范围内的损失赔偿。请注意，保险利益是一切保险合同合法有效的基础，但并不是被保险人具有的保险利益，无论是否投保，都应该由保险人进行赔偿。本案中，保险合同承保的是"流动资金——存货"，通常对此类投保财产标的的保险金额和保险价值的认定以企业财务账册所记载的数额为准，而在企业财务会计科目下的此类财产金额记载仅为财产本身价格，并不包含可期待利润。所以，除非特别约定，此类保险标的在承保时是不包含可期待利润的，也就是可期待利润并不属于保险人承保和理赔的范围。在本案中，笔者并未发现这种特别约定。因此,笔者认为,在投保人或被保险人仅投保企业财产险的情况下,本案法院不应扩大解释,将属于期待利益的利润列为企业财产险下的赔付范围,也即推定被保险人具有保险利益的可期待利润归入保险人应该赔偿的范围,而不顾原保险合同中并未将可期待利润列入保险范围的事实。此外,保险实务中,企业财产险下的附加险——营业中断险,是用于承保企业的期待利益如利润损失等。本案法院在投保人并未投保营业中断险附加险的情形下,将利润这一期待利益列入财产险赔付范围,将会导致突破保险利益原则,扩大保险人的保险责任,使得被保险人获得额外的收益,甚至可能诱发道德风险及犯罪行为。

> 风险提示

虽然这个案例中法院支持了被保险人的利润损失,但是,如上所述,如果被保险人投保的是存货,而存货价值并未包括该部分利润,则本案的判决观点是否适用就值得讨论了。所以,企业在投保时应充分考虑自身财产的实际情况,尽量足额投保,以保证在发生损失时得到足额赔偿。

问题 2-16: 部分共有人对共有财产的保险利益按整体享有还是按比例享有?

> 案件名称

刘某 1 诉某财产保险股份有限公司唐山中心支公司(简称"**保险公司**")财产保险合同纠纷

> 案号

河北省高级人民法院(2014)冀民一终字第 178 号

> 案情简介

2012 年 4 月,某超市有限公司(股东为刘某 1、刘某 2、刘某 3、李某、孙某)向某银行申请贷款 900 万元,公司以房产证登记在上述股东名下的商贸城 02159 号、02494 号砖混结构楼房作为贷款抵押物。2012 年 4 月,经唐山某房地产评估公司评估,该抵押物楼房价值 15 575 800 元。2012 年 5 月 9 日,公司法定代表人刘某 1 作为投保人将该楼房向保险公司投保,保险金额为 15 575 800 元,并按合同约定缴纳了保险费,保险期间自 2012 年 5 月 10 日 0 时起至 2014 年 5 月 9 日 24 时。其中,保险合同第三条约定:本保险合同的保险标的为保险人抵押给银行的个人房屋。装修、改造或其他原因购置的附属于房屋的有关财产或其他室内财产,不属于本保险的保险财产范围。第二十五条约定:保险标的遭受损失后,如果有残余价值,则应由双方协商处理;如折归被保险人,则由双方协商确定其价值,并在保险赔偿中扣除。第二十六条约定,保险标的发生保险责任范围内的损失,保险人按以下方式计算赔偿:(一)保险金额等于或高于保险标的出险时实际价值时,按实际损失计算赔偿,最高不超过出险时实际价值。(二)保险金额低于保险标的出险时实际价值时,按保险金额与出险时实际价值的比例乘以实际损失计算赔偿,最高不超过保险金额。

2013年2月18日早6:30左右,该投保楼房发生火灾,经消防勘察鉴定,火灾系由该楼房内冰柜电路短路引起,排除了人为放火、遗留火种、用火不慎等致灾因素。火灾对该投保楼房主体结构工程质量造成了严重影响,主要承重结构部分存在安全隐患,无法靠修复达到安全使用标准,当地住房和城乡规划建设局函告某超市有限公司将该楼房做拆除重建处理。于是刘某1向保险公司提出理赔申请,要求保险公司按保险合同约定进行全额赔付。

保险公司提出投保楼房损坏程度应由具有鉴定资质的机构进行鉴定,根据鉴定结论进行赔付。经双方协商达成委托鉴定协议,委托唐山某建筑工程司法鉴定中心对该投保楼房进行了鉴定。2013年5月25日,该鉴定中心出具了"关于某超市有限公司景忠西街店火灾后建筑结构安全性鉴定意见"。鉴定意见为:该楼火灾后,楼板已全部失去结构的承载力,梁、柱混凝土构件及砌体结构部分丧失结构承载力,已严重影响结构的安全性及使用功能,应立即采取措施,进行加固或拆除处理,优先选择拆除。但保险公司迟迟未按约履行义务,刘某1于是诉至法院,要求保险公司支付保险金15 575 800元。另查明,2013年6月15日,投保房屋的其余四位共有人提出声明,将向保险公司索赔的权利及保险金所有权转归该房产的共有人之一原告刘某1。本案中,保险公司认为刘某1对本案受损房屋仅享有20%的保险利益,仅能获得20%的保险赔付,而刘某1则认为其对保险标的享有全部整体保险利益。诉讼过程中,因双方对赔偿的数额产生争议,一审法院委托公估公司对火灾造成的房屋损失进行司法鉴定,鉴定结论为:投保房屋出险时的实际价值为10 903 060元,火灾造成投保房屋的实际损失为10 591 544元,投保房屋火灾后的残余价值为311 516元。

> **法院观点**

一审法院认为:双方于2012年5月9日签订的财产保险合同,系双方真实意思表示,为有效协议,双方均应遵照履行。该合同第二十五条、第二十六条约定了投保标的物出险后,具体的赔偿处理办法。保险合同第二十六条约定:保险标的遭受损失后,如果有残余价值,则应由双方协商处理;如折归被保险人,则由双方协商确定其价值,并在保险赔偿中扣除。保险合同第二十六条约定:保险标的发生保险责任范围内的损失,保险人按以下方式计算赔偿;(一)保险金额等于或高于保险标的出险时实际价值时,按实际损失计算赔偿,最高不超过出险时实际价值。现保险楼房出险,保险公司应按第二十五、二十六条约定进行赔偿。根据司法鉴定结果,投保房屋出险时的实际价值为 10 903 060 元,投保房屋火灾后的残余价值为 311 516 元,火灾造成投保房屋的实际损失为 10 591 544 元。依合同第二十五、二十六条约定条款,结合公估公司的公估结论,房屋出险后的实际损失应为保险标的物出险时的实际价值减去火灾后的残值,故被告应依据该鉴定结论赔偿原告损失 10 591 544 元。

刘某 1 对该楼房虽只有 20%的产权,但在签订保单及保险合同时,保险公司已验明房屋产权证,其明知投保楼房有五位产权人,却只将刘某 1 一人列为投保人,说明保险公司认可产权人之一的刘某 1 作为被保险人对全部楼房进行投保,并且该房屋的其他共有人已出具声明,将对该楼房的保险金的请求权及保险金的所有权转给原告刘某 1,故刘某 1 有权请求该楼房的全部保险权益。最终判决保险公司支付刘某 1 保险赔偿金 10 591 544 元,保险公司不服一审判决,提起上诉。

二审法院认为:首先,本案的保险标的是整体房屋,保险利益也是针对整体房屋而存在,在签订保险合同时,虽未将房屋的全部共有人列为被保险人,但其他共有人对刘某 1 作为整体房屋的被保险人并无异议,应视为其他共有人同意刘某 1 以被保险人的身份享有整体房屋的保险利益,因此,刘某 1 在签订保险合同时即已取得作为整体房屋被保险人的一切权利,其他共有人在保险事故发生后的转让声明系进一步对此加以确认,即使没有该声明,也应当认定刘某 1 对整个保险标的享有全部保险利益。其次,从保险合同的签订过程看,可以认定保险公司知道或者应当知道保险标的的产权归属,在此情况下,保险公司仍同意并接受刘某 1 一人作为被保险人对整体房屋进行投保,而保险事故发生后,保险公司既否认刘某 1 对整体房屋全部保险利益的请求权,又认为其他共有人因不是被保险人而无权主张保险利益,那么,由此导致的结果将是,保险公司既接受对整体房屋的承保又按整体房屋的保险金额收取保险费,而刘某 1 只能就 20%的保险利益请求赔偿,其余 80%的保险利益则无从保障和救济,这显然既不符合公平原则,也不符合诚实信用原则。本案最终支持了刘某 1 享有全部保险金的索赔,判决驳回上诉,维持原判。

> ▶ 律师评析

保险利益原则是财产保险的重要原则。财产保险中要求出险时被保险人对被保险财产具有保险利益,否则,容易引发道德风险。

本案中涉及部分共有人对共有财产的保险利益问题。保险公司承保时,一般会履行核实等程序,对于不动产,不动产物权以登记为准,一般可通过不动产证书判定权属。对于动产,动产以交付为准,一般可通过购买合同、发票、交付凭证等文件予以判定。而保险公司在承保时,尤其在承保不动产时,保险公司只要尽到了谨慎的核实程序,就可了解不动产产权人的真实情况。具体到本案中,法院认定"保险公司知道或应当知道保险标的的产权归属"。因此,若保险公司接受部分共有人对整体共有财产投保,且并未提出任何异议,则应当认为保险人放弃以共有人仅享有特定比例的共有财产为由,抗辩仅支付特定比例的保险赔款。当保险事故发生时,保险人将不得以此进行抗辩。若保险公司认为企业只能按照特定比例20%的保险利益部分投保,则其应在承保时向企业明确告知对该财产的投保必须由所有的权利人共同投保、共同作为被保险人才能对投保房屋享有100%的保险利益的事实;否则保险公司将违反诚实信用原则,导致承保时按照全部保险利益收取保险费,而发生保险事故时则仅按照特定比例进行赔付。

> 风险提示

虽然本案中最终支持了刘某1的全部索赔要求,但是从谨慎的角度出发,在办理承保和理赔时,保险公司均应核实承保财产其他共有人的意向,再行办理。本案中,保险公司在承保时简单处理,而在理赔时,特别是在其他共有人出具权利转让声明后仍不予赔付的做法则欠妥。保险人应在承保时就对共有情况的存在和权利承担予以核实和明确,以避免理赔时因多个共有人的存在而出现争议。

问题2-17:被保险人无法提供设备原始购买记录,如何理赔?

> 案件名称

慈溪市某轴承厂(简称"**轴承厂**")诉某财产保险股份有限公司慈溪新城支公司(简称"**保险公司新城支公司**")、某财产保险股份有限公司慈溪中心支公司(简称"**保险公司慈溪中心支公司**")财产保险合同纠纷

> 案号

浙江省宁波市中级人民法院(2019)浙02民终1038号

> 案情简介

2015年11月26日,轴承厂通过宁波慈溪某银行在保险公司新城支公司投保了"财富U保"综合保险(企财险类)一份。该保险单载明,本保险合同由保险条款、投保单、保险单或其他保险凭证以及批单组成。保险公司新城支公司在保险单上加盖了保单专用章。轴承厂按约向保险公司慈溪中心支公司支付了相应保险费。

保险单明细表第二条保障项目载明：财产损失保障，保险财产位于慈溪市横河镇相士地村，保险金额确定方式为清单估价，保障项目名下为固定资产——房屋的保险金额 2 636 000 元，固定资产——设备的保险金额 7 905 100 元，流动资产——存货的保险金额 6 300 000 元。第四条载明保险期限自 2015 年 11 月 27 日零时起至 2016 年 11 月 26 日 24 时。第九条特别约定：每次事故绝对免赔额为 2 000 元或损失金额的 20%，以高者为准。第十条附加条款约定：财产损失保证附加条款有附加水损赔付责任水位线条款、自然灾害条款 B 和企业财产险附加条款 B(宁波地区)。其中，企业财产险附加条款 B(宁波地区)第二条约定：下列财产发生保险责任范围内的损失时，保险人扣除 50% 以上的贬值率后定损……(3) 不能证明其具体生产或购入日期的财产。

投保单中投保人、保险标的、特别约定、保险期限均为手写信息，特别约定手写内容与保险单明细表第九条特别约定内容完全相同，第三点明确载明：每次事故免赔额为 2 000 元或 20%，以高者为准。"投保人声明"一栏载明：本投保人已经收悉并仔细阅读保险条款，尤其是加黑突出标注的、免除保险人责任的条款内容。保险公司业务人员已就本合同所涉及的所有免除保险人责任条款的概念、内容及法律后果向本投保人作出了通俗的、本投保人能够理解的解释和明确说明，本投保人对其真实含义和法律后果完全理解，没有异议，特签字、盖章予以确认并申请投保。该条款作了提示加黑处理。轴承厂在投保人签章处盖章确认，签章处有提示轴承厂签章的手写"√"。

2016 年 8 月 11 日 0 时 52 分，轴承厂发生火灾，火灾事故起火原因为电气线路故障引发火灾，轴承厂于是向保险公司慈溪中心支公司报案，提出理赔要求。轴承厂与保险公司慈溪中心支公司共同委托 A 保险公估公司对火灾事故的财产损失情况进行评估。直至 2017 年 7 月 4 日，A 保险公估公司出具公估报告一份，其中对机器设备核损金额 2 224 081 元（无付款凭证的机器设备根据财务准则折旧计算），并确定机器设备残值 110 000 元。按照投保比例、扣除 20% 的免赔率计算后，轴承厂支付了相应赔款。轴承厂认为保险公司理赔依据的公估报告在没有依据的情况下，扣减折旧确定设备保险价值、确定有免赔额等，违背了客观性原则，缺乏公信力，于是将保险公司新城支公司和保险公司慈溪中心支公司一起诉至法院。

本案一审中，法院委托 B 保险公估公司对火灾事故的财产损失情况进行司法鉴定。该公估公司出具的报告最终载明，机器设备定损金额 3 278 112 元[无付款凭证的机器设备按照企业财产险附加条款 B(宁波地区)第二条约定该类设备扣除 50% 以上贬值率后定损，B 保险公估公司认为双方当事人对该条款系有争议,遂按照有利于被保险人的解释统一按照50%的成新率计算]。

对于涉案两份报告,轴承厂主张按照A保险公估公司公估报告中认定的基数进行损失确认,不应当进行折旧,不应当扣除20%的免赔率来确定理赔款;对B保险公估公司公估报告中对无付款凭证的机器设备按照50%的成新率计算有异议,认为保险人未履行明确说明义务,因此附加条款B(宁波地区)属于无效条款。

> **法院观点**

一审法院认为:关于无付款凭证的机器设备损失,B保险公估公司根据附加条款B(宁波地区)第二条第三项的约定,即扣除50%以上的贬值率后定损的约定,按照有利于被保险人解释的规则扣除50%的贬值率,即按照50%的成新率计算。经审查,附加条款B(宁波地区)是保险单明细表第十条约定的附加条款之一,但在投保单上并未载明;现轴承厂称保险公司新城支公司和保险公司慈溪中心支公司未向其送达保险单明细,保险公司新城支公司和保险公司慈溪中心支公司未提供证据证明其已经将上述不一致的情形进行了说明并经投保人同意,也未提供证据证明投保人签收了上述保险单。根据《最高人民法院关于适用〈中华人民共和国保险法〉若干问题的解释(二)》第十四条的规定,投保单与保险单不一致的,应以投保单为准。B保险公估公司直接适用附加条款B(宁波地区)的约定计算成新率不当。

排除保险明细单和保险条款约定的计算方式,双方未就该部分损失如何核损进行约定,一审法院以公安部2014年1月20日发布的《火灾损失统计方法》(GA185-2014)作为损失计算依据。结合本案实际,该院认为该部分机器设备按照50%的成新率计算最为适宜,理由如下:根据《火灾损失统计方法》,设备设施宜选择重置价值法。重置价值法的计算公式为:损失额＝重置价值×成新率×烧损率,成新率＝调整系数×(总使用年限－已使用年限)/总使用年限×100%。轴承厂要求按照全新设备的重置价值计算损失(不根据已使用年限计算成新率)的主张缺乏依据,其主张按照投保时间与发生事故时间差计算已使用年限也缺乏相应的依据,一审法院对其异议不予采信。本次公估过程中,相关机器设备因遭到损毁而无法识别其购买时间和使用年限,但起火部位为超精车间,并未殃及办公楼,设备的购买合同、付款凭证或会计凭证等可以证明设备购买时间等材料在本火灾事故中全部损毁的可能性不大,事实上轴承厂提供了部分购置时间距离火灾事故发生时间较近(两年内)的购货合同和付款凭证。在轴承厂未提供证据或者无正当理由说明相关材料因火灾即非轴承厂可控因素致损的情况下,为了避免被保险人故意不提供相关证据或者因管理漏洞而实际获益等可能引发的道德风险,在成新率上不宜做有利于被保险人的推定。保险人虽然提供了保险明细单和保险条款,但其未提供送达签收等相关依据,承保过程不规范导致定损依据不能直接适用,且保险人认为应当扣除50%以上的折旧率也缺乏相应的依据。一审法院考虑轴承厂开厂13年、设备总使用年限参考值10年以及双方的过失等因素,从引导双方规范经营和公平竞争的角度出发,相关机器设备按照50%的成新率计算最为适宜。最终一审法院判决保险公司新城支公司向轴承厂支付保险金1 081 421.16元。轴承厂不服一审判决,提起上诉。

二审法院认为:在本案双方当事人对定损标准不能达成一致的情形下,法院确定一个科学、合理的标准当属必要,而《火灾损失统计方法》无疑是最佳选择。因相关机器设备遭到损毁而无法识别其购买时间和使用年限,但起火部位为超精车间,并未殃及办公楼,可以证明机器设备购买时间等内容的证据材料在本火灾事故中全部损毁的可能性不大。并且,轴承厂还可以通过提供购买设备的汇款记录,向销货单位调取合同、收款记录等形式进一步补强证据材料。为了避免被保险人故意不提供相关证据或者因管理漏洞而实际获益等可能引发的道德风险,在成新率上不宜做有利于被保险人的推定。故一审法院综合考虑轴承厂开厂时间、机器设备使用年限等因素,对无付款凭证的机器设备按照50%确定成新率处理妥当。最终判决驳回上诉,维持原判。

> **律师评析**

《保险法》第二十二条规定,"保险事故发生后,按照保险合同请求保险人赔偿或者给付保险金时,投保人、被保险人或者受益人应当向保险人提供其所能提供的与确认保险事故的性质、原因、损失程度等有关的证明和资料。保险人按照合同的约定,认为有关的证明和资料不完整的,应当及时一次性通知投保人、被保险人或者受益人补充提供"。保险事故发生后,被保险人应提供证明与资料,证明相关损失的具体情况。这也是被保险人申请保险赔偿金的基本要求。但到底应该提供哪些证明和资料,法律并没有具体规定。实践中,事故发生的情况千差万别,相关资料依赖被保险人提供,而何时提供、提供的范围包括哪些,常常引发争议。

本案中保险双方对涉案事故属于保险事故没有争议,但是对没有提供购买凭证的设备的损失认定存在争议。财产保险事故理赔中,如无法提供设备原始购买凭证,则无法确定该设备的原始采购价、折旧程度等,进而影响如何确定该设备损失的具体金额计算。具体到本案中,轴承厂始终未能提供受损设备的原始购买凭证,进而导致该设备的成新率无法判断,但一审法院认为,本次事故发生地点在车间,事故并未殃及办公楼,设备的购买合同、付款凭证或会计凭证等可以证明设备购买时间等的材料证明在本火灾事故中全部损毁的可能性不大，而且事实上在公估过程中轴承厂提供了部分购置时间距离火灾事故发生时间较近（两年内）的购货合同和付款凭证。为了避免被保险人故意不提供相关证据或因管理漏洞而实际获益等可能引发的道德风险，在成新率上不宜做有利于被保险人的推定。

此外，由于保险公司未能提供保险单条款尤其是企业财产险附加条款 B（宁波地区）条款内容，因此一审法院认定，保险公司承保不规范导致无法直接适用保险条款约定扣除 50% 以上的成新率。最终法院考虑到该厂开厂 13 年，设备总使用年限参考 10 年以及双方的过失等，按照 50% 的成新率来认定设备最终损失，很好地平衡了保险双方的利益。

> 风险提示

通常保险公司的财产保险条款中均有约定，保险事故发生后，被保险人请求赔偿时，应向保险公司提供事故证明，以及能证明事故损失性质、原因和程度的资料等。实践中，被保险人出于各种原因只提供部分材料甚至拒不配合提供任何资料的情况也时有发生。本案中，法院对被保险人无法提供设备付款凭证的设备损失的认定，很好地平衡了保险双方的利益。这也提醒被保险人，在事故发生后，出于工厂或设备年代老旧或有关凭证丢失、在事故中受损等各种原因，被保险人无法提供原始采购凭证的，应积极通过其他方式如向销货单位调取相关凭证等进一步佐证，而非消极应对，否则将因证据不充分而无法获得预期保险赔款。另外，被保险人存在故意隐瞒设备采购情况、使用年限等情况的，法院应充分考虑原告和被告双方的举证能力和实际情况，公平处理。

问题 2-18：保险双方各自委托保险公估公司，应以哪份报告为准？

> 案件名称

贺兰某橡胶有限公司（简称"**橡胶公司**"）诉某财产保险股份有限公司宁夏分公司（简称"**保险公司**"）财产保险合同纠纷

> 案号

最高人民法院（2019）最高法民申 6811 号

> 案情简介

2010 年 5 月 26 日，橡胶公司与保险公司签订了两份财产综合险保险合同，约定被保险人为橡胶公司，保险财产为被保险人存放于银川某工业园区的存货轮胎，保险价值确定方式为账面原值，保险金额分别为 4 000 万元及 1 666 万元，保险期间均为2010年5月28日零时至2011年5月27日24时,全部风险绝对免赔额为人民币3 000元或损失金额的10%,两者以高者为准。在保险期间内,由于火灾造成保险标的的损失,保险人按照保险合同的约定负责赔偿。同时约定,保险人对下列各项财产损失不负责赔偿:被保险人及其代表的故意行为或重大过失造成保险财产的损失。

2010年9月20日凌晨5时许,位于银川市贺兰县的宁夏某科工贸有限公司(以下简称"**科工贸公司**",系橡胶公司租赁场地的所有权人)发生火灾。2010年10月28日,当地公安局刑警大队向当地公安局提交的"呈请立案报告书"载明:2010年9月20日5时30分左右,我县某工业园区橡胶公司发生火灾,该公司库房起火,库房内存放的大量轮胎被烧毁,造成经济损失超过5 500万元,起火原因系人为纵火。现呈请对"9.20"橡胶公司放火案立案。2010年10月28日,当地公安局出具立案决定书,决定对涉案放火案立案侦查。2013年12月18日,当地公安局出具撤销案件决定书:涉案放火案,因侦查无犯罪事实,未取得犯罪证据,也未抓获犯罪嫌疑人,决定撤销此案。

2010年10月20日,橡胶公司委托A保险公估公司对被保险人涉案轮胎仓库火灾的损失进行评估。A保险公估公司出具的公估报告载明:火灾事故发生的仓库所有权为科工贸公司,于2010年5月30日由被保险人与某商贸公司共同承租。投保时,橡胶公司以银行质押贷款的金额为保险金额投保。橡胶公司作为仓库的实际使用方,对其保管的自有货物和代保管、销售的货物具备保险利益。通过调查,被保险人在财务及业务方面没有出现重大变故,不存在道德风险。被保险人的库存管理用的是用友进销存系统,由于两家公司具备关联性,因此两家公司的进销存是合并处理的。从系统中导出全部库存的成品总量表,截止到2010年9月19日,两家公司成品轮胎合计总额为43 478 273.82元。根据代理品牌不同,将橡胶公司与某商贸公司的库存分离。(1)橡胶公司主要代理品牌为双钱、回力、倍耐力、万达宝通、沈通、三角等,成品账面合计总额为34 337 701.26元。(2)在橡胶公司项下还有部分货已入库但未入账的一批轮胎,品牌为双钱,数量451套,金额827 863.92元。(3)为工商管理局代保管的双钱牌轮胎20条,总价为38 422.8元。(4)还有部分在电脑上已经出账处理,但是仓库未出货的,金额合计623 014.16元。因此,橡胶公司成品轮胎合计金额为34 331 701.26+827 863.92+38 422.8+623 014.16=35 821 002.14(元)。库存三包轮胎数量合计为4 563条,其中厂家已理赔的数量为1 445条,剩余3 118条厂家未理赔,金额合计为6 438 487.6元。截止到2010年9月19日,还有部分已经收回入库但未入账的合计68条,金额合计为151 496.3元。综合以上数据,未获得厂家理赔的三包轮胎合计为 6 589 983.9 元。损失合计:35 821 002.14+6 589 983.9=42 410 986.04(元)。扣除残值金额 50 000 元,定损金额为 42 410 986.04-50 000=42 360 986.04(元)。公估结论为:(1)根据"财产综合险条款"保险责任的规定,火灾属于保险责任范围,保险人应负赔偿责任,保险人在赔偿之后取得代位追偿权。(2)根据保单特别约定,绝对免赔额为人民币 3 000 元或损失金额的 10%,两者以高者为准,最终理算金额为:42 360 986.04×(1-10%)=38 124 887.44(元)。

2016 年 6 月 17 日,保险公司委托 B 保险公估公司对被保险人涉案轮胎仓库火灾的损失进行评估。后 B 保险公估公司出具的公估报告载明:本公估报告依据被保险人报送当地国税局 8 月会计报表、会计账簿、有效会计原始凭证、9月 1 日至 19 日被保险人出入库流水明细、被保险人自报且法庭予以确认的三包轮胎数量及金额、保险价值的约定,核定保险事故发生日受损保险标的的数量及金额。经查看被保险人提供的 2010 年 4 月 22 日至 2010 年 9 月 20 日出入库流水账明细及报损明细,分析被保险人经营货物轮胎分为两部分:(1)成品全新轮胎;(2)三包轮胎。由于出险后被保险人不能提供完整的存货原始资料,本公估只能依据被保险人提供的部分原始凭证,确定 9 月 1 日至 19 日被保险人存货轮胎出入库数据。依据被保险人提供给委托人的被保险人 2010 年 4 月 22 日至 2010 年 9 月 20 日出入库流水账,整理出 9 月 1 日至 9 月 19 日出库记录,结合被保险人 8 月底库存存货盘点明细表和当月入库明细,核对每种型号轮胎在库数量,共计算确认出库数量 1 417 条轮胎。依照以上分析,被保险人出险日成品库存货轮胎数量=8 月底全新轮胎库存数量+9 月 1 日至 19 日全新轮胎入库数量-9 月 1 日至 19 日全新轮胎出库数量[92+2 543-1 417=1 218(条)],截至 9月 19 日成品库存货轮胎 1 218 条,库存轮胎价值金额为 1 961 643.58 元。对三包轮胎认可法院确认的被保险人自报出险日实际三包轮胎数量 1 450 条,不含税金额为 2 162 378.57 元。因被保险人存货轮胎全部存放在事故地点,事故造成全部烧毁,故确认被保险人的保险标的最大损失金额为 4 124 022.15 元。本公估核定残值金额为 10 672 元。公估结论为:核定损失金额为 4 124 022.15元,残值 10 672 元,每次事故免赔率 10%;理算金额为:(4 124 022.15-10 672)×(1-10%)=3 702 015.14(元)。

又查明,橡胶公司向税务机关报送的资产负债表显示,2010 年 5 月、6 月、7月、8 月、9 月,橡胶公司的库存轮胎价值分别为 3 259 074.52 元、3 505 740.57元、1 873 393.53 元、164 820.86 元、644 126.22 元。

因双方对赔偿金额存有争议,故橡胶公司起诉至法院,要求保险公司支付保险赔偿金 38 124 887.44 元以及相应的利息损失。因橡胶公司与保险公司对火灾造成的轮胎损失分歧较大,故一审法院委托鉴定部门对火灾发生时的库存轮胎实际损失进行鉴定,但由于橡胶公司一直不能向鉴定部门提供司法鉴定所需的完整的会计资料,特别是缺失 2009 年以前的会计账簿、记账凭证等,因此司法会计鉴定工作无法开展,从而导致本次鉴定无果。

另查明,2010 年 4 月 21 日,橡胶公司与某银行支行、外运公司签订了质押监管协议,根据甲方(某银行支行)与乙方(橡胶公司)签署的质押担保协议,橡胶公司将轮胎作为质押担保物交付某银行支行,由某银行支行指定外运公司为质押物提供监管。2010 年 5 月 30 日,橡胶公司与某银行分行、外运公司签订商品融资质押监管协议,某银行分行与橡胶公司约定,将轮胎作为对某银行分行的质押担保物,交由外运公司进行监管。2014 年 5 月 23 日,外运公司出具证明文件,证明火灾发生时,外运公司账面上反映受损的各类轮胎数量共 23 247 套,其中为某银行支行保管 2 885 套,为某银行分行保管 20 362 套。

保险公司认为,橡胶公司仅依电脑中导出的数据要求赔付,拒绝提供原始发票和财务账册,对于无法核实的部分,橡胶公司应当承担相应法律后果。外运公司出具的关于轮胎数量的证明系传来证据,缺乏发票、账册等原始凭证的核对,不能证明橡胶公司享有保险利益。

> **法院观点**

一审法院认为:财产保险损失赔偿的原则为投保范围内的实际损失,橡胶公司投保标的为存放于案涉仓库中的轮胎,保险公司应当赔偿的损失范围应为橡胶公司投保轮胎遭受火灾造成的实际损失。关于火灾造成的保险标的轮胎损失数额,双方存在很大分歧,根据《保险法》第一百二十九条的规定,保险活动当事人可以委托保险公估机构等依法设立的独立评估机构或者具有相关专业知识的人员,对保险事故进行评估和鉴定。保险公估报告是在保险事故发生后,保险理赔时确定赔偿金的重要参考依据。橡胶公司认为应当以其委托的 A 保险公估公司出具的公估报告、保存的进销存软件,结合相关的原始凭证以及外运公司证明的数量等来确定损失。保险公司认为应当以其委托的 B 保险公估公司出具的公估报告及资产负债表来确定损失。本案中,双方委托的公估机构均系依法设立的独立评估机构,但是两份公估报告对火灾损失数额的认定存在很大差距,同时,经双方同意委托的鉴定部门对火灾发生时库存轮胎实际损失无法进行鉴定,在此情形下,应根据双方各自委托的公估机构出具的公估报告,同时结合其他在案证据,对火灾造成的实际损失予以分析认定。

第一,财产保险合同的补偿性及其他性质,决定了保险金额只能根据保险标的的实际价值确定。双方在保险合同中约定的保险价值确定方式为账面原值,保险金额分别为 4 000 万元及 1 666 万元,保险公司也依据此保险金额收取保险费,应当视为保险公司认可橡胶公司投保时保险标的的实际价值。因此,橡胶公司投保轮胎遭受火灾造成的实际损失的确定,应参考双方当事人订立保险合同时的意思表示。第二,橡胶公司分别与某银行支行、外运公司签订质押监管协议,与某银行分行、外运公司签订商品融资质押监管协议,将轮胎作为质押担保物,向两家银行进行了质押,同时交由外运公司进行监管。火灾发生后,外运公司出具证明文件,证明火灾发生时,外运公司账面上反映受损的各类轮胎数量共 23 247 套,其中为某银行支行保管 2 885 套,为某银行分行保管 20 362 套。同时,某银行分行、某银行支行也分别出具了证明,对外运公司出具的证明中确定的轮胎数量予以认可。第三,保险公司委托的 B 保险公估公司作出的公估报告,与保险合同中当事人双方约定的保险金额,以及外运公司出具的证明中记载的火灾发生时轮胎数量相差很大,虽然其提交的资产负债表能够与该公估报告相互印证,但该资产负债表只是橡胶公司报送给税务部门的相关数据,不足以证明库存轮胎的真实情况。综合全案证据,橡胶公司委托的 A 保险公估公司出具的公估报告与保险合同中确定的保险金额,以及外运公司出具的证明中记载的轮胎数额较为相符,且上述证据相互印证,能够形成优势证据,橡胶公司提供的证据可以证明其主张,依据民事诉讼证据规则规定,应当以 A 保险公估公司出具的公估报告为主要依据,确定火灾发生时橡胶公司库存轮胎的实际损失。

根据 A 保险公估公司出具的公估报告,橡胶公司成品轮胎损失为 35 827 002.14 元,未获厂家理赔的三包轮胎合计为 6 589 983.9 元,但橡胶公司提交的证据证明火灾当日库存存货三包轮胎受损数量是 1 450 条,价值是 2 162 378.57 元,该价值与公估报告不一致,因此一审法院对橡胶公司主张的三包轮胎受损价值 2 162 378.57 元予以确认。故橡胶公司轮胎损失为 35 827 002.14+2 162 378.57=37 989 380.71(元),扣除残值 50 000 元以及 10% 的免赔率后,最终判决保险公司支付保险赔偿金 34 145 442.64 元以及相应的利息损失。保险公司不服一审判决,提起上诉。

二审法院认为:A 保险公估报告与橡胶公司提交的相关质押监管协议及某银行支行、某银行分行、外运公司向一审法院出具的证明可以相互印证,一审法院综合全案证据和查明的事实,认定 A 保险公估报告能够较为客观地反映发生火灾时橡胶公司库存轮胎的真实情况,认定因火灾给橡胶公司造成的损失为 37 989 380.71 元,据此认定保险公司应依照保险合同约定支付橡胶公司的赔偿金为 34 145 442.64 元,事实及合同依据较为充分,本院予以维持。保险公司上诉认为一审判决对案涉火灾实际损失未予查明，A保险公估报告缺乏真实性和合法性，应按照B保险公估报告作为本案定损理赔的依据。经查，B保险公估报告系依据橡胶公司相关报税凭证及2010年9月1日至19日出入库流水明细、三包轮胎数量及金额、保险价值的约定作出，因报税凭证系向税务部门提交的相关资料，一审法院以其不足以证明橡胶公司库存轮胎的实际情况为由，未采信该报告，并无不妥。最终判决驳回上诉，维持原判。保险公司不服二审判决，提起再审申请。再审法院观点与一审、二审法院观点一致，最终裁定驳回再审申请。

> ➢ 律师评析

根据《保险法》第一百二十九条的规定，"保险活动当事人可以委托保险公估机构等依法设立的独立评估机构或者具有相关专业知识的人员，对保险事故进行评估和鉴定。接受委托对保险事故进行评估和鉴定的机构和人员，应当依法、独立、客观、公正地进行评估和鉴定，任何单位和个人不得干涉。前款规定的机构和人员，因故意或者过失给保险人或者被保险人造成损失的，依法承担赔偿责任"。保险公估机构通过提供中立和客观的定损意见，确定被保险人能够获得的理赔金额，减少保险公司与被保险人之间的争议纠纷，在保险理赔中很常见。

通常来说，谨慎的做法是由被保险人和保险公司共同委托保险公估公司，让其出具最终保险公估报告并作为定损依据，以大大降低双方对保险公估报告的异议。但实践中，经常发生保险公司自行委托保险公估公司进行公估的情况，这就极易导致被保险人不认可保险公估报告，从而发生理赔争议。

具体到本案中，被保险人在事故发生后立即委托保险公估公司进行定损，而保险公司直至事故发生后6年左右才委托保险公估公司对涉案事故损失进行评估。为何保险公司未能第一时间委托保险公估公司，我们无法知晓，但保险公司这一行为导致了其在本案中处于被动地位。假若最初保险公司第一时间委托公估公司并积极处理涉案事故，则可能更容易调查取证，把握损失情况，最终结果可能会比涉案法院最终判决结果好些。本案中，虽然法院并未以保险公司委托的公估公司出具的报告距离事故发生时间太久而未予以支持，而是通过民事诉讼证据规则，以橡胶公司委托的保险公估公司出具的公估报告和外运公司出具的证明、涉案保险合同约定的保险金额等能够相互印证，形成证据优势，从而认定以A保险公估公司出具的公估报告为主要依据，该报告能够较为客观地反映发生火灾时橡胶公司库存轮胎的真实情况，但我们认为保险公司直至6年左右才委托公估机构，从常理来说这样的报告不容易被接受和认可。

> ➢ 风险提示

对于保险公司而言，事故发生后，应积极履行前往现场查勘的义务，若有必要,则应与被保险人沟通第一时间共同委托公估机构进行事故损失定损和理算,以避免事故处理处于被动地位。对于被保险人而言,应及时通知保险公司,若保险公司怠于履行核损义务,则被保险人可以通过保存证据、固定证据、委托保险公估机构等方式积极应对。

问题 2-19: 被保险人是否有权主张保险赔偿金的利息?

> **案件名称**

赤峰某汽车销售服务有限公司(简称"**汽车销售公司**")诉某财产保险股份有限公司赤峰市中心支公司(简称"**保险公司**")财产保险合同纠纷案

> **案号**

内蒙古自治区赤峰市中级人民法院(2016)内04民终3836号

> **案情简介**

2012年6月8日,汽车销售公司在保险公司处投保了商业楼宇财产基本险保险合同,约定被保险人为汽车销售公司,保险标的坐落地址为内蒙古自治区赤峰市红山区桥北镇某物流园区商务广场南侧,保险价值是出险时的实际价值,保险金额1 000万元,保险期限为12个月,自2012年6月9日0时起至2013年6月8日24时。合同中约定投保人、被保险人及其代表的故意或重大过失行为,保险人不负赔偿责任,同时约定火灾须具备三个条件(有燃烧现象;偶然、意外发生的燃烧;燃烧失去控制并有蔓延扩大的趋势),保险合同争议解决方式为提交赤峰仲裁委员会仲裁。同时保险单中特别约定每次事故绝对免赔额为1 000元或损失金额的10%,两者以高者为准。2012年6月8日,汽车销售公司向保险公司缴纳保险费6 000元。

2012年9月20日,汽车销售公司在保险公司处投保的建筑物发生火灾,汽车销售公司向保险公司报险并向当地公安消防大队和当地公安分局报案。当地公安分局刑事侦查大队于2012年9月20日向汽车销售公司告知涉案火灾以故意毁坏财物案件被刑事立案侦查,当地公安消防大队认定起火原因为人为放火。2012年11月16日,当地公安局书面告知汽车销售公司涉案建筑物经法定鉴定部门鉴定,结论是,被毁损建筑物价值为688 831元。

2013年5月15日,汽车销售公司依据保险合同中约定的仲裁条款向当地仲裁委员会申请仲裁,当地仲裁委员会作出(2013)赤仲裁字第44号仲裁裁决书,裁定保险公司赔付汽车销售公司619 947.90元。2013年10月9日,保险公司向当地中级人民法院提起撤销仲裁裁决请求,当地中级人民法院于2014年3

月24日作出(2013)赤民仲字第11号民事裁定书,以违反法定程序为由,裁定撤销当地仲裁委(2013)赤仲裁字第44号仲裁裁决书,并于2014年4月18日送达汽车销售公司。为此,汽车销售公司诉至法院请求判令支付保险金及利息,利息自2012年9月20日起计算。

另外,在一审开庭审理过程中,保险公司向一审法院提出申请,要求对投保建筑物在2012年9月20日的火灾中所造成的损失进行鉴定,一审法院依保险公司的申请委托内蒙古某资产评估事务所有限责任公司进行评估鉴定,内蒙古某资产评估事务所有限责任公司做出内某评报字(2015)第36号资产评估报告,结论为,纳入本次评估范围内的资产在2012年的价值为615 465元。

> 法院观点

一审法院认为:对于汽车销售公司在保险公司处投保了商业楼宇财产基本险,并在保险期间因火灾致投保建筑物受到损失的事实,双方均无异议,本院予以确认。针对涉案建筑物发生的火灾是否属于保险合同的理赔范围,被告认为保险合同条款中明确约定火灾须具备的条件是偶然意外发生,因本案火灾已被当地公安消防大队认定为人为放火,故本案火灾不属于保险合同中约定的火灾,而汽车销售公司认为保险合同条款虽对火灾做了明确的解释,但保险公司并未将该条款的内容向其作出明确的解释和说明。《保险法》第十七条第一款规定:"订立保险合同,采用保险人提供的格式条款的,保险人向投保人提供的投保单应当附格式条款,保险人应当向投保人说明合同的内容。"第二款规定:"对保险合同中免除保险人责任的条款,保险人在订立合同时应当在投保单、保险单或者其他保险凭证上作出足以引起投保人注意的提示,并对该条款的内容以书面或者口头形式向投保人作出明确说明;未作提示或者明确说明的,该条款不产生效力。"由此可见,提示和明确说明解释属于保险公司的义务,本案中保险公司提供了汽车销售公司盖章的投保单,欲证实其尽到了对本案投保人提示和解释说明保险条款的义务,但对该条款的内容,被告是如何履行提示和明确说明的义务,保险公司未提供证据予以证实,汽车销售公司又不予认可,投保单中也未附有关的格式条款,故对保险公司主张本案火灾不属于保险合同理赔范围,不予理赔的辩解主张,本院不予支持。

关于本案投保建筑物在火灾中所受损失数额,根据本院委托的机构出具的鉴定结论,纳入本次评估范围内的资产在2012年的价值为615 465元。保险公司认为做出该评估报告的鉴定机构不具备资质,该评估报告不能作为证据使用,但其未提供证据予以证实,因此,判决保险公司向汽车销售公司支付保险金615 465元。

对于汽车销售公司要求支付利息的诉讼请求,涉案保险合同中约定保险公司在收到保险金给付申请书及有关证明和资料后,将在5日内作出核定;情形复杂的,在30日内作出是否应向投保人支付保险金的核定。因汽车销售公司未提供证据证实其是自何时向保险公司申请理赔的,故本案保险公司应自汽车销售公司向赤峰仲裁委员会申请仲裁之日,即2013年5月15日起按中国人民银行同期同类人民币贷款基准利率标准向汽车销售公司支付利息。保险公司不服一审判决,提起上诉。

二审法院的观点基本同一审法院的,最终判决驳回上诉、维持原判。考虑到保险公司上诉理由不涉及利息起算日期,因此此处不再赘述二审判决内容。

> **律师评析**

《保险法》第二十三条规定,"保险人收到被保险人或者受益人的赔偿或者给付保险金的请求后,应当及时作出核定;情形复杂的,应当在三十日内作出核定,但合同另有约定的除外。保险人应当将核定结果通知被保险人或者受益人;对属于保险责任的,在与被保险人或者受益人达成赔偿或者给付保险金的协议后十日内,履行赔偿或者给付保险金义务。保险合同对赔偿或者给付保险金的期限有约定的,保险人应当按照约定履行赔偿或者给付保险金义务。保险人未及时履行前款规定义务的,除支付保险金外,应当赔偿被保险人或者受益人因此受到的损失。任何单位和个人都不得非法干预保险人履行赔偿或者给付保险金的义务,也不得限制被保险人或者受益人取得保险金的权利"。根据该规定,保险人负有及时履行赔付保险金的义务,否则将面临赔偿相应的损失。但何为"及时",法律并无明确规定,而实践中由于每个案例都不尽相同,因此,如何判断保险人应"及时"履行赔付义务的时间点,则需要区别对待。

实践中,发生保险事故,保险人进行理赔时,保险赔偿金利息的理赔是一个容易被忽略的点。如遇疑难复杂、保险赔偿金数额较大等情形的保险事故,自保险事故发生之日起至最终获得赔偿的时间可能长达几年之久。根据《保险法》第二十三条的规定,在此期间,保险赔偿金的利息损失也应由保险人承担,但利息的起算点在法律层面上并没有明确的规定,即何时保险人构成怠于履行赔付义务,在实践审判中只能根据个案情况予以确认。结合本案,鉴于汽车销售公司未提供证据证实其是于何时向保险公司申请理赔,故以申请仲裁之日为利息起算点是较为合理的。

当然,实践中,关于利息是否予以支持、从何时起支持,目前各个法院观点不一,如四川省德阳市中级人民法院作出的(2014)德民二初字第24号民事判决认定,"由于本案保险标的具有特殊性,系大型发电设备,且为定制产品,其拆检定损的专业性、复杂性、保密性要求均很高,双方对于保险金额的约定为成本价也需要进行专业鉴定,本案保险事故的定损难以在短时间内由保险公司单方确定,故不足以认定保险公司存在不及时履行赔付义务的违约行为,对于被保险人主张的违约金及利息损失,法院不予支持"。对于重大复杂案件,实践中则较难适用《保险法》第二十三条,若不加区分一律适用该条规定则不符合实际情况。因此,部分法院也会认定保险人长时间未赔付并不构成违约,不予支持被保险人主张支付违约金和利息损失的请求。

> 风险提示

如果保险赔偿金利息自被保险人向保险人提出理赔申请时起算,在此情况下,由于该意思表示的举证由被保险人承担,因此被保险人在向保险人提出理赔申请时就应注意以留痕的方式进行,以便在诉讼中完成举证,尽早确定保险赔偿金利息的起算点。

问题 2-20: 如何认定保险赔偿金的利息起算点?

> 案件名称

福建某集团有限公司(简称"**某集团公司**")诉某财产保险股份有限公司晋江市分公司(简称"**保险公司**")财产保险纠纷

> 案号

福建省高级人民法院(2017)闽民申 2598 号

> 案情简介

2012 年 3 月 28 日,某集团公司以其房屋建筑向保险公司投保财产综合险,保险公司向某集团公司提交了财产综合险(2009 版)投保单,该投保单中除了对投保人、被保险人、保险标的、保险金额、保险费用、保险期限等进行约定外,还约定"除另有约定外,本保险合同的每次事故免赔额为 2 000 元,或损失金额的 10%,二者以高者为准"。当日,保险公司就涉及讼争保险的相关问题向某集团公司进行询问,某集团公司向保险公司出具了"财产综合险(2009)风险询问表——生产性企业"。后保险公司向某集团公司出具财产综合险(2009)保险单,约定保险金额为 50 757 000 元,以出险时的重置价作为确定保险价值的依据,保险期限为 2012 年 3 月 31 日至 2013 年 3 月 30 日。保险单后另附特别约定清单,双方主要对免赔额(率)、保险金额计算、重置价值计算等进行特别约定。某集团公司缴纳了保险费。

2012 年 9 月 19 日 19 时 9 分,某集团公司位于泉州市经济技术开发区厂区内的生产车间发生爆炸并引发大火。事故发生后,某集团公司及时向保险公司报案,并委托福建省某安全生产科学研究院(以下简称"**安科院**")对"9.19"爆炸事故进行技术鉴定。2012年10月8日,安科院出具"爆炸事故技术鉴定报告",对"9.19"爆炸事故产生的过程及原因进行了说明。该报告认为事故发生时,被保险人某集团公司正在进行以氧化甲基吗啉为溶剂的棉短绒浆制备棉型短纤试验,且生产工艺的缺陷的确是本案产生爆炸的原因之一。2012年10月17日,某集团公司提供的会议纪要体现了"9.19"爆炸事故发生后,保险公司委托了一家保险公估公司进行现场勘验,某集团公司与保险公司对于公估的相关事项进行磋商并拟订了查勘定损计划。2012年11月23日,保险公司在"关于2012年11月22日'车间爆炸案'理赔工作协调会几点意见的回复函"中,同意对制衣车间进行结构安全检测,并提出公估公司工作安排将在11月28日提供。然而,在此之后,保险公司并未委托第三方对制衣车间进行结构安全检测。双方就本次火灾事故是否属于保险责任等事项发生争议。2012年12月26日,某集团公司向法院提起诉讼,并申请对受损房屋建筑进行定损、理算。

> **法院观点**

一审法院认为,本案的爆炸事故属于保险事故,保险公司应承担赔付责任。

(一)关于损失金额

诉讼中,一审法院依法委托了福建省某保险公估有限公司(以下简称"**公估公司**")就"9.19"爆炸事故造成的房屋建筑损失进行定损、理算。2015年9月30日,公估公司出具了公估报告书。根据该报告书,某集团公司的损失金额应认定为3 619 531元。

(二)关于免赔率

本案不应适用免赔率条款:(1)讼争投保单中关于免赔率的约定条款,系保险人提供的格式条款,对于上述条款,保险人未作出足以引起投保人注意的提示,该条款依法不产生效力;(2)特别约定清单系双方当事人的特别约定,上述条款的效力依法高于投保单中格式条款的效力。根据特别约定清单,某集团公司与保险公司就本案免赔额(率)重新进行了约定,将免赔额(率)条款仅局限于流动资产及集团仓库、L型仓库。根据保险单中关于"保险标的项目"的记载,本案讼争的保险项目属于"房屋建筑",不应适用特别约定清单中关于免赔额(率)的约定。

(三)关于未付款的损失

保险事故发生后,某集团公司依法应提供其所能提供的与确认保险事故的性质、原因、损失程度等有关的证明和资料。2012年10月17日,某集团公司提供的会议纪要体现了"9.19"爆炸事故发生后,保险公司委托了一家保险公估公司进行现场勘验,某集团公司与保险公司对于公估的相关事项进行了磋商并拟订了查勘定损计划。2012年11月23日,保险公司在"关于2012年11月22日'车间爆炸案'理赔工作协调会几点意见的回复函"中,同意对制衣车间进行结构安全检测,并提出公估公司工作安排将在11月28日提供。然而,在此之后,保险公司未委托第三方对制衣车间进行结构安全检测,也未提供证据证明其已及时通知某集团公司补充提供房屋建筑理赔材料,即未依法于30日内(2012年12月23日前)对"9.19"爆炸事故是否属于保险责任进行核定,确认应当赔偿某集团公司因此受到的损失。上述损失可参照《最高人民法院关于逾期付款违约金应当按照何种标准计算问题的批复》[①],自2012年12月23日(2012年11月23日保险公司回函后的30日)起至实际付款之日,按中国人民银行规定的金融机构计收逾期贷款利息的标准计算。保险公司不服上述一审判决,提起上诉。保险公司主张其与某集团公司于2012年12月2日曾书面磋商理赔事宜并于2012年12月27日才收到鉴定报告,但某集团公司不认可,保险公司又未举证,法院不予采纳。

在二审过程中,对于原审判决认定的逾期付款损失是否正确的问题,二审法院认为:根据保险公司于2012年11月23日出具的"关于2012年11月22日'车间爆炸案'理赔工作协调会几点意见的回复函",针对某集团公司提出的建筑物安全检测问题,保险公司同意对制衣车间进行结构安全检测,但需要获取相应资料后另行安排。直至一审诉讼过程中,某集团公司才陆续提供了安全性鉴定需要的制衣车间结构施工设计平面图、建筑施工设计平面图及会审纪要、制衣车间、仓库地质勘查断面报告、设备重量明细表、确认函、产品销售合同、发票等,至2014年3月28日,某集团公司才最后一次提交安全性鉴定所需要的设备物料质量明细及设备图纸标号,而保险公司收到上述材料后,也未依法于30日(2014年4月27日)内对本案事故是否属于保险责任进行核定。根据《保险法》第二十三条第一款和第二款、《最高人民法院关于适用〈中华人民共和国保险法〉若干问题的解释(二)》第十五条第一款的规定,保险公司应支付某集团公司自2014年4月28日(2014年3月28日某集团公司最后一次提交相应材料后的30日)起至实际赔付之日的损失,原审判决认定损失支付的起始时间错误,二审法院依法予以纠正。对于损失计算的标准,本案保险合同并没有具体约定,参照《最高人民法院关于逾期付款违约金应当按照何种标准计算问题的批复》《最高人民法院

[①] 该文件现已失效。

关于修改〈最高人民法院关于逾期付款违约金应当按照何种标准计算问题的批复〉的批复》①，原审判决保险公司按中国人民银行规定的金融机构计收逾期贷款利息的标准计算逾期付款违约金并无不当，应予维持。

> 律师评析

根据《保险法》第二十三条规定，保险人收到被保险人的赔偿保险金的请求后，应当及时作出核定。除合同另有约定外，情形复杂的，应当在三十日内作出核定。保险人未及时履行该义务的，除支付保险金外，应当赔偿被保险人因此受到的损失。此外，根据《最高人民法院关于适用〈中华人民共和国保险法〉若干问题的解释（二）》第十五条的规定，自保险人初次收到索赔请求及被保险人提供的有关证明和资料之日起算三十日核定期间，且保险人可以扣除被保险人补充提供有关证明和资料的期间。结合本案，2012年9月19日，保险事故发生后，某集团公司及时向保险公司报案，保险公司接到某集团公司的报案后，委托公估公司对事故进行了勘验。2012年11月23日，保险公司于"关于2012年11月22日'宏竹车间爆炸案'理赔工作协调会几点意见的回复函"中，同意对某集团公司的制衣车间进行结构安全检测，但保险公司截至一审、二审审理期间均未作出核定结果，故一审、二审法院均判决保险公司按中国人民银行规定的金融机构计收逾期贷款利息的标准计算逾期付款违约金。该违约金系保险公司未履行及时核赔义务赔偿某集团公司的损失。需要注意的是，一审、二审法院对赔偿期间的起算点作出了不同判决。一审法院在审理时，未考虑保险公司核定期间应扣除某集团公司提供索赔申请有关资料所需要的时间。二审法院则注意到该事项，作出了更正，符合相关法律法规的规定。保险公司不服二审判决，提起再审申请，再审期间，双方调解结案。

> 风险提示

从本案可以看出，涉及保险人未履行及时赔付义务的案件，除了注意被保险人损失赔偿的内容以外，赔偿期间的起算点也是一个重要的争议点。对于保险人来说，应特别注意日常工作中的效率问题，否则，将可能在保险赔偿金之外支付额外的费用和赔偿。

---

① 这两份文件现已失效。

第三章

代位追偿实务

第一节 导 读

在保险理赔的过程中,有时候被保险人可能先期已经从有关责任方取得了全部或部分赔偿,那么保险人赔偿保险金时,可以相应地扣减被保险人已从有关责任方取得的赔偿金额。负有责任的第三人未向被保险人进行赔偿的,在保险人向被保险人进行赔付之后,保险人有权向负有责任的第三人进行代位追偿而提起索赔,此即代位求偿。

代位求偿制度是保险领域的基本制度之一,是代位权制度与保险理赔制度相结合的产物,其宗旨是防止被保险人双重获利,即当保险标的的损失是第三者原因造成时,保险人赔偿被保险人后,被保险人对第三者的索赔权利转移至保险人,保险人可直接向第三者进行索赔,由造成保险事故发生的真正责任人承担最终法律责任。该制度同时能加强对责任方的追究,防止出现因为存在保险就忽视风险管理和责任承担,甚至串通骗取保险赔偿情况的发生。

《保险法》第六十条规定,"因第三者对保险标的的损害而造成保险事故的,保险人自向被保险人赔偿保险金之日起,在赔偿金额范围内代位行使被保险人对第三者请求赔偿的权利。前款规定的保险事故发生后,被保险人已经从第三者取得损害赔偿的,保险人赔偿保险金时,可以相应扣减被保险人从第三者已取得的赔偿金额。保险人依照本条第一款规定行使代位请求赔偿的权利,不影响被保险人就未取得赔偿的部分向第三者请求赔偿的权利"。可见,代位求偿权是指保险人赔偿保险金后,依法或按保险合同约定取得的向造成保险事故的第三者责任方请求赔偿的权利,该权利是保险人的法定权利,自保险人向被保险人赔偿保险金之日起取得。保险代位求偿分为权利代位和物上代位。权利代位是指因第三者造成保险事故,保险人自赔偿保险金之日起,在赔偿金额范围内代位行使向第三者责任方请求赔偿的权利。实务中,若保险人行使代位追偿权,则往往需要被保险人签署权益转让书,以证明被保险人已获得保险人赔偿并将向第三者责任方追偿的权利转让给保险人。实践中,经常有被保险人因为对保险人的赔偿不满意等原因而拒绝配合出具或签署权益转让书。虽然此种情况的发生会给保险人造成一定的不便,但是总的说来并不会实际影响保险人对第三方追偿的权利。因为,保险人的该项权利是依据《保险法》所赋予的法定权利,而非依赖被保险人是否同意。鉴于代位求偿权是保险人的法定权利,只要保险人能够证明其已经承担了保险赔偿责任,对外实际支付了保险赔偿金,那么保险人就具有了该项权利,而不会因为未能取得权益转让书而无法进行追偿。

凡涉及向第三者追偿的案件,被保险人在向保险人提出先予赔偿要求时,应向保险人提供证明第三者应对保险事故的发生和损失的造成承担民事赔偿责任的有效证据、被保险人向第三者交付索赔的证明、权益转让书、承诺协助保险人追偿的书面承诺,以及其他保险人认为必要的证据材料等。保险人在行使代位求偿权时,保险人代位追偿以保险赔偿的金额为限。保险人向第三者追偿到的赔款小于或等于保险赔偿的,则全部归保险人所有,如果追偿到的赔款大于保险赔偿的,超出部分就偿还给被保险人,这是因为对于保险人来说,行使代位追偿权也应该遵守损失补偿原则。

实践中,在保险人对被保险人进行赔偿时,均要求被保险人签署权益转让书,但正如前文所述,该权益转让书的签署并非保险人享有代位求偿权的必要前提条件。保险人取得代位求偿权需满足以下条件:

1. 被保险人对第三者享有赔偿请求权

被保险人对第三者享有赔偿请求权是保险人取得代位求偿权的先决条件,即保险事故的发生系第三者对保险标的造成损害,被保险人对第三者享有赔偿请求权时,保险人的代位求偿权才成立。各类财产保险的承保标的虽不同,保险事故发生的成因有很多,但保险合同均会明确约定属于保险人应负赔偿责任的保险事故。当保险事故是因第三者造成保险标的的损害时,会出现除保险人以外的第三方责任人,此时存在多个赔偿法律关系,代位求偿权就有了适用的空间。所以,这里也需注意,并不是所有的保险事故都会导致保险追偿权的产生,如保险事故是由天灾造成的,或保险事故责任方无法查明的情况等。

2. 保险人已向被保险人给付保险金

保险人已向被保险人给付保险金是保险人取得代位求偿权的必要条件。当保险事故发生时,被保险人对第三者享有赔偿请求权,其可能向第三者索赔,也可能向保险人申请理赔。只有被保险人向保险人申请理赔，保险人给付保险赔偿金之后，被保险人对第三者的赔偿请求权才移转至保险人，即保险人取得代位求偿权。之所以规定保险人向被保险人给付保险金后才取得代位求偿权，有两方面的原因：一是如果被保险人向第三者追偿并获得赔偿的，保险人的理赔责任免除，代位求偿的基础就不存在了。二是如果仅因保险事故发生，保险人便取得代位求偿权，则一方面会导致被保险人只能向保险人进行理赔，减少了被保险人获得赔偿的途径，也侵犯了被保险人直接向第三者追偿的法律权利，不利于对被保险人的保护；另一方面会造成在保险人还没有向被保险人赔偿的情况下产生对第三者追偿的权利而导致保险人的额外获益。综上所述，保险事故发生后，保险人在向被保险人给付保险金后才取得代位求偿权，继而可以向第三者行使请求赔偿的权利。

保险人取得代位求偿权以后，其行使代位求偿权时会受到一定的限制，即代位求偿的金额以其向被保险人支付赔款的金额为限；除被保险人的家庭成员或者其组成人员故意以外造成保险事故的发生，保险人不得对被保险人的家庭成员或者其组成人员行使代位请求赔偿的权利。

第二节　典　型　案　例

问题 3-1：被保险人与第三者的仲裁约定是否对保险公司有约束力？

➢ 案件名称
某财产保险股份有限公司江苏分公司（简称"**保险公司**"）诉重庆某变压器有限公司（简称"**变压器公司**"）保险代位求偿权纠纷

➢ 案号
江苏省高级人民法院（2015）苏商辖终字第 00101 号

➢ 案情简介
江苏某发电有限公司（以下简称"发电公司"）与变压器公司于 2005 年 7 月 13 日签订"500 kV 主变压器设备合同"并据此购买变压器一台，该合同约定争议解决方式为仲裁。

2012 年 6 月 28 日，发电公司向保险公司为包括该变压器在内的财产购买了财产一切险和机器损坏险，保险期限自 2012 年 7 月 1 日至 2013 年 6 月 30

日。保险责任范围：赔偿保单明细表中列明的保险财产在保险期间内因任何保单免责范围外的原因，包括电气或机械故障引起突然的、不可预料的意外事故造成的物质损坏或灭失；保险项目为机器设备（包括上述变压器）；保险金额为2 994 085 200元。

2012年8月28日，涉案#2主变压器油中总烃含量超标，经初步分析存在内部接触不良或局部放电现象，遂作停机并返厂处理。后经分析，事故原因为生产制造错误所致，属于机器损坏险保险责任范围。保险公司向发电公司赔付了6 701 530.62元。根据"500 kV主变压器设备合同"及附件的约定，"变压器预期寿命不少于30年，应保证变压器器身20年免维护""确保绕组内不发生局部放电，引线应充分紧固，器身形成坚固的整体，使其有足够耐受短路的强度"。此次事故系生产制造错误，变压器器身未达到合同约定标准，保险公司根据保险合同赔偿损失后，向变压器公司追偿，理赔时并未对"500 kV主变压器设备合同"中约定的仲裁条款提出异议。

变压器公司于2014年10月24日收到一审法院寄送的起诉状副本及相关应诉材料，于2014年11月21日向一审法院提出管辖权异议，认为保险人的代位求偿权源于法律的规定，应当根据保险人所代位的被保险人与第三者之间的法律关系确定管辖法院，即应当根据发电公司与变压器公司之间的法律关系来确定，而双方签订的"500 kV主变压器设备合同"中约定的争议解决方式为仲裁，故本案应移送仲裁机构裁决。另外，根据《最高人民法院关于适用〈中华人民共和国仲裁法〉若干问题的解释》第九条的规定，合同项下的债权债务转让，原合同中仲裁协议的约定对于受让人仍是有效的。保险公司已向法庭提供了变压器公司与发电公司的变压器设备合同，理应知晓合同中存在合法有效的仲裁条款；至少在其因支付赔偿金而取得代位求偿权时，应当已经充分知晓买卖合同中关于仲裁的约定。而保险公司在依据《保险法》取得代位权时，并未明确否认该仲裁条款的效力，因此，买卖合同项下的仲裁条款对保险公司具有约束力。而保险公司则认为，其不知道也不可能知道发电公司与变压器公司的设备合同有仲裁条款的约定，该条款对保险公司不具有当然的约束力。

> ▶ 法院观点

一审法院认为，涉案的"500 kV主变压器设备合同"系变压器公司与发电公司签订，其中的仲裁条款系双方当事人为解决纠纷而订立的有效仲裁条款。保险公司依据保险合同在赔付被保险人发电公司的损失后，依法取得了向变压器公司请求赔偿损失的代位求偿权。由于保险公司并非该设备采购合同的一方当事人，仲裁条款并非保险公司的意思表示，因此除非其明确表示接受，否则合同中的仲裁条款对保险公司不具有约束力。本案争议发生后,保险公司作为保险人并未与设备销售方变压器公司达成新的仲裁协议,因此涉案的设备采购合同的仲裁条款不应约束作为保险人的保险公司。另外,变压器公司未在答辩期内提出管辖权异议,应视为放弃仲裁协议,一审法院继续审理并无不当,裁定驳回变压器公司提出的管辖权异议。变压器公司不服一审裁定,提起上诉。

二审法院认为,根据《中华人民共和国仲裁法》第二十六条、《最高人民法院关于适用〈中华人民共和国民事诉讼法〉的解释》第二百一十六条第一款的规定,变压器公司提出本案应仲裁的异议虽然已超过答辩期,但因本案一审并未开庭,应视为其在一审开庭前提出了本案应提交仲裁的异议,人民法院应处理该异议。一审法院关于变压器公司未在答辩期内提出管辖权异议,应视为放弃仲裁协议,一审法院继续审理并无不当的观点,没有法律依据,应予纠正。

此外,根据《最高人民法院关于适用〈中华人民共和国仲裁法〉若干问题的解释》第九条的规定,"债权债务全部或者部分转让的,仲裁协议对受让人有效,但当事人另有约定、在受让债权债务时受让人明确反对或者不知有单独仲裁协议的除外"。保险公司作为保险人,依据保险合同向被保险人发电公司赔付损失后,依法取得向其他责任人请求赔偿损失的代位求偿权。代位求偿权是法律规定的债权转让,保险公司依据法律规定受让取得发电公司对变压器公司的债权。保险公司向人民法院提交了保险公估报告作为证据,而"500 kV 主变压器设备合同"是保险公估报告的附件,因此保险公司在赔偿保险金受让债权时就应当已经知道了"500 kV 主变压器设备合同"中存在有效的仲裁条款。保险公司并未提交证据证明其在受让债权时对仲裁提出明确反对或与发电公司另有约定。综上所述,法院认为,"500 kV 主变压器设备合同"中的仲裁条款虽然是发电公司与变压器公司之间的约定,但保险公司在向发电公司支付了保险赔偿金之后,依法受让了发电公司对变压器公司的债权,保险公司明知"500 kV 主变压器设备合同"中有仲裁条款,未明确反对,因此"500 kV 主变压器设备合同"中的仲裁条款对保险公司有效。本案应交由仲裁解决,人民法院没有管辖权,裁定撤销一审民事裁定,驳回保险公司对变压器公司的起诉。

> ➢ 律师评析

《保险法》第六十条规定,"因第三者对保险标的的损害而造成保险事故的,保险人自向被保险人赔偿保险金之日起,在赔偿金额范围内代位行使被保险人对第三者请求赔偿的权利。前款规定的保险事故发生后,被保险人已经从第三者取得损害赔偿的,保险人赔偿保险金时,可以相应扣减被保险人从第三者已取得的赔偿金额。保险人依照本条第一款规定行使代位请求赔偿的权利,不影响被保险人就未取得赔偿的部分向第三者请求赔偿的权利"。所以,代位求偿权是指保险人赔偿保险金后,依法或按保险合同约定取得的向造成保险事故的第三者责任方请求赔偿的权利,该权利是保险人的法定权利,自保险人向被保险人赔偿保险金之日起取得。

根据《保险法》第六十条的规定,保险人的代位求偿权源于法律的直接规定,属于保险人的法定权利。而关于保险人取得代位求偿权后,如何确定管辖问题,该条并未明确规定。涉案法院审判时间在2015年前后,而直至2018年才出台《最高人民法院关于适用〈中华人民共和国保险法〉若干问题的解释(四)》。2020年经修订,该解释中的第十二条明确规定"保险人以造成保险事故的第三者为被告提起代位求偿权之诉的,以被保险人与第三者之间的法律关系确定管辖法院"。根据该规定,保险人取得代位追偿权后提起的诉讼,需根据被保险人与第三者之间的法律关系确定管辖法院。但涉案法院作出裁定时,并无上述明确的司法解释,而且,即便法院按照被保险人与第三者之间的法律关系确定了管辖法院,具体到本案中,被保险人与第三者事先达成了仲裁条款或协议,该仲裁条款是否应适用于保险公司与第三人呢?根据《最高人民法院关于适用〈中华人民共和国仲裁法〉若干问题的解释》第九条的规定,除保险公司和第三者另有约定、在取得保险代位求偿权时明确反对或者不知被保险人和第三者事先达成仲裁条款或协议以外,被保险人和第三者事先达成的仲裁条款或协议对行使保险代位偿权的保险公司有约束力,保险公司应通过约定的仲裁方式进行代位追偿。

另外,本案中不论是被保险人、保险公司还是第三者,均为国内公司,涉案并不存在涉外因素。如果涉及涉外因素,则根据《最高人民法院关于印发〈全国法院民商事审判工作会议纪要〉的通知》(法〔2019〕254号)第九十八条,"【仲裁协议对保险人的效力】被保险人和第三者在保险事故发生前达成的仲裁协议,对行使保险代位求偿权的保险人是否具有约束力,实务中存在争议。保险代位求偿权是一种法定债权转让,保险人在向被保险人赔偿保险金后,有权行使被保险人对第三者请求赔偿的权利。被保险人和第三者在保险事故发生前达成的仲裁协议,对保险人具有约束力。考虑到涉外民商事案件的处理常常涉及国际条约、国际惯例的适用,相关问题具有特殊性,故具有涉外因素的民商事纠纷案件中该问题的处理,不纳入本条规范的范围"。因而,实践中,关于被保险人与第三人达成的仲裁条款是否对保险人有效的问题,应当根据相关纠纷是否具有涉外因素区别对待。

> 风险提示

本案提示了保险公司在赔付并取得代位求偿权时,应对是否存在仲裁条款等对保险公司有约束力的条款加以注意;否则,若保险公司并未注意到该仲裁条款或者注意到该条款但未及时提出异议,被保险人与第三者之间如果存在仲裁条款,通常来说就对保险公司具有约束力。

问题 3-2: 保险公司赔付前被保险人放弃索赔权的行为是否有效?

> **案件名称**

某财产保险股份有限公司青岛分公司(简称"**保险公司**")诉王某、某运输二公司(简称"**运输公司**")、某财产保险股份有限公司聊城中心支公司(简称"**保险公司 2**")保险人代位求偿权纠纷

> **案号**

聊城市中级人民法院(2015)聊商终字第 132 号

> **案情简介**

被保险人某生物科技公司在保险公司处投保财产一切险,承保项目包括存货、建筑(包括装饰)、机器设备,保险期限自 2013 年 1 月 28 日 0 时起至 2014 年 1 月 27 日 24 时。2013 年 7 月 4 日,王某驾驶鲁 P×××号车辆进入某生物科技公司厂区,在途经发酵一科厂房路口处管道桥架时,车上集装箱顶部撞击桥架东侧,造成管道桥架及集装箱内货物受损,王某雇用的人员受人身损害。事故发生后,保险公司对某生物科技公司赔付保险金之前,王某(乙方,鲁 P×××号车辆实际车主,该车在保险公司 2 处投保,发生事故时该车辆挂靠在运输公司)与某生物科技公司(甲方)达成协议,约定乙方的人身损失及财产损失与甲方的财产损失相互抵销,互不追究。保险公司委托某保险公估有限公司济南分公司对某生物科技公司受损的管道桥架进行评估,核损金额为 150 000 元,理算金额为 110 989.44 元,残值为 26 678.4 元,理赔金额为 110 989.44 元。2014 年 4 月 30 日保险公司向某生物科技公司支付保险金 110 989 元,某生物科技公司向保险公司出具了赔款收据和权益转让书,并将对有关责任方的追偿权益转让给保险公司,保险公司随后向王某、运输公司及保险公司 2 提起保险人代位求偿权之诉,生物科技公司作为一审第三人。

> **法院观点**

一审法院认为:王某与第三人生物科技公司在事故发生后签订的协议,是双方在协商一致的基础上签订的,协议内容不违反有关法律法规的禁止性规定,其合同效力应予以认定。双方在协议中约定,王某一方的人身损失及财产损失与生物科技公司的财产损失相互抵销,互不追究,也就是说,生物科技公司放弃

了要求王某赔偿损失的权利,保险公司也就丧失了对王某的代位求偿权,故保险公司的诉讼请求应予驳回。一审法院判决,驳回原告保险公司的诉讼请求。保险公司不服一审判决,提起上诉,认为该"互相抵销、互不追究"的真实意思表示是指因双方均存在损失及责任,故在财务上可以不再互相给付,而不是一审法院认定的生物科技公司放弃向王某的索赔权。事实上,从协议内容与双方实际关系来看,不论是生物科技公司还是王某等,实体权利均未丧失,而仅仅是金钱上不再互相倒账。协议的真实含义是简化双方财务上的手续,而不是实体权利的丧失。二审审理期间,保险公司提交 2013 年 9 月 4 日生物科技公司向运输公司发出的索赔通知函一份,拟证明生物科技公司就本次事故正式向运输公司提出索赔 171 830 元,生物科技公司从未放弃向运输公司、王某索赔的权利。

二审法院认为:双方当事人争议的焦点问题是,保险公司针对三位被上诉人(王某、运输公司、保险公司 2)是否享有保险代位求偿权的请求权。《保险法》第六十一条规定:"保险事故发生后,保险人未赔偿保险金之前,被保险人放弃对第三者请求赔偿的权利的,保险人不承担赔偿金的责任。"本案中,生物科技公司与王某签订协议的意思真实,协议中"经双方协商,乙方的人身损失及财产损失与甲方的财产损失相互抵销,互不追究"的约定内容未违反法律、行政法规的强制性规定,协议合法有效。从协议内容足以认定生物科技公司与王某均相互放弃了请求对方赔偿的权利。保险公司虽向生物科技公司支付了保险金,但支付行为发生在涉案协议签订之前。而生物科技公司自愿放弃向对方主张赔偿的权利,保险公司随之即丧失了代被保险人生物科技公司向各被上诉人请求赔偿的权利。生物科技公司在庭审中表示协议不影响保险公司行使追偿权,与其签订协议的行为矛盾。如上所述,保险公司认为系因生物科技公司存在故意或过失行为而导致其权利受限,可另行向生物科技公司主张权利。因此,二审法院认为保险公司向王某、运输公司、保险公司 2 行使保险代位求偿权,缺乏法律依据,判决驳回上诉,维持原判。

> **律师评析**

对于被保险人与责任方有和解或其他相关约定,是否有碍于保险人追偿权的行使,应区分保险人为赔付之前与赔付之后两个不同时间点而加以判定。《保险法》第六十一条规定:"保险事故发生后,保险人未赔偿保险金之前,被保险人放弃对第三者请求赔偿的权利的,保险人不承担赔偿保险金的责任。保险人向被保险人赔偿保险金后,被保险人未经保险人同意放弃对第三者请求赔偿的权利的,该行为无效。被保险人故意或者因重大过失致使保险人不能行使代位请求赔偿的权利的,保险人可以扣减或者要求返还相应的保险金。"在实践中,可能会存在以下情况：

第一，和解协议在保险公司赔付保险金之前签署，且被保险人向保险公司隐瞒这一事实，使得保险公司照常赔付的，则被保险人侵害了保险公司代位求偿权的期待权，同时导致保险公司对责任方损害赔偿请求权基础灭失。此种情况下，根据上述《保险法》第六十一条第一款的规定，保险公司本不应承担赔偿责任，可以拒赔。若保险公司在不知被保险人已放弃向第三者的索赔权的情况下支付了保险金，则可以按不当得利要求被保险人返还保险金。同时，此种情况下，保险公司对责任方不享有代位求偿权，保险人可以另行起诉，要求被保险人返还相应的保险赔偿金。

另外，如该和解协议确实是在保险公司赔付保险金之前签署，但保险公司明知这一事实仍进行赔付的，则保险公司既不能向被保险人主张返还，也不能向责任方代位求偿。

第二，和解协议在保险公司赔付保险金之后签署，且未经过保险公司的同意，则此协议无效。假设本案经审理查明，和解协议在保险公司赔付保险金之后签署，和解协议日期系倒签，根据《保险法》第六十一条第二款的规定，被保险人生物科技公司与第三者的和解行为因法律明确规定而无效，保险公司仍可向相关责任方行使代位求偿权。

> 风险提示

实践中，被保险人为了急于挽回损失或降低自己对外承担赔偿责任的风险，存在事故发生后与其他方私自达成赔偿或和解协议的情况。这种情况下，往往存在被保险人损害保险人对第三者的追偿权甚至被保险人获得额外利益的情况。因此，对存在责任第三方的保险事故处理，保险人在赔偿前应对此类情况加以关注和审查，以避免纠纷的发生，至少避免纠纷发生时自己处于完全被动的情况。

问题 3-3：被保险人与第三人在先约定互相免责，约定是否有效？

> 案件名称

某财产保险股份有限公司金华市分公司（简称"**保险公司**"）诉某电器有限公司（简称"**电器公司**"）、浙江某工贸有限公司（简称"**工贸公司**"）保险人代位求偿权纠纷

> 案号

浙江省高级人民法院（2021）浙民申 5730 号

案情简介

2018年3月15日，电器公司作为出租方与钻高公司作为承租方签订房屋租赁合同一份，约定将坐落在冷水镇、建筑面积为14 087.8平方米的房屋出租给钻高公司使用，租期为2018年3月15日至2019年3月14日。

2019年3月1日，工贸公司与钻高公司签订股权转让及加工合作协议一份，协议书约定："为了厂房租赁的方便性和连续性，仍延续2018年模式由钻高公司统一承租磐安县冷水镇厂房，2019年度起由钻高公司、工贸公司双方各自占用一半，并各自承担厂房租金的一半（工贸公司应承担的房租部分在钻高公司支付给出租方前支付）。"

2019年3月8日，电器公司与钻高公司对原有的房屋租赁合同进行了续签，再次将前述房产出租给钻高公司使用，租期至2020年3月14日。

2018年3月17日，电器公司与钻高公司签订安全管理协议书一份。该协议书第三条第二项约定："因钻高公司责任发生的起火事故，每次扣罚人民币10 000元冲抵保险费分摊。"第四条第三项约定："若因如地震、冰雹、山洪、水灾、火灾、台风、战争、社会罢工等偶发事故造成各方受损，则双方互不承担责任，各自处置善后事宜。"

钻高公司就租赁房屋和设备等在保险公司处投保了财产基本险，总保险金额为51 530 100元，保险标的3个，其中房屋保险金额为12 000 000元、机器设备保险金额为3 520 100元、流动资产保险金额为36 000 000元，被保险人为第三人，保险期间自2019年11月10日零时起至2020年11月9日24时。

2019年12月23日，案涉厂房发生火灾事故。根据当地消防救援大队出具的火灾事故认定书认定，"起火时间：2019年12月23日0时55分许；起火部位：钻高公司厂房西北侧北起第八根到第九根钢柱之间的塑料配件、纸箱仓库；起火点：距西北墙3.6米，距厂房西北侧北起第九根钢柱3.7米处为中心的1米范围内；起火原因：电气线路短路引燃塑料配件、纸箱仓库可燃物蔓延所致"。根据火灾现场勘验笔录的记载，过火面积为11 137.5平方米，起火点在钻高公司管理的厂区内。涉案事故发生后，2020年3月17日，保险公司向钻高公司支付保险预付款300万元。保险公司认为起火部位与工贸公司相邻，起火部位的线路复杂，有出租方的，也有承租方的；事故发生当天，被保险人钻高公司无生产作业，涉及的线路并未运行，该起事故的发生无法确认是由被保险人铺设的线路所引发的；火灾的迅速蔓延与消防设施不到位存在着直接关联性。为此，保险公司认为电器公司、工贸公司存在过错，对被保险人因本次火灾造成的损失应承担赔偿责任，并根据《侵权责任法》《保险法》等有关规定提起保险人代位求偿之诉。

另查明，经庭审调查核实，涉案火灾起火点除可能存在钻高公司铺设的电气线路外，并不能排除存在电器公司铺设的电气线路。

电器公司辩称：（1）保险公司系行使保险代位权，其权利和义务应该与电器公司、第三人钻高公司一致，我公司与第三人钻高公司签订安全管理协议书中有明确约定"若因如地震、冰雹、山洪、水灾、火灾、台风、战争、社会罢工等偶发事故造成各方受损，则双方互不承担责任，各自处置善后事宜"等内容，对于双方处理火灾损失具有约束力，不因保险公司选择侵权之诉而丧失。（2）第三人钻高公司作为承租人负有妥善保管租赁物的法定义务，因为钻高公司承租厂房内的电气线路着火，第三人未妥善保管租赁物，应承担侵权责任。（3）案涉起火线路并非我公司铺设。（4）我公司并无过错，我公司移交时消防设施是合格的，事故发生前，也未收到任何书面通知，足以推定我公司所有的消防设施及电气线路没有故障。（5）租赁合同也明确约定第三人须保持消防设施及电气线路处于良好、可正常使用的状态并承担养护责任。结合火灾事故认定书可以认定，第三人未关注电气线路的运行情况、未安排人员值守、未合理隔离纸箱仓库可燃物以致造成火灾财产损失，存在重大过错。

工贸公司辩称：（1）本案火灾事故认定书对起火部位、起火原因已做明确认定，火灾责任已明确，没有对火灾灾害成因再次鉴定的必要。（2）我公司对本次火灾事故的发生和蔓延无任何过错，保险公司向我公司行使代位求偿权无事实和法律依据。发生短路的电气线路不在工贸公司范围内，也非工贸公司所有或施工安装，工贸公司在现场没有任何易燃物和可燃物。（3）工贸公司是案涉保险合同的共同被保险人，保险人不能向保险合同的被保险人追偿。

第三人钻高公司辩称：（1）着火区域的电线一部分是钻高公司的，一部分是电器公司的照明线，我公司的电线在着火时不在运作状态，保险公司追偿所依据的火灾事故责任认定书，只是认定了起火部位、起火点和起火原因，其中起火原因为电气线路短路引燃塑料配件、纸箱仓库可燃物蔓延所致。该区位的电线存在电器公司的房顶走线，事故责任认定书未能明确线路的所有者和管理者，故而起火责任主体不明。（2）钻高公司承租房屋时与电器公司签订了安全管理协议，该协议是对因火灾等引发的赔偿责任的约定，依据该约定，电器公司无须承担赔偿责任。（3）工贸公司和钻高公司的关联、共有关系本身就没有保险公司追偿的事理基础。

> **法院观点**

一审法院认为：保险人提起代位求偿权的请求权基础是被保险人对第三人享有损害赔偿请求权。本案中被保险人钻高公司与电器公司签订的安全管理协议书第三条第二项约定"由于钻高公司责任发生的起火事故,每次扣罚人民币10 000元冲抵保险费分摊",第四条第三项约定"若因如地震、冰雹、山洪、水灾、火灾、台风、战争、社会罢工等偶发事故造成各方受损,则双方互不承担责任,各自处置善后事宜"。从上述约定来看,被保险人已经与电器公司明确约定如承租房屋发生火灾事故引起损失的,互不承担赔偿责任;且该安全管理协议成立于案涉保险合同成立之前,不存在无效的法定情形,也没有其他证据证明被保险人存在故意或重大过失等情形,应对被保险人及电器公司具有约束力。根据《最高人民法院关于适用〈中华人民共和国保险法〉若干问题的解释(四)》第九条第一款的规定,在保险人以第三者为被告提起的代位求偿权之诉中,第三者以被保险人在保险合同订立前已放弃对其请求赔偿的权利为由进行抗辩,人民法院认定上述放弃行为合法有效,保险人就相应部分主张行使代位求偿权的,人民法院不予支持。本案中当地消防救援大队出具的火灾事故认定书仅能明确起火原因是电气线路短路,但从本案审理情况来看,发生短路的电气线路不在工贸公司范围内,且未有证据证明事故发生时工贸公司存在生产行为,事故起火点可能存在多个主体的电气线路,无法当然确认系工贸公司线路引发火灾。综上所述,保险公司的追偿请求,没有事实和法律依据,判决驳回保险公司的全部诉讼请求。保险公司不服一审判决,提起上诉。

二审法院认为:根据法律规定,当事人对自己提出的诉讼请求所依据的事实或反驳对方诉讼请求所依据的事实,应当提供证据加以证明。当事人未能提供证据或证据不足以证明其事实主张的,由负有举证证明责任的当事人承担不利的后果。保险公司以保险人代位求偿权纠纷为由主张电器公司、工贸公司共同支付其向钻高公司已支付的保险款300万元,其除应提供证据证明电器公司、工贸公司应对钻高公司承担侵权责任外,还应提供证据证明钻高公司因案涉火灾遭受的具体损失金额。现保险公司提供的证据尚不足以证明电器公司和工贸公司对钻高公司应承担侵权责任,理应承担举证不能的不利后果,且保险公司向钻高公司支付的300万元系预付保险款,表明钻高公司因案涉火灾遭受的具体损失金额尚未确定,因此,一审法院对保险公司的主张未予支持并无不当,判决驳回上诉,维持原判。保险公司不服二审判决,提起再审申请。再审法院认为不符合再审事由,裁定驳回保险公司的再审申请。

> **律师评析**

涉案被保险人与电器公司之间签订的协议中约定"若因如地震、冰雹、山洪、水灾、火灾、台风、战争、社会罢工等偶发事故造成各方受损,则双方互不承担责任,各自处置善后事宜",因该协议被认定为被保险人已经与电器公司明确约定如承租房屋发生火灾事故引起损失的,互不承担赔偿责任,且该安全管理协议成立于案涉保险合同成立之前,不存在无效的法定情形构成责任免除条款,所以,该约定被认定有效。保险公司在赔付后,根据《最高人民法院关于适用〈中华人民共和国保险法〉若干问题的解释(四)》第九条第一款"在保险人以第三者为被告提起的代位求偿权之诉中,第三者以被保险人在保险合同订立前已放弃对其请求赔偿的权利为由进行抗辩,人民法院认定上述放弃行为合法有效,保险人就相应部分主张行使代位求偿权的,人民法院不予支持"的规定,保险公司最终并未追偿成功。另外,这个案件中还有一个重要因素导致保险公司追偿失败,那就是起火部位的电线线路的归属和责任问题其实是不清楚的,此种情况下很难支持保险公司的追偿请求。

> ➢ 风险提示

涉案保险公司虽然以侵权为请求权基础进行追偿,但考虑到电器公司和被保险人之间存在互相免责的约定,从而导致涉案保险公司最终追偿失败。这也提醒保险公司,虽然涉案纠纷发生在追偿阶段,但如果在承保的时候能对承租房屋涉及的租赁合同等文件做好核查,就会大大降低追偿失败的可能。所以,凡是有可能后续展开追偿的保险赔案,保险公司在理赔阶段都应尽可能充分收集相关资料和证据,提前评估和做好追偿工作准备。

问题 3-4: 如何认定第三者放弃索赔权的真实意思表示?

> ➢ 案件名称

某财产保险股份有限公司山东分公司(简称"**保险公司**")诉马某、胡某等保险人代位求偿权纠纷

> ➢ 案号

山东省高级人民法院(2017)鲁民再 516 号

> ➢ 案情简介

马某与胡某系夫妻,自建位于济南之江商城三区后仓库若干。后承租方李某与马某夫妻签订租赁合同,租赁马某夫妻的自建仓库用于服装经营。2013 年 6 月 9 日,李某与保险公司签订财产基本险保险合同,承保地址为某商城 3 区后一层 A3,其中:1 楼 A 仓库,保额 700 万元;2 楼 A 仓库,保额 100 万元;3 楼 A 仓库,保额 500 万元;4 楼 A 仓库,保额 200 万元;保险期间为 2013 年 6 月 10 日 0 时起至 2014 年 6 月 9 日 24 时。2013 年 9 月 9 日,马某夫妻自建仓库发生火灾事故。2013 年 9 月 10 日,李某就火灾事故所受损失向保险公司提出索赔请

求,并由双方共同委托上海某保险公估有限公司对受损情况进行公估、理算。

2013年9月12日,济南市公安消防支队某大队出具火灾事故认定书,该次火灾主要造成仓库房主胡某的建筑物及广告牌烧毁,仓库租赁方李某、方某、黄某和仓库内及走廊存放的服装、鞋帽类等物品存在不同程度的烧损、烟熏和受水浸泡,无人员伤亡,认定本次事故起火原因是由电焊施工人员在该仓库三层西侧北头处进行电焊施工时,电焊熔珠引燃周围存放的可燃物所造成。马某和胡某夫妻二人认可电焊工系其雇佣人员。2013年9月13日,胡某、李某及方某共同签署"2013年失火承诺意见",该意见的致送单位为天桥区消防大队,主要内容为胡某、李某及方某已同意各自承担损失,并申请解封用电。

2013年10月8日,上海某保险公估有限公司出具公估报告,建议保险公司赔付李某保险赔偿金27.5万元。保险公司先于2013年9月30日向李某预赔20万元后,双方于2013年10月12日签订"赔付意向及权益转让书",李某同意以27.5万元为最终赔付金额,并同意保险公司自向李某赔偿保险金之日起,依法取得赔偿金额范围内的代位求偿权。

2013年10月18日,保险公司又向李某支付赔偿金7.5万元,完成了共计27.5万元的赔付义务。之后,保险公司以代位求偿权纠纷将马某与胡某诉至法院。马某与胡某认为,2013年9月13日,胡某、李某及方某共同签署了"2013年失火承诺意见",表明李某在保险公司向其赔付前表明,自己承担火灾损失,放弃对马某及胡某的赔偿请求权。双方当事人在庭审中均认可,在保险公司向李某理赔之前,李某并未告知保险公司"2013年失火承诺意见"的存在。诉讼中,马某、胡某申请追加李某为第三人参加诉讼,保险公司主张,承诺意见如果为非互免责任性质的协议,则要求马某、胡某承担赔偿责任,如果系互免责任性质的协议,则要求李某返还保险赔偿金。

> **法院观点**

一审法院认为:本案的焦点问题是"2013年失火承诺意见"是否为互免责任性质的协议及承担责任的主体。本案系保险人代位求偿权纠纷。根据《保险法》第六十条第一款规定,因第三者对保险标的的损害而造成保险事故的,保险人自向被保险人赔偿保险金之日起,在赔偿金额范围内代位行使被保险人对第三者请求赔偿的权利。其第六十一条第一款规定,保险事故发生后,保险人未赔偿保险金之前,被保险人放弃对第三者请求赔偿权利的,保险人不承担赔偿保险金的责任。本案中,保险事故的发生是因马某、胡某雇佣人员在其自建仓库进行电焊操作所致,马某、胡某作为仓库权利人,应对事故发生承担民事责任。保险公司向被保险人李某依约进行赔付后,本应依法取得对马某、胡某的代位求偿权,但由于马某与胡某提交的"2013年失火承诺意见"中明确载明,胡某、李某和方某已同意各自承担损失。依照通常理解,"已同意各自承担损失"是指受损各方已达成自行承担自身损失的一致意见,也包含互不追究协议各方责任的含义,作为本案保险事故来讲,即"被保险人放弃对第三者请求赔偿的权利"。"2013年失火承诺意见"出具时间在保险公司向李某支付保险赔偿金之前,即李某在其得到理赔金前就已放弃了对马某、胡某请求赔偿的权利。据此,保险公司不具备代位追偿请求权基础,保险公司向马某、胡某追偿其支付给李某的保险赔偿金,未予支持。诉讼中,保险公司主张,如"2013年失火承诺意见"为互免责任的性质,则要求李某返还其已领取的保险金。由于李某在保险公司向其赔付之前,以"2013年失火承诺意见"的方式放弃了对马某、胡某请求赔偿的权利,因此依照法律规定,保险公司作为保险人,就不再负有承担赔偿保险金的责任。但保险公司在不知情的情况下向李某支付了赔偿金,又因李某放弃了对第三者请求赔偿的权利而导致其无法实现代位求偿权,李某继续占有保险公司赔付的保险金丧失合法根据,并造成保险公司实际损失,故李某应返还其理赔所得的赔偿金。据此,对于保险公司主张李某返还保险赔偿金27.5万元的请求,予以支持。李某不服一审判决,提起上诉,其认为一审判决认定"2013年失火承诺意见"为互免责任性质的协议,属认定事实错误。因为,该承诺意见既不是协议,也不是合同,而是胡某、李某与方某三方为了消除社会影响和降低经济损失而共同向天桥区消防大队进行承诺,从而达到尽快解封用电、恢复正常经营的目的。

二审法院认为:本案上诉争议的焦点问题是李某、胡某及方某三方向天桥区消防大队出具的"2013年失火承诺意见"是否为各方火灾损失责任自行承担性质的协议。首先,"2013年失火承诺意见"明确载明,该意见的报送单位系天桥区消防大队,并非李某、胡某及方某三人就火灾事故发生后,针对火灾所造成的损失及责任承担事宜达成的三方协议。其次,根据济南市公安消防支队天桥区大队出具的"火灾事故认定书"记载,对于本次火灾应由胡某及马某承担全部责任。李某之前在保险公司投保的目的就是在类似意外事件发生时弥补经济损失,因此,作为在该次火灾事故中的无过错方李某而言,没有理由直接全部放弃对损失主张赔偿权。再次,根据对"2013年失火承诺意见"通篇文义的综合分析,该意见大部分篇幅及签订该承诺意见的主要目的为早日解封用电,从而恢复正常经营、减少损失,它是向天桥区消防大队作出的加强安全管理、积极进行消防整改的承诺;且在二审调查过程中,胡某与马某也认可出具承诺意见是为了达到尽快恢复用电的目的。在三方签订承诺意见时,并未对各自损失进行核算,承诺意见中对责任承担的陈述也并不明确具体。因此,该承诺意见不能视为李某愿意放弃实体权利性质的协议,将承诺意见中的"同意各自承担损失"被简单片面地理解为李某放弃自己全部索赔的权利,也有悖于常理。最后,2013年9月9日发生火灾,第二天李某便向保险公司提出索赔申请,积极主张自己的权利。由此也可以进一步印证2013年9月13日三方向天桥区消防大队出具的承诺意见中"同意各自承担损失"的内容并非为放弃主张赔偿的权利,且没有证据证实李某存在一方面向保险公司提出索赔申请,另一方面又对胡某与马某免除责任的恶意。经综合分析,"2013年失火承诺意见"中所载明的"同意各自承担损失"并非李某愿意放弃自己索赔的权利,故保险公司支付李某27.5万元保险金后,依法享有向责任人马某、胡某代位求偿的权利。二审法院判决撤销一审判决,马某、胡某应向保险公司支付赔偿款27.5万元。马某、胡某不服二审判决,提起再审申请。再审法院的观点与二审法院的基本一致,最终维持二审判决,驳回马某、胡某的再审申请。

> ➤ 律师评析

《保险法》第六十一条第一款规定:"保险事故发生后,保险人未赔偿保险金之前,被保险人放弃对第三者请求赔偿权利的,保险人不承担赔偿保险金的责任。"该法条明确规定了被保险人在保险人赔偿前放弃向第三者请求赔偿权利的法律后果。鉴于实践中各类复杂的情形,且被保险人并不是专业的保险或法律人士,在保险事故发生后,为了尽快解决保险事故造成的不利影响,被保险人可能会配合有关部门出具一些文件,例如本案中的"2013年失火承诺意见"。发生此类情形后,被保险人并没有积极和保险人进行沟通,告知该情形,对保险人代位求偿权的行使造成了阻碍。所幸,在本案中,二审法院结合相关证据整体情况,未认定李某的行为构成对责任方索赔权的放弃因而保证了保险公司的代位求偿权。

> ➤ 风险提示

为了避免与本案类似事件的发生,保险人可在接到报案进行调查时,及时告知被保险人相关注意事项,以及在理赔前向被保险人乃至第三方进行详细了解,被保险人是否出具过"放弃向第三者索赔"的此类文件。若非被保险人真实放弃向第三者追偿的权利,则应积极收集证据予以证明。若系被保险人真实意思表示,则保险人免于赔偿,已赔偿的可以要求被保险人返还保险金。此外,保险事故发生后至保险公司赔付前,被保险人与责任方私下达成和解协议,约定互不追究责任导致保险公司理赔后行使代位求偿权遇到障碍的情况也时有发生。

问题 3-5：存在数个竞合的请求权，如何选择代位求偿权基础？

> **案件名称**

某财产保险股份有限公司呼和浩特市回民支公司（简称"**保险公司**"）诉通辽市某房地产开发有限公司（简称"**房地产公司**"）保险人代位求偿权纠纷

> **案号**

内蒙古自治区高级人民法院（2017）内民再127号

> **案情简介**

某银行于2013年3月18日在房地产公司购买了坐落于通辽经济技术开发区宇东商业街的商业用房（办公楼）。某银行于2013年6月30日在保险公司为该办公楼投保了财产一切险，投保人和被保险人均为某银行。保险期限自2013年6月30日至2014年6月29日。2013年11月11日，某银行办公楼由于自来水跑水，部分装修工程受损。

事故发生后，保险公司委托保险公估公司公估，确定损失为636 631.00元。根据当事人陈述、公估报告、现场照片等可以确定事故是因供热管道及供水管道破裂跑水致地基下陷造成。保险公司按照保险条款规定，于2014年2月27日向某银行进行赔偿，保险金数额为636 631元。某银行为保险公司出具了权益转让书。另查明，涉案房屋于2013年5月开始装修，2013年7月9日完成装修后等待报批入住，至事故发生时一直闲置。某银行首次发现漏水是在2013年10月29日，而且是装修公司进行安全检查时才发现供热主管道有漏水现象。

保险公司支付保险赔偿金后，认为房地产公司作为商品房买卖合同的卖方，应对房屋质量承担保证责任，于是将房地产公司起诉至法院，要求判令房地产公司支付垫付的保险理赔款63.6631万元、公告费17 029元，共计65.366万元。

> **法院观点**

一审法院认为：保险公司根据某保险公估公司出具的公估报告，对被保险人某银行发生的保险事故进行了保险理赔，并取得了代位求偿权，符合保险合同及法律的相关规定，其享有向第三者进行追偿的权利。但保险公司在本案诉讼中，并未提供房地产在保险事故中负有责任的证据。当事人对自己提出的诉讼请求所依据的事实或反驳对方诉讼请求所依据的事实有责任提供证据加以证明。没有证据或证据不足以证明当事人的事实主张的，由负有举证责任的当事人承担不利后果。因此，本案保险公司向房地产公司主张代位求偿权，应提供房地产公司在涉案保险事故中应负有赔偿责任的证据，即涉案保险事故中的自来

193

水跑水是由房地产公司的原因造成的侵权责任。现保险公司未能提供上述证据,应承担对自己不利的后果。故保险公司的主张缺乏证据证明,其请求本院不予支持,判决驳回保险公司的诉讼请求。

保险公司不服一审判决,提起上诉,认为涉案保险事故的发生是由从房地产公司购买的房屋的质量问题所致,原审法院认定不存在因果关系,实属认定事实错误,应当依法改判。首先,自来水管道是房地产公司在建设施工时埋在地下的,涉案现场管道属于小区的深埋地下的公共管道,事实上根本不存在人为损坏的可能性。其次,根据商品房买卖合同第八条的规定,房地产公司的房屋在交付后出现质量问题就应承担赔偿责任,如果房地产公司认为房屋质量为管道或施工问题,那么根据合同相对性原则,房地产公司也应进行赔偿,之后向施工方或管道提供方进行追偿。

二审法院认为:本案的焦点问题是房地产公司对于此次管道破裂漏水致房屋损害的事故是否承担赔偿责任。对此,《最高人民法院关于审理商品房买卖合同纠纷案件适用法律若干问题的解释(2003)》第十三条第一款[①]规定,因房屋质量问题严重影响正常居住使用,买受人请求解除合同和赔偿损失的,应予支持。《中华人民共和国建筑法》第六十二条规定,建筑工程实行质量保修制度。建筑工程的保修范围应当包括地基基础工程、主体结构工程、屋面防水工程和其他土建工程,以及电气管线、上下水管线的安装工程,供热、供冷系统工程等项目。本案中某银行购买的商业用房因供热管道、供水管道破裂跑水致房屋地面部分塌陷,部分装修工程受损。而热管道及供水管道均属房屋质量保修范围,发生质量问题致房屋买受人某银行产生损失,房地产公司作为出卖人应当承担赔偿责任。

本案中,保险公司依保险合同赔付给某银行 63.663 1 万元后,向房地产公司追偿,符合法律规定。根据双方当事人陈述、公估报告、现场照片等可以确定事故是因供热管道及供水管道破裂跑水致地基下陷造成。而对于供水、供热管道破裂原因,双方存在争议。二审期间保险公司申请对事故原因进行鉴定,后保险公司以管道已经修复替换,鉴定客观条件不存在为由撤回鉴定申请,并申请某银行员工王某出庭证实了事故发生过程及与房地产公司协商赔偿的过程。因事故发生时,某银行与房地产公司没有及时协商或向相关机构申请确定事故原因及相关责任,对此,双方均存在过错。发生破裂的供热、供水管道均位于室外且隐蔽于地下,房地产公司不能证明供热、供水管道破裂是因某银行不当使用所致,所以不能免除赔偿责任。

[①] 该规定内容现已修改为《最高人民法院关于审理商品房买卖合同纠纷案件适用法律若干问题的解释(2020 年修正)》第十条第一款。

某银行在取得房屋后,应尽到合理安全注意义务,及时发现安全隐患,防止损失扩大。而根据某银行2013年11月16日出具的"某银行关于某某支行新址室内外地面塌陷情况说明"及证人王某证言,涉案房屋于2013年5月开始进行装修,2013年7月9日完成装修后等待报批入住,至事故发生时一直闲置,且疏于管理。某银行首次发现漏水是在2013年10月29日,而且是装修公司进行安全检查时才发现供热主管道有漏水现象。按常理,供热、供水管道破裂致地面下陷、墙体裂缝、吊顶断裂、柜台变形、地砖碎裂非一时一日之力。所以某银行在房屋闲置期间疏于管理,未尽合理注意义务以致未能及时发现漏水隐患,致损失扩大,存在过错。二审法院最终判决撤销一审判决,改判房地产公司支付保险公司赔偿款20万元(注:1/3左右责任),承担公估服务费0.5万元,合计20.5万元。

房地产公司不服二审判决,向内蒙古自治区高级人民法院申请再审。

再审法院认为:本案的焦点问题是房地产公司对于此次管道破裂漏水致房屋损害的事故是否承担赔偿责任。某银行购买的商业用房因供热管道、供水管道破裂跑水致房屋地面部分塌陷,部分装修工程受损。保险公司依保险合同赔付某银行后,以供热及供水管道存在质量问题为由,向房屋出卖人房地产公司追偿。依照法律规定,如供热管道及供水管道存在质量问题致房屋买受人某银行产生损失,房地产公司作为出卖人应依法承担赔偿责任。原审认定事故原因是供热及供水管道破裂跑水致地基下陷正确。关于供水、供热管道破裂的原因,房地产公司未能提供证据证明是使用人使用不当所致。在事故发生后,房地产公司作为房屋出卖人及负有保修义务的主体,在完成修复及更换的义务的同时,应承担事故原因认定或保全相应证据的责任。因供水、供热管道确实存在破裂的事实,作为出卖人未能举证证明供水、供热管道破裂与其无关或使用人使用不当等的情况下,原审酌定其承担部分责任并无不当,最终判决维持二审判决。

> **律师评析**

代位求偿制度是保险领域基本的制度之一,是代位权制度与保险理赔制度相结合的产物,其宗旨是防止被保险人双重获利,即当保险标的的损失是第三者原因造成时,保险人赔偿被保险人后,被保险人对第三者的索赔权利转移至保险人,保险人可直接向第三者进行索赔,由造成保险事故发生的真正责任人承担最终法律责任。该制度同时能加强对责任方的追究,防止出现因为存在保险就忽视风险管理和责任承担,甚至串通骗取保险赔偿情况的发生。

本案保险公司的请求权系保险代位求偿权。根据《最高人民法院关于适用〈中华人民共和国保险法〉若干问题的解释(四)(2020年修正)》第七条的规定,"保险人依照保险法第六十条的规定,主张代位行使被保险人因第三者侵权或者违约等享有的请求赔偿的权利的,人民法院应予支持",保险公司的请求权既可因第三者对保险标的实施的侵权行为产生,也可基于第三者的违约行为等合同约定产生。本案系典型合同之诉与侵权之诉竞合的情形,保险公司作为当事人,有权选择其请求权适用的基础法律关系。

根据案件审理时适用的《合同法》第一百二十二条①的规定,"因当事人一方的违约行为,侵害对方人身、财产权益的,受损害方有权选择依照本法要求其承担违约责任或者依照其他法律要求其承担侵权责任",保险人依据保险代位制度行使原属被保险人的上述竞合的请求权时,法院应当予以释明,要求保险人进行选择。保险人经法院释明后作出明确选择的,法院按照保险人确定的请求权进行审理。释明后,保险人未作选择的,法院应根据最有利于纠纷解决的原则依职权确定。

本案一审过程中,一审法院认为保险公司向房地产公司的起诉属侵权之诉,即因财产受到侵害而依据侵权法律关系提起的财产损害赔偿请求,适用过错责任。根据谁主张谁举证的诉讼原则,保险公司需举证证明管道破裂系由房地产公司的原因造成,否则,其应承担举证不能的法律后果。故一审法院认定,保险公司的主张缺乏证据证明,驳回了保险公司的诉讼请求。二审过程中,保险公司明确主张其请求权是基于房地产公司违约,从商品房买卖合同角度出发,认为房屋发生质量问题致房屋买受人某银行产生损失,房地产公司作为出卖人应当承担赔偿责任。二审法院采纳了该观点,最终根据具体情况支持了保险公司的部分主张。再审法院也认可二审法院的观点,维持了二审判决。

> 风险提示

保险公司履行了保险赔偿义务后进行追偿的过程中经常会面对如何选择适用不同的法律关系而发起追偿的问题。当出现代位求偿权存在多个基础法律关系竞合时,鉴于不同法律关系适用的法律规定不同,保险人及其代理人应根据案件实际情况进行选择,同时结合案件诉讼庭审情况及时调整诉讼策略,以选取对己方更有利的举证角度或证明力,以期达到较好的诉讼结果。

问题 3-6: 存在多个责任方,保险公司如何追偿?

> 案件名称

某财产保险股份有限公司(简称"保险公司")诉某设计集团有限公司(简称

---

① 《合同法》第一百二十二条规定已被《民法典》第一百八十六条取代。《民法典》第一百八十六条规定,"因当事人一方的违约行为,损害对方人身权益、财产权益的,受损害方有权选择请求其承担违约责任或者侵权责任"。

"设计公司")、陕西省某地质有限公司(简称"**地质公司**")保险人代位求偿权纠纷

> 案号

宁夏回族自治区高级人民法院(2018)宁民终 311 号

> 案情简介

2015 年 12 月,某石油天然气集团公司、某石油天然气股份有限公司向保险公司和另一保险公司 B(简称"**B 保险公司**")投保财产一切险,保险人签发了"2016 年某长输管道资产财产保险统括协议保险单"。该保险单采取共同保险的方式承保,每一保险人以各自承保的比例收取保险费,承担相应的赔偿责任,共保体具体构成为:保险公司(首席保险人)70%,B 保险公司 30%。保险期限为 2016 年 1 月 1 日至 2016 年 12 月 31 日。

某石油天然气集团下属公司某管道公司作为主要被保险人之一,投保企业财产一切险和机器损坏保险,保险标的为西二线管道资产和天然气资产,投保金额分别为 4 722 444 万元和 2 000 万元,均为足额投保;免赔额为每次事故 10 万元或损失金额的 5%,以高者为准,最高不超过 200 万元。约定在保险有效期内,由于自然灾害或意外事故造成保险标的直接物质损失或灭失,保险人按照约定负责赔偿。保险事故发生后,聘请 A 保险公估公司或其他有资质的保险公估公司进行损失理算,赔款由首席保险人直接支付给被保险人,再向共保体成员分摊。

2016 年 5 月 12 日,某铁路局向设计公司发送"关于委托开展新建中卫铁路物流中心可行性研究及施工图设计的函",主要内容为,"工程地点:中卫工业园区内。具体要求:按照设计公司编制的《新建中卫铁路物流中心工程预可行性研究》"。2016 年 5 月 29 日,设计公司向地质公司发送委托函,决定委托地质公司承担该项目的地质勘查工作,要求地质公司组织相关技术人员进场,配合设计公司地质专业负责人开展工作。同日,地质公司回函同意。双方签订了安全协议、环境协议、廉政协议书等。其中,安全协议的管理目标是:确保本项目不发生火灾及交通事故、不发生人身伤亡事故,杜绝各类钻断地下管线与触碰空中线路,保证设备安全,杜绝铁路交通事故。设计公司与地质公司的技术人员签字确认的"中卫铁路物流基地孔位地下设施和设备资料调查验证单",均确认对地下设施进行 0.3~1.5 米挖探。施工前,设计公司未向当地政府管道管理部门提出申请并获得批准。2016 年 6 月,地质公司进场配合设计公司施工作业。地质公司钻探作业前,由设计公司指定取土场,在沿线选点定孔、放孔、划定孔位,地质公司按要求先挖探再钻探。

2016 年 7 月 21 日,设计公司和地质公司在钻探作业过程中,将西二线中卫站出站 1.4 千米处的地下管道损坏并导致天然气泄漏。事故发生后,某管道公

司通知保险公司并立即组织相关单位进行抢修和现场勘验,放空管道内天然气,更换受损管道,对更换后的管道进行天然气置换升压等工作。2016年7月25日,事故管道抢修完成。

事故发生当日,某管道公司向保险公司提交出险通知书和财产险索赔申请书。2016年7月26日,保险公司根据某管道公司的申请,向某管道公司先预理赔600万元。随后,保险公司委托某质量认证公司对案涉事故进行调查。2016年8月9日,质量认证公司出具《"7.21"西二线中卫站出站1.4千米处第三方施工致管路泄漏事故调查报告》,结论是,"本次事故发生的原因为:(1)直接原因——地质公司进行地质钻探,钻探探头打穿西二线中卫站出站地下天然气管道,导致本次天然气泄漏事故。(2)设计公司违反了《石油天然气管道保护法》,在管道中心两侧200米范围内进行钻探作业时,没有向当地政府管道管理部门提出申请并获得批准;设计公司的地质工作人员和地质公司的技术施工人员在放孔、孔位检查过程中没有看到视线可及的挡土墙、警示牌、通信标石等管道保护标识。究其原因,设计公司对地质公司实施的钻探工作没有进行有效的监督管理。对地质公司前期钻探的探孔,在没有按照委托协议及任务书要求进行物探的情况下,未进行有效的纠正和预防"。

2016年11月11日,某管道公司向设计公司发送索赔函。2016年11月29日,设计公司向某管道公司复函,建议由某管道公司牵头,组织某管道公司、设计公司、地质公司共同参与沟通协商,达成共识后,启动索赔工作。2016年12月,保险公司委托A保险公估公司对案涉损失进行公估,公估结论为:报损金额为9 911 077.41元,最终核算金额为9 237 681.82元,免赔额为461 860.57元,残值为470.33元,理算金额为8 775 351元,建议保险人按上述金额赔付。

保险公司理赔后,某管道公司向保险公司出具赔偿金额同意及权益转让书,保险公司取得代位求偿权后,向法院提起诉讼,要求判令设计公司和地质公司连带赔偿保险公司已支付的保险赔偿款8 775 351元以及延迟支付上述款项产生的利息425 965.15元(利息按照中国人民银行2015年10月24日施行的金融机构贷款基准利率计算,自2016年12月23日起算,暂计至2017年12月31日,最终计算至设计公司和地质公司实际付清全部欠付款项之日)。

设计公司辩称:设计公司与地质公司就涉案事故工程签订了地质勘查设计分包合同,设计公司将涉案工程路基、桥梁、涵洞等承包给地质公司,承包内容包括共同定孔、放孔、地质勘探等,其中包括物探、挖探和钻探等安全措施手段,提交地质勘查成果报告,其工程勘察费单价组成包括地下设施、设备物探、挖探和钻探。事故发生时,地质公司未按照合同主要义务履行安全操作规程,没有注意观察,在钻机钻探过程中未严格遵守先物探后挖探再钻探的操作规程,未经向设计公司报告涉案事故空洞开机的情况下就擅自开钻钻孔,疏于对钻孔进尺(钻探或钻井的工作量指标)过程的观察,在钻头触及燃气管线时对钻机发生的阻进异常情况轻信和疏忽大意,没有提高安全意识,未及时采取停钻的有效措施,也未做进一步挖探来识别风险因素,造成燃气管道被损伤的事故后果。设计公司在该项目中,主要是作为项目所有人和任务实施人对地质公司在履行合同义务的过程中进行监督和指导。因此,设计公司与事故原因无因果关系,事故的主要成因和原因是地质公司未按照安全操作规程、勘察任务书、安全自检、自查程序要求施工,也就是说,地质公司是造成事故的直接原因,保险公司主张的损害赔偿应由地质公司承担全部赔偿责任。

地质公司辩称:设计公司为中卫项目实施主体单位,地质公司进行钻探、施工的区域完全由设计公司指定,即该取土项目的指定范围是设计公司划分的,而设计公司违反法律规定没有向当地县一级政府管道管理部门申请获准,是本案出事的最直接原因。所有的定孔即施工钻孔位置完全由设计公司放孔,事故当天的5个孔全部由设计公司指定,地质公司无权变动孔位。设计公司和地质公司签订的安全保底条款中,未确认物探内容,全部都是挖探而没有物探,设计公司对此未提出任何异议。地质公司是在设计公司的指挥、技术指导和监督下工作,包括出事之前,地质公司的工作人员挖完前两个孔,第三个孔已挖好,设计公司技术人员对此没有异议,然后离开去别处检查,地质公司没有违章操作。地质公司和设计公司不是承包关系,没有签订过承包合同,全部是委托函,所有的对外责任应由设计公司承担。某管道公司所有的发函全部针对设计公司,包括保险公司追偿均是向设计公司发函,从未向地质公司主张过权利。设计公司要求地质公司承担责任,这与事实不符。

> **法院观点**

一审法院认为:《保险法》第六十条第一款规定,"因第三者对保险标的的损害而造成保险事故的,保险人自向被保险人赔偿保险金之日起,在赔偿金额范围内代位行使被保险人对第三者请求赔偿的权利"。本案在案证据证明,设计公司在管道中心两侧200米范围内进行钻探作业前,未按规定向当地政府管道管理部门提出申请并获得批准;在选定取土场、放孔、定孔、划孔、孔位检查过程中未注意到视线可及的挡土墙、警示牌、通信标石等管道保护标识;未要求地质公司在探孔时,按先挖探后物探再钻探的程序进行作业,致使地质公司在地质钻探过程中,钻探探头打穿地下天然气管道,是造成管道损坏及天然气泄漏事故发生的主要原因。基于设计公司的上述行为,被保险人某管道公司对设计公司享有损害赔偿请求权。保险事故发生后,保险公司作为首席保险人向被保险人某管道公司赔偿了保险金。被保险人某管道公司积极向设计公司索赔并向保险公司出具了权益转让书。根据上述法律规定,保险公司在赔偿金额范围内取得代位行使某管道公司对设计公司请求赔偿的权利,故对保险公司要求设计公司赔偿其已付保险金8 775 351元的诉讼请求,予以支持;保险公司依法取得的代位请求权限于赔偿金额范围内,故对保险公司要求高出赔偿金额范围支付利息的诉讼请求,不予支持。

保险公司依法取得对设计公司的代位求偿权,足以保障其权益得以实现,其主张同时取得代位行使某管道公司对地质公司请求赔偿的权利,并要求地质公司承担连带责任的诉讼请求,与本案已查明的事实不符。故对保险公司要求地质公司承担连带责任的诉讼请求,不予支持。设计公司和地质公司之间的争议,可另行解决。一审法院最终判决设计公司支付赔偿金8 775 351元。设计公司不服一审判决,提起上诉。

二审法院认为:根据2016年5月29日设计公司向地质公司发出的委托函及当日地质公司的回函,设计公司是委托地质公司进行案涉项目的地质勘查,要求地质公司派相关技术人员进场,配合设计公司的地质专业负责人开展工作,并按设计公司要求,与其签订有关安全、环境、廉政的协议。而设计公司作为委托方,在对案涉管道中心两侧200米范围内进行钻探作业前,未按规定向当地政府管道管理部门提出申请并获得批准;在选定取土场、放孔、定孔、划孔、孔位检查过程中,未注意到视线可及的挡土墙、警示牌、通信标石等管道保护标识;在地质公司探孔时,未对地质公司实施的钻探作业进行有效的监督管理,造成地质公司钻探探头打穿地下天然气管道,发生本案管道损坏及天然气泄漏的事故。设计公司的上述行为是本案事故发生的主要原因,一审判决认定设计公司应赔偿保险公司已支付保险赔偿款8 775 351元有事实和法律依据,并无不当。设计公司提出其将案涉地质勘探工程分包给地质公司,应由地质公司承担责任的上诉理由,因其并未与地质公司签订具体工程分包合同,并认可对案涉项目勘测施工负责,且针对设计公司与地质公司之间的争议,一审法院认定可另行解决,故设计公司的该上诉理由不能成立,一审法院不予支持。最终,二审法院判决驳回上诉、维持原判。

> **律师评析**

保险公司在理赔后,往往还涉及追偿环节。对于保险代位追偿,保险公司可以选择将违约或侵权作为请求权基础。具体到本案中,可以看出保险公司代位追偿的请求权基础为侵权责任,并且保险公司将设计公司和地质公司均起诉至法院,要求两者承担连带赔偿责任。但不论是一审法院还是二审法院,均认定设计公司作为项目委托方,未按规定向管道管理部门提出申请并获得批准,未注意视线可及的挡土墙、警示牌、通信标石等管道保护标识,未对地质公司实施的钻探作业进行有效的监督管理,从而导致涉案事故发生,应承担相应的损害赔偿责任,并认为保险公司依法取得对设计公司的代位求偿权,足以保障其权益得以实现,而设计公司和地质公司之间的争议可另行解决,因此并未支持保险公司要求地质公司承担连带赔偿责任的诉讼请求。但若设计公司经营不善或资不抵债,保险公司就无法真正获得足额赔偿,那又该如何保障保险公司的权益呢?关于设计公司与地质公司之间是否应承担连带责任的问题,也许值得进一步探讨。

> 风险提示

保险追偿主体的选择、保险追偿请求权基础的选择,都是追偿中应当重点考虑的问题。有时候是否正确选择追偿主体、请求权基础,往往能直接决定追偿成败,因此,保险公司因结合实际情况,选择最有利的追偿方式。

问题 3-7: 存在多个主体并享有数个竞合的请求权,如何追偿?

> 案件名称

某财产保险股份有限公司北京分公司(简称"**保险公司**")诉南京某环境技术有限公司(简称"**环境技术公司**")、南京某特种装备有限公司(简称"**特种设备公司**")保险代位求偿权纠纷

> 案号

江苏省高级人民法院(2016)苏民申 2070 号

> 案情简介

2010 年,特种设备公司与某电影集团公司签订租赁合同一份,约定特种设备公司将南京某购物中心(西区)第三层出租给电影集团公司用于经营国际电影城——多厅影城,租赁期限从 2011 年 3 月 1 日起至 2031 年 2 月 28 日,为期 20 年。电影集团公司接场后,装修免租期 4 个月,之后再给予 6 个月的经营免租期。影院所需空调主机、风柜及空调水系统等末端,以及影院装修由电影集团公司负责,电影集团公司安装的空调费用由其自行承担,空调产权无偿归属特种设备公司所有。由电影集团公司发起设立且注册经营的公司为合同约定项目所在地的影院经营法人,将全面、有效继承电影集团公司在合同中的全部权利和义务等内容。嗣后,电影集团公司发起成立南京某电影城管理有限公司(以下简称"**影城管理公司**")。2012 年 11 月,承接影城装修工程的武汉某装饰工程有限公

司提交了"竣工结算审核报告",其中包含空调工程。

影城管理公司在保险公司投保了财产一切险,申报投保明细包括房屋建筑;装修工程(电气工程、弱电工程、空调工程等),不含租赁房屋建筑,保险金额800万元,估价投保,依据装修工程竣工结算报告确认。机器设备:影院放映设备、办公电脑、打印机设备、液晶电视、柜式空调等,保险金额692万元,估价投保。装修及家具:办公桌椅、沙发等,保险金额8万元,估价投保。保险期间自2012年10月24日上午0时起至2013年10月23日下午24时;标的地址为江苏省南京市大光路某国际广场3楼;保险项目、保险金额与影城管理公司申报投保明细一致;每次事故绝对免赔额为1000元或损失金额的5‰,两者以高者为准;附加险含清理残骸费用扩展条款等七项,总保险费为3750元。其财产一切险条款第二条约定:本保险合同载明地址内的下列财产可作为保险标的:(一)属于被保险人所有或与他人共有而由被保险人负责的财产;(二)由被保险人经营管理或替他人保管的财产;(三)其他具有法律上承认的与被保险人有经济利害关系的财产。第五条约定:在保险期间内,由于自然灾害或意外事故造成保险标的的直接物质损坏或更新换代,保险人按照保险约定负责赔偿,前款原因造成保险标的的损失,保险人按照保险合同的约定也负责赔偿。第六条约定:保险事故发生后,为防止或减少保险标的的损失所支付的必要的、合理的费用,保险人按照保险合同的约定也负责赔偿。该财产一切险条款还对责任免除、保险价值、保险金额与免赔额(率)、保险期间、保险义务、投保人和被保险人义务、赔偿处理等进行了约定。

另外,国际广场3层顶部平台上共建4组空调机组,其中约克牌空调机组3组,系特种设备公司购买安装,另一组机型MHS310.2麦克维尔空调机组由影城管理公司安装使用。

2012年12月4日,当地环境保护局向国际广场产权人特种设备公司发出"限期整改通知书",认定国际广场中央空调机组在使用时噪声超过国家标准,影响周边居民生活,要求特种设备公司在2012年12月19日前完成整改。特种设备公司通过招标选定具有噪声治理资质的某环境技术公司。建设单位特种设备公司与承建单位某环境技术公司于2013年2月26日签订"工程承包合同书",约定由某环境技术公司按环保部门规定的噪声治理标准,按招标文件中的材质技术要求对特种设备公司于国际广场的4组中央空调噪声进行治理(不含其他噪声源设备的治理)。

2013年6月2日,环境技术公司在国际广场顶层施工时发生火灾。南京消防支队接到报警后,迅速赶赴现场扑救。该起火灾过火面积为360个平方米,主要烧毁了屋顶中央空调机组和简易隔声房,火灾无人员伤亡。经原南京市白下区公安消防大队认定,该起火灾起火部位位于特种设备公司(国际广场)3层顶部平台上空调外机的简易隔声房内,起火点位于该隔声房东侧隔断上自南向北第十二根镀锌管处,事故原因系环境技术公司在该广场3层顶部平台上空调外机的简易隔声房东侧平台处进行电焊作业时,电焊机电线与隔声房东侧隔断摩擦短路引燃吸音棉而引发火灾。

就空调机组损坏,影城管理公司向保险公司申请理赔,保险公司委托某保险公估有限公司北京分公司(以下简称"**公估公司**")公估。2013年11月5日,公估公司出具的"保险公估终期报告"载明:受损设备名称为风冷螺杆热泵机组,型号MHS310.2FS74,生产厂家麦克维尔(McQuay),属于国际影城装修工程的一部分,属于保单中房屋建筑项下的保险标的;经现场查勘,整套风冷螺杆热泵机组全部过火,配电箱连接电缆灼烧损坏,冷凝器烧毁变形,机组零部件受高温炙烤损坏严重;空调厂家麦克维尔公司出具的定损报告显示被保险人的空调机组损坏修复至正常运行状态厂家需收费80万元,由于维修费用接近更换新的空调机组费用,厂家建议更换新的空调机组;公估师及保险代表共同对空调厂家代表进行调查询问,厂家代表称即使对过火空调机组进行修复,也只能恢复至事故前的50%性能,并且故障率将在以后的使用过程中增加;公估师在考虑空调机组修复费用与重置费用接近的前提下,推定受损的空调机组全损,按照空调机组的重置价值进行定损;重置价值包括采购设备价格及安装施工费用,扣除残值6 900元等,理算金额为758 222.18元(已扣免赔额)。保险公司根据保险合同的约定,向影城管理公司履行了保险金支付义务,依法取得保险代位求偿权。保险公司认为特种设备公司作为购物中心的所有权人及管理方,选择不具有施工资质的施工单位,且未尽到安全保障义务,存在过错。环境技术公司在施工作业时,操作不当,引发火灾,因此两公司的行为引起火灾,导致影城管理公司财产直接损毁,构成了共同侵权。为维护自身合法权益,保险公司向法院诉请判令特种设备公司、环境技术公司连带赔偿保险公司保险金共计758 222.18元,并支付自起诉之日起至实际偿还之日每日按照同期银行贷款利率计算的利息。特种设备公司、环境技术公司则抗辩认为空调机组不属于影城管理公司所有,影城管理公司无权投保并理赔。一审庭审中,保险公司明确其请求权系基于侵权,要求特种设备公司、环境技术公司承担侵权责任。

> **法院观点**

一审法院认为:《保险法》第十二条规定,财产保险的被保险人在保险事故发生时,对保险标的应当具有保险利益。财产保险是以财产及其有关利益为保险标的的保险。保险利益是指投保人或者被保险人对保险标的具有法律上承认的利益,当保险标的发生毁损、灭失时,将直接影响投保人的经济利益,保险利益不仅包括财产权利,而且包括合同权利、法律责任等,因此保险利益的范围相当宽泛,而不仅仅限于物的所有权。本案所涉保险标的是影城管理公司的装修工程,其租赁合同约定装修工程由影城管理公司负责,影城管理公司既是装修工程的投资建设人,也是该装修成果的具体受用人,即使空调机组的所有权属于特种设备公司。由于空调机组是由影城管理公司安装、使用的,一旦装修工程全部或者部分发生毁损、灭失,对影城管理公司必将产生直接的影响,因此影城管理公司对装修工程具有保险利益。特种设备公司、金水公司认为空调机组不属于影城管理公司所有,影城管理公司无权投保并理赔,这一观点不符合法律规定,一审法院不予支持。

火灾是由于环境技术公司员工作业操作不当引发的,环境技术公司应对火灾的发生承担责任,故保险公司要求环境技术公司承担赔偿责任的诉讼请求,合法有据,应予支持。特种设备公司在选择噪声治理的承建单位时,经过招投标,对投标单位是否具备施工资质也进行了审查,选定的环境技术公司具备施工能力,特种设备公司已尽到合理、审慎的审查义务。保险公司认为特种设备公司选择不具有施工资质的施工单位,证据不足。保险公司还认为特种设备公司未尽到安全保障义务,但未指出特种设备公司哪些应提供的安全保障不足,故对该主张不予认可。在客观上,特种设备公司、环境技术公司也未共同实施同一种侵权行为,故保险公司要求特种设备公司承担连带赔偿责任的主张,证据不足,不予支持。根据《保险法》第六十条第一款规定,保险公司应在支付的保险金758 222.18元范围内请求赔偿,其主张的利息不予支持。最终,一审法院判决环境技术公司支付保险公司赔偿款 758 222.18元,驳回其他诉讼请求。

保险公司和环境技术公司均不服一审判决,其中保险公司上诉称:特种设备公司与影城管理公司签订的租赁合同中约定,特种设备公司在进行必要的维修或施工工作中,不得对影城管理公司既有的施工成果或施工进度造成影响,否则特种设备公司应承担相应责任。现因特种设备公司的施工导致影城管理公司投保的空调机组受损,特种设备公司应当承担相应的违约责任,故保险公司有权依据租赁合同要求特种设备公司承担赔偿责任。环境技术公司上诉称,案涉空调机组虽过火,但仍具备修复条件,且维修费不超过20万元;并认为火灾发生属于意外事件,在双方均没有过错的情况下,依照《侵权责任法》第二十四条[①]规

[①] 《侵权责任法》现已失效,该法第二十四条规定现为《民法典》第一千一百八十六条,"受害人和行为人对损害的发生都没有过错的,依照法律的规定由双方分担损失"。

定,应由环境技术公司和中影公司共同承担责任。

二审法院认为:当事人应于一审程序中明确其请求权基础,二审中不得擅自变更请求权基础。保险公司一审中确认其要求特种设备公司承担赔偿责任的请求权基础为侵权,二审中又以特种设备公司存在违约行为为由要求其承担赔偿责任。保险公司虽未增加新的诉讼请求,但其在二审程序中提出了新的请求权基础,剥夺了特种设备公司在一审程序中对此进行抗辩的权利,于特种设备公司而言显属不公,且于法无据,故法院对保险公司要求特种设备公司承担违约责任的主张,不予理涉。

《侵权责任法》规定,根据法律规定推定行为人有过错,行为人不能证明自己没有过错的,应当承担侵权责任。因第三人的行为造成他人损害的,由第三人承担侵权责任;宾馆、商场、银行、车站、娱乐场所等公共场所的管理人或者组织者未尽到安全保障义务的,承担相应的补充责任。[①] 本案中,案涉空调机组受损是由于环境技术公司工作人员操作不当所致,环境技术公司系直接侵权人。而特种设备公司在选择噪声治理的承建单位时,经过招投标,选定具有噪声治理施工资质的环境技术公司,已尽到了合理、审慎的审查义务,对火灾的发生没有过错,不应当承担赔偿责任。保险公司主张特种设备公司系国际广场的管理者,依法负有安全保障义务,并应适用过错推定原则由特种设备公司承担举证责任。但首先,空调机组系位于国际广场封闭区域,并非属于非特定人员能够自由出入的公共场所。其次,只有法律明确规定的情况下,才能够适用过错推定原则,而《侵权责任法》中对安全保障义务并未作此规定,不能据此推定特种设备公司有过错,故仍应适用"谁主张谁举证"原则分配举证责任,即由保险公司对特种设备公司未尽到安全保障义务承担举证责任。现保险公司未能举证证明,故其要求特种设备公司承担补充清偿责任,于法无据,本院不予支持。二审法院最终判决驳回上诉,维持原判。保险公司和环境技术公司均不服二审判决,提起再审申请。

再审法院认为:请求权竞合包括狭义的请求权竞合与广义的请求权竞合。狭义的请求权竞合指债权人就同一法益而享有的对同一个债务人的数个请求权的并存。广义的请求权竞合指债权人就同一法益而享有的对于数个不同债务人

---

① 《民法典》自2021年1月1日起施行后,《侵权责任法》等相关法律已失效。上述《侵权责任法》有关规定见《民法典》第一千一百六十五条规定:"行为人因过错侵害他人民事权益造成损害的,应当承担侵权责任。依照法律规定推定行为人有过错,其不能证明自己没有过错的,应当承担侵权责任。"以及第一千一百九十八条规定:"宾馆、商场、银行、车站、机场、体育场馆、娱乐场所等经营场所、公共场所的经营者、管理者或者群众性活动的组织者,未尽到安全保障义务,造成他人损害的,应当承担侵权责任。因第三人的行为造成他人损害的,由第三人承担侵权责任;经营者、管理者或者组织者未尽到安全保障义务的,承担相应的补充责任。经营者、管理者或者组织者承担补充责任后,可以向第三人追偿。"

的数个请求权的并存,即不真正连带之债。基于民法损害赔偿的填平原则,债权人就同一法益,只能受偿一次。在狭义的请求权竞合情形下,债权人只能选择基于一个请求权基础求偿;在不真正连带之债的情形下,债权人可以先起诉某一债务人,后又起诉其他债务人,也可针对各债务人同时起诉。债权人先起诉某一债务人,后又起诉其他债务人,人民法院应予受理,如可以合并审理的,应合并审理。但无论债权人如何选择,均不得重复受偿。

本案中,影城管理公司因空调机组过火而遭受损失,可以选择基于其与特种设备公司的房屋租赁合同关系,请求特种设备公司承担违约责任;也可以选择基于侵权法律关系,请求环境技术公司与特种设备公司承担侵权赔偿责任。影城管理公司对特种设备公司享有的违约赔偿债权与侵权赔偿债权产生狭义的请求权竞合,影城管理公司对环境技术公司的侵权赔偿债权与对特种设备公司的违约赔偿债权产生不真正连带之债。由于在一审中,保险公司已经选择基于侵权法律关系向环境技术公司、特种设备公司主张赔偿,故其二审期间又基于合同关系要求特种设备公司赔偿,属于重复求偿,原判决不予支持,并无不当。涉案事故中,环境技术公司作为具备相应资质的施工企业,未能注意火灾隐患并采取防范措施,具有明显过错,应对火灾造成的损失承担赔偿责任。最终裁定驳回再审申请。

> ➤ 律师评析

《民法典》第一百八十六条规定:"因当事人一方的违约行为,损害对方人身权益、财产权益的,受损害方有权选择请求其承担违约责任或者侵权责任。"从该规定可以看出:(1)一方的违约行为造成对方人身权益、财产权益损害是发生竞合现象的事实基础;(2)受害方有权选择请求违约方承担违约责任或者侵权责任,是处理竞合问题的基本法律规则,即在竞合情形下受害方获得在请求对方承担违约责任与请求对方承担侵权责任之间进行选择的请求权。在相互对立的请求权之间,赋予受害人进行选择的权利,是我国民事法律解决竞合问题的基本立场和方法。

本案再审法院详细论述了狭义的请求权竞合与广义的请求权竞合的含义以及适用原则,笔者认可再审法院的观点。本案系广义的请求权竞合,保险人向被保险人支付保险赔偿金后,即取代被保险人,有权基于不同的法律关系,对不同第三者分别提起保险代位求偿权诉讼,或是共同诉讼。保险公司在取得代位求偿权后应全面分析被保险人与第三者的基础法律关系,结合具体案件事实、法律构成要素、证据组织等制定最佳诉讼策略及方案。

> ➤ 风险提示

本案追偿过程中再次因为保险人未深入研究其追偿权的基础法律关系问题

从而发生,在诉讼过程中,因选择的请求权不适当而导致未能达到全部追偿目的的结果。再次提醒保险人在进行追偿时,应慎重研究基础法律关系。这往往是保险人在追偿纠纷处理中最容易失误的地方。

问题 3-8: 租赁房屋发生火灾,承租方是否应承担全部赔偿责任?

> **案件名称**

某财产保险股份有限公司黑龙江分公司(简称"**保险公司**")诉某汽车销售公司代位求偿权纠纷

> **案号**

黑龙江省牡丹江市阳明区人民法院(2022)黑 1003 民初 32 号

> **案情简介**

2018 年 11 月 8 日,案外人某实业公司(甲方)与某汽车销售公司(乙方)签订房屋租赁合同,某实业公司将其所有的位于牡丹江市阳明区光华街,房屋使用面积 4 400 平方米的商务用房租赁给某汽车销售公司经营,租赁期限为 2019 年 1 月 1 日至 2021 年 12 月 31 日。该合同中约定"在租赁期间,由乙方造成的房屋损坏的修缮费用由乙方承担,非乙方原因造成的房屋主体结构修缮、折旧费用由甲方承担"。某实业公司在某银行牡丹江分行贷款 2 550 000 元,案涉房屋为担保物。

2021 年 4 月 19 日,某实业公司为案涉房屋在保险公司投保财产综合险,保险金额为 55 130 000 元,保险期限为 2021 年 4 月 20 日零时至 2022 年 4 月 19 日 24 时,第一受益人为某银行牡丹江分行。

2021 年 7 月 19 日,案涉房屋发生火灾。2021 年 8 月 17 日,当地消防救援支队阳明区大队出具火灾事故认定书,认定"起火时间为 2021 年 7 月 19 日 7 时 14 分许,起火部位位于某汽车销售公司维修车间西部配件库,起火点位于配件库内东部由南向北数第二张办公桌下方,起火原因为第二张办公桌下电气线路故障,引燃周围可燃物蔓延成灾"。某实业公司于 2021 年 7 月 19 日就火灾情况向保险公司报案,保险公司委托保险公估公司对案涉火灾进行公估。公估结论为电气线路故障引起火灾,保单责任成立,核损金额为 907 603.32 元,理算金额为 848 437.32 元。某实业公司和某汽车销售公司在损失确认书中盖章确认。某实业公司向保险公司出具赔偿确认书,同意接受 848 437.32 元作为最终赔偿金额。某银行牡丹江分行出具说明,同意将理赔款支付给抵押人即某实业公司,用于修复抵押物即涉案房屋。

保险公司向某实业公司支付理赔款后，某实业公司向保险公司出具权益转让书，将已取得赔款部分的保险标的的一切权益（含残值，若有残值委估时）转让给保险公司，确认保险公司可向责任方某汽车销售公司采取法律或其他措施以行使这些权利或获得相应补偿。保险公司于是提起代位求偿之诉，认为根据某实业公司与某汽车销售公司签订的租赁合同约定，承租期内的租赁物维修费用应当由某汽车销售公司负责。某汽车销售公司在使用租赁物期间未尽到维修、维护等安全注意义务，导致火灾事故的发生，应当对本次事故承担全部赔偿责任，因此请求判令某汽车销售公司承担相应赔偿责任，支付848 437.32元赔偿金。某汽车销售公司认为起火原因为电气线路故障，引燃周围可燃物蔓延成灾；起火原因并非其故意或重大过失所致，其没有过错；火灾致租赁物损失并非其使用期间没有尽到维护义务所致，应当驳回保险公司的诉讼请求。

> **法院观点**

本案系保险人代位求偿权纠纷。那么，本案中的保险公司是否享有代位求偿权呢？保险人代位请求赔偿的权利是指因第三者对保险标的的损害而造成保险事故的，保险人自向被保险人赔偿保险金之日起，在赔偿金额范围内代位行使被保险人对第三者请求赔偿的权利。保险公司作为保险人与案外人某实业公司之间存在保险合同关系。涉案火灾事故发生后，保险公司在接到某实业公司报案后出险，并对受损标的情况委托公估公司核定后向某实业公司支付了理赔款848 437.32元。基于此，保险公司作为保险人依法取得了在赔偿金额范围内代位行使被保险人对事故责任人的求偿权利。

关于某汽车销售公司是否应承担赔偿责任。案涉火灾起火点位于某汽车销售公司维修车间西部配件库内东部由南向北数第二张办公桌下方，起火原因为第二张办公桌下电气线路故障，引燃周围可燃物蔓延成灾。某汽车销售公司虽然对火灾的发生不存在故意或重大过失，但某汽车销售公司作为承租人，在使用案涉房屋期间，应对房屋内的电气线路负有随时进行检查、维护安全的注意义务，以避免电气线路发生故障，而某汽车销售公司未能举证证明其已履行前述义务，故某汽车销售公司存在过错，应对火灾的发生承担损害赔偿责任。保险公司委托某公估公司对火灾损失进行公估，某汽车销售公司对公估报告的理算金额848 437.32元无异议，故保险公司要求某汽车销售公司给付848 437.32元的诉讼请求，法院予以支持。

> **律师评析**

本案事故起火原因为电气线路故障，引燃周围可燃物蔓延成灾。虽然某汽车销售公司不存在故意或重大过失行为，且根据其与房东签订的租赁合同约定，仅约定其造成的房屋损坏的修缮费用由其一方承担,非其原因造成的房屋主体结构修缮、折旧费用由房东承担,并没有约定发生火灾事故如何确定各方责任,然而,本案法院认为,汽车销售公司作为承租人,在使用案涉房屋期间,应对房屋内的电气线路负有随时进行检查、维护安全的注意义务,以避免电气线路发生故障,但其并未举证证明其履行了相应义务,法院最终认定其为过错方,应对火灾事故承担全部赔偿责任。

> 风险提示

不论是房东还是承租方,都应避免侥幸心理,对于自身责任范围内的安全事项,做好相应的检查、维护等注意义务,避免发生安全事故从而承担巨额赔偿责任。实际上,承租人也可以作为被保险人为其承租的房屋投保以减少和降低自己在房屋承租期间可能面临的意外风险。

问题3-9:租赁房产发生火灾,追偿时如何确认各方责任比例?

> 案件名称

某财产保险股份有限公司湖州市南浔支公司(简称"**保险公司**")诉湖州南浔某包装材料厂(简称"**包装厂**")、马某、顾某保险代位求偿权纠纷

> 案号

浙江省湖州市中级人民法院(2016)浙05民终1078号

> 案情简介

2015年3月13日,某工厂就其固定资产向保险公司投保中小企业财产险"财富U保"综合保险,其中约定:保险标的为固定资产,保险金额为5 178 000元,保险期间为2015年3月16日至2016年3月15日,每次事故绝对免赔额为2 000元或损失的20%,两者以高者为准。

2015年1月9日,某工厂将厂房出租给包装厂开办饭盒厂,租期为2015年2月10日至2020年2月10日,约定包装厂在承租期间应做好安全防范措施,杜绝不安全因素发生,如产生不安全因素,则一切责任由包装厂自负,与某工厂无关。另外,包装厂系个人独资企业,马某系其投资人,顾某系马某配偶,是实际经营者。

2015年4月29日15时35分许,包装厂使用厂房时发生火灾,造成某工厂厂房受损。同年5月12日,当地消防大队出具火灾事故认定书,认定起火部位为包装厂的包装车间西南侧,起火点为距车间西墙内墙面6~8米、距南墙内墙面8~10米区域范围内,起火原因为电气线路故障引燃周边可燃物引发火灾。

后保险公司以及某工厂、包装厂共同委托某保险公估公司定损,保险公司垫付了公估费用13 530元。经公估报告确认,某工厂因本次火灾造成的损失为338 417元,残值为20 674元,在计算投保比例及扣除残值、免赔额后,确定理算金额为24万元。2015年6月24日,保险公司向某工厂支付了上述保险金。

另查明,本案所涉厂房未经消防验收,包装厂自认该厂房内部电气线路均为其自行安装,内部灭火器也均为其自行配置。火灾发生后,厂房附近的消防栓(系某工厂提供)与消防水管接口不相匹配,无法使用。

保险公司支付理赔款后,认为包装厂因使用不当致使电气线路故障引发火灾,应承担全部的赔偿责任,马某、顾某为企业投资人,应以其个人财产承担连带清偿责任,于是将包装厂、马某、顾某起诉至法院,要求三被告赔偿相应的保险赔款及公估费用。包装厂、马某、顾某则认为,火灾事故发生责任在某工厂,某工厂向其交付的厂房未通电,没有独立的配电房,违背了包装厂承租厂房的目的,某工厂应承担主要责任。

> **法院观点**

一审法院认为:保险公司与某工厂之间的保险合同系双方真实意思表示,合法有效。某工厂发生火灾,保险公司依约支付保险金后,即取得代位求偿权,有权在其赔偿金额内向包装厂主张赔偿权利,包装厂应在责任范围内承担赔偿责任。关于火灾事故责任,本案火灾原因在于电气线路故障引燃周边可燃物,起火点位于车间内部,现包装厂主张系外部线路故障引发的,与客观事实不符,故本院不予采纳。厂房内部电气线路均为包装厂自行配置,故对火灾事故发生,某工厂不存在过错,应由包装厂承担全部责任。在本案火灾事故发生后,结合某工厂负责人和顾某的陈述,确实存在消防水管与消防栓接口不一致导致无法及时灭火的情形,某工厂负责人也自认厂房未经消防验收,故对火灾损失扩大,某工厂存在一定过错。综上所述,综合双方过错大小,某工厂与包装厂各自负担损失的20%和80%为宜。

关于赔偿主体,顾某表示其系包装厂员工,系履行职务行为。但根据本案证据,某工厂与包装厂的租赁合同由顾某签字,而顾某在消防部门所做的询问笔录中也陈述"在双林开了家包装厂",故可以认定顾某是包装厂的实际经营者。包装厂在承租某工厂厂房期间发生火灾事故,顾某作为实际经营者,应承担连带赔偿责任。同时,个人独资企业是指依照《个人独资企业法》在中国境内设立的,由一个自然人投资,财产为投资人个人所有,投资人以其个人财产对企业债务承担无限责任的实体。马某作为包装厂的投资人,也应承担连带责任。最终,一审法院判决包装厂支付保险公司19.2万元,马某、顾某作为包装厂的实际经营者和投资人对此承担连带赔偿责任。包装厂、马某、顾某不服一审判决,提起上诉。

本案还涉及另一争议焦点,即保险公司是否有权主张公估费用。一审法院认为,根据我国《保险法》的规定,保险人、被保险人为查明和确定保险事故的性质、原因和保险标的的损失程度所支付的必要的、合理的费用,由保险人承担。本案中,保险公司查明火灾造成的损失是其理赔工作的一部分,其向保险公估公司支付的公估费属于上述必要的、合理的费用,不属于《保险法》规定的保险赔偿金,该费用应由其自行承担。

二审法院认为：第一,包装厂认为某工厂至火灾发生前一直未改善厂房的安全生产条件,但厂房租赁协议书明确约定,包装厂在承租期间应做好安全防范措施,杜绝不安全因素发生,如产生不安全因素,则一切责任由包装厂自负,即某工厂不负有厂房维修改善的合同义务。第二,对厂房内部电线排布,已查明系由包装厂自行操作。第三,火灾事故认定书及火灾现场勘验笔录认定起火点在厂房内部,配电柜烧损严重,一审法院根据本案实际情况认定某工厂对于火灾损失的扩大存在一定过错,酌情确定某工厂承担20%责任系合理范围,未有不当。二审法院最终判决驳回上诉、维持原判。

> 律师评析

火灾事故作为保险事故中比较常见的事故之一,在涉及房屋出租的情形下,如何认定出租方和承租方的事故责任,往往容易出现争议。火灾事故,通常依赖消防部门出具的火灾事故认定书来认定事故发生地点、事故发生原因。而火灾事故原因通常为电气设备老化、电路短路、操作不当、自燃等引发火灾。本案中起火原因为电气线路故障引燃周边可燃物引发火灾,而根据查明的事实,涉案厂房出租时没有安装任何电线线路,而是由承租人自行安装,因此法院认定火灾事故责任在于承租人。但是由于火灾事故发生后,厂区内出租方提供的消防栓无法使用,因此出租方需要承担一定的责任。最终法院认定出租方承担20%的次要责任。笔者认为,一审法院和二审法院关于事故责任的认定既符合事实情况,也平衡了出租方和承租方之间的双方利益。

> 风险提示

法院在审理此类出租房火灾案件时通常依据消防部门的火灾事故认定书认定责任,并结合实际情况加以判定。对于出租房屋发生火灾的情况,由于承租房屋由承租人使用,因此,在多数情况下,承租人承担主要责任,除非其能够证明出租方存在过错。本案中,厂区消防设备无法使用,导致出租方最终被判定承担一定比例的责任。这也提醒出租方,既要注意履行好房屋交付义务,又要注意按照租赁合同约定履行好房屋的消防安全义务,不能简单地认为房屋由承租人使用,就怠于积极履行基本的安全维护义务。

问题 3-10：事故原因为外来火源，能否追偿成功？

> **案件名称**

某财产保险股份有限公司乌鲁木齐市沙依巴克区支公司（简称"**保险公司**"）诉某置业集团有限公司（简称"**置业公司**"）、钱某、张某保险代位求偿权纠纷

> **案号**

新疆维吾尔自治区高级人民法院（2014）新民二终字第 159 号

> **案情简介**

置业公司为集团公司，下设房产公司，并由该房产公司持有某大酒店、某国际广场。2007 年 7 月 6 日，置业公司就房产公司所有的某大酒店、某国际广场及部分存货在保险公司处投保了财产保险基本险，并签订了相应的投保单。该投保单列明：投保标的为某大酒店和某国际广场，总保险金额为 79 773 080 元，保险责任期限自 2007 年 7 月 7 日零时起至 2008 年 7 月 6 日 24 时。2007 年 7 月 20 日，保险公司依置业公司和房产公司的申请，同意自 2007 年 7 月 20 日零时起，对原保险单中的客户信息进行批改，被保险人由置业公司批改为房产公司，投保人由置业公司批改为房产公司。

2008 年 1 月 2 日，某国际广场发生火灾事故并蔓延至某大酒店，造成某国际广场和某酒店及内部部分设施设备等受损。2008 年 2 月 27 日，乌鲁木齐市公安局消防局作出火灾原因认定书，其中载明：经现场勘验和调查询问，认定起火部位位于某国际广场二期 A 段与 B 段之间斜坡通道南侧经营拖把、扫把的临时摊位处，起火原因系外来火源意外引发火灾。

2008 年 5 月 15 日，乌鲁木齐市公安局消防局出具的火灾事故责任书对火灾事故责任认定如下："置业公司某国际广场未严格按照《消防法》及《机关、团体、企业、事业单位消防安全管理规定》的要求履行其法定消防安全职责，内部消防安全管理不到位，违法占用消防车道设置摊位，未确保消防设施安好有效，对员工的安全培训不到位，对此次火灾事故负有直接责任。……钱某，置业集团董事长（法人代表），某国际广场负责人，在消防安全管理工作中，未能保障单位消防安全符合规定，未能按要求组织防火检查，督促落实火灾隐患整改，对此次火灾事故负有领导责任。……张某，置业公司兼某国际广场总经理，在日常消防安全管理工作中，未按要求实施防火检查、落实火灾隐患整改，未及时督促检查并落实消防安全管理制度及操作规程，未能确保单位消防设施完好有效，未能保障

单位消防通道畅通,对员工的消防安全培训教育不到位,对此次火灾事故负有直接领导责任。"2008年10月28日,乌鲁木齐市公安局作出火灾事故责任重新认定决定书,维持乌鲁木齐市公安局消防局作出的上述火灾事故责任认定书。

火灾发生后,以涉案保险公司与其他多家保险公司等作为甲方保险人,乙方置业公司作为被保险人,丙方保险公估公司作为公估机构,共同签订"保险公估机构聘请合同"。2009年5月18日,保险公估公司作出涉案事故"保险公估报告",其中载明:本保单的被保险人为房产公司,保单中归到'宾馆'项下的保险标的属于某大酒店的财产,而某大酒店为置业公司的分公司,房产公司为置业公司的子公司。……综上所述,被保险人对某大酒店内的财产不具有所有权,也不存在对其进行经营管理、代管的权利,因此保单中除了某国际广场存货、水暖管外,对于某大酒店内的财产均为无效投保。但经了解,该保单2007年批单变更原被保险人置业公司为现被保险人房产公司,保单其他部分均未变更,保费也未调整,保险人当时也未提出异议,因此从保险双方的本意来看,本保单的对象应该是置业公司,而非房产公司。鉴于本保单发生变更,造成原来保单中的部分标的物投保无效,并非投保人的本意,且双方均存在一定过错,本着公平、公正的原则,我司认为本保单中某大酒店范围内的财产也属保险标的范围。

2009年10月28日,在由自治区人民政府主持,新疆保监局、保险公司、置业公司等相关部门参加的会议中,形成了"关于研究某某火灾善后工作有关问题的会议纪要",其中载明:某国际广场火灾发生后,自治区党委、人民政府高度重视,对做好火灾善后工作提出明确要求。由于火灾涉及面广,情况复杂,已成为影响社会稳定的重大隐患……涉案保险公司以及其他各家保险公司要本着特事特办、融通赔付的原则,尽快解决火灾保险理赔问题。保险理赔资金存入乌鲁木齐市政府指定的专户,全部用于某国际广场的重建。

2008年7月,房产公司(甲方)与商户(乙方)签订"火灾事故和解协议",其中约定:甲方同意加固修复后的某国际广场和商贸城按原楼层、原面积交还乙方。乙方放弃对甲方及其关联企业因火灾原因而造成的经济损失赔偿要求,并约定乙方不再对此次火灾发生的问题向甲方及其关联企业提起诉讼。2010年12月6日,置业公司及房产公司作出"某国际广场产权户使用权户安置补偿办法",确定安置补偿主体为置业公司及房产公司;被安置补偿主体为火灾前原某国际广场的所有产权户及所有使用权户,某国际广场灾后重建工程基本完成后,房产公司与各产权户签订了"某国际广场产权商铺安置交付协议书"。

另外,2009年8月11日,房产公司将保险公司诉至法院,要求保险公司支付保险赔偿款4950万元,最终依生效判决,保险公司应向房产公司赔付保险金

14 393 440.78 元。另外,火灾发生前,有 248 人以从银行贷款方式在房产公司购买商铺,并在保险公司投保了个人抵押房屋保险及保证保险,事故发生后保险公司赔付了 12 127 349.88 元。截至 2012 年 4 月 6 日,保险公司因此次火灾事故共计向房产公司及 248 名自然人偿付保险金 26 520 790.66 元(14 393 440.78＋12 127 349.88)。

保险公司支付上述保险金后,将置业公司、钱某、张某起诉至法院,要求他们承担 26 520 790.66 元的赔偿金。置业公司抗辩——其是投保人,也是被保险人,对保险标的具有保险利益,且置业公司是房产公司的唯一股东,持有房产公司 95% 的股权(后持有 100% 股权),是法律规定的房产公司的"组成人员"。另外,因公安机关认定的火灾原因系"外来火源"意外引发,不存在被保险人的家庭成员或者组成人员故意造成本保险事故的情形,置业公司作为投保人不应是 2002 年《保险法》第四十五条①规定的第三者,保险公司无权就其已经赔付的 14 393 440.78 元向其行使代位追偿权。此外,保险公司也不能代 248 名商户向置业公司行使代位求偿权。为了维护社会稳定,为了众多受灾商户、受灾家庭,置业公司承担了极大的社会责任,对包括本案 248 名业主在内的 3 096 名受灾商户及业主进行了全部足额补偿,一审法院判决其承担责任违背公平原则。

> ➤ 法院观点

一审法院认为:涉案保险合同于 2007 年 7 月 6 日签订,按照法律规定,本案应当适用 2002 年的《保险法》(以下所述《保险法》皆为 2002 年《保险法》)。关于保险公司是否享有代位求偿的问题,《保险法》第四十五条第一款规定:因第三者对保险标的的损害而造成保险事故的,保险人自向被保险人赔偿保险金之日起,在赔偿金范围内代位行使被保险人对第三者请求赔偿的权利。首先,保险公司依置业公司和房产公司的申请同意自 2007 年 7 月 20 日零时起,对原保险单中的客户信息进行批改,被保险人由置业公司批改为房产公司,投保人由置业公司批改为房产公司。由此可以认定,置业公司既不是保险合同中的投保人,也不是保险合同中的被保险人。又因公安部门出具的火灾事故责任认定书认定,置业公司对此次火灾事故负有直接责任。现保险公司在向房产公司及其他被保险人履行保险赔偿义务后,依据该认定结论向置业公司行使代位求偿权有事实依据和法律依据,应予以支持。其次,《保险法》第四十五条规定的第三者是指保险人和被保险人以外的第三方,但被保险人的家庭成员或者其他组成人员除外。当投保人和被保险人为同一人时,保险人不得对该投保人行使保险代位求偿权。

---

① 2002 年《保险法》第四十五条内容已修订为现行《保险法》第六十条。

当投保人和被保险人不是同一人时,因财产保险的保障对象是被保险人,投保人不在保险保障的范围内,故保险人可以根据上述法律规定对投保人行使保险代位求偿权,但保险合同另有约定的除外。本案中即使采纳置业公司的抗辩意见,即置业公司是保险合同的投保人,根据上述理由,保险公司在向房产公司履行了理赔义务后,其也仍有权向置业公司行使保险代位求偿权。

虽然火灾事故责任认定书中认定,钱某对此次火灾事故负有领导责任,张某对此次火灾事故负有直接领导责任,但二人是基于各自的身份履行职务行为而承担领导责任,故保险公司要求二人对此次火灾损失承担赔偿责任于法无据。一审法院最终判决置业公司赔偿保险公司损失 26 520 790.66 元。置业公司不服一审判决,提起上诉。

二审法院关于置业公司是否为投保人及被保险人的观点与一审法院相同,关于置业公司是否承担赔偿责任的观点则与一审法院完全相反,二审法院认为:《保险法》第四十五条第一款规定"因第三者对保险标的的损害而造成保险事故的,保险人自向被保险人赔偿保险金之日起,在赔偿金额范围内代位行使被保险人对第三者请求赔偿的权利"。根据该条规定,代位求偿权的构成要件包括:(1)须因第三者对保险标的的损害而造成保险事故,且被保险人因此享有对第三者的赔偿请求权;(2)须保险人已赔偿被保险人保险金。本案火灾原因认定书认定起火原因系外来火源意外引发火灾。因此公安机关出具的火灾事故责任书虽认定置业公司内部消防安全管理不到位,违法占用消防车道设置摊位,未确保消防设施安好有效,对员工的安全培训不到位造成火灾蔓延扩大,对此次火灾事故负有直接责任,但从起火原因表明火灾发生与置业公司无关,置业公司并未直接对保险标的造成损害,并非直接实施侵权行为人。公安机关出具的火灾事故责任书仅是行政责任承担依据,并不能依此确定置业公司应承担本案民事侵权责任。因此,置业公司并非《保险法》意义上的第三者。二审法院最终判决撤销一审判决,驳回保险公司全部诉讼请求。

> **律师评析**

值得注意的是,本案中消防机构出具的火灾原因认定书认定起火原因系外来火源意外引发火灾,而火灾事故责任书则认定火灾事故发生地点所在的公司即涉案置业公司内部消防安全管理不到位,违法占用消防车道设置摊位,未确保消防设施安好有效,对员工的安全培训不到位造成火灾蔓延扩大,对此次火灾事故负有直接责任。火灾事故责任书也是涉案保险公司起诉置业公司的依据,其认为置业公司应对涉案火灾造成的损失承担赔偿责任。一审法院直接以该火灾事故责任书中对置业公司的责任认定,判决置业公司应当对涉案事故承担赔偿责任,并进一步分析认为置业公司不属于《保险法》规定的"组成人员",因此,保险公司有权向置业公司追偿,最终判决置业公司承担两千多万元的赔偿。

然而,二审法院认为,火灾原因认定书认定起火原因系外来火源意外引发火灾,从起火原因表明涉案火灾发生与置业公司无关,置业公司并未直接对保险标的造成损害,并非直接实施侵权行为人。并且,火灾事故责任书仅是行政责任承担依据,并不能依此确定置业公司应承担本案民事侵权责任,认为置业公司并非《保险法》意义上的第三者,最终判决撤销一审判决,驳回保险公司全部诉讼请求。鉴于二审法院直接认定置业公司不属于《保险法》意义上的第三者,认为置业公司不属于赔偿主体,因此,并未进一步分析置业公司是否属于《保险法》规定的"组成人员"。

实际上,本案还涉及另一问题,即现行《保险法》第六十二条规定的"被保险人的组成人员"如何界定。根据该规定,"除被保险人的家庭成员或者其组成人员故意造成本法第六十条第一款规定的保险事故外,保险人不得对被保险人的家庭成员或者其组成人员行使代位请求赔偿的权利"。通常来说,若被保险人的组成人员造成涉案保险事故,则保险公司无权向其追偿。具体到本案中,置业公司作为房产公司的唯一股东,是否构成"被保险人的组成人员",从而保险公司无权向其追偿? 毕竟置业公司和房产公司在法律上属于不同的、相互独立的法律主体。但如若不构成"被保险人的组成人员",则被保险人的唯一股东将最终承担涉案事故损失,从保险目的来讲,最终的风险仍由唯一股东来承担,就失去了保险的意义。二审法院通过直接认定置业公司不构成侵权主体,巧妙地回避了这一问题。关于该问题,可以详见本书其他部分的分析。

> ➤ 风险提示

对于企业火灾事故,当地消防部门往往会出具相应的火灾事故认定书,载明事故发生地点、原因、责任主体等事由,该认定书也是保险公司进行保险理赔的重要依据。然而,本案二审法院认为,火灾事故认定书仅是行政责任承担依据,并不能依此确定应承担民事责任的主体,可见,任何案件都需要具体情况具体分析。

问题 3-11: 火灾事故认定书对事故原因认定不清,如何追偿?

> ➤ 案件名称

某财产保险股份有限公司平湖支公司(简称"**保险公司**")诉嘉兴某箱包有限公司(简称"**箱包公司**")保险人代位求偿权纠纷

> **案号**

浙江省嘉兴市中级人民法院(2016)浙 04 民终 354 号

> **案情简介**

2014 年 11 月 27 日,旅游用品公司向保险公司投保中小企业财产保险,保险公司签发保险单一份,其中约定:保险财产位于平湖市经济开发区,财产损失保障项目为固定资产——房屋建筑,保险金额为 12 555 633.78 元,保险期间自 2014 年 11 月 29 日 0 时起至 2015 年 11 月 28 日 24 时等。

2015 年 2 月 13 日 15 时 14 分,位于平湖市经济开发区的箱包公司(自旅游用品公司处租赁的厂房)发生火灾,火灾造成箱包公司的设备、箱包存货及旅游用品公司租赁给箱包公司的厂房、车间的损失。2015 年 4 月 11 日,当地公安消防大队出具火灾事故认定书一份,认定起火部位为箱包公司生产车间一层,起火点为一层抽板和成型车间西墙北向南第四根和第五根立柱间窗下内墙分配电箱处,起火原因排除自然灾害、外来火源、自燃、遗留火种引起火灾的可能性,不排除车间内该范围内电气线路故障引起火灾的可能性。

2015 年 2 月 16 日,保险公司与旅游用品公司共同委托保险公估机构对旅游用品公司火灾的损失进行公估。2015 年 8 月 20 日,保险公估机构出具公估报告一份,建议保险公司赔付旅游用品公司 185 万元。2015 年 9 月 23 日,保险公司向旅游用品公司赔付 185 万元。旅游用品公司向保险公司出具赔偿协议及权益转让书一份,其中载明:旅游用品公司接受赔款 185 万元,并将上述赔款的追偿权全部转移给保险公司等。

保险公司赔付后依法取得代位求偿权,其认为旅游用品公司作为该厂房的实际所有人,将该厂房租赁给箱包公司,因箱包公司的过错引起火灾造成损失,箱包公司理应对旅游用品公司的损失承担赔偿责任,故保险公司诉请法院,要求箱包公司赔偿损失 185 万元。

箱包公司则辩称,箱包公司对本次事故没有过错,不应承担责任。根据火灾事故认定书与公估报告,起火原因排除了外来火源,火灾是由旅游用品公司的故障引起,"起火点为一层抽板和成型车间西墙北向南第四根和第五根立柱间窗下内墙分配电箱处",也就是说,内墙分配电箱处引起火灾,正是旅游用品公司自身引起的火灾。同时,2015 年 2 月 13 日箱包公司放假停产。如果保险公司向箱包公司追偿,就违背了箱包公司与旅游用品公司投保的目的。两家公司是关联企业,保险费都是由箱包公司支付的,旅游用品公司租赁给箱包公司的厂房是整体投保的。

> **法院观点**

一审法院认为:当事人对自己提出的主张有责任提供证据,没有证据或证据不足以证明当事人的事实主张的,由负有举证责任的当事人承担不利后果。本案争议的焦点为箱包公司对其车间发生的火灾造成旅游用品公司的房屋建筑过火受损是否存在过错。保险公司认为系由于箱包公司过错引起火灾而造成损失,箱包公司应对旅游用品公司的损失承担赔偿责任。箱包公司认为其不存在过错,不应承担责任。本院认为,根据火灾事故认定书的认定,本案所涉火灾排除了外来火源、自燃、遗留火种引起火灾的可能性,故本案并无证据证明箱包公司对火灾的发生存在过错;另外,火灾事故认定书认定的起火点为内墙分配电箱处,起火原因不排除车间内该范围内电气线路故障引起火灾的可能性,故即使系电气线路故障,由于该生产车间、房屋等均系旅游用品公司所有,也不能认定箱包公司对本次火灾的发生存在过错。综上所述,保险公司要求箱包公司承担赔偿责任的诉请,证据不足,本院不予支持。保险公司不服一审判决,提起上诉。

二审法院认为:《保险法》第六十条第一款规定,"因第三者对保险标的的损害而造成保险事故的,保险人自向被保险人赔偿保险金之日起,在赔偿金额范围内代位行使被保险人对第三者请求赔偿的权利"。本案中,旅游用品公司就固定资产——房屋建筑向保险公司投保后,房屋建筑确因火灾遭受损失,保险公司也赔偿了旅游用品公司的损失。保险公司能否向箱包公司追偿,应看保险事故是否因箱包公司对保险标的的损害而发生。火灾事故认定书认定的起火原因排除了自然灾害、外来火源、自燃、遗留火种引起火灾的可能性,不排除车间里该范围内电气线路故障引起火灾的可能性。即便起火原因确为电气线路故障,故障原因也不明确,且火灾事故认定书认定的起火点为内墙分配电箱处,而该电箱位于房屋墙体内,房屋系旅游用品公司所有,现有证据不能证明火灾系箱包公司的过错或违约而导致,箱包公司对火灾造成的房屋损失不负赔偿责任,故保险公司向箱包公司追偿,缺乏事实依据。二审法院判决驳回上诉,维持原判。

> ➤ 律师评析

本案很值得注意之处在于,保险公司代位追偿的关键证据即火灾事故认定书并未直接明确起火原因,而是采用排除某些原因、不排除某些原因的表述方式——这种情况在实际中经常会遇到。由于事故原因的认定并不明确,因此通常给保险公司追偿带来很多困难。具体到本案中,火灾事故认定书并未直接明确起火原因,虽然对起火地点予以认定,但仍无法认定承租人对涉案火灾存在过错,最终导致保险公司追偿失败。

> ➤ 风险提示

保险公司赔付后,还涉及事后追偿,而追偿成功与否则与理赔阶段获得的材料息息相关。本案提醒保险公司,不论是以违约还是以侵权为事由进行追偿,均需要收集全面有效的证据,方可追偿成功。

问题 3-12: 投保时一并列明了承租人资产,能否向承租人追偿?

➢ **案件名称**

某财产保险股份有限公司常熟支公司(简称"**保险公司**")诉常熟市某 A 家具厂(简称"**A 家具厂**")、聂某、常熟市某 B 家具厂(简称"**B 家具厂**")财产保险合同纠纷

➢ **案号**

江苏省高级人民法院(2020)苏民申 4671 号

➢ **案情简介**

杜某经营 B 家具厂,并将其所有的部分厂房出租给其他人经营。其中,杜某(甲方)与聂某(乙方)签订了两份租房协议,聂某租赁部分厂房并经营 A 家具厂。协议约定:甲方将常熟市莫城长瑞村厂房出租给乙方,从签订合同之日起每年房租租金一次付清;租赁期内,乙方应注意安全、防火、卫生等事项,如因乙方使用期间造成房屋损坏、人员损伤,则乙方应负责修复或赔偿。此外,杜某还将其部分厂房出租给周某用于经营 C 家具厂,出租给戴某经营 D 家具厂,出租给 E 家具厂等。

B 家具厂于 2016 年 7 月 4 日就其房屋建筑(含装修及装置)、机器设备、流动资产向保险公司投保了财产基本险,保险公司出具了编号为××0041 的财产基本险保险单。其内容为:投保人名称为 B 家具厂,保险标的地址为常熟市,保险期限为 365 天,自 2016 年 7 月 13 日零时起至 2017 年 7 月 12 日 24 时。保险标的物及保险金额为:(1) 房屋建筑(含装修及装置),保险金额为 1 505 万元;(2) 机器设备,保险金额为 115.1 万元;流动资产,保险金额为 695.37 万元。保险金额合计 2 315.47 万元。在财产基本险保险单所附估价投保资产清单中分别载明了杜某(B 家具厂)、周某、聂某投保的财产明细。

E 家具厂于 2017 年 3 月 8 日就其所有的房屋及装修、机器设备及办公设备、存货向保险公司投保了财产基本险,保险公司出具了编号为××0003 的财产基本险保险单。其内容为:投保人名称为 E 家具厂,保险标的地址为常熟市莫城长瑞村,保险期限为 365 天,自 2017 年 3 月 10 日零时起至 2018 年 3 月 9 日 24 时。保险标的物及保险金额为:(1) 房屋及装修,保险金额为 1 159.5 万元;(2) 机器设备及办公设备,保险金额为 86.10 万元;存货,保险金额为 1 235 万元。保险金额合计 2 480.60 万元。在财产基本险保险单所附估价投保资产

清单中载明：投保人、被保险人为E家具厂，并载明1~26项财产明细为戴某投保的财产。

上述两份保单均规定了以下内容：

免赔约定：每次事故绝对免赔额为1万元或绝对免赔率为损失金额的15%，两者以高者为准。

特别约定：(1)本保单每次事故绝对免赔额为1万元或损失金额的15%，两者以高者为准。……(3)关于保险合同的约定，被保险人应做好以下四项约定保险财产的安全防范工作：①每天停止生产后及其他非生产时间，必须拉闸限电；②应配备足额数量的灭火器材，且应保证其能正常使用；③电器线路符合行业要求；④关于保险合同的约定产品、半成品价值按原材料购进成本加适当加工成本确定；⑤本保单保险标的按估价投保，若不足额投保，则出险时按比例赔付……

周某、聂某、戴某等人各自将投保财产所需缴纳的保险费交给了保险公司业务员。

2017年3月18日16时53分许，A家具厂发生火灾事故。常熟市119指挥中心接到报警后，迅速派人赶赴现场扑救。火灾烧毁(损)房屋、家具半成品及成品等，造成多户受损，无人员伤亡。2017年5月9日，常熟市公安消防大队出具火灾事故认定书，认定：起火部位位于A家具厂生产车间内西北侧处；起火原因可排除外来火种、遗留火种，不排除电气线路故障引燃可燃物引起火灾的可能。

保险公估公司于2017年3月24日接受保险公司、B家具厂(杜某)、周某、聂某、E家具厂、D家具厂(戴某)的共同委托，对B家具厂2017年3月18日火灾致损案的相关损失进行公估。公估报告记载："周某、聂某、戴某虽非保险单载明的被保险人，但投保单后附的估价投保资产清单中分别列明了周某、聂某以及戴某的名字、所投保的资产明细、对应的保险金额，且保险费也是由周某、聂某以及戴某单独支付给保险人业务员，故我司认可周某、聂某、戴某具有独立的被保险人身份，有权以自己的名义向保险人索赔。故我司认为本次事故本保单(两份)的保险责任成立。"公估结论为："(1)本次受损事故是由于火灾所致，属于保险公司'财产基本险条款'保险责任范围第五条保险责任范围。(2)本次事故的核损金额为3 286 487.35元，残值为18 944.75元。对其中周某损失进行理算，其损失金额为927 349.9元，扣除残值3 250元，并扣除免赔率15%后，理算金额为78万元；对其中戴某损失进行理算，其损失金额为602 700元，扣除残值0元，并扣除免赔率15%后，理算金额为51万元；对其中聂某损失进行理算，其损失金额为761 223.48元，扣除残值2 980元，进行不足额比例分摊并扣除免赔率15%

后,理算金额579 551.98元;对其中杜某损失进行理算,其损失金额为995 213.97元,扣除残值12 714.75元,并扣除免赔率15%后,理算金额为835 124.34元。"

保险公司于2017年11月23日向戴某支付了保险理赔款51万元,于2017年12月4日向周某支付保险理赔款78万元。戴某和周某分别将向第三方的追偿权转让给保险公司。保险公司于是将A家具厂、B家具厂起诉至法院,要求赔偿129万元,聂某作为A家具厂经营者对A家具厂前述义务承担连带责任。

> **法院观点**

一审法院认为:B家具厂以列明清单方式就其所有的房屋建筑、周某、聂某所有的机器设备、存货向保险公司投保了财产基本险;E家具厂以列明清单方式就其和戴某所有的房屋及装修、机器设备及办公设备、存货向保险公司投保了财产基本险。保险公司与B家具厂、E家具厂的保险合同关系合法有效。杜某、周某、聂某的投保财产均列明于编号为××0041的保险单项下,戴某的投保财产均列明于编号为××0003的保险单项下,且各人各自将投保财产所需缴纳的保险费交给了保险公司业务员,各人均是保险合同的独立主体。

在保险期间内,B家具厂将厂房出租给A家具厂、C家具厂、E家具厂、D家具厂等单位使用。2017年3月18日,在A家具厂生产车间发生火灾,火灾致房屋建筑、机器设备、存货受损。在诉讼前,就火灾损失,各方共同委托保险公估公司进行了公估。保险公估公司出具的公估报告认定,周某理算金额为78万元,戴某理算金额为51万元。由于B家具厂将房屋建筑出租给聂某使用,聂某租赁房屋开设了A家具厂,A家具厂在生产过程中,其使用的喷漆房发生火灾,致周某开设的C家具厂、戴某开设的E家具厂财产损失。保险公司向周某、戴某理赔合计129万元,保险公司对于该损失有权向责任方追偿。根据常熟市公安消防大队的火灾事故认定书的认定,A家具厂是造成火灾的直接责任方,该损失应由A家具厂承担。本案中,B家具厂对火灾的发生没有任何过错责任,在本案中不应承担相应的赔偿责任。

对于保险公司要求聂某对A家具厂的付款义务承担连带责任的诉讼请求,法院认为:A家具厂系个人经营的个体户字号,经营者为聂某,A家具厂的债务,个人经营的,以个人财产承担;A家具厂在法律上的责任主体与聂某所指向的责任主体是同一的,保险公司要求A家具厂承担责任时,就是由经营者聂某承担责任。一审法院最终仅判决A家具厂作为赔偿主体,应支付保险公司理赔款129万元。A家具厂不服一审判决,提起上诉。

二审法院认为:本案争议焦点是B家具厂、周某、A家具厂是否为保单××0041的组成人员。该保单记载的被保险人是B家具厂,周某、A家具厂因为租赁其厂房,故将各自财产均列入该保单投保资产范围内,但B家具厂、周某、A家具厂均是独立经营的民事主体,各自依照投保财产金额分别缴纳了保险费,经济上并非利益共同体,因此不能认定周某、A家具厂是B家具厂的组成人员,保险公司也单独向周某承担了保险赔偿责任,故有权向火灾的事故单位即A家具厂进行追偿。二审法院最终判决驳回上诉,维持原判。A家具厂不服二审判决,提起再审申请。

再审法院认为:《保险法》第六十条第一款规定"因第三者对保险标的的损害而造成保险事故的,保险人自向被保险人赔偿保险金之日起,在赔偿金额范围内代位行使被保险人对第三者请求赔偿的权利"。第六十二条规定"除被保险人的家庭成员或者其组成人员故意造成本法第六十条第一款规定的保险事故外,保险人不得对被保险人的家庭成员或者其组成人员行使代位请求赔偿的权利"。本院认为,上述保险单记载的投保人及被保险人为B家具厂,周某(系C家具厂的经营者)和A家具厂因租赁B家具厂的厂房,而将各自的财产也列入该保险单项下的保险标的物内,虽然保险公司仅出具了1份保险单,但B家具厂、周某、A家具厂系独立的经营主体,该保险单所附的估价投保资产清单中分别列明了B家具厂、周某、A家具厂各自投保的财产名称及对应的保险金额,B家具厂、周某、A家具厂也是按照各自投保的财产金额分别缴纳保费,故本案不符合《保险法》第六十二条的规定。一审法院和二审法院未采信A家具厂提出的B家具厂、周某、A家具厂在该保单下系作为一个整体投保,均系该保单下的组成人员,保险公司在向周某承担保险赔偿责任后,无权向A家具厂追偿的主张,并无不当;根据常熟市公安消防大队出具的火灾事故认定书以及对相关人员的调查,可以认定案涉火灾事故的起火部位位于A家具厂生产车间内,故保险公司在向因该起事故遭受损失的其他投保人承担保险责任后,有权依据《保险法》第六十条第一款的规定,向该起事故的责任方即A家具厂行使代位求偿权,最终裁定驳回A家具厂的再审申请。

> 律师评析

本案是一起比较特殊的企业财产保险案例,虽然第一份保险单列明被保险人为出租方,第二份保险单列明被保险人为其中一位租户,但不论是第一份保险单还是第二份保险单,所附的投保资产清单中均明确具体地列明了其他租户的投保资产,即出租人和承租人的资产在一份保险单中进行了投保。在这种情形下,若发生保险事故,则往往会影响保险公司理赔后的代位追偿权行使。本案中,由于租户A家具厂的过错导致涉案事故发生,因此,保险公司在支付保险赔偿金后,有权向过错方追偿,但根据《保险法》第二章第三节"财产保险合同"第六十二条规定"除被保险人的家庭成员或者其组成人员故意造成本法第六十条第一款规定的保险事故外,保险人不得对被保险人的家庭成员或者其组成人员行使代位请求赔偿的权利"。因此,若A家具厂属于涉案保单下被保险人的组成人员,则涉案保险公司将无权向其行使代位追偿权。因此,如何认定涉案保险合同下的被保险人以及A家具厂是否属于涉案保险合同下被保险人的组成人员,则是本案焦点。

具体到本案中,不论是一审法院、二审法院还是再审法院,均认定虽然保险公司仅出具了一份保险单,但各家具厂、周某、戴某等均系独立的经营主体,且保单所附的资产清单中分别列明了各主体各自投保的财产名称及对应的保险金额,各主体也是按照各自投保的财产金额分别向保险公司缴纳保费,因而认定各主体均是保险合同的独立主体,不符合《保险法》第六十二条的规定。事故责任方最终还是被判决承担相应的赔偿责任。

> 风险提示

虽然实践中像本案这样出租人和承租人在一份保险单下投保的情形比较少见,保险公司最终也成功代位追偿,但仍提醒保险公司和企业,应规范投保、承保,在保险合同订立时明确被保险人身份、保险标的、投保资产明细等,避免将来出现事故后影响理赔或追偿。

问题3-13: 不可抗力导致事故发生,保险公司是否能够追偿?

> 案件名称

某财产保险股份有限公司北京分公司(简称"**保险公司**")诉某棉麻公司(简称"**棉麻公司**")、山西省某采购供应站(简称"**供应站**")保险人代位求偿权纠纷

> 案号

最高人民法院(2016)最高法民终347号

> 案情简介

2011年8月29日,保险公司与棉花公司签订了一份"商品棉保险协议书(总保险合同)",约定的事项主要为:

保险标的:被保险人存放在指定交割(监管)仓库的商品棉。保险期限:从每月1日0时起至当月最后一日24时(一个月),作为每张保单的保险期限(每月签发一份保单)。协议有效期为一年(自2011年9月1日至2012年8月31日);协议期满30日前,双方未书面通知终止协议,则本协议自动延续一年,自动延续次数不超过两次。

特别约定：某保险公估(北京)有限公司(以下简称"**公估公司**")为保险理赔公估人，负责相关保险理赔工作。

根据上述保险合同的约定，2013年6月30日，保险公司向被保险人签发了284C号财产一切险保险单，对棉花公司在2013年7月存放于全国范围内各指定交割(监管)仓库的业务棉花予以承保确认。

供应站系棉花公司的"指定交割(监管)仓库"，双方按年度签署了仓库合作协议书。2013—2014年度协议书签署时间是2013年5月30日，供应站作为乙方在该协议中承诺："按照《仓库管理办法》和本协议有关规定做好甲方交易商在库业务棉花的安全保管工作，对由于工作失误或保管不善而发生棉花灭失、短少、水渍、污染、霉烂、盗窃等损失负责全额赔偿。"2013年4月1日，供应站的主管单位即棉麻公司作为保证方，向棉花公司出具保证函，函中确认：本单位充分了解并知悉，棉花公司与供应站已签署2013年度仓库合作协议书，棉麻公司同意为棉花公司或棉花公司交易商存放于仓库开展业务的棉花，履行在合作协议书项下的全部义务提供连带责任保证……本函为不可撤销保证，所称保证期为两年。

2013年7月1日，供应站发生火灾，造成棉花公司存放于该库的棉花被大量烧毁。对于火灾所造成的损失，公估公司于2014年3月31日出具的保险公估终期报告载明：本次火灾事故共造成棉花公司3 469.472 9吨棉花损毁，核损金额为66 884 599.25元(人民币)，残值766 241.86元，每次事故免赔2 000元，理算金额66 116 357.39元。保险公司分别于2013年11月4日、2013年12月18日、2014年4月9日分三笔向棉花公司进行了赔付，赔付总额为66 116 357.39元。2014年3月10日，棉花公司向保险公司出具权益转让书，其中载明：鉴于贵公司将依照保险合同约定向我公司进行赔付，现我公司同意将该部分受损棉花的所有权益转让给贵公司。

当地公安消防支队于2013年9月3日出具火灾事故认定书，其中对起火的原因认定为："经现场勘查、调查取证、测量测试、气象分析、技术鉴定，综合分析认定，起火部位位于六区5垛两沿向东2.7~4.5米范围内的堆垛顶部；起火原因可排除纵火、电气线路故障、遗留火种、自燃，综合分析认定，起火原因为强地闪引发棉垛起火。"当地防雷减灾管理中心于2012年7月12日作出的《关于棉麻公司供应站防雷设施状况和检测情况的评估报告》载明："经检测，供应站8个砖混结构的仓库检测结果符合《建筑物防雷设计规范》要求，但是针对今年该单位露天堆放棉垛的现状和场外防雷接闪针的布设情况，接闪针不能对露天棉垛起到保护作用，该单位防雷装置的综合检测结果为不合格。"当地公安消防支队在《供应站代储库"7.1"火灾消防技术调查报告》中关于火灾原因和性质载明：(1) 火灾原因。直接原因是强地闪引发棉垛起火。间接原因包括：① 地面温度较高，相对湿度较大，容易引发雷电。② 火灾发生时，风速较大，导致火势迅速蔓延扩大。③ 供应站防雷电安全意识淡薄，对安全隐患未及时整改。2013年5月3日，当地防雷减灾管理中心与当地气象局工作人员对该站防雷设施进行了检测，认为存在安全隐患，但供应站直到事故发生仍未对防雷设施进行改造安装。④ 棉麻公司对防雷安全工作监管不到位。(2) 火灾性质：是雷电引发的意外灾害事故。同时，该报告认为，供应站防灾减灾意识淡薄，现场管理方面存在问题。

保险公司将供应站和棉麻公司一并起诉至法院，请求判令供应站承担违约责任，赔偿保险公司已支付给棉花公司的保险赔偿金 66 116 357.39 元，棉麻公司承担连带清偿责任。

诉讼阶段：2015年4月14日，本案三方当事人（保险公司为甲方、供应站为乙方、棉麻公司为丙方）与见证人棉花公司达成一份备忘录。该备忘录载明：见证人存放于供应站（乙方）的 897.356 8 吨棉花全数找回，该棉花由乙方以人民币 17 484 997.25 元购入，乙方在签署备忘录之日将该款全部支付见证人，见证人在收到该款后五个工作日向甲方退还该棉花保险赔付款人民币 17 484 997.25 元。各方就此事实达成谅解备忘录，并就后续事宜安排如下：(1) 甲方同意就该棉花放弃对乙方及丙方进行相关权益追索及要求，同意就甲方诉乙方及丙方保险代位求偿权纠纷案向受理法院提请撤销 17 484 997.25 元部分的诉讼请求。(2) 甲方同意与乙、丙双方进一步协商调解三方未决诉讼。甲方协调见证人支付乙方火灾施救费人民币 267 300 元，甲方同意由见证人在签署本备忘录之日直接支付乙方。2015年10月29日，保险公司根据上述备忘录的内容，向一审法院提出申请，将其诉讼请求减去 17 484 997.25 元。

> **法院观点**

(一) 一审法院观点

1. 关于火灾事故发生的原因问题

当地公安消防支队出具的火灾事故认定书认定，起火原因为强地闪引发棉垛起火。公安消防部门的这一认定表明，火灾事故的发生系自然灾害，并非人为破坏。但法院同时查明，火灾的发生及火灾发生后大火未能被及时扑灭与供应站的防火意识淡薄、消防措施不到位具有一定关系。根据当地防雷减灾管理中心出具的《关于棉麻公司供应站防雷设施状况和检测情况的评估报告》和当地公安消防支队出具的《供应站代储库"7.1"火灾消防技术调查报告》，供应站露天堆放棉垛,防雷设施接闪针与棉垛的安全距离不符合规范要求,无法完全保护棉垛,相关部门经检测曾对供应站提出整改要求,但供应站对该隐患重视不够,直到事故发生仍未对防雷设施进行改造安装。据此,法院认为,火灾事故发生的直接原因虽属自然灾害,但供应站防范不力也是原因之一。

2. 关于供应站是否违约,对火灾所造成损失是否应承担责任问题

本案中棉花公司与供应站之间是仓储合同法律关系。供应站与棉花公司签订的仓库合作协议书第十二条约定:"甲方交易商参与甲方业务的具体安全保管参照国家关于储备棉管理的有关规定执行。"第十八条第三项约定:"乙方(侯马仓库)承诺,按照《仓库管理办法》和本协议有关规定做好甲方交易商在库业务棉花的安全保管工作,对由于工作失误或保管不善而发生棉花灭失、短少、水渍、污染、霉烂、盗窃等损失负责全额赔偿。"建设部、国家计委颁布的《棉麻仓库建设标准》第二十八条第四项规定:"棉麻库房、露天堆场、铁路站台钢罩棚必须按照第三类建筑物、构筑物采取防雷措施。"(注:第三类防雷建筑的滚球半径按60米计算。)《仓库管理办法》第六条第四项规定:"……仓库应配备符合棉花仓储保管要求的设施和力量。"从以上合同约定和相关规范规定可知,供应站仓库防雷设施不符合规范问题应视为违约行为。

3. 关于违约责任的承担问题

根据《合同法》第三百八十三条第三款[①]的规定,保管人储存易燃、易爆、有腐蚀性、放射性等危险物品的,应当具备相应的保管条件。第三百九十四条[②]规定,"储存期间,因保管人保管不善造成仓储物毁损、灭失的,保管人应当承担损害赔偿责任"。供应站因防雷设施存在缺陷而未能很好地履行保管义务,构成违约,理应承担相应的违约责任。鉴于本案造成损害的主要原因为强地闪引起火灾,即属自然灾害;鉴于供应站并无重大过失,仅因防雷设施不符合安全规范标准而未尽到对货物的妥善保管义务,从而构成违约;鉴于案涉保险合同和仓储合同属于连续性合同,证明保险公司和棉花公司对作为保管人的仓库各项安全设施是被认可的;又鉴于保险公司和棉花公司也有权利和义务对保管人的安全设施进行检测检查,并及时责令其完善整改;法院认为供应站可适当减轻赔偿责任。法院综合各方面情况,酌定供应站对所造成损失承担60%的赔偿责任。保险公司起诉损失为66 116 357.39元,该数额是公估公司认定的数额,依据充分,

---

① 《合同法》已于2021年1月1日废止,《合同法》第三百八十三条第三款现为《民法典》第九百零六条第三款"保管人储存易燃、易爆、有毒、有腐蚀性、有放射性等危险物品的,应当具备相应的保管条件。"

② 《合同法》已于2021年1月1日废止,《合同法》第三百九十四条现为《民法典》第九百一十七条"储存期内,因保管不善造成仓储物毁损、灭失的,保管人应当承担赔偿责任。……"

应予认定。诉讼中,保险公司就 17 484 997.25 元向法院提出撤诉申请,法院予以准许。据此,本案的损失额可核实为 48 631 360.14 元。供应站应对该损失的 60% 即 29 178 816.08 元承担赔偿责任。棉麻公司针对案涉"仓库合作协议书"向棉花公司出具了保证函,承诺愿为供应站承担连带清偿责任,最终判决供应站赔偿保险公司保险赔偿金损失 29 178 816.08 元,棉麻公司承担连带清偿责任。棉麻公司、供应站不服一审判决,提起上诉。

(二) 二审法院观点

二审法院认为:《合同法》第一百一十七条[①]规定"因不可抗力不能履行合同的,根据不可抗力的影响,部分或者全部免除责任,但法律另有规定的除外。当事人迟延履行后发生不可抗力的,不能免除责任。本法所称不可抗力,是指不能预见、不能避免并不能克服的客观情况"。本案中,虽然强地闪属于不能预见、不能避免且不能克服的客观情况,应属不可抗力,但并非导致案涉火灾事故发生的唯一原因,供应站未按照有关部门要求改造安装防雷设施、没有适当履行安全保管义务也是导致案涉火灾事故发生的原因之一,故该不可抗力仅能部分免除供应站的违约责任。一审判决综合考虑导致案涉火灾事故发生的各种因素,酌定供应站对案涉火灾损失承担 60% 的赔偿责任并无不妥。最终判决驳回上诉,维持原判。

> **律师评析**

企业财产保险中,经常会发生类似暴雨、暴雪、雷击等各类自然灾害。对于这类保险事故,保险公司赔付后,是否必然就无法追偿呢?本案给了保险公司很好的启示。具体到本案中,虽然涉案事故是强地闪导致事故发生,且强地闪构成不可抗力,根据法律规定,不可抗力属于法定免责事由,保险公司赔付后很难再向保管方成功追偿,但本案中有一个关键事实,即防雷设施不符合安全规范标准,因此法院最终认定保管方应承担 60% 的赔偿责任。

> **风险提示**

对于意外事故或其他自然灾害事故的处理,保险公司除了积极进行理赔,还应关注理赔后的代位追偿事宜。虽然此类事故下,事故原因可能构成不可抗力,但若相关方存在违约责任或其他过失行为,对保险事故的最终发生或损失程度有相应影响,则保险公司仍可积极收集有关证据材料并进行代位追偿。

---

① 《合同法》已于 2021 年 1 月 1 日废止,《合同法》第一百一十七条现为《民法典》第五百九十条"当事人一方因不可抗力不能履行合同的,根据不可抗力的影响,部分或者全部免除责任,但是法律另有规定的除外。因不可抗力不能履行合同的,应当及时通知对方,以减轻可能给对方造成的损失,并应当在合理期限内提供证明。"

问题 3-14： 追偿时如何区分事故原因是不可抗力还是违约？

➤ **案件名称**

某财产保险股份有限公司石家庄市分公司（简称"**保险公司**"）诉某集团石家庄供热有限公司（简称"**供热公司**"）保险人代位求偿权纠纷

➤ **案号**

河北省石家庄市中级人民法院（2018）冀01民终2608号

➤ **案情简介**

2016年6月29日，某制药公司在保险公司投保企业财产保险一切险，保险期限自2016年6月30日零时起至2017年6月29日24时。被保险人为制药公司，保险标的项目为房屋建筑物机器设备、原材料在制品产成品、原材料在制品，保单号为××0089。

2016年7月20日早晨6时30分，供热公司电话通知被保险人制药公司停止供汽。随后供汽中断，导致被保险人在制品受损。经保险公司与被保险人制药公司协商，共同委托保险公估公司对保险标的的损失情况进行公估，最终确定事故损失金额为743 008.07元。保险公司据此于2016年8月30日、2016年12月20日向被保险人制药公司支付保险金共743 008.07元。制药公司给保险公司出具的权益转让书载明：我方同意，在收到全部赔付之后，我方声明将已取得赔款部分的一切权益转让给贵公司，并授权贵公司以我公司或贵公司的名义向责任方追偿或诉讼。证明上述事实的证据有保险单、投保单、公估报告、电子打款回执单、委托付款证明及权益转让书等。

另查明，制药公司自成立以来，蒸汽一直由供热公司供应。该供热公司前身是石家庄经济技术开发区某热电公司，双方签订了供汽协议，后经重组变更为现在的名称。由于双方多年合作，供应稳定，并且是独家供应，因此双方没有签订新的纸质协议，形成了事实上的供用热汽合同关系。

另外，2016年12月8日，保险公司与供热公司负责人的通话反映出此次停汽事故系因为第三方修路时路基没有回填好，导致一下雨，雨水就流到了蒸汽管道里，而蒸汽遇水凝结后就会损坏管道，所以就得赶紧停汽。供热公司提供了2017年7月28日石家庄市气象台出具的气象证明，其中载明：2016年7月19日，我市出现强降雨过程，19日24时至20日0时24小时降雨量最大为124毫米，出现在农科院雨量监测点，达到大暴雨标准。以上为我台所属站点天气实况数据，不作为现场证据，具体出险地情况应以实际勘验为准，相应检测点为农科院。

供热公司辩称：首先，没有证据证明是因第三方修路时路基没有回填好导致雨水流到蒸汽管道而积水，不认可原告提交的录音。其次，道路属于市政，供热公司并非道路管理主体，没有管理维修道路的权利和义务。并且认为，2016年7月19日石家庄连续暴雨，积水慢慢积蓄，到20日管网被水浸泡，是正常现象。积水落后于暴雨，且并不会因暴雨过去就立刻退去，这是自然现象，涉案事故由于不可抗力所致，因此供热公司不承担责任。

> **法院观点**

一审法院认为：保险公司与被保险人制药公司签订的财产一切险保险合同，是双方的真实意思表示，内容合法有效，双方应当以诚实信用为原则，按照合同约定全面履行各自的权利和义务。在保险期间内制药公司的在制品受损，属于本案保险合同约定的保险责任范围。保险公司已经按照法律规定及合同约定赔付了被保险人的合理损失 743 008.07 元。根据《保险法》第六十条第一款的规定，因第三者对保险标的的损害而造成保险事故的，保险人自向被保险人赔偿保险金之日起，在赔偿金额范围内代位行使被保险人对第三者请求赔偿的权利。供热公司作为上述保险合同关系中的第三者，与制药公司存在事实上的供用热汽合同关系，供热公司在制药公司无违反合同约定的情况下停止供汽造成该公司财产损失，属于合同违约行为，对其停汽给制药公司造成的财产损失应当承担赔偿责任。保险公司在赔偿完制药公司的损失之后，根据法律规定及制药公司出具的权益转让书，有权向供热公司行使代位求偿权，而供热公司应当按照保险公司与被保险人制药公司共同协商委托的具有合法资质的保险公估公司的定损结果赔偿原告。供热公司辩称该公估报告属保险公司单方委托且该公估机构不具有合法鉴定资质的抗辩意见，本院认为，首先，该公估机构法律资质健全，属于合法的鉴定机构；其次，供热公司虽然对该公估结果有异议，但并未提请重新鉴定，应视为对该公估报告的认可。故对于供热公司的上述抗辩意见，本院不予采纳。

供热公司辩称本次停汽事故是因为石家庄发生大暴雨致供热管道及相关设施被雨水浸泡，造成供热公司不能供热，属于法律规定的不可抗力情形，供热公司不应当承担责任。本院认为，合同所称不可抗力是指"不能预见、不能避免并不能克服的客观情况"。本案中供热公司主张不可抗力免责既不符合事实也不符合法律规定。首先，供热公司供汽管道漏水不是暴雨直接冲进管沟造成的，而是因为第三方在此挖坑修路，路基没有回填实，导致下雨后雨水直接渗入路面下方的蒸汽管网。因管网内的蒸汽遇水凝结会破坏管网而造成供热公司只好停汽,而且供热公司承认是在2016年7月20日早晨6时30分电话通知被保险人制药公司停止供汽,这与其主张的停止供汽原因是暴雨这一不可抗力自相矛盾,因为2016年7月19日0时至24时的降雨量才达到大暴雨的标准。其次,本次事故即使是不能预见的,也是能够克服和避免的。供热公司作为本案进水管网的产权人,负有日常维修和管理的义务,正是由于供热公司没有履行好管理维修义务,路面积水才直接渗入管道内,从而造成停汽。再次,不能想当然地将暴雨等同于自然灾害,而直接适用不可抗力,而且供热公司提供的证据不足以证明其遭受自然灾害,其提交的气象证明已经明确说明为站点天气实况数据,不作为现场证据,其检测点为农科院,而供热公司单位附近并没有农科院这一单位。最终,一审法院判决供热公司赔偿保险公司损失743 008.07元。供热公司不服一审判决,提起上诉。

由于二审阶段,供热公司仅对保险公估公司出具的公估报告作为涉案事故认定损失的依据有异议,并未主张其不应承担赔偿责任,且二审法院最终判决驳回上诉,维持原判,因此,此处不再详述二审法院观点。

> 律师评析

保险公司代位追偿时,不可抗力是保险追偿法律关系中第三方经常援引用于免责的事由。具体到本案中,虽然先发生了暴雨,但暴雨发生时,并未发生停汽并导致在制品受损这一保险事故,而是在第二天才发生停汽。并且法院认定,供热公司供汽管道漏水不是暴雨直接冲进管沟造成,而是因为第三方在此挖坑修路,路基没有回填实,导致下雨后雨水直接渗入路面下方的蒸汽管网,造成供热公司不得不停汽。由于涉案事故原因并非不可抗力,因此供热公司需承担相应的违约责任。

> 风险提示

涉案供热公司虽并非保险合同任何一方,但作为为被保险人提供供热服务的公司,却由于自身违约行为导致涉案事故的发生,从而在保险代位追偿案件中承担赔偿责任。本案中,虽然发生了暴雨,但供热公司负有日常维修和管理义务,正是由于其没有履行好管理维修义务,未及时发现路面积水直接渗入管道内,因此涉案事故才会发生。所以,任何合同当事方,均应积极履行好相应的合同义务,避免因自身违约而导致承担巨额赔偿责任。

问题3-15: 被保险人存在违约,保险公司能否追偿成功?

> 案件名称

某财产保险有限公司深圳分公司(简称"保险公司")诉某科技股份有限公司

(简称"科技公司")保险人代位求偿权纠纷

➢ **案号**

广东省高级人民法院(2018)粤民再71号

➢ **案情简介**

货主浙江省义乌某电子科技有限公司(以下简称"**货主**")作为甲方与乙方某物流股份有限公司(上述科技公司前身,以下简称"**物流公司**",2017年3月10日物流公司更名为"科技公司")签订了仓储服务合同,合同期限自2014年11月16日至2015年12月31日,约定"根据及时发放存储及保管需求,乙方负责为甲方提供及时、高效、安全的货物出入库、装卸及保管等配套服务"。其中,第一条约定仓库位于浙江省嘉兴市海宁市连杭经济开发区启潮路,仓库面积为2 000平方米,合同期限为2014年11月16日至2015年12月31日。第二条约定货物为空调产品。第五条关于货物盘存、库房管理的第五项约定:"乙方负责甲方储存货物库房的安全。货物在存储期间,由于保管不善而发生货物灭失、短少、损坏的,将由乙方按约定赔偿损失(以甲方采购价为赔偿限额,因不可抗力、货物的合理损耗、甲方的责任等原因造成的损失除外)。"第六条仓储货物保险约定:"双方同意选择B项仓储货物保险方式……B. 甲方投保,保费由甲方承担。(1)甲方委托乙方保管的货物,由甲方负责购买仓储财产一切险,甲、乙双方共同作为被保险人,保险费由甲方承担;(2)甲方应按照所使用仓库的库存峰值进行投保,未投保或投保的金额不足,造成出险后不能足额赔付的,由甲方自行负责,乙方不承担损失赔偿责任;(3)由于甲方产品本身质量原因等发生损失的,造成保险拒赔或保险承保范围以外事故的,乙方不承担赔偿责任;(4)发生保险事故,乙方应立即向甲方报告,并及时提供相关证据,协助甲方向保险公司办理保险理赔手续,损失赔偿以保险公司核定赔付为准,乙方不承担保险公司赔付以外的损失赔偿责任;(5)乙方施救过程中产生的费用,由甲方在保险索赔过程中一并提交保险公司,保险赔付后甲方全额支付乙方。"

2014年11月18日,货主向保险公司申请投保财产保险综合险。同日,保险公司向货主出具财产保险综合险保险单,约定被保险人为货主,由保险公司承保货主位于浙江省嘉兴市海宁市连杭经济开发区启潮路的存货,保险期限为2014年11月19日0时起至2015年11月18日24时,保险金额为1 500万元,第一受益人为某财务公司。

2014年12月9日,位于浙江省海宁市长安镇启潮路的物流公司租用的仓库发生火灾,当地公安消防大队所作的火灾事故认定书对起火原因认定如下:"起火部位:物流公司租用的华航3仓A单元,起火点位于华航3仓A单元东南角,距东墙内墙约 0.75 米,距南墙内墙约 4 米,距离地面约 2.7 米,且在此一定范围内。起火原因系电焊作业时产生的火花引燃下方可燃物蔓延所致。"

当地人民法院在某刑事判决书中认定:"2013 年 3 月,物流公司向某铝业公司租赁了海宁市盐仓开发区启潮路部分厂房作为仓库,并约定仓库及其附属设施的维修由铝业公司承担。2014 年 12 月 9 日 10 时 40 分,被告人秦某、李某应铝业公司的安排,在对物流公司仓库顶上进行修缮时,未在规定的安全得到满足、无火灾隐患的条件下进行电焊操作,电焊作业相应位置下方仓库内的物品着火,随即蔓延,造成仓库设施及某制冷公司、货主等单位存放在仓库内的空调、暖通等货物被烧毁,直接经济损失 1 亿元以上。属情节特别恶劣,其行为均已构成重大责任事故罪。"该案经上诉后,中级人民法院裁定驳回上诉,维持原判。

涉案火灾事故发生后,货主与保险公司共同委托保险公估公司对火灾中货主的存货损失进行评估。保险公估公司于 2015 年 9 月 15 日出具公估报告,其中记载"报损金额 14 188 660 元,核损失金额 12 127 067.78 元,建议赔付 10 500 000 元"。2015 年 9 月 18 日,货主与保险公司签订"赔付协议及权益转让书",其中约定根据上述公估报告,双方同意 1 050 万元为保险公司向货主的最终赔付金额,并约定签订该协议十日内将上述款项转账至货主的账户;第五条约定,自支付上述赔偿保险金之日起,保险公司在上述赔偿金额范围内依法取得代位求偿权。2015 年 9 月 28 日,保险公司向货主公司支付 1 050 万元。涉案保险公司取得代位求偿权后,向一审法院提起诉讼,请求判令科技公司支付赔偿 1 050 万元并支付自 2015 年 9 月 29 日起至实际付清赔偿款之日的利息损失(利息损失按央行同期贷款利率计算)。

科技公司抗辩:仓储服务合同第六条仓储货物保险第 B 项约定明确表示,货主在货物发生保险事故时,不得向科技公司索赔,即放弃了索赔权。保险公司代替货主地位,应受该约定的约束,其代位追偿权应受到该抗辩的阻却。

另查明,(2015)嘉海商初字第 2478 号一案中,案外人某暖通公司因本案火灾事故也遭受财产损害,保险公司因此向该公司支付保险金 288 万元。此后,保险公司以科技公司、铝业公司、某管材公司为被告向法院提起保险人代位求偿权之诉。该案中,被保险人暖通公司就存放于科技公司的仓储物在保险公司投保了财产一切险,并在特别约定的第五条中将科技公司列为共同被保险人,因而法院判决认定:暖通公司是本案保险标的的所有人,其将保险标的交付科技公司收发、装卸、保管等,双方订立仓储管理服务协议约定,科技公司在货物保管期间因过错造成货物被偷、被盗、损毁、灭失等,应当承担赔偿责任,因此科技公司与暖通公司均必然不期望保险标的出现损毁或者灭失的情况,双方对保险标的均具有保险利益。暖通公司向保险公司对保险标的进行了投保,并将科技公司列为共同被保险人,两者均共同期待在保险标的出现意外的情况时能获得保险公司的赔偿且不受保险公司的追偿。保险的既有原则之一,就是保险人不得对被保险人行使代位权。因此,法院判决保险公司不得对科技公司行使代位求偿权,并据此驳回了保险公司对科技公司的诉讼请求。

> **法院观点**

一审法院认为:本案为保险人代位求偿权纠纷。根据《保险法》的规定,因第三者对保险标的的损害而造成保险事故的,保险人自向被保险人赔偿保险金之日起,在赔偿金额范围内代位行使被保险人对第三者请求赔偿的权利。根据上述规定,可分析出保险人行使代位求偿权的构成要件为:(1)保险事故的发生是由于第三者的过错所致,即二者存在直接因果关系;(2)第三者的过错行为给被保险人造成了损害;(3)被保险人对第三者依法享有赔偿请求权;(4)保险人已向被保险人赔偿保险金。结合涉案刑事判决书和火灾事故认定书,案涉火灾是由于案外人秦某、李某未在规定的安全得到满足、无火灾隐患的条件下进行了电焊作业,产生的火花引燃下方可燃物蔓延所致,其过错行为与火灾的发生存在直接因果关系,应对案涉火灾所造成的损失承担直接的赔偿责任。科技公司对案涉火灾的发生和损失的扩大均不存在过错,保险公司依据保险人代位求偿权的规定对科技公司主张赔偿缺乏事实与法律依据,一审法院不予支持。至于秦某、李某两人为铝业公司所安排进行电焊作业,秦某、李某与铝业公司之间是否存在雇佣关系,以及火灾发生时秦某、李某是否在履行职务行为等,均不属于本案处理的范畴。

在货主(甲方)与科技公司(乙方)所签订的仓储服务合同中,有如下约定:"……第六条:仓储货物保险……B. 甲方投保,保费由甲方承担……(1) 甲方委托乙方保管的货物,由甲方负责购买仓储财产一切险,甲乙双方共同作为被保险人,保险费由甲方承担;(2) 甲方应按照所适用仓库的库存峰值进行投保,未投保或投保的金额不足,造成出险后不能赔付或不能足额赔付的,由甲方自行负责,乙方不承担损失赔偿责任……(4) 发生保险事故,乙方应立即向甲方报告,并及时提供相关证据,协助甲方向保险公司办理保险理赔手续,损失赔偿以保险公司核定赔付为准,乙方不承担保险公司赔付以外的损失赔偿责任……"但货主事实上并未按约定把科技公司作为共同被保险人列入货主与保险公司的保险合同中,故货主存在违约,应承担相应的法律后果;在此前提下,现保险公司依据代位求偿权对科技公司请求赔偿,一审法院不予支持。最终判决驳回保险公司全部诉讼请求。保险公司不服一审判决,提起上诉。

二审法院认为：首先，案涉仓储服务合同约定由科技公司负责为货主提供货物出入库、装卸及仓储等服务。其第五条第五项约定："乙方（科技公司）负责甲方（货主）储存货物库房的安全。货物在存储期间，由于保管不善而发生货物灭失、短少、损坏的，将由乙方按约定赔偿损失（以甲方采购价为赔偿限额，因不可抗力、货物的合理损耗、甲方的责任等原因造成的损失除外）。"上述约定表明，科技公司负有妥善保管货主存货的义务。其次，从涉案刑事判决书以及火灾事故认定书对起火原因的认定来看，在货主与科技公司的仓储服务合同实际履行期间，案外人秦某、李某在对仓库顶棚进行修缮时，未在规定的安全得到满足、无火灾隐患的条件下进行电焊操作，电焊作业相应位置下方仓库内的物品着火，随即蔓延，造成重大经济损失。起火原因系电焊作业时产生的火花引燃下方可燃物蔓延所致。上述事实表明，本案保险标的造成损失的直接原因是案外人电焊施工作业操作不当。本案中，又因货主与科技公司之间存在仓储合同法律关系，也就是说，案外人秦某、李某操作不当引起火灾的侵权行为造成科技公司违约的事实发生，即本案存在侵权责任和违约责任的竞合。保险公司选择以违约责任作为其请求权的基础符合《保险法》第六十条第一款以及《合同法》第一百二十二条[①]的规定。涉案仓储服务合同属仓储合同，依照《合同法》对仓储合同的相关规定，保管人应在寄存人交付仓储物后进行安全、妥善保管。本案仓储物灭失，且并非不可抗力、货物的自然损耗以及货主自身过错所致，故科技公司存在违约事实，应承担违约责任。科技公司在诉讼中抗辩称，本案火灾因案外人电焊施工操作不当引起，其不存在过错，不应承担违约责任。二审法院认为，《合同法》第一百二十一条[②]规定："当事人一方因第三人的原因造成违约的，应当向对方承担违约责任。当事人一方和第三人之间的纠纷，依照法律规定或者按照约定解决。"本案中，科技公司显然违反了其与货主的仓储服务合同的约定，未能返还仓储物，存在违约事实。依照《合同法》第一百二十一条的规定，该违约事实产生的原因不影响货主要求科技公司承担赔偿责任的权利，科技公司也不能以第三人存在过错为抗辩理由拒绝承担违约责任。保险公司已经于2015年9月28日向货主支付保险金1 050万元，其依法、依约均已取得代位求偿的权利，保险公司在本案中选择基于合同关系主张违约赔偿，并未违反相关法律规定，应予支持。

---

① 《合同法》已于2021年1月1日废止，《合同法》第一百二十二条现为《民法典》第一百八十六条"因当事人一方的违约行为，损害对方人身权益、财产权益的，受损害方有权选择请求其承担违约责任或者侵权责任"。

② 《合同法》已于2021年1月1日废止，《合同法》第一百二十一条现为《民法典》第五百九十三条"当事人一方因第三人的原因造成违约的，应当依法向对方承担违约责任。当事人一方和第三人之间的纠纷，依照法律规定或者按照约定处理"。

一审法院以科技公司对案涉火灾的发生和损失的产生不存在过错为由,驳回保险公司的诉请,该处理错误,二审法院予以纠正。

科技公司在诉讼中辩称,依照货主与科技公司在仓储合同中的相关约定,货主已经放弃了对科技公司的赔偿请求权,故保险公司也无权向科技公司主张赔偿。本案中,货主与科技公司所签订的仓储服务合同第六条B款第一项虽有关于"甲方(货主)委托乙方(科技公司)保管的货物,由甲方负责购买仓储财产一切险,甲乙双方共同作为被保险人,保险费由甲方承担"的约定,但根据相关保险单的记载及双方当事人的确认,货主实际上并未依照合同约定购买财产一切险,而是购买了财产综合险,且投保财产综合险后也并未依照约定将科技公司列为被保险人。即本案中,科技公司并非涉案保险法律关系中的被保险人,且本案并无证据表明货主已经在投保前后明确放弃向科技公司要求赔偿的权利,而是与保险公司签订了"赔付协议及权益转让书",约定自收到赔偿款之日起,保险公司在赔偿金额范围内依法取得代位求偿权。故科技公司所述货主已放弃向其主张赔偿的权利与事实不符,二审法院对此不予采纳。退一步而言,即使货主依约将科技公司作为被保险人之一投保财产一切险,但科技公司并非案涉空调的所有人,其对保险标的并不具有保险利益,科技公司也无法依据财产一切险合同减轻或免除其赔偿责任,故二审法院对其该抗辩主张不予支持。最终判决撤销一审判决,改判科技公司支付1050万元及以该款项为本金自2016年9月6日起至实际清偿日,按照中国人民银行同期贷款利率所计算的利息。科技公司不服二审判决,提起再审申请。

再审中,保险公司明确其是基于违约责任提起本案代位求偿权之诉,其主张科技公司违约所依据的条款就是仓储服务合同约定的第五条,科技公司存在对仓储货物保管不善的违约行为。

再审法院认为:本案的争议焦点为科技公司是否违反其与被保险人货主签订的仓储服务合同的约定,存在违约行为,而须对案涉保险事故承担赔偿责任。

案涉仓储服务合同作为货主与科技公司双方真实意思的表示,并未违反法律、法规的禁止性规定,该合同合法有效,双方当事人均应依约履行。根据火灾事故认定书、涉案刑事判决书以及一审法院和二审法院认定的事实,案涉仓储物的灭失系因火灾事故导致,而案涉火灾是由于案外人秦某、李某未在规定的安全得到满足、无火灾隐患的条件下进行电焊作业,产生的火花引燃下方可燃物蔓延所致,故造成本案保险标的损失的直接原因系因案外人电焊施工作业操作不当引发火灾所致。本案中,保险公司明确其系因违约责任提起代位求偿权之诉,因此对火灾责任所引发的赔偿之诉并不属于本案的审理范围。

根据案涉仓储服务合同第六条仓储货物保险 B 项货物保险方式的约定：货主委托科技公司保管的货物，由货主负责购买仓储财产一切险，货主与科技公司双方共同作为被保险人，保险费由货主承担。该条款是双方对货主存放在科技公司的仓储物应投保的保险条款所作的约定，该条款提供了 A、B 两种货物保险方式以供选择，本案中双方经协商选择了 B 项，但货主在此后于 2014 年 11 月 18 日向保险公司投保时，并未依照仓储服务合同的约定购买仓储财产一切险，也未将科技公司列为共同被保险人，而是申请投保了财产保险综合险，根据现已查明的事实，并未有证据反映货主单独购买财产保险综合险的行为已征得科技公司的同意，而根据(2015)嘉海商初字第 2478 号判决查明的事实，该案中被保险人暖通公司为存放在科技公司的仓储物向保险公司投保了财产一切险，并将科技公司列为共同被保险人，因此案涉仓储服务合同第六条 B 项约定并不属于不能履行的保险条款，该条款从内容来看也未免除科技公司的责任，或加重货主的责任并排除货主的主要权利，故该条款合法有效。

本案中，由于货主未将科技公司列为共同被保险人并擅自单方购买财产综合险的行为违反了仓储服务合同保险条款的约定，存在违约，因此该违约行为所导致的直接后果即引发了保险公司向科技公司行使保险代位求偿权。而在也由本案火灾事故引发的(2015)嘉海商初字第 2478 号案件中，因该案的被保险人暖通公司依照约定将科技公司列为共同被保险人向保险公司购买了财产一切险，该案最终认定：仓储物所有人将科技公司列为共同被保险人，两者均共同期待在保险标的出现意外的情况时能获得保险公司的赔偿且不受保险公司的追偿；保险的既有原则之一，就是保险人不得对被保险人行使代位权，因此法院据此驳回了保险公司对科技公司的诉讼请求。而本案中货主如依照仓储服务合同有关保险条款的约定将科技公司列为共同被保险人，那么保险公司将不得对科技公司行使代位权，但正是由于货主未依照合同约定购买保险的违约行为引发本案诉讼，据此保险公司取代货主的身份提起本案代位求偿权之诉，主张科技公司违约，依据不足，本院不予采纳。一审法院认定货主事实上并未按约定把科技公司作为共同被保险人列入货主与保险公司的保险合同中，货主存在违约，应承担相应的法律后果，并据此驳回了保险公司依据代位求偿权对科技公司请求赔偿的诉讼请求并无不当，本院予以维持，最终判决撤销二审判决，维持一审判决。

> 律师评析

本案一波三折。一审法院驳回保险公司全部诉讼请求，二审法院却又支持了保险公司代位追偿诉讼请求，再审法院最终判决撤销二审判决，维持了一审判决，即本案中最终保险公司代位追偿失败。为何会出现截然相反的认定？具体到本案中,二审法院以第三方的侵权行为导致涉案仓储方在与货主的仓储协议下违约,从而支持了保险公司的代位求偿请求。而一审法院和再审法院均认定,根据货主与仓储方签订的协议,双方约定货主负责购买保险,并将仓储方列为共同被保险人,但实际上,货主并未按约定把仓储方作为共同被保险人列入货主与保险公司的保险合同中,故认定货主存在违约,应承担相应的法律后果;如果货主依照约定将仓储方列为共同被保险人,那么保险公司将不得对仓储方行使代位权,正是货主这一违约行为导致涉案之诉,在此情形下,保险公司的代位追偿权不予支持。

> 风险提示

本案中仓储合同约定仓储方和货主应被列为共同被保险人,目的很明显,以此规避仓储方成为《保险法》第六十条下的"第三者",保险公司将无法向其进行追偿。但如若通过约定将仓储方和货主列为共同被保险人,就能实现该目的,那是否可以将该约定理解为被保险人为实现约定而放弃追偿权的情形?因此,保险公司追偿时,需注意被保险人与第三者之间签订的有关协议约定是否存在类似免责条款。如果存在此类约定,那么涉案保险公司若以侵权为由起诉直接侵权人,想必追偿效果会更好。这也再次提醒保险公司,追偿时一定要慎重选择代位追偿的请求权基础,这往往决定了追偿的成败。

问题 3-16:是否应支持保险公司追偿利息损失?

> 案件名称

某财产保险股份有限公司顺德分公司(简称"**保险公司**")诉广州市某置业有限公司(简称"**置业公司**")、广州市某房地产发展有限公司(简称"**房地产公司**")、广州市某企业管理有限公司(简称"**企业管理公司**")、黎某、苏某、广州某物业管理有限公司(简称"**物业管理公司**")保险代位求偿权纠纷

> 案号

广州市越秀区人民法院(2016)粤 0104 民初 1873 号

> 案情简介

2013 年 3 月 19 日,被保险人丁某为存放于广州市越秀区起义路某大厦四楼 D 的仓储物品向保险公司投保财产保险基本险,保险金额为 3 000 000 元,保险期限自 2013 年 3 月 20 日零时起至 2014 年 3 月 19 日 24 时。

2013 年 12 月 15 日 18 时 37 分许,大厦发生火灾,造成该大厦局部受损,烧毁、烧损成品鞋等货物一批,过火面积为 12 500 平方米,未造成人员伤亡。其中

丁某投保的仓储货物全部烧毁,造成丁某共计2 506 366.88元的财产损失。

根据广州市公安消防局的认定,起火点位于该大厦首层邓某承租的仓库内,起火原因系经过邓某承租仓库的大厦首层总电源线短路引燃可燃物所致。事故发生经过为:金某(为物业管理公司电工)受聘担任大厦维护电路的电工。2013年12月15日18时37分许,金某在改造大厦的用电线路时,由于计算错误,使用了2条6平方毫米(指电线的横切面面积)电源线接驳到位于邓某仓库内北门上面的16平方毫米电源线上,导致大厦总电源线短路引燃可燃物从而发生火灾。为查明损失原因和损失金额,保险公司委托了保险公估人北京某保险公估有限公司对损失进行了公估。经保险理赔核算,保险公司于2014年8月19日向被保险人丁某赔付了保险金2 005 093.50元,被保险人丁某向保险公司出具了权益转让书,声明并同意将其已取得赔款部分的一切权益转让给保险公司。

另查明,置业公司是该大厦的实际控制者与经营者,置业公司已被吊销工商营业执照,房地产公司是置业公司的合作经营投资方;大厦内部设置了消防配电系统、火灾自动报警系统、自动喷水灭火系统、室内消火栓系统、防排烟系统、防火分隔系统等消防设施,但由于大厦一直未能办理市政永久用电手续,仅使用建设期间供电局提供的临时电源,因此整栋大厦安装的建筑消防设施无法正常运转。

企业管理公司为大厦的管理者,负责该大厦的房屋出租、日常维护等,但该公司已被吊销工商营业执照,股东为苏某和黎某。此外,2010年11月,广州市公安局越秀区分局在消防监督检查中发现该大厦未经消防验收,被企业管理公司出租,擅自用作货物仓储和办公室使用。该局决定责令企业管理公司停止使用该大厦,并处罚款。2011年1月4日,企业管理公司逾期拒不执行上述处罚决定。广州市公安局越秀区分局遂决定对该大厦出租的仓库予以查封,强制停止使用。同年7月,黎某在大厦仍未经消防验收的情况下,以政府支持其盘活复建某大厦需筹集资金等为由,以公司的名义继续出租该大厦给承租人邓某等五十多名商户,作为存放鞋类等货物的仓库。

保险公司认为本案火灾事故直接责任方为金某所在的物业管理公司,置业公司作为大厦所有权人和实际控制人对火灾的发生也有直接责任,但因置业公司已被吊销工商营业执照,房地产公司是置业公司的合作经营投资方,保险公司认为房地产公司应当与置业公司一同对火灾造成的财产损失承担赔偿责任。另外,企业管理公司为该大厦的管理者,负责该大厦的房屋出租、日常维护等,在大厦没有通过消防验收的情形下仍对外出租,也有直接责任,但考虑到企业管理公司已被吊销工商营业执照,股东苏某和黎某应与企业管理公司一同对火灾造成的财产损失承担赔偿责任。保险公司认为本次火灾的发生是由于上述六个主体共同过错所致,因此上述主体应当对火灾导致的财产损失承担连带赔偿责任。保险公司随后向置业公司、房地产公司、企业管理公司、黎某、苏某、物业管理公司提起保险人代位求偿权之诉,要求判令六被告向保险公司赔偿财产损失保险赔款2 005 093.50元及其利息(利息从2014年8月19日起算,按中国人民银行公布的同期贷款利率计算至款项清偿之日)。

> **法院观点**

本案为保险代位求偿权纠纷。保险公司向被保险人丁某赔付保险金2 005 093.50元后,被保险人丁某向保险公司出具了权益转让书,声明并同意将已取得赔款部分的一切权益转让给保险公司,故保险公司依法取得了保险代位求偿权,可向责任方追偿2 005 093.50元及从赔付之日即2014年8月19日起按银行同期贷款利率计算的利息。

《侵权责任法》第六条规定:"行为人因过错侵害他人民事权益,应当承担侵权责任。"第八条规定:"二人以上共同实施侵权行为,造成他人损害的,应当承担连带责任。"第十九条规定:"侵害他人财产的,财产损失按照损失发生时的市场价格或者其他方式计算。"第三十四条规定:"用人单位的工作人员因执行工作任务造成他人损害的,由用人单位承担侵权责任。"[①]本案中,物业管理公司电工金某在改造大厦的用电线路时,由于计算错误,使用了2条6平方毫米电源线接驳到位于邓某仓库内北门上面的16平方毫米电源线上,导致涉案事故发生,因此,对火灾造成的损失应由金某工作单位即物业管理公司承担赔偿责任。故保险公司主张物业管理公司赔偿保险赔款2 005 093.50元及自该保险赔款给付之日即2014年8月19日起按银行同期贷款利率计算的利息的诉讼请求本院予以支持。

大厦内部虽设置了消防配电系统、火灾自动报警系统、自动喷水灭火系统、室内消火栓系统、防排烟系统、防火分隔系统等消防设施,但由于大厦一直未能办理市政永久用电手续,仅使用建设期间供电局提供的临时电源,因此整栋大厦安装的建筑消防设施无法正常运转。置业公司作为大厦所有权人和实际控制人,应对火灾造成的损失承担连带赔偿责任。

---

① 《侵权责任法》现已失效,上述有关规定现为:《民法典》第一千一百六十五条第一款"行为人因过错侵害他人民事权益造成损害的,应当承担侵权责任";《民法典》第一千一百六十八条"二人以上共同实施侵权行为,造成他人损害的,应当承担连带责任";《民法典》第一千一百八十四条"侵害他人财产的,财产损失按照损失发生时的市场价格或者其他合理方式计算";《民法典》第一千一百九十一条第一款"用人单位的工作人员因执行工作任务造成他人损害的,由用人单位承担侵权责任。用人单位承担侵权责任后,可以向有故意或者重大过失的工作人员追偿"。

企业管理公司作为大厦管理者,在大厦未经消防验收的情况下擅自出租物业作货物仓储和办公室之用,对火灾造成的损失也应承担连带赔偿责任。

置业公司和企业管理有限公司已经在事故发生前被依法吊销营业执照,作为股东的置业公司、苏某、黎某虽负有清算公司之责,但大厦火灾发生在公司吊销之后,股东是否进行公司清算对火灾造成的损失并无责任,保险公司要求房地产公司、苏某、黎某承担赔偿责任依据不足,本院不予支持。本案最终根据各方在事故中的责任和相应的法律关系等,判决由物业管理公司、置业公司和企业管理公司承担连带赔偿责任。

> **律师评析**

根据《保险法》第六十条第一款的规定,"因第三者对保险标的的损害而造成保险事故的,保险人自向被保险人赔偿保险金之日起,在赔偿金额范围内代位行使被保险人对第三者请求赔偿的权利"。我国保险代位求偿权系法定债权转移,即保险人自向被保险人赔偿保险金之日起,在赔偿金额范围内代位行使被保险人对第三者请求赔偿的权利。第三者未及时给付的,理应偿付因其迟延履行而使保险人遭受的资金占用损失,故本案中保险公司向第三者责任方追偿自其实际赔付之日起计算的利息损失得到了法院的支持。

> **风险提示**

虽然本案中的保险公司赔款利息在追偿案件中得到了支持,但是,起算的时点究竟是从保险公司赔付之日起计算还是从保险公司向责任第三者索赔之日起计算,在实践中存在争议。因此,保险人还是应该在支付赔款取得代位求偿权后尽快向责任方提起索赔,以减少争议发生。

问题 3-17: 当事人上级公司之间的沟通是否构成诉讼时效的中断?

> **案件名称**

某财产保险股份有限公司佳木斯市永红支公司(简称"**保险公司**")诉某银行佳木斯分行(简称"**某银行**")保险代位求偿权纠纷

> **案号**

最高人民法院(2007)民二终字第 67 号

> **案情简介**

1994 年 11 月 1 日,佳木斯市某商厦(以下简称"**某商厦**")与某银行签订租赁房屋合同书,约定某银行租用某商厦一楼 100 平方米作为其中山路储蓄所营业场所。1997 年 3 月 6 日,保险公司与某商厦签订了×××004 号财产保险综合险投保单及保险单,投保标的项目为固定资产和流动资产,总保险金额92 646 888元,保险费为231 617.22元,期限自1997年3月7日至1998年3月6日。1998年1月26日,保险公司与某商厦签订了×××152号财产保险综合险投保单及保险单,投保标的项目为流动资产,保险总额为5 553 000元,保险费为11 360元,期限自1998年1月27日至1999年1月26日。约定出险时按进价80%赔偿。财产地址为当地中山路某号。上述两份保险合同签订后,某商厦缴纳了保险费。1998年1月31日,某商厦发生特大火灾。

1998年2月1日,当地公安局消防处对某商厦火灾出具了认定书,认定火灾是由某商厦一楼某银行中山路储蓄所柜员处木质地板上放置的电热器长时间通电,引燃地板及附近可燃物而蔓延成灾。后当地政府公布的调查报告及向国务院的请示和有关批复确认:(1)火灾直接损失3 638万元。(2)火灾是一起责任事故,由某银行设立的中山路储蓄所引起。同时认定某商厦在消防管理上存在严重问题,这是造成重大损失的重要原因。(3)对火灾相关责任人员共计24人作出了处理。

1998年4月12日,当地政府成立指挥部向佳木斯市各有关部门、各银行下发方案,决定对某商厦实行依法清算,对某商厦债权债务的清理及某商厦有限责任公司(以下简称"新商厦")的成立提出了指导性意见。

1998年7月1日,当地土地管理局、财政局、城乡建设发展总公司及41名自然人股东投资设立新商厦。1998年7月9日,某商厦在当地工商局办理了注销登记。

本案火灾发生后,某商厦即开始请求保险公司理赔。保险公司对某商厦火灾现场进行了勘查并对保险标的损失作出了鉴定和认定,同年2月20日起保险公司开始给付理赔款39 998 818元(含施救整理费、鉴定费等)。同年6月15日至8月17日,保险公司依据×××152号保险单向42名某商厦个体户支付理赔款,合计金额为4 424 370元(含施救整理费)。对上述理赔,保险公司与某商厦签订了两份赔付协议书予以确认,某商厦给保险公司出具了收据,两份协议赔款合计金额44 423 188元。

1998年4月20日,某商厦给保险公司出具了权益转让书两份,约定在保险足额赔付后,某商厦将保险财产损失追偿权益转移给保险公司,两项共计44 423 188元。

1998年12月24日,保险公司依据权益转让书向某银行主张权利,并出具理赔证明,载明依据×××004号保险合同,实际支付某商厦赔额36 753 886.56元。

某保险公司当地省分公司(以下简称"省保险公司")因某商厦火灾一案,曾于 1998 年 10 月 26 日、1999 年 6 月 17 日、2001 年 5 月 10 日、2003 年 6 月 9 日向某银行和某银行所属的当地省分行(以下简称"**省银行**")提出追偿要求,省银行分别于 1999 年、2001 年、2003 年三次出具证明予以确认。但最终因双方多次协商未果,保险公司于 2004 年 1 月 8 日向法院提起诉讼,请求判令某银行赔偿保险公司 44 423 188 元,支付上述赔款利息 13 654 688.47 元(自 1998 年 10 月 1 日至 2003 年 10 月 1 日,按中国人民银行同期贷款利率计算),并承担案件诉讼费用。

> **法院观点**

一审法院认为:某商厦与保险公司于 1997 年和 1998 年签订的两份保险合同以及火灾发生后签订的赔付协议书和权益转让书是当事人双方真实意思表示,均符合法律规定,应认定为合法有效。1998 年 1 月 31 日,某商厦火灾发生后,根据佳木斯市政府下发的方案,指挥部有权处理某商厦债权债务、清算等善后事宜,保险公司依据保险合同向指挥部下设的恢复建办、筹资办、投资办等账户付款应视为向某商厦给付火灾赔款。保险公司依据×××152 号保险合同给某商厦 42 名个体户支付理赔款也是向某商厦履行赔付义务。某商厦对上述两项付款予以认可,并出具收据,应认定火灾发生后保险公司依据保险合同进行了实际赔付。

根据《保险法》(2002 年修正)第四十五条第一款[①]关于"因第三者对保险标的的损害而造成保险事故的,保险人自向被保险人赔偿保险金之日起,在赔偿金额范围内代位行使被保险人对第三者请求赔偿的权利"的规定,因保险公司已依据保险合同对某商厦进行了实际赔付,所以保险公司依法取得了代位求偿权,其有权向某银行追偿。

关于保险公司的诉讼请求是否超过诉讼时效期间的问题:1999 年、2001 年、2003 年省银行三次为省保险公司出具证明,证实省保险公司曾因某商厦火灾一案,多次向其主张权利,虽然省保险公司和省银行不是本案的诉讼主体,但分别是本案当事人双方的上级主管单位,故省保险公司向省银行追偿应视为保险公司向某银行追偿;某银行主张 2001 年 5 月 10 日至 2003 年 6 月 9 日超过了诉讼时效期间,但因省银行出具 2001 年主张权利证明的时间为 2001 年 6 月 12 日,已构成诉讼时效中断,所以,保险公司起诉没有超过诉讼时效期间。

在保险公司的代位求偿权确定之后,本案还应进一步认定某商厦和某银行

[①] 该条内容已修改为现行《保险法》第六十条第一款。

在损害赔偿关系中的责任问题。经公安消防部门确认，火灾发生的起火点在某银行中山路储蓄所，某银行对火灾发生具有过错，与某商厦的损害结果存在因果关系，因此，其对某商厦已构成民事侵权，是火灾事故中负有民事责任的第三人，其对某商厦的损失应承担相应的赔偿责任。某商厦作为28 600平方米的某商厦大楼的实际管理人，应按我国消防法律法规的有关规定安装使用消防设施，火灾发生后应及时报警和扑救，防止火灾损失扩大；但依据当地省政府的调查报告，某商厦存在日常消防措施不力、在商场内环型走马廊处堆放货物等管理问题，在火灾中存在值班人员严重失职、消防装置失灵和报警不及时等问题，是造成火灾重大损失的重要原因，故其应对这起火灾事故负主要责任，应自行承担其财产损失的70%。某银行与某商厦签订的租赁合同书中虽然未约定消防管理的责任条款，但某银行违规使用电器，未尽到承租人应尽的防火注意义务，对这起火灾事故应负次要责任，对某商厦的财产损失应承担30%的赔偿责任。某商厦应得的赔偿款依据前述代位求偿权的规定应由保险公司享有。保险公司主张省银行向省保险公司出具的"关于对佳木斯市某商厦火灾保险代位求偿的意见"是省银行自认承担全部赔偿责任的证据，因该意见属和解意见，双方未达成协议，故不能以此作为其承担全部赔偿责任的依据。由于本案为民事侵权引发的代位求偿权纠纷，因此保险公司主张某银行支付赔款利息未得到法院支持。最终，一审法院判决某银行支付保险公司12 353 476.97元。某银行不服一审判决，提起上诉。

二审法院认为：关于本案起诉是否超过诉讼时效的问题，1999年、2001年、2003年省银行三次为省保险公司出具证明，证实省保险公司曾因某商厦火灾一案，多次向其主张权利，虽然省保险公司和省银行并非本案诉讼直接当事人，但分别是本案当事人双方的上级主管单位，本案双方当事人上级单位的行为可以视为本案当事人之间的行为，能够产生引起本案诉讼时效中断的效果。原审判决对此认定正确。另外，省银行2004年6月1日向省保险公司出具的"关于对佳木斯市某商厦火灾保险代位求偿的意见"，其内容也表明本案当事人之间以及双方当事人上级单位之间就有关赔偿问题的争议一直延续，纠纷并没有中断过或者最终得到解决。因此，保险公司就本案向原审法院提起诉讼没有超过诉讼时效期间。

> ▶ 律师评析

本案争议焦点诸多，此处仅就保险公司行使代位求偿权是否超过诉讼时效进行探讨。本案中，保险公司向被保险人某商厦赔偿保险金后取得代位求偿权。鉴于某商厦与某银行之间系侵权法律关系，保险事故发生于1998年，适用《中华人民共和国民法通则》第一百三十五条①规定:"向人民法院请求保护民事权利的诉讼时效期间为二年,法律另有规定的除外。"即本案保险代位求偿权的诉讼时效为两年,超过这一时限,某银行主张诉讼时效抗辩权的,经法院审理查明无中止、中断延长事由的,保险公司将失去胜诉权利,丧失请求人民法院保护其利益的权利。结合本案,自1998年发生保险事故至2004年保险公司向法院提起诉讼时隔六年之久,省保险公司和省银行之间的协商是否构成诉讼时效的中断是本案法院的审查重点。

《中华人民共和国民法通则》第一百四十条②规定:"诉讼时效因提起诉讼、当事人一方提出要求或者同意履行义务而中断。从中断时起,诉讼时效期间重新计算。"

《最高人民法院关于审理民事案件适用诉讼时效制度若干问题的规定》(2008)第十条③规定:"具有下列情形之一的,应当认定为民法通则第一百四十条规定的'当事人一方提出要求',产生诉讼时效中断的效力:(一)当事人一方直接向对方当事人送交主张权利文书,对方当事人在文书上签字、盖章或者虽未签字、盖章但能够以其他方式证明该文书到达对方当事人的;(二)当事人一方以发送信件或者数据电文方式主张权利,信件或者数据电文到达或者应当到达对方当事人的;……"

结合上述法律规定,本案特别之处在于从保险事故发生之日至保险公司向法院起诉之日,除1998年12月24日,保险公司依据权益转让书向某银行主张权利外,其间均由省保险公司和省银行就追偿事宜进行沟通,而非当事人直接沟通。虽然《中华人民共和国民法通则》第一百四十条、《最高人民法院关于审理民事案件适用诉讼时效制度若干问题的规定》第十条规定由"当事人"进行意思表示,但鉴于省保险公司系保险公司的上级单位,省银行系某银行的上级单位,一审法院和二审法院均认定本案双方当事人上级单位的行为可以被视为本案当事

---

① 《中华人民共和国民法通则》已废止,该规定相关内容见《民法典》第一百八十八条第一款"向人民法院请求保护民事权利的诉讼时效期间为三年。法律另有规定的,依照其规定"。

② 《中华人民共和国民法通则》已废止,该规定相关内容见《民法典》第一百九十五条"有下列情形之一的,诉讼时效中断,从中断、有关程序终结时起,诉讼时效期间重新计算:(一)权利人向义务人提出履行请求;(二)义务人同意履行义务;(三)权利人提起诉讼或者申请仲裁;(四)与提起诉讼或者申请仲裁具有同等效力的其他情形"。

③ 该条规定现已修改为《最高人民法院关于审理民事案件适用诉讼时效制度若干问题的规定(2020年修正)》第八条第一款:"具有下列情形之一的,应当认定为民法典第一百九十五条规定的'权利人向义务人提出履行请求',产生诉讼时效中断的权力:(一)当事人一方直接向对方当事人送交主张权利文书,对方当事人在文书上签名、盖章、按指印或者虽未签名、盖章、按指印但能够以其他方式证明该文书到达对方当事人的;(二)当事人一方以发送信件或者数据电文方式主张权利,信件或者数据电文到达或者应当到达对方当事人的;……"

人之间的行为,能够产生引起本案诉讼时效中断的效果,即不应狭隘地理解为仅由"当事人"之间的意思表示才有效,而应从实质中认定是否能代表"当事人"的真实意思表示,从而判断诉讼时效是否中断。笔者认为一审法院和二审法院的论述合法合理。

> ➢ 风险提示

实践中,重大疑难复杂保险理赔案件往往会历经多年。根据现行《民法典》的规定,当事人向人民法院请求保护民事权利的诉讼时效期间为三年。虽然诉讼时效期间相比以前得到延长,但不论是作为保险公司还是被保险人,我们均建议尽快主张自身权利,一方面有助于快速全面查清楚案件事实,避免时间过久导致部分事实无法落实,另一方面能够实现诉讼时效中断的效果,确保自身民事权利能够得到法律保护与支持。

问题 3-18: 如何理解"被保险人的组成人员"?

> ➢ 案件名称

某财产保险股份有限公司宁波分公司(简称"**保险公司**")诉慈溪市某电器科技有限公司(简称"**电器公司**")保险人代位求偿权纠纷

> ➢ 案号

浙江省宁波市中级人民法院(2022)浙02民终3109号

> ➢ 案情简介

慈溪市某制笔有限公司(以下简称"**制笔公司**")成立于2001年1月17日,股东为邹某(子)、江某(母)。电器公司成立于2011年12月20日,股东为江某、林某(邹某之妻)。2011年12月15日,电器公司为了办理工商登记,与制笔公司签订租房协议,由电器公司租用制笔公司坐落于慈溪市观海卫镇工业区西区的房屋(面积为500平方米,本案厂房),租期20年,自2011年12月15日起至2031年12月14日,租金每年36 000元,每年12月1日前付清,水电及装潢由电器公司自理。自2012年7月起,双方又扩大了租赁面积,租金每年216 000元。从事故发生时的现状来看,案涉厂房中的大部分是由电器公司实际管理使用,起火点在建厂房建成后也是由电器公司使用。

2020年4月7日,电器公司作为投保人为案涉厂房向保险公司投保了财产综合险,其中列明:保险金额为1 000万元,保险期间为2020年4月5日0时至2021年4月4日24时,被保险人为制笔公司,受益人为某银行。并且特别约定:房屋建筑按估价投保(不含装修),所有权人为制笔公司。其财产综合保险条款第八条约定,投保人、被保险人及其代表的故意或重大过失行为,保险人不负责赔偿。

自2019年9月起至2021年初,经制笔公司同意,电器公司与宁波某钢结构有限公司(以下简称"**钢结构公司**")签订了多份钢结构工程承包合同,其中约定:由钢结构公司为电器公司搭建钢结构厂房;承包方式为包工包料;施工需做好防火安全措施,人员人身安全自行负责、自行投保。2021年1月3日12时55分许,钢结构公司安排的人员陈某在电器公司7号钢结构厂房东侧在建钢架三层电焊时产生的高温焊渣掉落引燃下方可燃物引发火灾,烧(损)毁部分建筑、设备等,过火面积约12 000平方米,无人员伤亡。

2021年1月11日,保险公司与制笔公司、电器公司共同委托保险公估机构对房屋损失进行评估,并出具公估报告。该报告确认:报损金额为8 087 510元,定损金额为4 802 395.18元,扣除10%的免赔率后,理算金额为4 322 155.66元。保险公司为此支出了公估费95 119元。同年6月28日,保险公司将理赔款全额支付给制笔公司,制笔公司出具了"赔付意向及权益转让书",将赔款部分保险标的的一切合法权益转让给保险公司,保险公司依法取得代位求偿权。

保险公司取得代位求偿权后,起诉至法院,要求电器公司支付赔偿款4 322 155.66元以及公估费95 119元。电器公司则抗辩,其与制笔公司的股东是亲属关系,两公司是家庭企业,其利益具有一致性;制笔公司自2010年开始逐步不再从事经营活动,制笔公司将厂房出租给电器公司而收取的租金只是名义租金,两家公司利益归属完全相同,一荣俱荣,一损俱损,保险公司无权向其索赔。

> **法院观点**

一审法院认为:本案争议的焦点为保险公司是否有权向电器公司追偿。涉案保险公司明确其请求权基础为:基于房屋租赁合同,电器公司负有妥善使用租赁物的义务,现因其不当使用而致租赁物损毁,构成违约,制笔公司享有违约赔偿请求权。法院认为,《保险法》第六十条第一款规定,因第三者对保险标的的损害而造成保险事故的,保险人自向被保险人赔偿保险金之日起,在赔偿金额范围内代位行使被保险人对第三者请求赔偿的权利。对保险人代位行使的权利范围的界定应具备两个条件:第一,该权利属于被保险人对第三者请求赔偿的权利;第二,引发该权利的法律事实是因第三者对保险标的的损害而发生保险事故。这包括两层含义:一是第三者实施了对保险标的的损害行为,二是损害行为与保险事故之间存在因果关系。因此,本案的关键在于电器公司是否存在违约行为,该违约行为与损害后果之间是否存在因果关系。

首先,自2019年9月起至2021年初,电器公司多次选任钢结构公司在案涉厂房内建造钢结构厂房,制笔公司对此知情且同意,甚至制笔公司主张钢结构公司就是由其选任的,因此,从租赁合同的角度,电器公司选任钢结构公司建造厂房的行为并无明显不当,也不构成违约。其次,本案保险事故发生在两个合同的履行过程中,即电器公司与制笔公司之间的租赁合同和电器公司与钢结构公司之间的承揽合同。案涉厂房因钢结构公司施工不当而毁损,与电器公司并无明显因果关系,不可归责于电器公司。根据我国《民法典》第七百二十九条的规定,制笔公司无权向电器公司主张赔偿。最后,《财产综合保险条款》第八条约定,投保人、被保险人及其代表的故意或重大过失行为,保险人不负责赔偿。该约定属于保险人的免责事由,易言之,如果投保人存在一般过失,则保险人仍应负责赔偿。相对于投保人而言,此处的赔偿应当指终局意义上的赔偿,而不包括保险人先赔付后追偿的这种中间状态。根据该约定,即使电器公司存在不当使用的违约行为,且系导致租赁物毁损的原因之一,也只有存在故意或重大过失的情况下,保险人才能向其追偿。综合本案案情,电器公司对于保险事故的发生显然不存在故意或重大过失。

需要说明的是,电器公司和制笔公司均主张双方构成人格混同,实质上是一家公司,现有证据虽然不能认定该事实,但双方存在关联关系却是客观事实。两家公司的股东为母子、夫妻、婆媳关系,虽然公司人格独立,不属于《保险法》第六十二条规定的不受追偿的"被保险人的家庭成员或者其组成人员",但两者就案涉保险事故的利益一致性是明确的,在此情况下,保险公司向被保险人制笔公司理赔后再向投保人电器公司追偿,就会出现"左手进,右手出"这一不合理现象,有违公平原则。综上所述,保险公司基于违约赔偿请求权而向电器公司追偿,没有事实和法律依据,不予支持。最终判决驳回保险公司全部诉讼请求。保险公司不服一审判决,提起上诉。

二审法院认为:制笔公司与电器公司签订的租房协议第三条明确约定电器公司应对租用房屋的有关财物妥善保管,如有损失或损坏,则应做好赔偿或维修。现电器公司承租的房屋发生火灾,火灾事故认定书认定起火原因系钢结构公司工作人员陈某在电器公司7号钢结构厂房东侧在建钢架三层电焊时产生的高温焊渣掉落引燃下方可燃物引发火灾。涉案火灾系电器公司使用租赁厂房期间发生,且涉案火灾所涉钢结构施工合同为电器公司所签订,钢结构的最终受益人为电器公司,而钢结构公司又无钢结构施工资质,故电器公司未尽到妥善保管租赁物的合同义务,应向制笔公司承担违约责任。至于电器公司称其多次选任钢结构公司建造案涉钢结构厂房,制笔公司对此知情且表示同意。制笔公司也称,电器公司系受其委托而签订承包合同,故电器公司不存在违约行为,也不存在妥善保管租赁物的情形。对此,本院认为,以上陈述明显对保险公司不利,实际上相当于制笔公司放弃了对电器公司请求赔偿的权利,基于两公司存在利害关系,且在未提供充分证据予以佐证的情况下,故对电器公司和制笔公司的该项陈述难以采信。

对于电器公司辩称其是投保人,不是第三者,保险公司无权向其追偿的意见,本院认为,《最高人民法院关于适用〈中华人民共和国保险法〉若干问题的解释(四)》第八条规定:"投保人和被保险人为不同主体,因投保人对保险标的的损害而造成保险事故,保险人依法主张代位行使被保险人对投保人请求赔偿的权利的,人民法院应予支持,但法律另有规定或者保险合同另有约定的除外。"本案中,电器公司是投保人,制笔公司是被保险人,电器公司和制笔公司为不同主体,涉案火灾系电器公司使用租赁房屋时发生,电器公司未尽到妥善保管义务,构成违约,保险公司有权代位行使制笔公司对电器公司请求赔偿的权利,故本院对电器公司该项辩称意见也不予采信。

另外,关于本案是否适用《保险法》第六十二条规定的保险人代位求偿权的除外情况。首先,该条规定的除外情况是源于对保险标的物是否具有合法的利益关系。其次,该条明确了除外情况适用范围是被保险人的家庭成员或者组成人员。作为法人被保险人的组成人员应做狭义解释。为被保险人的利益或者接受被保险人的委托或者与被保险人有某种特殊法律关系而进行活动的人,包括被保险人的雇佣人员、合伙人和代理人等,相对具有身份依附关系,这部分人通常是代替被保险人履行职务行为的人,其行为所造成的损害由被保险人承担责任,保险人不能向其求偿。本案被保险人制笔公司及投保人电器公司系有限责任公司,均为独立法人主体,对外独立承担民事责任。邹某、江某、林某虽为不同公司的股东,但不能解释为股东系公司的组成机构。电器公司与制笔公司签订了租房协议,协议双方系为各自利益,以各自独立法律人格而为民事法律行为。公司因其人格上的独立性,对公司财产独立享有权益并承担风险,股东不得干涉公司的独立经营,即股东不能直接对公司财产享有权益;同理,股东所承担的风险也并非公司财产的损失风险,即公司独立经营,自行承担经营风险和财产损失。最终判决撤销一审判决,改判电器公司支付 4 322 155.66 元。

> **律师评析**

保险人代位求偿制度派生于对财产保险发展具有重大意义的保险基本原则——损失补偿原则。保险人在向被保险人赔偿保险金后,在赔偿金额范围内代位行使被保险人对侵权人请求赔偿的权利,也可防止被保险人从保险人和第三者处重复受偿而获得不当得利。对于《保险法》第六十二条有关"保险人不得对被保险人的家庭成员或者其组成人员行使代位请求赔偿的权利"的规定的理解,在理论上和实务中历来存在争议。关于"被保险人的组成人员",有人认为主要包括被保险人的雇佣人员、合伙人、代理人、信托人等,有人则认为主要指与被保险人之间适用免赔规则的执行董事或其他法定代表人等。但无论如何,该规定的立法目的在于避免被保险人因保险人行使代位求偿权而无法实际获得损失补偿,从而导致保险制度损失填补基本功能的落空。因此,被保险人与保险人代位求偿权的相对人之间存在经济利益上的"同一性",应当是确定"被保险人的组成人员"具体范围的基本依据。

具体到本案中,关于股东是否属于《保险法》第六十二条规定的"被保险人的组成人员",不论是一审法院还是二审法院,均认定由于公司法人具有独立的人格,因此,股东并不属于"被保险人的组成人员"。但一审法院认为,虽然公司人格独立,但两者就案涉保险事故的利益一致性是明确的,在此情况下,保险公司向被保险人制笔公司理赔后再向投保人电器公司追偿,就会出现"左手进,右手出"这一不合理现象,有违公平原则。因此,一审法院并未支持保险公司诉讼请求。而二审法院则认为,公司因其人格上的独立性,对公司财产独立享有权益并承担风险,股东不得干涉公司的独立经营,即股东不能直接对公司财产享有权益;同理,股东所承担的风险也并非公司财产的损失风险,即公司独立经营,自行承担经营风险和财产损失。最终,二审法院支持了保险公司的诉讼请求,判决制笔公司应承担赔偿责任。

> **风险提示**

保险以填补损失与防止不当得利为基本原则。为了防止保险赔偿金出现"左手进,右手出",实际仍由被保险人承担损失的情况发生,《保险法》第六十二条将被保险人的家庭成员或组成人员排除在行使保险人代位求偿权之外,但法律并未明确对组成人员进行界定。因此,对于被保险人而言,需要特别注意这一点,即便是关联公司或股东投保,最终保险公司承担保险责任后,关联公司或股东仍有可能要承担赔偿责任。因此,集团公司在对企业进行统一投保时,需要注意规范投保,列明投保人、被保险人及对应资产明细等,避免发生事故后双方对保险合同相关主体认定存在争议,从而影响保险赔付等。

问题 3-19: 追偿案件第三者以保险人不应承担保险赔偿责任等理由提出的抗辩是否有效?

> **案件名称**

某财产保险股份有限公司泉州中心支公司(简称"**保险公司**")诉山东某鹤

(集团)有限公司(简称"某鹤公司")保险人代位求偿权纠纷

> 案号

最高人民法院(2015)民申字第 290 号

> 案情简介

2008 年 8 月 20 日,某鹤公司与山东某体育用品有限公司(简称"**体育用品公司**")签订了租赁合同,约定体育用品公司租赁某鹤公司位于山东省济南市天桥区某工业园某楼房二楼,该房屋用作仓库,合同暂定 5 年,自 2009 年 3 月 1 日至 2014 年 2 月 28 日;体育用品公司负责向保险公司购买火灾保险,如体育用品公司不按时投保,则由体育用品公司承担全部责任。体育用品公司在租赁期间,如遇政府政策调整或自然灾害等不可抗力因素,造成合同不能履行,则双方互不承担责任。

第三人泉州某轻工有限公司(简称"**轻工公司**")负责某知名体育品牌及旗下品牌产品的生产制造,体育用品公司对轻工公司生产的该知名品牌及旗下品牌货品负责山东境内的销售市场开拓和营销管理及监督,因此轻工公司需在山东境内销售的货品一般存放在体育用品公司所承租的仓库内。

2011 年,轻工公司作为被保险人向保险公司申请投保,保险公司出具了财产综合险保险单。该保险单载明:保险期限自 2011 年 1 月 15 日零时起至 2012 年 1 月 14 日;保险金额为 127 288 500 元;保险标的地址为全国范围内按区域明细投保,其中山东省济南市店铺名称为济南市天桥区某工业园某鹤仓储物;被保险人为轻工公司(标注了知名品牌)体育用品公司济南总仓库。上述综合保险中包括火灾,在保险期限内,因火灾造成保险标的的损失,保险公司依约负责赔偿。

2011 年 3 月 8 日,某鹤公司出租仓库发生火灾,造成轻工公司巨大损失。经当地公安局消防分局认定,火灾起因为某鹤公司仓库 B 区 10 号彩钢板搭建的办公室起火引燃所致;排除 B 区 10 号办公室外电气线路及设施引发火灾的可能性,排除吸烟遗留火种引发火灾的可能性,排除放火引发火灾的可能性,不排除引燃 B 区 10 号办公室内电气线路及设施引发火灾的可能性。灾害成因为:B 区 10 号办公室起火后,引燃 B 区 10 号、9 号、11 号内存放的木质板材等可燃物从而使火势进一步扩大。其间,物流中心值班室保安对发现烧出室外的明火使用手推式灭火器进行了扑救,随后火势将屋面烧损并向二层蔓延,因该仓储物流中心无消防水源且库房一层、二层存放了大量的板材、服装鞋帽等可燃物,从而使火势迅速蔓延成灾。

事故发生后,轻工公司依据保险合同向保险公司索赔。保险公司委托某公估机构对火灾保险事故造成的损失进行保险理算。公估机构作出最终报告,认定轻工公司索赔金额为 49 027 598.51 元,理算金额为 40 755 036.56 元(已扣除 10%免赔金额)。2011 年 7 月 19 日,保险公司赔偿轻工公司火灾损失 40 755 036.56 元。

另查明,2004 年 9 月 8 日,某鹤公司与济南市天桥区某街道办事处某居委会签订了土地承包合同,由某鹤公司承包该居委会位于涉案工业园所在的土地 40 亩,承包期限 20 年。合同签订后,某鹤公司在承包地块建设了钢架结构的板式房屋——在某鹤公司内部称为仓储物流中心,归属于某鹤公司注册成立的山东某鹤装饰材料批发市场管理。该仓储物流中心未办理土地规划审批手续和消防验收手续。

保险公司理赔后,认为涉案事故原因为某鹤公司仓库办公室起火,且其对出租的仓库未经消防验收,也未按照法律规定配备消防水源,于是提起涉案代位求偿权之诉,请求某鹤公司赔偿损失 40 755 036.56 元。

某鹤公司抗辩认为:(1)案外人张某是直接侵权人。根据消防事故认定书,火灾是由张某承租的某鹤仓库 B 区 10 号办公室设施引发的,某鹤公司没有侵权行为,依法不应承担赔偿责任。另外,涉案房屋系彩钢搭建的简易板房,这个现状是在签订租赁合同时就已存在的,体育用品公司在签订合同时并未严格审查我公司消防手续是否完备,其应承担相应的责任。某鹤仓库停水后,作为存放大量可燃物品的第三人,应该明知潜在危险增加,但并没有采取积极措施予以防范,对损失的发生负有一定责任。(2)保险公司赔付所依据的公估报告系保险公司单方委托所作出,用作保险公司与轻工公司之间的理赔专用依据,不能直接作为本案的赔偿依据使用。

第三人轻工公司述称,在租赁某鹤公司物流仓储过程中,其已尽到火灾防护的管理责任,并已按照与某鹤公司签订的租赁合同第八条约定履行了火灾的投保工作。

> **法院观点**

一审法院认为:体育用品公司在使用某鹤公司仓库期间,该仓储物流中心发生火灾,导致轻工公司投保的存放在仓库的衣物在火灾中被烧毁,致使其遭受重大的经济损失。根据事故认定书的认定,该火灾事故是由该房屋内电气线路及设施的原因引起的。本次事故系某鹤公司仓库办公室起火所致,且其出租的仓库未经消防验收,也未按法律规定配备消防水源,故对于本次事故造成的损失,某鹤公司负有主要的责任,应当承担 60%的赔偿责任;体育用品公司租赁某鹤公司没有审批手续的房屋作为仓库,对消防设施没有尽到谨慎审查义务,体育用品公司作为承租人也有对安全的注意和保障义务,故其对于自身仓储物的安全负有一定的责任,对于事故造成的损失其应自行承担 40% 的责任。

某鹤公司主张火灾并非因其行为发生,而是由案外人张某所租赁的仓库中失火引起,某鹤公司依法不应承担赔偿责任。但是,根据事故认定书,其中只是认定了失火点在张某所租赁的仓库内,并没有认定失火是由张某的原因造成,并没有确认火灾事故的责任人就是张某。而本案为财产损害追偿权纠纷,出租人某鹤公司向保险公司承担损失后,如认为该损失由张某造成,则可另行向张某主张权利,但不能因此在本案中免责。

火灾事故发生后,轻工公司就火灾造成的损失向保险公司索赔,保险公司根据公估机构出具的公估报告进行了理赔。虽然该公估报告是由保险公司单方委托评估的,但是该公估报告依据充足,某鹤公司并没有相反证据予以推翻,故该报告可以作为损失依据予以采信。保险公司赔付了轻工公司火灾损失 40 755 036.56 元。对于该损失,某鹤公司承担 60% 的赔偿责任,即某鹤公司应赔偿保险公司 24 453 021.94 元,剩余损失由保险公司自行承担。

对于该一审判决,保险公司和某鹤公司均不服并提起上诉。保险公司上诉认为一审判决认定某鹤公司承担的赔偿比例明显过低,根据一审法院认定的事实,某鹤公司办公室仓库线路设施是导致本次事故发生的直接原因,且没有消防水源等因素,某鹤公司应承担本次事故主要责任,如果按责任比例划分,则应承担 90% 的责任。

而某鹤公司上诉认为:

(1) 一审法院应当全面审理保险公司与轻工公司间的保险合同关系,由此来确认保险公司是否取得代位求偿权。① 本案中保险公司没有履行风险查勘义务就与轻工公司签订保险合同,出险后其依据保险合同做出的赔付,是由于保险公司的故意和重大过失行为造成的,因此所造成的损失应其自担。② 在体育用品公司与某鹤公司签订租赁合同时,某鹤公司口头告知体育用品公司其租赁的仓库没有办理手续。轻工公司在投保时应当告知保险公司体育用品公司租赁的仓库没有办理土地规划手续和未经消防验收,轻工公司如果隐瞒了该事实,则保险公司根据保险条款第八条第一款约定应当免赔。如果保险公司知道该事实仍与轻工公司订立保险合同,不规避风险并作出赔付,则所造成的损失应其自负。③ 轻工公司与体育用品公司的关系决定了保险标的归属。本案中仓库的承租方是体育用品公司,保险标的是存放到体育用品公司租赁的仓库里,关于该保险标的是否为轻工公司所有,是否与轻工公司有经济上的利害关系,一审法院未查明,保险公司也没有提供证据证明。

(2) 本案火灾发生的原因是某鹤公司仓库 B 区 10 号彩钢板搭建的办公室

起火引燃,不是某鹤公司的办公室起火所致,B区10号是张某租赁的仓库,内部的办公室是张某搭建的,一审法院认定"根据事故认定书的认定,只是认定了失火地点在张某所租赁的仓库内,并没有认定失火是由张某原因造成的"违背了客观事实。

二审法院认为:

(一)关于保险公司是否有权向某鹤公司追偿问题

根据查明事实,涉案存放在体育用品租赁仓库内的货品的所有权归属于轻工公司,轻工公司可以为本案保险标的投保,其对保险标的具有保险利益。本案轻工公司按区域明细进行了投保,保险公司泉州支公司所出具的财产综合险保险单中关于保险财产坐落地址已包括涉案工业园某鹤仓储物。《保险法》第六十条第一款规定:"因第三者对保险标的的损害而造成保险事故的,保险人自向被保险人赔偿保险金之日起,在赔偿金额范围内代位行使被保险人对第三者请求赔偿的权利。"本案体育用品公司租赁某鹤公司仓库,轻工公司将其货物存放在体育用品公司租赁的仓库内,因某鹤公司所出租的仓库发生火灾,造成轻工公司保险标的重大损失。而火灾事故发生后,保险公司已依据保险合同对轻工公司进行了实际赔付,所以保险公司依法取得了代位求偿权,其有权向某鹤公司追偿。

(二)关于在签订保险合同时保险公司是否履行了风险查勘义务的问题

保险公司为降低自身风险,可以对保险标的存放地点进行查勘,如果存在不规范之处,则可以拒绝承保。但保险公司未履行风险查勘义务即予以承保的,如发生保险合同约定的保险事故,则保险公司仍应当承担赔付责任。保险公司赔付后依法应取得法定的代位求偿权。保险公司是否履行了风险查勘义务涉及的是保险合同订立中的问题,与保险合同成立后保险公司是否免除保险责任无关。本案保险事故的发生与保险公司的风险查勘义务之间没有因果关系。某鹤公司关于保险公司没有履行风险查勘义务,出险后做出的赔付,是由于保险公司的故意或重大过失行为造成的,损失应自行承担的主张,不能成立,对此本院不予支持。

(三)关于轻工公司是否向保险公司履行了仓库没有办理相关手续的告知义务问题

首先,某鹤公司没有证据证明轻工公司知道体育用品公司租赁的仓库没有办理土地规划手续和消防验收手续。退一步讲,如果轻工公司知道该事实而没有告知保险公司,所引起的法律后果也仅是保险公司有权解除保险合同,而不是免除保险公司的责任。在保险合同未解除的情况下,保险公司仍应当承担赔付责任,保险公司赔付后依法应取得法定的代位求偿权。其次,如果保险公司在保险合同订立时,已知道保险标的所存放的仓库没有办理土地规划手续和消防验收手续,则根据《保险法》的相关规定,保险公司也不得解除合同,发生保险事故,保险公司也应承担赔付责任。其在承担赔付责任后,依法也应取得法定的代位求偿权。轻工公司是否履行了仓库没有办理相关手续的告知义务,主要涉及的是保险合同能否解除,而与保险公司是否免除保险责任无关。本案财产综合险第八条保险人不负责赔偿情形第(一)项所规定的"投保人、被保险人及其代表的故意或重大过失行为",是指对保险标的造成损失的故意或重大过失行为,本案保险事故的发生与轻工公司是否履行告知义务之间没有因果关系,轻工公司是否履行告知义务,不构成保险公司免除责任情形。某鹤公司关于轻工公司不履行告知义务或保险公司明知而承保、赔付,属于故意或重大过失行为造成的损失,应由保险公司自负的主张,不能成立,对此本院不予支持。

(四)关于某鹤公司应承担赔偿责任范围问题

虽然直接引起本案火灾的着火点是B区10号办公室内,但某鹤公司作为出租方出租的仓库未经消防验收;在仓库作为仓储物流中心,堆放大量可燃物的情况下,没有积极采取预防性消防措施;在火灾发生时无消防水源等是火灾发生的条件。某鹤公司存在的上述问题使本案火灾发生后得以蔓延,是造成本案损失的重要原因。而体育用品公司对所租赁的仓库没有尽到谨慎审查义务,特别是在某鹤公司仓库周边已在拆除的情况下,未采取适当应对措施,对本案损失的发生也负有一定责任。一审法院综合各方过错情况,判令某鹤公司承担60%的赔偿责任,并无不当,对此本院予以维持。二审法院最终判决驳回上诉,维持原判。

某鹤公司不服二审判决,提起再审申请。再审法院的观点基本同二审法院,最终裁定驳回再审申请。

> 律师评析

保险代位求偿权诉讼中,第三者往往提出保险合同无效、不属于保险责任范围、保险赔偿金额计算错误等种种抗辩事由,认为保险公司无权追偿或追偿金额错误等,由此引发相关纠纷。

实际上,保险代位求偿权诉讼中,第三者提出的保险合同无效、不属于保险责任范围、保险赔偿金额计算错误等抗辩事由往往不能起到实质性效果或帮助,在司法实践中法院通常对此类事由不予审查,部分地区高级人民法院甚至专门出台文件明确该问题。如《山东省高级人民法院民二庭关于审理保险合同纠纷案件若干问题的解答》(于2019年12月31日发布)规定,"三、财产保险合同"

第二十款规定,"根据保险法第六十条第一款规定,因第三者对保险标的的损害而造成保险事故的,保险人自向被保险人赔偿保险金之日起,在赔偿金额范围内代位行使被保险人对第三者请求赔偿的权利。保险人行使保险代位求偿权的基础是被保险人对第三者的赔偿请求权,与被保险人基于保险合同行使保险金赔偿请求权属于两个不同的法律关系。因此,人民法院审理保险人提起的保险代位求偿权纠纷时,应当围绕被保险人与造成保险标的损害的第三者之间的侵权法律关系进行审理。对第三者提出的保险合同无效、不属于保险责任范围、保险赔偿金额计算错误等关于保险合同关系的抗辩事由,原则上不予审查"。上海市高级人民法院《关于审理保险代位求偿权纠纷案件若干问题的解答(二)》(于2010年9月30日发布)第九条规定,"保险代位求偿权的取得属于法定请求权转让,保险人行使的是原属于被保险人的赔偿请求权,该赔偿请求权和保险合同属于不同法律关系,法院应当仅就造成保险事故的第三者与被保险人之间的法律关系进行审理。对第三者提出的保险合同无效、保险人不应承担保险赔偿责任、保险赔偿金额计算不当等抗辩,法院不应审查"。可见,作为可能负有赔偿责任的第三者在应对此类索赔或案件时,应该把精力聚焦于发生的事故或损失本身,而非保险公司与被保险人之间的权利和义务上。具体到本案中,该案件的一审法院和二审法院均为山东地区法院,涉案审理时山东省高级人民法院尚未出台上述文件,涉案法院对第三者提出的抗辩事由逐条进行了分析,但最终均未支持第三者的抗辩事由。此后(2019年),山东省高级人民法院民二庭就此问题以文件形式明确,对第三者提出的保险合同无效、保险人不应承担保险赔偿责任、保险赔偿金额计算不当等抗辩,法院不应审查。

此外,本案中还有一点值得一提,关于火灾事故原因,涉案火灾事故证明书描述为"不排除引燃B区10号办公室内电气线路及设施引发火灾的可能性"。一审法院直接认定"该火灾事故是由该房屋内电气线路及设施的原因引起的",而二审法院显然注意到这一点,在关于火灾事故原因认定方面,并未直接明确起火原因,而是通过对起火点、缺乏消防水源、未积极采取预防性措施等方面的分析,认定出租方某鹤公司应当承担主要责任。

> 风险提示

作为保险事故的责任方,在保险人代位求偿权之诉中,往往会以保险公司应当予以拒赔却未拒赔、赔偿金额错误等进行抗辩。实践中,保险公司是按照法律规定以及保险合同约定进行理赔,甚少出现应当拒赔而未拒赔,或者故意多支付赔款等情况。实际上,无论保险人是否应对灾害事故进行赔偿,只要保险人进行了赔偿并提起代位求偿权之诉,根据目前的司法实践,法院通常情况下都不会对事故责任方关于保险合同无效、保险人不应承担保险赔偿责任、保险赔偿金额计算不当的抗辩进行审查,此类抗辩很难得到支持。另外,本案也提示我们,不论是作为出租方还是承租方,均应严格履行安全生产责任,做好职责范围内的安全工作,避免事故的发生和扩大。

附　　录

中华人民共和国保险法(2015年修正)

(1995年6月30日第八届全国人民代表大会常务委员会第十四次会议通过　根据2002年10月28日第九届全国人民代表大会常务委员会第三十次会议《关于修改〈中华人民共和国保险法〉的决定》第一次修正　2009年2月28日第十一届全国人民代表大会常务委员会第七次会议修订　根据2014年8月31日第十二届全国人民代表大会常务委员会第十次会议《关于修改〈中华人民共和国保险法〉等五部法律的决定》第二次修正　根据2015年4月24日第十二届全国人民代表大会常务委员会第十四次会议《关于修改〈中华人民共和国计量法〉等五部法律的决定》第三次修正)

第一章　总　　则

第一条　为了规范保险活动,保护保险活动当事人的合法权益,加强对保险业的监督管理,维护社会经济秩序和社会公共利益,促进保险事业的健康发展,制定本法。

第二条　本法所称保险,是指投保人根据合同约定,向保险人支付保险费,保险人对于合同约定的可能发生的事故因其发生所造成的财产损失承担赔偿保险金责任,或者当被保险人死亡、伤残、疾病或者达到合同约定的年龄、期限等条件时承担给付保险金责任的商业保险行为。

第三条　在中华人民共和国境内从事保险活动,适用本法。

第四条　从事保险活动必须遵守法律、行政法规,尊重社会公德,不得损害社会公共利益。

第五条 保险活动当事人行使权利、履行义务应当遵循诚实信用原则。

第六条 保险业务由依照本法设立的保险公司以及法律、行政法规规定的其他保险组织经营,其他单位和个人不得经营保险业务。

第七条 在中华人民共和国境内的法人和其他组织需要办理境内保险的,应当向中华人民共和国境内的保险公司投保。

第八条 保险业和银行业、证券业、信托业实行分业经营、分业管理,保险公司与银行、证券、信托业务机构分别设立。国家另有规定的除外。

第九条 国务院保险监督管理机构依法对保险业实施监督管理。

国务院保险监督管理机构根据履行职责的需要设立派出机构。派出机构按照国务院保险监督管理机构的授权履行监督管理职责。

第二章 保险合同

第一节 一般规定

第十条 保险合同是投保人与保险人约定保险权利义务关系的协议。

投保人是指与保险人订立保险合同,并按照合同约定负有支付保险费义务的人。

保险人是指与投保人订立保险合同,并按照合同约定承担赔偿或者给付保险金责任的保险公司。

第十一条 订立保险合同,应当协商一致,遵循公平原则确定各方的权利和义务。

除法律、行政法规规定必须保险的外,保险合同自愿订立。

第十二条 人身保险的投保人在保险合同订立时,对被保险人应当具有保险利益。

财产保险的被保险人在保险事故发生时,对保险标的应当具有保险利益。

人身保险是以人的寿命和身体为保险标的的保险。

财产保险是以财产及其有关利益为保险标的的保险。

被保险人是指其财产或者人身受保险合同保障,享有保险金请求权的人。投保人可以为被保险人。

保险利益是指投保人或者被保险人对保险标的具有的法律上承认的利益。

第十三条 投保人提出保险要求,经保险人同意承保,保险合同成立。保险人应当及时向投保人签发保险单或者其他保险凭证。

保险单或者其他保险凭证应当载明当事人双方约定的合同内容。当事人也可以约定采用其他书面形式载明合同内容。

依法成立的保险合同,自成立时生效。投保人和保险人可以对合同的效力约定附条件或者附期限。

第十四条 保险合同成立后,投保人按照约定交付保险费,保险人按照约定的时间开始承担保险责任。

第十五条 除本法另有规定或者保险合同另有约定外,保险合同成立后,投保人可以解除合同,保险人不得解除合同。

第十六条 订立保险合同,保险人就保险标的或者被保险人的有关情况提出询问的,投保人应当如实告知。

投保人故意或者因重大过失未履行前款规定的如实告知义务,足以影响保险人决定是否同意承保或者提高保险费费率的,保险人有权解除合同。

前款规定的合同解除权,自保险人知道有解除事由之日起,超过三十日不行使而消灭。自合同成立之日起超过二年的,保险人不得解除合同;发生保险事故的,保险人应当承担赔偿或者给付保险金的责任。

投保人故意不履行如实告知义务的,保险人对于合同解除前发生的保险事故,不承担赔偿或者给付保险金的责任,并不退还保险费。

投保人因重大过失未履行如实告知义务,对保险事故的发生有严重影响的,保险人对于合同解除前发生的保险事故,不承担赔偿或者给付保险金的责任,但应当退还保险费。

保险人在合同订立时已经知道投保人未如实告知的情况的,保险人不得解除合同;发生保险事故的,保险人应当承担赔偿或者给付保险金的责任。

保险事故是指保险合同约定的保险责任范围内的事故。

第十七条 订立保险合同,采用保险人提供的格式条款的,保险人向投保人提供的投保单应当附格式条款,保险人应当向投保人说明合同的内容。

对保险合同中免除保险人责任的条款,保险人在订立合同时应当在投保单、保险单或者其他保险凭证上作出足以引起投保人注意的提示,并对该条款的内容以书面或者口头形式向投保人作出明确说明;未作提示或者明确说明的,该条款不产生效力。

第十八条 保险合同应当包括下列事项:

(一)保险人的名称和住所;

(二)投保人、被保险人的姓名或者名称、住所,以及人身保险的受益人的姓名或者名称、住所;

(三)保险标的;

（四）保险责任和责任免除；

（五）保险期间和保险责任开始时间；

（六）保险金额；

（七）保险费以及支付办法；

（八）保险金赔偿或者给付办法；

（九）违约责任和争议处理；

（十）订立合同的年、月、日。

投保人和保险人可以约定与保险有关的其他事项。

受益人是指人身保险合同中由被保险人或者投保人指定的享有保险金请求权的人。投保人、被保险人可以为受益人。

保险金额是指保险人承担赔偿或者给付保险金责任的最高限额。

第十九条　采用保险人提供的格式条款订立的保险合同中的下列条款无效：

（一）免除保险人依法应承担的义务或者加重投保人、被保险人责任的；

（二）排除投保人、被保险人或者受益人依法享有的权利的。

第二十条　投保人和保险人可以协商变更合同内容。

变更保险合同的，应当由保险人在保险单或者其他保险凭证上批注或者附贴批单，或者由投保人和保险人订立变更的书面协议。

第二十一条　投保人、被保险人或者受益人知道保险事故发生后，应当及时通知保险人。故意或者因重大过失未及时通知，致使保险事故的性质、原因、损失程度等难以确定的，保险人对无法确定的部分，不承担赔偿或者给付保险金的责任，但保险人通过其他途径已经及时知道或者应当及时知道保险事故发生的除外。

第二十二条　保险事故发生后，按照保险合同请求保险人赔偿或者给付保险金时，投保人、被保险人或者受益人应当向保险人提供其所能提供的与确认保险事故的性质、原因、损失程度等有关的证明和资料。

保险人按照合同的约定，认为有关的证明和资料不完整的，应当及时一次性通知投保人、被保险人或者受益人补充提供。

第二十三条　保险人收到被保险人或者受益人的赔偿或者给付保险金的请求后，应当及时作出核定；情形复杂的，应当在三十日内作出核定，但合同另有约定的除外。保险人应当将核定结果通知被保险人或者受益人；对属于保险责任的，在与被保险人或者受益人达成赔偿或者给付保险金的协议后十日内，履行赔偿或者给付保险金义务。保险合同对赔偿或者给付保险金的期限有约定的，保险人应当按照约定履行赔偿或者给付保险金义务。

保险人未及时履行前款规定义务的,除支付保险金外,应当赔偿被保险人或者受益人因此受到的损失。

任何单位和个人不得非法干预保险人履行赔偿或者给付保险金的义务,也不得限制被保险人或者受益人取得保险金的权利。

第二十四条 保险人依照本法第二十三条的规定作出核定后,对不属于保险责任的,应当自作出核定之日起三日内向被保险人或者受益人发出拒绝赔偿或者拒绝给付保险金通知书,并说明理由。

第二十五条 保险人自收到赔偿或者给付保险金的请求和有关证明、资料之日起六十日内,对其赔偿或者给付保险金的数额不能确定的,应当根据已有证明和资料可以确定的数额先予支付;保险人最终确定赔偿或者给付保险金的数额后,应当支付相应的差额。

第二十六条 人寿保险以外的其他保险的被保险人或者受益人,向保险人请求赔偿或者给付保险金的诉讼时效期间为二年,自其知道或者应当知道保险事故发生之日起计算。

人寿保险的被保险人或者受益人向保险人请求给付保险金的诉讼时效期间为五年,自其知道或者应当知道保险事故发生之日起计算。

第二十七条 未发生保险事故,被保险人或者受益人谎称发生了保险事故,向保险人提出赔偿或者给付保险金请求的,保险人有权解除合同,并不退还保险费。

投保人、被保险人故意制造保险事故的,保险人有权解除合同,不承担赔偿或者给付保险金的责任;除本法第四十三条规定外,不退还保险费。

保险事故发生后,投保人、被保险人或者受益人以伪造、变造的有关证明、资料或者其他证据,编造虚假的事故原因或者夸大损失程度的,保险人对其虚报的部分不承担赔偿或者给付保险金的责任。

投保人、被保险人或者受益人有前三款规定行为之一,致使保险人支付保险金或者支出费用的,应当退回或者赔偿。

第二十八条 保险人将其承担的保险业务,以分保形式部分转移给其他保险人的,为再保险。

应再保险接受人的要求,再保险分出人应当将其自负责任及原保险的有关情况书面告知再保险接受人。

第二十九条 再保险接受人不得向原保险的投保人要求支付保险费。

原保险的被保险人或者受益人不得向再保险接受人提出赔偿或者给付保险

金的请求。

再保险分出人不得以再保险接受人未履行再保险责任为由,拒绝履行或者迟延履行其原保险责任。

第三十条 采用保险人提供的格式条款订立的保险合同,保险人与投保人、被保险人或者受益人对合同条款有争议的,应当按照通常理解予以解释。对合同条款有两种以上解释的,人民法院或者仲裁机构应当作出有利于被保险人和受益人的解释。

第二节 人身保险合同

第三十一条 投保人对下列人员具有保险利益:

(一)本人;

(二)配偶、子女、父母;

(三)前项以外与投保人有抚养、赡养或者扶养关系的家庭其他成员、近亲属;

(四)与投保人有劳动关系的劳动者。

除前款规定外,被保险人同意投保人为其订立合同的,视为投保人对被保险人具有保险利益。

订立合同时,投保人对被保险人不具有保险利益的,合同无效。

第三十二条 投保人申报的被保险人年龄不真实,并且其真实年龄不符合合同约定的年龄限制的,保险人可以解除合同,并按照合同约定退还保险单的现金价值。保险人行使合同解除权,适用本法第十六条第三款、第六款的规定。

投保人申报的被保险人年龄不真实,致使投保人支付的保险费少于应付保险费的,保险人有权更正并要求投保人补交保险费,或者在给付保险金时按照实付保险费与应付保险费的比例支付。

投保人申报的被保险人年龄不真实,致使投保人支付的保险费多于应付保险费的,保险人应当将多收的保险费退还投保人。

第三十三条 投保人不得为无民事行为能力人投保以死亡为给付保险金条件的人身保险,保险人也不得承保。

父母为其未成年子女投保的人身保险,不受前款规定限制。但是,因被保险人死亡给付的保险金总和不得超过国务院保险监督管理机构规定的限额。

第三十四条 以死亡为给付保险金条件的合同,未经被保险人同意并认可保险金额的,合同无效。

按照以死亡为给付保险金条件的合同所签发的保险单,未经被保险人书面同意,不得转让或者质押。

父母为其未成年子女投保的人身保险,不受本条第一款规定限制。

第三十五条 投保人可以按照合同约定向保险人一次支付全部保险费或者分期支付保险费。

第三十六条 合同约定分期支付保险费,投保人支付首期保险费后,除合同另有约定外,投保人自保险人催告之日起超过三十日未支付当期保险费,或者超过约定的期限六十日未支付当期保险费的,合同效力中止,或者由保险人按照合同约定的条件减少保险金额。

被保险人在前款规定期限内发生保险事故的,保险人应当按照合同约定给付保险金,但可以扣减欠交的保险费。

第三十七条 合同效力依照本法第三十六条规定中止的,经保险人与投保人协商并达成协议,在投保人补交保险费后,合同效力恢复。但是,自合同效力中止之日起满二年双方未达成协议的,保险人有权解除合同。

保险人依照前款规定解除合同的,应当按照合同约定退还保险单的现金价值。

第三十八条 保险人对人寿保险的保险费,不得用诉讼方式要求投保人支付。

第三十九条 人身保险的受益人由被保险人或者投保人指定。

投保人指定受益人时须经被保险人同意。投保人为与其有劳动关系的劳动者投保人身保险,不得指定被保险人及其近亲属以外的人为受益人。

被保险人为无民事行为能力人或者限制民事行为能力人的,可以由其监护人指定受益人。

第四十条 被保险人或者投保人可以指定一人或者数人为受益人。

受益人为数人的,被保险人或者投保人可以确定受益顺序和受益份额;未确定受益份额的,受益人按照相等份额享有受益权。

第四十一条 被保险人或者投保人可以变更受益人并书面通知保险人。保险人收到变更受益人的书面通知后,应当在保险单或者其他保险凭证上批注或者附贴批单。

投保人变更受益人时须经被保险人同意。

第四十二条 被保险人死亡后,有下列情形之一的,保险金作为被保险人的遗产,由保险人依照《中华人民共和国继承法》的规定履行给付保险金的义务:

(一)没有指定受益人,或者受益人指定不明无法确定的;

(二)受益人先于被保险人死亡,没有其他受益人的;

(三)受益人依法丧失受益权或者放弃受益权,没有其他受益人的。

受益人与被保险人在同一事件中死亡,且不能确定死亡先后顺序的,推定受益人死亡在先。

第四十三条 投保人故意造成被保险人死亡、伤残或者疾病的,保险人不承担给付保险金的责任。投保人已交足二年以上保险费的,保险人应当按照合同约定向其他权利人退还保险单的现金价值。

受益人故意造成被保险人死亡、伤残、疾病的,或者故意杀害被保险人未遂的,该受益人丧失受益权。

第四十四条 以被保险人死亡为给付保险金条件的合同,自合同成立或者合同效力恢复之日起二年内,被保险人自杀的,保险人不承担给付保险金的责任,但被保险人自杀时为无民事行为能力人的除外。

保险人依照前款规定不承担给付保险金责任的,应当按照合同约定退还保险单的现金价值。

第四十五条 因被保险人故意犯罪或者抗拒依法采取的刑事强制措施导致其伤残或者死亡的,保险人不承担给付保险金的责任。投保人已交足二年以上保险费的,保险人应当按照合同约定退还保险单的现金价值。

第四十六条 被保险人因第三者的行为而发生死亡、伤残或者疾病等保险事故的,保险人向被保险人或者受益人给付保险金后,不享有向第三者追偿的权利,但被保险人或者受益人仍有权向第三者请求赔偿。

第四十七条 投保人解除合同的,保险人应当自收到解除合同通知之日起三十日内,按照合同约定退还保险单的现金价值。

第三节 财产保险合同

第四十八条 保险事故发生时,被保险人对保险标的不具有保险利益的,不得向保险人请求赔偿保险金。

第四十九条 保险标的转让的,保险标的的受让人承继被保险人的权利和义务。

保险标的转让的,被保险人或者受让人应当及时通知保险人,但货物运输保险合同和另有约定的合同除外。

因保险标的转让导致危险程度显著增加的,保险人自收到前款规定的通知之日起三十日内,可以按照合同约定增加保险费或者解除合同。保险人解除合同的,应当将已收取的保险费,按照合同约定扣除自保险责任开始之日起至合同解除之日止应收的部分后,退还投保人。

被保险人、受让人未履行本条第二款规定的通知义务的,因转让导致保险标的危险程度显著增加而发生的保险事故,保险人不承担赔偿保险金的责任。

第五十条　货物运输保险合同和运输工具航程保险合同，保险责任开始后，合同当事人不得解除合同。

第五十一条　被保险人应当遵守国家有关消防、安全、生产操作、劳动保护等方面的规定，维护保险标的的安全。

保险人可以按照合同约定对保险标的的安全状况进行检查，及时向投保人、被保险人提出消除不安全因素和隐患的书面建议。

投保人、被保险人未按照约定履行其对保险标的的安全应尽责任的，保险人有权要求增加保险费或者解除合同。

保险人为维护保险标的的安全，经被保险人同意，可以采取安全预防措施。

第五十二条　在合同有效期内，保险标的的危险程度显著增加的，被保险人应当按照合同约定及时通知保险人，保险人可以按照合同约定增加保险费或者解除合同。保险人解除合同的，应当将已收取的保险费，按照合同约定扣除自保险责任开始之日起至合同解除之日止应收的部分后，退还投保人。

被保险人未履行前款规定的通知义务的，因保险标的的危险程度显著增加而发生的保险事故，保险人不承担赔偿保险金的责任。

第五十三条　有下列情形之一的，除合同另有约定外，保险人应当降低保险费，并按日计算退还相应的保险费：

（一）据以确定保险费费率的有关情况发生变化，保险标的的危险程度明显减少的；

（二）保险标的的保险价值明显减少的。

第五十四条　保险责任开始前，投保人要求解除合同的，应当按照合同约定向保险人支付手续费，保险人应当退还保险费。保险责任开始后，投保人要求解除合同的，保险人应当将已收取的保险费，按照合同约定扣除自保险责任开始之日起至合同解除之日止应收的部分后，退还投保人。

第五十五条　投保人和保险人约定保险标的的保险价值并在合同中载明的，保险标的发生损失时，以约定的保险价值为赔偿计算标准。

投保人和保险人未约定保险标的的保险价值的，保险标的发生损失时，以保险事故发生时保险标的的实际价值为赔偿计算标准。

保险金额不得超过保险价值。超过保险价值的，超过部分无效，保险人应当退还相应的保险费。

保险金额低于保险价值的，除合同另有约定外，保险人按照保险金额与保险价值的比例承担赔偿保险金的责任。

第五十六条　重复保险的投保人应当将重复保险的有关情况通知各保

险人。

重复保险的各保险人赔偿保险金的总和不得超过保险价值。除合同另有约定外,各保险人按照其保险金额与保险金额总和的比例承担赔偿保险金的责任。

重复保险的投保人可以就保险金额总和超过保险价值的部分,请求各保险人按比例返还保险费。

重复保险是指投保人对同一保险标的、同一保险利益、同一保险事故分别与两个以上保险人订立保险合同,且保险金额总和超过保险价值的保险。

第五十七条 保险事故发生时,被保险人应当尽力采取必要的措施,防止或者减少损失。

保险事故发生后,被保险人为防止或者减少保险标的的损失所支付的必要的、合理的费用,由保险人承担;保险人所承担的费用数额在保险标的损失赔偿金额以外另行计算,最高不超过保险金额的数额。

第五十八条 保险标的发生部分损失的,自保险人赔偿之日起三十日内,投保人可以解除合同;除合同另有约定外,保险人也可以解除合同,但应当提前十五日通知投保人。

合同解除的,保险人应当将保险标的未受损失部分的保险费,按照合同约定扣除自保险责任开始之日起至合同解除之日止应收的部分后,退还投保人。

第五十九条 保险事故发生后,保险人已支付了全部保险金额,并且保险金额等于保险价值的,受损保险标的的全部权利归于保险人;保险金额低于保险价值的,保险人按照保险金额与保险价值的比例取得受损保险标的的部分权利。

第六十条 因第三者对保险标的的损害而造成保险事故的,保险人自向被保险人赔偿保险金之日起,在赔偿金额范围内代位行使被保险人对第三者请求赔偿的权利。

前款规定的保险事故发生后,被保险人已经从第三者取得损害赔偿的,保险人赔偿保险金时,可以相应扣减被保险人从第三者已取得的赔偿金额。

保险人依照本条第一款规定行使代位请求赔偿的权利,不影响被保险人就未取得赔偿的部分向第三者请求赔偿的权利。

第六十一条 保险事故发生后,保险人未赔偿保险金之前,被保险人放弃对第三者请求赔偿的权利的,保险人不承担赔偿保险金的责任。

保险人向被保险人赔偿保险金后,被保险人未经保险人同意放弃对第三者请求赔偿的权利的,该行为无效。

被保险人故意或者因重大过失致使保险人不能行使代位请求赔偿的权利的,保险人可以扣减或者要求返还相应的保险金。

第六十二条 除被保险人的家庭成员或者其组成人员故意造成本法第六十条第一款规定的保险事故外,保险人不得对被保险人的家庭成员或者其组成人员行使代位请求赔偿的权利。

第六十三条 保险人向第三者行使代位请求赔偿的权利时,被保险人应当向保险人提供必要的文件和所知道的有关情况。

第六十四条 保险人、被保险人为查明和确定保险事故的性质、原因和保险标的的损失程度所支付的必要的、合理的费用,由保险人承担。

第六十五条 保险人对责任保险的被保险人给第三者造成的损害,可以依照法律的规定或者合同的约定,直接向该第三者赔偿保险金。

责任保险的被保险人给第三者造成损害,被保险人对第三者应负的赔偿责任确定的,根据被保险人的请求,保险人应当直接向该第三者赔偿保险金。被保险人怠于请求的,第三者有权就其应获赔偿部分直接向保险人请求赔偿保险金。

责任保险的被保险人给第三者造成损害,被保险人未向该第三者赔偿的,保险人不得向被保险人赔偿保险金。

责任保险是指以被保险人对第三者依法应负的赔偿责任为保险标的的保险。

第六十六条 责任保险的被保险人因给第三者造成损害的保险事故而被提起仲裁或者诉讼的,被保险人支付的仲裁或者诉讼费用以及其他必要的、合理的费用,除合同另有约定外,由保险人承担。

第三章 保 险 公 司

第六十七条 设立保险公司应当经国务院保险监督管理机构批准。

国务院保险监督管理机构审查保险公司的设立申请时,应当考虑保险业的发展和公平竞争的需要。

第六十八条 设立保险公司应当具备下列条件:

(一)主要股东具有持续盈利能力,信誉良好,最近三年内无重大违法违规记录,净资产不低于人民币二亿元;

(二)有符合本法和《中华人民共和国公司法》规定的章程;

(三)有符合本法规定的注册资本;

(四)有具备任职专业知识和业务工作经验的董事、监事和高级管理人员;

(五)有健全的组织机构和管理制度;

(六)有符合要求的营业场所和与经营业务有关的其他设施;

（七）法律、行政法规和国务院保险监督管理机构规定的其他条件。

第六十九条 设立保险公司，其注册资本的最低限额为人民币二亿元。

国务院保险监督管理机构根据保险公司的业务范围、经营规模，可以调整其注册资本的最低限额，但不得低于本条第一款规定的限额。

保险公司的注册资本必须为实缴货币资本。

第七十条 申请设立保险公司，应当向国务院保险监督管理机构提出书面申请，并提交下列材料：

（一）设立申请书，申请书应当载明拟设立的保险公司的名称、注册资本、业务范围等；

（二）可行性研究报告；

（三）筹建方案；

（四）投资人的营业执照或者其他背景资料，经会计师事务所审计的上一年度财务会计报告；

（五）投资人认可的筹备组负责人和拟任董事长、经理名单及本人认可证明；

（六）国务院保险监督管理机构规定的其他材料。

第七十一条 国务院保险监督管理机构应当对设立保险公司的申请进行审查，自受理之日起六个月内作出批准或者不批准筹建的决定，并书面通知申请人。决定不批准的，应当书面说明理由。

第七十二条 申请人应当自收到批准筹建通知之日起一年内完成筹建工作；筹建期间不得从事保险经营活动。

第七十三条 筹建工作完成后，申请人具备本法第六十八条规定的设立条件的，可以向国务院保险监督管理机构提出开业申请。

国务院保险监督管理机构应当自受理开业申请之日起六十日内，作出批准或者不批准开业的决定。决定批准的，颁发经营保险业务许可证；决定不批准的，应当书面通知申请人并说明理由。

第七十四条 保险公司在中华人民共和国境内设立分支机构，应当经保险监督管理机构批准。

保险公司分支机构不具有法人资格，其民事责任由保险公司承担。

第七十五条 保险公司申请设立分支机构，应当向保险监督管理机构提出书面申请，并提交下列材料：

（一）设立申请书；

（二）拟设机构三年业务发展规划和市场分析材料；

（三）拟任高级管理人员的简历及相关证明材料；

（四）国务院保险监督管理机构规定的其他材料。

第七十六条　保险监督管理机构应当对保险公司设立分支机构的申请进行审查，自受理之日起六十日内作出批准或者不批准的决定。决定批准的，颁发分支机构经营保险业务许可证；决定不批准的，应当书面通知申请人并说明理由。

第七十七条　经批准设立的保险公司及其分支机构，凭经营保险业务许可证向工商行政管理机关办理登记，领取营业执照。

第七十八条　保险公司及其分支机构自取得经营保险业务许可证之日起六个月内，无正当理由未向工商行政管理机关办理登记的，其经营保险业务许可证失效。

第七十九条　保险公司在中华人民共和国境外设立子公司、分支机构，应当经国务院保险监督管理机构批准。

第八十条　外国保险机构在中华人民共和国境内设立代表机构，应当经国务院保险监督管理机构批准。代表机构不得从事保险经营活动。

第八十一条　保险公司的董事、监事和高级管理人员，应当品行良好，熟悉与保险相关的法律、行政法规，具有履行职责所需的经营管理能力，并在任职前取得保险监督管理机构核准的任职资格。

保险公司高级管理人员的范围由国务院保险监督管理机构规定。

第八十二条　有《中华人民共和国公司法》第一百四十六条规定的情形或者下列情形之一的，不得担任保险公司的董事、监事、高级管理人员：

（一）因违法行为或者违纪行为被金融监督管理机构取消任职资格的金融机构的董事、监事、高级管理人员，自被取消任职资格之日起未逾五年的；

（二）因违法行为或者违纪行为被吊销执业资格的律师、注册会计师或者资产评估机构、验证机构等机构的专业人员，自被吊销执业资格之日起未逾五年的。

第八十三条　保险公司的董事、监事、高级管理人员执行公司职务时违反法律、行政法规或者公司章程的规定，给公司造成损失的，应当承担赔偿责任。

第八十四条　保险公司有下列情形之一的，应当经保险监督管理机构批准：

（一）变更名称；

（二）变更注册资本；

（三）变更公司或者分支机构的营业场所；

（四）撤销分支机构；

（五）公司分立或者合并；

（六）修改公司章程；

（七）变更出资额占有限责任公司资本总额百分之五以上的股东，或者变更持有股份有限公司股份百分之五以上的股东；

（八）国务院保险监督管理机构规定的其他情形。

第八十五条 保险公司应当聘用专业人员，建立精算报告制度和合规报告制度。

第八十六条 保险公司应当按照保险监督管理机构的规定，报送有关报告、报表、文件和资料。

保险公司的偿付能力报告、财务会计报告、精算报告、合规报告及其他有关报告、报表、文件和资料必须如实记录保险业务事项，不得有虚假记载、误导性陈述和重大遗漏。

第八十七条 保险公司应当按照国务院保险监督管理机构的规定妥善保管业务经营活动的完整账簿、原始凭证和有关资料。

前款规定的账簿、原始凭证和有关资料的保管期限，自保险合同终止之日起计算，保险期间在一年以下的不得少于五年，保险期间超过一年的不得少于十年。

第八十八条 保险公司聘请或者解聘会计师事务所、资产评估机构、资信评级机构等中介服务机构，应当向保险监督管理机构报告；解聘会计师事务所、资产评估机构、资信评级机构等中介服务机构，应当说明理由。

第八十九条 保险公司因分立、合并需要解散，或者股东会、股东大会决议解散，或者公司章程规定的解散事由出现，经国务院保险监督管理机构批准后解散。

经营有人寿保险业务的保险公司，除因分立、合并或者被依法撤销外，不得解散。

保险公司解散，应当依法成立清算组进行清算。

第九十条 保险公司有《中华人民共和国企业破产法》第二条规定情形的，经国务院保险监督管理机构同意，保险公司或者其债权人可以依法向人民法院申请重整、和解或者破产清算；国务院保险监督管理机构也可以依法向人民法院申请对该保险公司进行重整或者破产清算。

第九十一条 破产财产在优先清偿破产费用和共益债务后，按照下列顺序清偿：

（一）所欠职工工资和医疗、伤残补助、抚恤费用，所欠应当划入职工个人账户的基本养老保险、基本医疗保险费用，以及法律、行政法规规定应当支付给职工的补偿金；

（二）赔偿或者给付保险金；

（三）保险公司欠缴的除第（一）项规定以外的社会保险费用和所欠税款；

（四）普通破产债权。

破产财产不足以清偿同一顺序的清偿要求的,按照比例分配。

破产保险公司的董事、监事和高级管理人员的工资,按照该公司职工的平均工资计算。

第九十二条 经营有人寿保险业务的保险公司被依法撤销或者被依法宣告破产的,其持有的人寿保险合同及责任准备金,必须转让给其他经营有人寿保险业务的保险公司；不能同其他保险公司达成转让协议的,由国务院保险监督管理机构指定经营有人寿保险业务的保险公司接受转让。

转让或者由国务院保险监督管理机构指定接受转让前款规定的人寿保险合同及责任准备金的,应当维护被保险人、受益人的合法权益。

第九十三条 保险公司依法终止其业务活动,应当注销其经营保险业务许可证。

第九十四条 保险公司,除本法另有规定外,适用《中华人民共和国公司法》的规定。

第四章　保险经营规则

第九十五条 保险公司的业务范围：

（一）人身保险业务,包括人寿保险、健康保险、意外伤害保险等保险业务；

（二）财产保险业务,包括财产损失保险、责任保险、信用保险、保证保险等保险业务；

（三）国务院保险监督管理机构批准的与保险有关的其他业务。

保险人不得兼营人身保险业务和财产保险业务。但是,经营财产保险业务的保险公司经国务院保险监督管理机构批准,可以经营短期健康保险业务和意外伤害保险业务。

保险公司应当在国务院保险监督管理机构依法批准的业务范围内从事保险经营活动。

第九十六条 经国务院保险监督管理机构批准,保险公司可以经营本法第九十五条规定的保险业务的下列再保险业务：

（一）分出保险；

（二）分入保险。

第九十七条 保险公司应当按照其注册资本总额的百分之二十提取保证金，存入国务院保险监督管理机构指定的银行，除公司清算时用于清偿债务外，不得动用。

第九十八条 保险公司应当根据保障被保险人利益、保证偿付能力的原则，提取各项责任准备金。

保险公司提取和结转责任准备金的具体办法，由国务院保险监督管理机构制定。

第九十九条 保险公司应当依法提取公积金。

第一百条 保险公司应当缴纳保险保障基金。

保险保障基金应当集中管理，并在下列情形下统筹使用：

（一）在保险公司被撤销或者被宣告破产时，向投保人、被保险人或者受益人提供救济；

（二）在保险公司被撤销或者被宣告破产时，向依法接受其人寿保险合同的保险公司提供救济；

（三）国务院规定的其他情形。

保险保障基金筹集、管理和使用的具体办法，由国务院制定。

第一百零一条 保险公司应当具有与其业务规模和风险程度相适应的最低偿付能力。保险公司的认可资产减去认可负债的差额不得低于国务院保险监督管理机构规定的数额；低于规定数额的，应当按照国务院保险监督管理机构的要求采取相应措施达到规定的数额。

第一百零二条 经营财产保险业务的保险公司当年自留保险费，不得超过其实有资本金加公积金总和的四倍。

第一百零三条 保险公司对每一危险单位，即对一次保险事故可能造成的最大损失范围所承担的责任，不得超过其实有资本金加公积金总和的百分之十；超过的部分应当办理再保险。

保险公司对危险单位的划分应当符合国务院保险监督管理机构的规定。

第一百零四条 保险公司对危险单位的划分方法和巨灾风险安排方案，应当报国务院保险监督管理机构备案。

第一百零五条 保险公司应当按照国务院保险监督管理机构的规定办理再保险，并审慎选择再保险接受人。

第一百零六条 保险公司的资金运用必须稳健，遵循安全性原则。

保险公司的资金运用限于下列形式：

（一）银行存款；

（二）买卖债券、股票、证券投资基金份额等有价证券；

（三）投资不动产；

（四）国务院规定的其他资金运用形式。

保险公司资金运用的具体管理办法，由国务院保险监督管理机构依照前两款的规定制定。

第一百零七条 经国务院保险监督管理机构会同国务院证券监督管理机构批准，保险公司可以设立保险资产管理公司。

保险资产管理公司从事证券投资活动，应当遵守《中华人民共和国证券法》等法律、行政法规的规定。

保险资产管理公司的管理办法，由国务院保险监督管理机构会同国务院有关部门制定。

第一百零八条 保险公司应当按照国务院保险监督管理机构的规定，建立对关联交易的管理和信息披露制度。

第一百零九条 保险公司的控股股东、实际控制人、董事、监事、高级管理人员不得利用关联交易损害公司的利益。

第一百一十条 保险公司应当按照国务院保险监督管理机构的规定，真实、准确、完整地披露财务会计报告、风险管理状况、保险产品经营情况等重大事项。

第一百一十一条 保险公司从事保险销售的人员应当品行良好，具有保险销售所需的专业能力。保险销售人员的行为规范和管理办法，由国务院保险监督管理机构规定。

第一百一十二条 保险公司应当建立保险代理人登记管理制度，加强对保险代理人的培训和管理，不得唆使、诱导保险代理人进行违背诚信义务的活动。

第一百一十三条 保险公司及其分支机构应当依法使用经营保险业务许可证，不得转让、出租、出借经营保险业务许可证。

第一百一十四条 保险公司应当按照国务院保险监督管理机构的规定，公平、合理拟订保险条款和保险费费率，不得损害投保人、被保险人和受益人的合法权益。

保险公司应当按照合同约定和本法规定，及时履行赔偿或者给付保险金义务。

第一百一十五条 保险公司开展业务，应当遵循公平竞争的原则，不得从事不正当竞争。

第一百一十六条 保险公司及其工作人员在保险业务活动中不得有下列

行为：

（一）欺骗投保人、被保险人或者受益人；

（二）对投保人隐瞒与保险合同有关的重要情况；

（三）阻碍投保人履行本法规定的如实告知义务，或者诱导其不履行本法规定的如实告知义务；

（四）给予或者承诺给予投保人、被保险人、受益人保险合同约定以外的保险费回扣或者其他利益；

（五）拒不依法履行保险合同约定的赔偿或者给付保险金义务；

（六）故意编造未曾发生的保险事故、虚构保险合同或者故意夸大已经发生的保险事故的损失程度进行虚假理赔，骗取保险金或者牟取其他不正当利益；

（七）挪用、截留、侵占保险费；

（八）委托未取得合法资格的机构从事保险销售活动；

（九）利用开展保险业务为其他机构或者个人牟取不正当利益；

（十）利用保险代理人、保险经纪人或者保险评估机构，从事以虚构保险中介业务或者编造退保等方式套取费用等违法活动；

（十一）以捏造、散布虚假事实等方式损害竞争对手的商业信誉，或者以其他不正当竞争行为扰乱保险市场秩序；

（十二）泄露在业务活动中知悉的投保人、被保险人的商业秘密；

（十三）违反法律、行政法规和国务院保险监督管理机构规定的其他行为。

第五章 保险代理人和保险经纪人

第一百一十七条 保险代理人是根据保险人的委托，向保险人收取佣金，并在保险人授权的范围内代为办理保险业务的机构或者个人。

保险代理机构包括专门从事保险代理业务的保险专业代理机构和兼营保险代理业务的保险兼业代理机构。

第一百一十八条 保险经纪人是基于投保人的利益，为投保人与保险人订立保险合同提供中介服务，并依法收取佣金的机构。

第一百一十九条 保险代理机构、保险经纪人应当具备国务院保险监督管理机构规定的条件，取得保险监督管理机构颁发的经营保险代理业务许可证、保险经纪业务许可证。

第一百二十条 以公司形式设立保险专业代理机构、保险经纪人，其注册资本最低限额适用《中华人民共和国公司法》的规定。

国务院保险监督管理机构根据保险专业代理机构、保险经纪人的业务范围和经营规模,可以调整其注册资本的最低限额,但不得低于《中华人民共和国公司法》规定的限额。

保险专业代理机构、保险经纪人的注册资本或者出资额必须为实缴货币资本。

第一百二十一条 保险专业代理机构、保险经纪人的高级管理人员,应当品行良好,熟悉保险法律、行政法规,具有履行职责所需的经营管理能力,并在任职前取得保险监督管理机构核准的任职资格。

第一百二十二条 个人保险代理人、保险代理机构的代理从业人员、保险经纪人的经纪从业人员,应当品行良好,具有从事保险代理业务或者保险经纪业务所需的专业能力。

第一百二十三条 保险代理机构、保险经纪人应当有自己的经营场所,设立专门账簿记载保险代理业务、经纪业务的收支情况。

第一百二十四条 保险代理机构、保险经纪人应当按照国务院保险监督管理机构的规定缴存保证金或者投保职业责任保险。

第一百二十五条 个人保险代理人在代为办理人寿保险业务时,不得同时接受两个以上保险人的委托。

第一百二十六条 保险人委托保险代理人代为办理保险业务,应当与保险代理人签订委托代理协议,依法约定双方的权利和义务。

第一百二十七条 保险代理人根据保险人的授权代为办理保险业务的行为,由保险人承担责任。

保险代理人没有代理权、超越代理权或者代理权终止后以保险人名义订立合同,使投保人有理由相信其有代理权的,该代理行为有效。保险人可以依法追究越权的保险代理人的责任。

第一百二十八条 保险经纪人因过错给投保人、被保险人造成损失的,依法承担赔偿责任。

第一百二十九条 保险活动当事人可以委托保险公估机构等依法设立的独立评估机构或者具有相关专业知识的人员,对保险事故进行评估和鉴定。

接受委托对保险事故进行评估和鉴定的机构和人员,应当依法、独立、客观、公正地进行评估和鉴定,任何单位和个人不得干涉。

前款规定的机构和人员,因故意或者过失给保险人或者被保险人造成损失的,依法承担赔偿责任。

第一百三十条 保险佣金只限于向保险代理人、保险经纪人支付,不得向其他人支付。

第一百三十一条　保险代理人、保险经纪人及其从业人员在办理保险业务活动中不得有下列行为：

（一）欺骗保险人、投保人、被保险人或者受益人；

（二）隐瞒与保险合同有关的重要情况；

（三）阻碍投保人履行本法规定的如实告知义务，或者诱导其不履行本法规定的如实告知义务；

（四）给予或者承诺给予投保人、被保险人或者受益人保险合同约定以外的利益；

（五）利用行政权力、职务或者职业便利以及其他不正当手段强迫、引诱或者限制投保人订立保险合同；

（六）伪造、擅自变更保险合同，或者为保险合同当事人提供虚假证明材料；

（七）挪用、截留、侵占保险费或者保险金；

（八）利用业务便利为其他机构或者个人牟取不正当利益；

（九）串通投保人、被保险人或者受益人，骗取保险金；

（十）泄露在业务活动中知悉的保险人、投保人、被保险人的商业秘密。

第一百三十二条　本法第八十六条第一款、第一百一十三条的规定，适用于保险代理机构和保险经纪人。

第六章　保险业监督管理

第一百三十三条　保险监督管理机构依照本法和国务院规定的职责，遵循依法、公开、公正的原则，对保险业实施监督管理，维护保险市场秩序，保护投保人、被保险人和受益人的合法权益。

第一百三十四条　国务院保险监督管理机构依照法律、行政法规制定并发布有关保险业监督管理的规章。

第一百三十五条　关系社会公众利益的保险险种、依法实行强制保险的险种和新开发的人寿保险险种等的保险条款和保险费费率，应当报国务院保险监督管理机构批准。国务院保险监督管理机构审批时，应当遵循保护社会公众利益和防止不正当竞争的原则。其他保险险种的保险条款和保险费费率，应当报保险监督管理机构备案。

保险条款和保险费费率审批、备案的具体办法，由国务院保险监督管理机构依照前款规定制定。

第一百三十六条 保险公司使用的保险条款和保险费费率违反法律、行政法规或者国务院保险监督管理机构的有关规定的,由保险监督管理机构责令停止使用,限期修改;情节严重的,可以在一定期限内禁止申报新的保险条款和保险费费率。

第一百三十七条 国务院保险监督管理机构应当建立健全保险公司偿付能力监管体系,对保险公司的偿付能力实施监控。

第一百三十八条 对偿付能力不足的保险公司,国务院保险监督管理机构应当将其列为重点监管对象,并可以根据具体情况采取下列措施:

(一)责令增加资本金、办理再保险;
(二)限制业务范围;
(三)限制向股东分红;
(四)限制固定资产购置或者经营费用规模;
(五)限制资金运用的形式、比例;
(六)限制增设分支机构;
(七)责令拍卖不良资产、转让保险业务;
(八)限制董事、监事、高级管理人员的薪酬水平;
(九)限制商业性广告;
(十)责令停止接受新业务。

第一百三十九条 保险公司未依照本法规定提取或者结转各项责任准备金,或者未依照本法规定办理再保险,或者严重违反本法关于资金运用的规定的,由保险监督管理机构责令限期改正,并可以责令调整负责人及有关管理人员。

第一百四十条 保险监督管理机构依照本法第一百三十九条的规定作出限期改正的决定后,保险公司逾期未改正的,国务院保险监督管理机构可以决定选派保险专业人员和指定该保险公司的有关人员组成整顿组,对公司进行整顿。

整顿决定应当载明被整顿公司的名称、整顿理由、整顿组成员和整顿期限,并予以公告。

第一百四十一条 整顿组有权监督被整顿保险公司的日常业务。被整顿公司的负责人及有关管理人员应当在整顿组的监督下行使职权。

第一百四十二条 整顿过程中,被整顿保险公司的原有业务继续进行。但是,国务院保险监督管理机构可以责令被整顿公司停止部分原有业务、停止接受新业务,调整资金运用。

第一百四十三条 被整顿保险公司经整顿已纠正其违反本法规定的行为,

恢复正常经营状况的,由整顿组提出报告,经国务院保险监督管理机构批准,结束整顿,并由国务院保险监督管理机构予以公告。

第一百四十四条 保险公司有下列情形之一的,国务院保险监督管理机构可以对其实行接管:

(一) 公司的偿付能力严重不足的;

(二) 违反本法规定,损害社会公共利益,可能严重危及或者已经严重危及公司的偿付能力的。

被接管的保险公司的债权债务关系不因接管而变化。

第一百四十五条 接管组的组成和接管的实施办法,由国务院保险监督管理机构决定,并予以公告。

第一百四十六条 接管期限届满,国务院保险监督管理机构可以决定延长接管期限,但接管期限最长不得超过二年。

第一百四十七条 接管期限届满,被接管的保险公司已恢复正常经营能力的,由国务院保险监督管理机构决定终止接管,并予以公告。

第一百四十八条 被整顿、被接管的保险公司有《中华人民共和国企业破产法》第二条规定情形的,国务院保险监督管理机构可以依法向人民法院申请对该保险公司进行重整或者破产清算。

第一百四十九条 保险公司因违法经营被依法吊销经营保险业务许可证的,或者偿付能力低于国务院保险监督管理机构规定标准,不予撤销将严重危害保险市场秩序、损害公共利益的,由国务院保险监督管理机构予以撤销并公告,依法及时组织清算组进行清算。

第一百五十条 国务院保险监督管理机构有权要求保险公司股东、实际控制人在指定的期限内提供有关信息和资料。

第一百五十一条 保险公司的股东利用关联交易严重损害公司利益,危及公司偿付能力的,由国务院保险监督管理机构责令改正。在按照要求改正前,国务院保险监督管理机构可以限制其股东权利;拒不改正的,可以责令其转让所持的保险公司股权。

第一百五十二条 保险监督管理机构根据履行监督管理职责的需要,可以与保险公司董事、监事和高级管理人员进行监督管理谈话,要求其就公司的业务活动和风险管理的重大事项作出说明。

第一百五十三条 保险公司在整顿、接管、撤销清算期间,或者出现重大风险时,国务院保险监督管理机构可以对该公司直接负责的董事、监事、高级管理人员和其他直接责任人员采取以下措施:

（一）通知出境管理机关依法阻止其出境；

（二）申请司法机关禁止其转移、转让或者以其他方式处分财产，或者在财产上设定其他权利。

第一百五十四条 保险监督管理机构依法履行职责，可以采取下列措施：

（一）对保险公司、保险代理人、保险经纪人、保险资产管理公司、外国保险机构的代表机构进行现场检查；

（二）进入涉嫌违法行为发生场所调查取证；

（三）询问当事人及与被调查事件有关的单位和个人，要求其对与被调查事件有关的事项作出说明；

（四）查阅、复制与被调查事件有关的财产权登记等资料；

（五）查阅、复制保险公司、保险代理人、保险经纪人、保险资产管理公司、外国保险机构的代表机构以及与被调查事件有关的单位和个人的财务会计资料及其他相关文件和资料；对可能被转移、隐匿或者毁损的文件和资料予以封存；

（六）查询涉嫌违法经营的保险公司、保险代理人、保险经纪人、保险资产管理公司、外国保险机构的代表机构以及与涉嫌违法事项有关的单位和个人的银行账户；

（七）对有证据证明已经或者可能转移、隐匿违法资金等涉案财产或者隐匿、伪造、毁损重要证据的，经保险监督管理机构主要负责人批准，申请人民法院予以冻结或者查封。

保险监督管理机构采取前款第（一）项、第（二）项、第（五）项措施的，应当经保险监督管理机构负责人批准；采取第（六）项措施的，应当经国务院保险监督管理机构负责人批准。

保险监督管理机构依法进行监督检查或者调查，其监督检查、调查的人员不得少于二人，并应当出示合法证件和监督检查、调查通知书；监督检查、调查的人员少于二人或者未出示合法证件和监督检查、调查通知书的，被检查、调查的单位和个人有权拒绝。

第一百五十五条 保险监督管理机构依法履行职责，被检查、调查的单位和个人应当配合。

第一百五十六条 保险监督管理机构工作人员应当忠于职守，依法办事，公正廉洁，不得利用职务便利牟取不正当利益，不得泄露所知悉的有关单位和个人的商业秘密。

第一百五十七条 国务院保险监督管理机构应当与中国人民银行、国务院其他金融监督管理机构建立监督管理信息共享机制。

保险监督管理机构依法履行职责,进行监督检查、调查时,有关部门应当予以配合。

第七章　法　律　责　任

第一百五十八条　违反本法规定,擅自设立保险公司、保险资产管理公司或者非法经营商业保险业务的,由保险监督管理机构予以取缔,没收违法所得,并处违法所得一倍以上五倍以下的罚款;没有违法所得或者违法所得不足二十万元的,处二十万元以上一百万元以下的罚款。

第一百五十九条　违反本法规定,擅自设立保险专业代理机构、保险经纪人,或者未取得经营保险代理业务许可证、保险经纪业务许可证从事保险代理业务、保险经纪业务的,由保险监督管理机构予以取缔,没收违法所得,并处违法所得一倍以上五倍以下的罚款;没有违法所得或者违法所得不足五万元的,处五万元以上三十万元以下的罚款。

第一百六十条　保险公司违反本法规定,超出批准的业务范围经营的,由保险监督管理机构责令限期改正,没收违法所得,并处违法所得一倍以上五倍以下的罚款;没有违法所得或者违法所得不足十万元的,处十万元以上五十万元以下的罚款。逾期不改正或者造成严重后果的,责令停业整顿或者吊销业务许可证。

第一百六十一条　保险公司有本法第一百一十六条规定行为之一的,由保险监督管理机构责令改正,处五万元以上三十万元以下的罚款;情节严重的,限制其业务范围、责令停止接受新业务或者吊销业务许可证。

第一百六十二条　保险公司违反本法第八十四条规定的,由保险监督管理机构责令改正,处一万元以上十万元以下的罚款。

第一百六十三条　保险公司违反本法规定,有下列行为之一的,由保险监督管理机构责令改正,处五万元以上三十万元以下的罚款:

(一)超额承保,情节严重的;

(二)为无民事行为能力人承保以死亡为给付保险金条件的保险的。

第一百六十四条　违反本法规定,有下列行为之一的,由保险监督管理机构责令改正,处五万元以上三十万元以下的罚款;情节严重的,可以限制其业务范围、责令停止接受新业务或者吊销业务许可证:

(一)未按照规定提存保证金或者违反规定动用保证金的;

(二)未按照规定提取或者结转各项责任准备金的;

(三)未按照规定缴纳保险保障基金或者提取公积金的;

（四）未按照规定办理再保险的；

（五）未按照规定运用保险公司资金的；

（六）未经批准设立分支机构的；

（七）未按照规定申请批准保险条款、保险费费率的。

第一百六十五条　保险代理机构、保险经纪人有本法第一百三十一条规定行为之一的，由保险监督管理机构责令改正，处五万元以上三十万元以下的罚款；情节严重的，吊销业务许可证。

第一百六十六条　保险代理机构、保险经纪人违反本法规定，有下列行为之一的，由保险监督管理机构责令改正，处二万元以上十万元以下的罚款；情节严重的，责令停业整顿或者吊销业务许可证：

（一）未按照规定缴存保证金或者投保职业责任保险的；

（二）未按照规定设立专门账簿记载业务收支情况的。

第一百六十七条　违反本法规定，聘任不具有任职资格的人员的，由保险监督管理机构责令改正，处二万元以上十万元以下的罚款。

第一百六十八条　违反本法规定，转让、出租、出借业务许可证的，由保险监督管理机构处一万元以上十万元以下的罚款；情节严重的，责令停业整顿或者吊销业务许可证。

第一百六十九条　违反本法规定，有下列行为之一的，由保险监督管理机构责令限期改正；逾期不改正的，处一万元以上十万元以下的罚款：

（一）未按照规定报送或者保管报告、报表、文件、资料的，或者未按照规定提供有关信息、资料的；

（二）未按照规定报送保险条款、保险费费率备案的；

（三）未按照规定披露信息的。

第一百七十条　违反本法规定，有下列行为之一的，由保险监督管理机构责令改正，处十万元以上五十万元以下的罚款；情节严重的，可以限制其业务范围、责令停止接受新业务或者吊销业务许可证：

（一）编制或者提供虚假的报告、报表、文件、资料的；

（二）拒绝或者妨碍依法监督检查的；

（三）未按照规定使用经批准或者备案的保险条款、保险费费率的。

第一百七十一条　保险公司、保险资产管理公司、保险专业代理机构、保险经纪人违反本法规定的，保险监督管理机构除分别依照本法第一百六十条至第一百七十条的规定对该单位给予处罚外，对其直接负责的主管人员和其他直接责任人员给予警告，并处一万元以上十万元以下的罚款；情节严重的，撤销任职资格。

第一百七十二条 个人保险代理人违反本法规定的,由保险监督管理机构给予警告,可以并处二万元以下的罚款;情节严重的,处二万元以上十万元以下的罚款。

第一百七十三条 外国保险机构未经国务院保险监督管理机构批准,擅自在中华人民共和国境内设立代表机构的,由国务院保险监督管理机构予以取缔,处五万元以上三十万元以下的罚款。

外国保险机构在中华人民共和国境内设立的代表机构从事保险经营活动的,由保险监督管理机构责令改正,没收违法所得,并处违法所得一倍以上五倍以下的罚款;没有违法所得或者违法所得不足二十万元的,处二十万元以上一百万元以下的罚款;对其首席代表可以责令撤换;情节严重的,撤销其代表机构。

第一百七十四条 投保人、被保险人或者受益人有下列行为之一,进行保险诈骗活动,尚不构成犯罪的,依法给予行政处罚:

(一)投保人故意虚构保险标的,骗取保险金的;

(二)编造未曾发生的保险事故,或者编造虚假的事故原因或者夸大损失程度,骗取保险金的;

(三)故意造成保险事故,骗取保险金的。

保险事故的鉴定人、评估人、证明人故意提供虚假的证明文件,为投保人、被保险人或者受益人进行保险诈骗提供条件的,依照前款规定给予处罚。

第一百七十五条 违反本法规定,给他人造成损害的,依法承担民事责任。

第一百七十六条 拒绝、阻碍保险监督管理机构及其工作人员依法行使监督检查、调查职权,未使用暴力、威胁方法的,依法给予治安管理处罚。

第一百七十七条 违反法律、行政法规的规定,情节严重的,国务院保险监督管理机构可以禁止有关责任人员一定期限直至终身进入保险业。

第一百七十八条 保险监督管理机构从事监督管理工作的人员有下列情形之一的,依法给予处分:

(一)违反规定批准机构的设立的;

(二)违反规定进行保险条款、保险费费率审批的;

(三)违反规定进行现场检查的;

(四)违反规定查询账户或者冻结资金的;

(五)泄露其知悉的有关单位和个人的商业秘密的;

(六)违反规定实施行政处罚的;

(七)滥用职权、玩忽职守的其他行为。

第一百七十九条　违反本法规定,构成犯罪的,依法追究刑事责任。

第八章　附　　则

第一百八十条　保险公司应当加入保险行业协会。保险代理人、保险经纪人、保险公估机构可以加入保险行业协会。

保险行业协会是保险业的自律性组织,是社会团体法人。

第一百八十一条　保险公司以外的其他依法设立的保险组织经营的商业保险业务,适用本法。

第一百八十二条　海上保险适用《中华人民共和国海商法》的有关规定;《中华人民共和国海商法》未规定的,适用本法的有关规定。

第一百八十三条　中外合资保险公司、外资独资保险公司、外国保险公司分公司适用本法规定;法律、行政法规另有规定的,适用其规定。

第一百八十四条　国家支持发展为农业生产服务的保险事业。农业保险由法律、行政法规另行规定。

强制保险,法律、行政法规另有规定的,适用其规定。

第一百八十五条　本法自2009年10月1日起施行。

最高人民法院关于适用《中华人民共和国保险法》若干问题的解释(一)

法释〔2009〕12号
(2009年9月14日最高人民法院审判委员会第1473次会议通过)

为正确审理保险合同纠纷案件,切实维护当事人的合法权益,现就人民法院适用2009年2月28日第十一届全国人大常委会第七次会议修订的《中华人民共和国保险法》(以下简称保险法)的有关问题规定如下:

第一条 保险法施行后成立的保险合同发生的纠纷,适用保险法的规定。保险法施行前成立的保险合同发生的纠纷,除本解释另有规定外,适用当时的法律规定;当时的法律没有规定的,参照适用保险法的有关规定。认定保险合同是否成立,适用合同订立时的法律。

第二条 对于保险法施行前成立的保险合同,适用当时的法律认定无效而适用保险法认定有效的,适用保险法的规定。

第三条 保险合同成立于保险法施行前而保险标的转让、保险事故、理赔、代位求偿等行为或事件,发生于保险法施行后的,适用保险法的规定。

第四条 保险合同成立于保险法施行前,保险法施行后,保险人以投保人未履行如实告知义务或者申报被保险人年龄不真实为由,主张解除合同的,适用保险法的规定。

第五条 保险法施行前成立的保险合同,下列情形下的期间自2009年10月1日起计算:

(一)保险法施行前,保险人收到赔偿或者给付保险金的请求,保险法施行后,适用保险法第二十三条规定的三十日的;

(二)保险法施行前,保险人知道解除事由,保险法施行后,按照保险法第十六条、第三十二条的规定行使解除权,适用保险法第十六条规定的三十日的;

(三)保险法施行后,保险人按照保险法第十六条第二款的规定请求解除合同,适用保险法第十六条规定的二年的;

(四)保险法施行前,保险人收到保险标的转让通知,保险法施行后,以保险标的转让导致危险程度显著增加为由请求按照合同约定增加保险费或者解除合同,适用保险法第四十九条规定的三十日的。

第六条 保险法施行前已经终审的案件,当事人申请再审或者按照审判监督程序提起再审的案件,不适用保险法的规定。

最高人民法院关于适用《中华人民共和国保险法》若干问题的解释(二)(2020年修正)

法释〔2020〕18号

(2013年5月6日最高人民法院审判委员会第1577次会议通过,根据2020年12月23日最高人民法院审判委员会第1823次会议通过的《最高人民法院关于修改〈最高人民法院关于破产企业国有划拨土地使用权应否列入破产财产等问题的批复〉等二十九件商事类司法解释的决定》修正)

为正确审理保险合同纠纷案件,切实维护当事人的合法权益,根据《中华人民共和国民法典》《中华人民共和国保险法》《中华人民共和国民事诉讼法》等法律规定,结合审判实践,就保险法中关于保险合同一般规定部分有关法律适用问题解释如下:

第一条 财产保险中,不同投保人就同一保险标的分别投保,保险事故发生后,被保险人在其保险利益范围内依据保险合同主张保险赔偿的,人民法院应予支持。

第二条 人身保险中,因投保人对被保险人不具有保险利益导致保险合同无效,投保人主张保险人退还扣减相应手续费后的保险费的,人民法院应予支持。

第三条 投保人或者投保人的代理人订立保险合同时没有亲自签字或者盖章,而由保险人或者保险人的代理人代为签字或者盖章的,对投保人不生效。但投保人已经交纳保险费的,视为其对代签字或者盖章行为的追认。

保险人或者保险人的代理人代为填写保险单证后经投保人签字或者盖章确认的,代为填写的内容视为投保人的真实意思表示。但有证据证明保险人或者保险人的代理人存在保险法第一百一十六条、第一百三十一条相关规定情形的除外。

第四条 保险人接受了投保人提交的投保单并收取了保险费,尚未作出是否承保的意思表示,发生保险事故,被保险人或者受益人请求保险人按照保险合同承担赔偿或者给付保险金责任,符合承保条件的,人民法院应予支持;不符合承保条件的,保险人不承担保险责任,但应当退还已经收取的保险费。

保险人主张不符合承保条件的,应承担举证责任。

第五条 保险合同订立时,投保人明知的与保险标的或者被保险人有关的情况,属于保险法第十六条第一款规定的投保人"应当如实告知"的内容。

第六条 投保人的告知义务限于保险人询问的范围和内容。当事人对询问范围及内容有争议的,保险人负举证责任。

保险人以投保人违反了对投保单询问表中所列概括性条款的如实告知义务为由请求解除合同的,人民法院不予支持。但该概括性条款有具体内容的除外。

第七条 保险人在保险合同成立后知道或者应当知道投保人未履行如实告知义务,仍然收取保险费,又依照保险法第十六条第二款的规定主张解除合同的,人民法院不予支持。

第八条 保险人未行使合同解除权,直接以存在保险法第十六条第四款、第五款规定的情形为由拒绝赔偿的,人民法院不予支持。但当事人就拒绝赔偿事宜及保险合同存续另行达成一致的情况除外。

第九条 保险人提供的格式合同文本中的责任免除条款、免赔额、免赔率、比例赔付或者给付等免除或者减轻保险人责任的条款,可以认定为保险法第十七条第二款规定的"免除保险人责任的条款"。

保险人因投保人、被保险人违反法定或者约定义务,享有解除合同权利的条款,不属于保险法第十七条第二款规定的"免除保险人责任的条款"。

第十条 保险人将法律、行政法规中的禁止性规定情形作为保险合同免责条款的免责事由,保险人对该条款作出提示后,投保人、被保险人或者受益人以保险人未履行明确说明义务为由主张该条款不成为合同内容的,人民法院不予支持。

第十一条 保险合同订立时,保险人在投保单或者保险单等其他保险凭证上,对保险合同中免除保险人责任的条款,以足以引起投保人注意的文字、字体、符号或者其他明显标志作出提示的,人民法院应当认定其履行了保险法第十七条第二款规定的提示义务。

保险人对保险合同中有关免除保险人责任条款的概念、内容及其法律后果以书面或者口头形式向投保人作出常人能够理解的解释说明的,人民法院应当认定保险人履行了保险法第十七条第二款规定的明确说明义务。

第十二条 通过网络、电话等方式订立的保险合同,保险人以网页、音频、视频等形式对免除保险人责任条款予以提示和明确说明的,人民法院可以认定其履行了提示和明确说明义务。

第十三条 保险人对其履行了明确说明义务负举证责任。

投保人对保险人履行了符合本解释第十一条第二款要求的明确说明义务在相关文书上签字、盖章或者以其他形式予以确认的,应当认定保险人履行了该项义务。但另有证据证明保险人未履行明确说明义务的除外。

第十四条 保险合同中记载的内容不一致的,按照下列规则认定:

(一)投保单与保险单或者其他保险凭证不一致的,以投保单为准。但不一致的情形系经保险人说明并经投保人同意的,以投保人签收的保险单或者其他保险凭证载明的内容为准;

(二)非格式条款与格式条款不一致的,以非格式条款为准;

(三)保险凭证记载的时间不同的,以形成时间在后的为准;

(四)保险凭证存在手写和打印两种方式的,以双方签字、盖章的手写部分的内容为准。

第十五条 保险法第二十三条规定的三十日核定期间,应自保险人初次收到索赔请求及投保人、被保险人或者受益人提供的有关证明和资料之日起算。

保险人主张扣除投保人、被保险人或者受益人补充提供有关证明和资料期间的,人民法院应予支持。扣除期间自保险人根据保险法第二十二条规定作出的通知到达投保人、被保险人或者受益人之日起,至投保人、被保险人或者受益人按照通知要求补充提供的有关证明和资料到达保险人之日止。

第十六条 保险人应以自己的名义行使保险代位求偿权。

根据保险法第六十条第一款的规定,保险人代位求偿权的诉讼时效期间应自其取得代位求偿权之日起算。

第十七条 保险人在其提供的保险合同格式条款中对非保险术语所作的解释符合专业意义,或者虽不符合专业意义,但有利于投保人、被保险人或者受益人的,人民法院应予认可。

第十八条 行政管理部门依据法律规定制作的交通事故认定书、火灾事故认定书等,人民法院应当依法审查并确认其相应的证明力,但有相反证据能够推翻的除外。

第十九条 保险事故发生后,被保险人或者受益人起诉保险人,保险人以被保险人或者受益人未要求第三者承担责任为由抗辩不承担保险责任的,人民法院不予支持。

财产保险事故发生后,被保险人就其所受损失从第三者取得赔偿后的不足部分提起诉讼,请求保险人赔偿的,人民法院应予依法受理。

第二十条 保险公司依法设立并取得营业执照的分支机构属于《中华人民共和国民事诉讼法》第四十八条规定的其他组织,可以作为保险合同纠纷案件的当事人参加诉讼。

第二十一条 本解释施行后尚未终审的保险合同纠纷案件,适用本解释;本解释施行前已经终审,当事人申请再审或者按照审判监督程序决定再审的案件,不适用本解释。

最高人民法院关于适用《中华人民共和国保险法》若干问题的解释(三)(2020年修正)

法释〔2015〕21号

(2015年9月21日最高人民法院审判委员会第1661次会议通过 根据2020年12月23日最高人民法院审判委员会第1823次会议通过的《最高人民法院关于修改〈最高人民法院关于破产企业国有划拨土地使用权应否列入破产财产等问题的批复〉等二十九件商事类司法解释的决定》修正)

为正确审理保险合同纠纷案件,切实维护当事人的合法权益,根据《中华人民共和国民法典》《中华人民共和国保险法》《中华人民共和国民事诉讼法》等法律规定,结合审判实践,就保险法中关于保险合同章人身保险部分有关法律适用问题解释如下:

第一条 当事人订立以死亡为给付保险金条件的合同,根据保险法第三十四条的规定,"被保险人同意并认可保险金额"可以采取书面形式、口头形式或者其他形式;可以在合同订立时作出,也可以在合同订立后追认。

有下列情形之一的,应认定为被保险人同意投保人为其订立保险合同并认可保险金额:

(一)被保险人明知他人代其签名同意而未表示异议的;

(二)被保险人同意投保人指定的受益人的;

(三)有证据足以认定被保险人同意投保人为其投保的其他情形。

第二条 被保险人以书面形式通知保险人和投保人撤销其依据保险法第三十四条第一款规定所作出的同意意思表示的,可认定为保险合同解除。

第三条 人民法院审理人身保险合同纠纷案件时,应主动审查投保人订立保险合同时是否具有保险利益,以及以死亡为给付保险金条件的合同是否经过被保险人同意并认可保险金额。

第四条 保险合同订立后,因投保人丧失对被保险人的保险利益,当事人主张保险合同无效的,人民法院不予支持。

第五条 保险人在合同订立时指定医疗机构对被保险人体检,当事人主张投保人如实告知义务免除的,人民法院不予支持。

保险人知道被保险人的体检结果，仍以投保人未就相关情况履行如实告知义务为由要求解除合同的，人民法院不予支持。

第六条 未成年人父母之外的其他履行监护职责的人为未成年人订立以死亡为给付保险金条件的合同，当事人主张参照保险法第三十三条第二款、第三十四条第三款的规定认定该合同有效的，人民法院不予支持，但经未成年人父母同意的除外。

第七条 当事人以被保险人、受益人或者他人已经代为支付保险费为由，主张投保人对应的交费义务已经履行的，人民法院应予支持。

第八条 保险合同效力依照保险法第三十六条规定中止，投保人提出恢复效力申请并同意补交保险费的，除被保险人的危险程度在中止期间显著增加外，保险人拒绝恢复效力的，人民法院不予支持。

保险人在收到恢复效力申请后，三十日内未明确拒绝的，应认定为同意恢复效力。

保险合同自投保人补交保险费之日恢复效力。保险人要求投保人补交相应利息的，人民法院应予支持。

第九条 投保人指定受益人未经被保险人同意的，人民法院应认定指定行为无效。

当事人对保险合同约定的受益人存在争议，除投保人、被保险人在保险合同之外另有约定外，按以下情形分别处理：

（一）受益人约定为"法定"或者"法定继承人"的，以民法典规定的法定继承人为受益人；

（二）受益人仅约定为身份关系的，投保人与被保险人为同一主体时，根据保险事故发生时与被保险人的身份关系确定受益人；投保人与被保险人为不同主体时，根据保险合同成立时与被保险人的身份关系确定受益人；

（三）约定的受益人包括姓名和身份关系，保险事故发生时身份关系发生变化的，认定为未指定受益人。

第十条 投保人或者被保险人变更受益人，当事人主张变更行为自变更意思表示发出时生效的，人民法院应予支持。

投保人或者被保险人变更受益人未通知保险人，保险人主张变更对其不发生效力的，人民法院应予支持。

投保人变更受益人未经被保险人同意，人民法院应认定变更行为无效。

第十一条 投保人或者被保险人在保险事故发生后变更受益人，变更后的受益人请求保险人给付保险金的，人民法院不予支持。

第十二条　投保人或者被保险人指定数人为受益人,部分受益人在保险事故发生前死亡、放弃受益权或者依法丧失受益权的,该受益人应得的受益份额按照保险合同的约定处理;保险合同没有约定或者约定不明的,该受益人应得的受益份额按照以下情形分别处理:

(一)未约定受益顺序及受益份额的,由其他受益人平均享有;

(二)未约定受益顺序但约定受益份额的,由其他受益人按照相应比例享有;

(三)约定受益顺序但未约定受益份额的,由同顺序的其他受益人平均享有;同一顺序没有其他受益人的,由后一顺序的受益人平均享有;

(四)约定受益顺序及受益份额的,由同顺序的其他受益人按照相应比例享有;同一顺序没有其他受益人的,由后一顺序的受益人按照相应比例享有。

第十三条　保险事故发生后,受益人将与本次保险事故相对应的全部或者部分保险金请求权转让给第三人,当事人主张该转让行为有效的,人民法院应予支持,但根据合同性质、当事人约定或者法律规定不得转让的除外。

第十四条　保险金根据保险法第四十二条规定作为被保险人遗产,被保险人的继承人要求保险人给付保险金,保险人以其已向持有保险单的被保险人的其他继承人给付保险金为由抗辩的,人民法院应予支持。

第十五条　受益人与被保险人存在继承关系,在同一事件中死亡且不能确定死亡先后顺序的,人民法院应依据保险法第四十二条第二款推定受益人死亡在先,并按照保险法及本解释的相关规定确定保险金归属。

第十六条　人身保险合同解除时,投保人与被保险人、受益人为不同主体,被保险人或者受益人要求退还保险单的现金价值的,人民法院不予支持,但保险合同另有约定的除外。

投保人故意造成被保险人死亡、伤残或者疾病,保险人依照保险法第四十三条规定退还保险单的现金价值的,其他权利人按照被保险人、被保险人的继承人的顺序确定。

第十七条　投保人解除保险合同,当事人以其解除合同未经被保险人或者受益人同意为由主张解除行为无效的,人民法院不予支持,但被保险人或者受益人已向投保人支付相当于保险单现金价值的款项并通知保险人的除外。

第十八条　保险人给付费用补偿型的医疗费用保险金时,主张扣减被保险人从公费医疗或者社会医疗保险取得的赔偿金额的,应当证明该保险产品在厘定医疗费用保险费费率时已经将公费医疗或者社会医疗保险部分相应扣除,并按照扣减后的标准收取保险费。

第十九条 保险合同约定按照基本医疗保险的标准核定医疗费用,保险人以被保险人的医疗支出超出基本医疗保险范围为由拒绝给付保险金的,人民法院不予支持;保险人有证据证明被保险人支出的费用超过基本医疗保险同类医疗费用标准,要求对超出部分拒绝给付保险金的,人民法院应予支持。

第二十条 保险人以被保险人未在保险合同约定的医疗服务机构接受治疗为由拒绝给付保险金的,人民法院应予支持,但被保险人因情况紧急必须立即就医的除外。

第二十一条 保险人以被保险人自杀为由拒绝承担给付保险金责任的,由保险人承担举证责任。

受益人或者被保险人的继承人以被保险人自杀时无民事行为能力为由抗辩的,由其承担举证责任。

第二十二条 保险法第四十五条规定的"被保险人故意犯罪"的认定,应当以刑事侦查机关、检察机关和审判机关的生效法律文书或者其他结论性意见为依据。

第二十三条 保险人主张根据保险法第四十五条的规定不承担给付保险金责任的,应当证明被保险人的死亡、伤残结果与其实施的故意犯罪或者抗拒依法采取的刑事强制措施的行为之间存在因果关系。

被保险人在羁押、服刑期间因意外或者疾病造成伤残或者死亡,保险人主张根据保险法第四十五条的规定不承担给付保险金责任的,人民法院不予支持。

第二十四条 投保人为被保险人订立以死亡为给付保险金条件的人身保险合同,被保险人被宣告死亡后,当事人要求保险人按照保险合同约定给付保险金的,人民法院应予支持。

被保险人被宣告死亡之日在保险责任期间之外,但有证据证明下落不明之日在保险责任期间之内,当事人要求保险人按照保险合同约定给付保险金的,人民法院应予支持。

第二十五条 被保险人的损失系由承保事故或者非承保事故、免责事由造成难以确定,当事人请求保险人给付保险金的,人民法院可以按照相应比例予以支持。

第二十六条 本解释施行后尚未终审的保险合同纠纷案件,适用本解释;本解释施行前已经终审,当事人申请再审或者按照审判监督程序决定再审的案件,不适用本解释。

最高人民法院关于适用《中华人民共和国保险法》若干问题的解释(四)(2020年修正)

法释〔2018〕13号

(2018年5月14日最高人民法院审判委员会第1738次会议通过,根据2020年12月23日最高人民法院审判委员会第1823次会议通过的《最高人民法院关于修改〈最高人民法院关于破产企业国有划拨土地使用权应否列入破产财产等问题的批复〉等二十九件商事类司法解释的决定》修正)

为正确审理保险合同纠纷案件,切实维护当事人的合法权益,根据《中华人民共和国民法典》《中华人民共和国保险法》《中华人民共和国民事诉讼法》等法律规定,结合审判实践,就保险法中财产保险合同部分有关法律适用问题解释如下:

第一条 保险标的已交付受让人,但尚未依法办理所有权变更登记,承担保险标的毁损灭失风险的受让人,依照保险法第四十八条、第四十九条的规定主张行使被保险人权利的,人民法院应予支持。

第二条 保险人已向投保人履行了保险法规定的提示和明确说明义务,保险标的受让人以保险标的转让后保险人未向其提示或者明确说明为由,主张免除保险人责任的条款不成为合同内容的,人民法院不予支持。

第三条 被保险人死亡,继承保险标的的当事人主张承继被保险人的权利和义务的,人民法院应予支持。

第四条 人民法院认定保险标的是否构成保险法第四十九条、第五十二条规定的"危险程度显著增加"时,应当综合考虑以下因素:

(一)保险标的的用途的改变;

(二)保险标的的使用范围的改变;

(三)保险标的的所处环境的变化;

(四)保险标的的因改装等原因引起的变化;

(五)保险标的的使用人或者管理人的改变;

(六)危险程度增加持续的时间;

(七)其他可能导致危险程度显著增加的因素。

保险标的危险程度虽然增加,但增加的危险属于保险合同订立时保险人预见或者应当预见的保险合同承保范围的,不构成危险程度显著增加。

第五条 被保险人、受让人依法及时向保险人发出保险标的转让通知后,保险人作出答复前,发生保险事故,被保险人或者受让人主张保险人按照保险合同承担赔偿保险金的责任的,人民法院应予支持。

第六条 保险事故发生后,被保险人依照保险法第五十七条的规定,请求保险人承担为防止或者减少保险标的的损失所支付的必要、合理费用,保险人以被保险人采取的措施未产生实际效果为由抗辩的,人民法院不予支持。

第七条 保险人依照保险法第六十条的规定,主张代位行使被保险人因第三者侵权或者违约等享有的请求赔偿的权利的,人民法院应予支持。

第八条 投保人和被保险人为不同主体,因投保人对保险标的的损害而造成保险事故,保险人依法主张代位行使被保险人对投保人请求赔偿的权利的,人民法院应予支持,但法律另有规定或者保险合同另有约定的除外。

第九条 在保险人以第三者为被告提起的代位求偿权之诉中,第三者以被保险人在保险合同订立前已放弃对其请求赔偿的权利为由进行抗辩,人民法院认定上述放弃行为合法有效,保险人就相应部分主张行使代位求偿权的,人民法院不予支持。

保险合同订立时,保险人就是否存在上述放弃情形提出询问,投保人未如实告知,导致保险人不能代位行使请求赔偿的权利,保险人请求返还相应保险金的,人民法院应予支持,但保险人知道或者应当知道上述情形仍同意承保的除外。

第十条 因第三者对保险标的的损害而造成保险事故,保险人获得代位请求赔偿的权利的情况未通知第三者或者通知到达第三者前,第三者在被保险人已经从保险人处获赔的范围内又向被保险人作出赔偿,保险人主张代位行使被保险人对第三者请求赔偿的权利的,人民法院不予支持。保险人就相应保险金主张被保险人返还的,人民法院应予支持。

保险人获得代位请求赔偿的权利的情况已经通知到第三者,第三者又向被保险人作出赔偿,保险人主张代位行使请求赔偿的权利,第三者以其已经向被保险人赔偿为由抗辩的,人民法院不予支持。

第十一条 被保险人因故意或者重大过失未履行保险法第六十三条规定的义务,致使保险人未能行使或者未能全部行使代位请求赔偿的权利,保险人主张在其损失范围内扣减或者返还相应保险金的,人民法院应予支持。

第十二条 保险人以造成保险事故的第三者为被告提起代位求偿权之诉

的,以被保险人与第三者之间的法律关系确定管辖法院。

第十三条 保险人提起代位求偿权之诉时,被保险人已经向第三者提起诉讼的,人民法院可以依法合并审理。

保险人行使代位求偿权时,被保险人已经向第三者提起诉讼,保险人向受理该案的人民法院申请变更当事人,代位行使被保险人对第三者请求赔偿的权利,被保险人同意的,人民法院应予准许;被保险人不同意的,保险人可以作为共同原告参加诉讼。

第十四条 具有下列情形之一的,被保险人可以依照保险法第六十五条第二款的规定请求保险人直接向第三者赔偿保险金:

(一)被保险人对第三者所负的赔偿责任经人民法院生效裁判、仲裁裁决确认;

(二)被保险人对第三者所负的赔偿责任经被保险人与第三者协商一致;

(三)被保险人对第三者应负的赔偿责任能够确定的其他情形。

前款规定的情形下,保险人主张按照保险合同确定保险赔偿责任的,人民法院应予支持。

第十五条 被保险人对第三者应负的赔偿责任确定后,被保险人不履行赔偿责任,且第三者以保险人为被告或者以保险人与被保险人为共同被告提起诉讼时,被保险人尚未向保险人提出直接向第三者赔偿保险金的请求的,可以认定为属于保险法第六十五条第二款规定的"被保险人怠于请求"的情形。

第十六条 责任保险的被保险人因共同侵权依法承担连带责任,保险人以该连带责任超出被保险人应承担的责任份额为由,拒绝赔付保险金的,人民法院不予支持。保险人承担保险责任后,主张就超出被保险人责任份额的部分向其他连带责任人追偿的,人民法院应予支持。

第十七条 责任保险的被保险人对第三者所负的赔偿责任已经生效判决确认并已进入执行程序,但未获得清偿或者未获得全部清偿,第三者依法请求保险人赔偿保险金,保险人以前述生效判决已进入执行程序为由抗辩的,人民法院不予支持。

第十八条 商业责任险的被保险人向保险人请求赔偿保险金的诉讼时效期间,自被保险人对第三者应负的赔偿责任确定之日起计算。

第十九条 责任保险的被保险人与第三者就被保险人的赔偿责任达成和解协议且经保险人认可,被保险人主张保险人在保险合同范围内依据和解协议承担保险责任的,人民法院应予支持。

被保险人与第三者就被保险人的赔偿责任达成和解协议,未经保险人认可,保险人主张对保险责任范围以及赔偿数额重新予以核定的,人民法院应予支持。

第二十条 责任保险的保险人在被保险人向第三者赔偿之前向被保险人赔偿保险金,第三者依照保险法第六十五条第二款的规定行使保险金请求权时,保险人以其已向被保险人赔偿为由拒绝赔偿保险金的,人民法院不予支持。保险人向第三者赔偿后,请求被保险人返还相应保险金的,人民法院应予支持。

第二十一条 本解释自2018年9月1日起施行。

本解释施行后人民法院正在审理的一审、二审案件,适用本解释;本解释施行前已经终审,当事人申请再审或者按照审判监督程序决定再审的案件,不适用本解释。